Reformpädagogik weitergedacht

Herausgegeben von

Anke Redecker
Volker Ladenthin

BIBLIOTHECA ACADEMICA

Reihe

Pädagogik

Band 11

ERGON VERLAG

Reformpädagogik weitergedacht

Herausgegeben von

Anke Redecker
Volker Ladenthin

―――――

ERGON VERLAG

Bibliografische Information der Deutschen Nationalbibliothek
Die Deutsche Nationalbibliothek verzeichnet diese Publikation in der
Deutschen Nationalbibliografie; detaillierte bibliografische Daten sind
im Internet über http://dnb.d-nb.de abrufbar.

© 2016 Ergon-Verlag GmbH • 97074 Würzburg
Das Werk einschließlich aller seiner Teile ist urheberrechtlich geschützt.
Jede Verwertung außerhalb des Urheberrechtsgesetzes bedarf der Zustimmung des Verlages.
Das gilt insbesondere für Vervielfältigungen jeder Art, Übersetzungen, Mikroverfilmungen
und für Einspeicherungen in elektronische Systeme.
Gedruckt auf alterungsbeständigem Papier.
Satz: Sandra Kloiber, Ergon-Verlag GmbH
Umschlaggestaltung: Jan von Hugo

www.ergon-verlag.de

ISBN 978-3-95650-144-9
ISSN 1866-5063

Inhaltsverzeichnis

Volker Ladenthin / Anke Redecker
Vorwort 7

Anke Redecker
Alte Reformen – neue Szenarien. Einführung in den Problemhorizont 9

Volker Ladenthin
Die Zukunft der Reformpädagogik – die Reformpädagogik der Zukunft 33

Harald Ludwig
Zur Aktualität der Montessori-Pädagogik im 21. Jahrhundert 51

Jost Schieren
Waldorfpädagogik und Erziehungswissenschaft. Eine Neubesinnung 83

Andreas Lischewski
Sittlichkeit und Sachlichkeit. Pädagogische Arbeit
als Bildungsprinzip bei Georg Kerschensteiner 103

Anke Redecker
Die „werdende Persönlichkeit" als monadisches Kraftzentrum.
Hugo Gaudigs Prinzip der Selbsttätigkeit 129

Thomas Mikhail
„Pädagogik vom Kinde aus" – Alfred Petzelts Reformulierung
eines reformpädagogischen Slogans 157

Svea Cichy
Ist Reformpädagogik noch aktuell? Eine schulpädagogische
Betrachtung am Beispiel der Montessori-Pädagogik 183

Sidonie Engels
Die Kunsterziehungsbewegung und die deutsche Kunstdidaktik 199

Vorwort

Reformpädagogik ist kontrovers betrachtet worden – mit Ablehnung und Anhängerschaft, Pauschalschelte und Lobeshymnen, aber auch mit differenzierter Kritik und konstruktiver Prüfung. Sie wurde als Ideal-Konstrukt ins Imaginäre verbannt, aber auch gerade hinsichtlich ihrer realen Erfolge und Missstände exponiert und problematisiert.

Die Autorinnen und Autoren dieses Bandes fragen nicht nur nach Anspruch und Wirklichkeit einer realen Epoche und einiger ihrer – teils bisher nicht oder nur wenig beachteten – Facetten, sondern gleichzeitig nach der Tragfähigkeit ursprünglich reformpädagogischer Konzepte für erzieherisches und unterrichtliches Handeln in Gegenwart und Zukunft.

Zudem lässt sich an diesem Vorhaben erproben, welchen Zugang zur Geschichte eine spezifische pädagogische Historiografie haben kann. Geschichte kann zuerst einmal abgegrenzt werden von *Tradition*, also dem unbewussten und unreflektierten Fortwirken der Vergangenheit in der Gegenwart. *Geschichte* („Historie") gilt dann als die explizite Rekonstruktion der Vergangenheit – und genau da entstehen Probleme: Denn geschichtliche Rekonstruktion ist immer auch *Reduktion*. Eine *Rekonstruktion* kann nur systematisch sein; sie setzt das System über die Ereignisse, die ihm nur als Beleg dienen. Zumeist dient die „Geschichte" in systematischen Texten zur kritischen *Abgrenzung* (‚Damals hat man noch – heute aber…'), zur *Affirmation* (‚Schon damals…') oder zur *Anamnese* (‚Seit damals….').

Diese Vorstellungen über die Funktion von Geschichte in kommunikativen Prozessen funktionalisieren Geschichte zur Beispielsammlung, zum „Steinbruch" (so, wie man Ruinen früher zum Steinbruch für den Neuaufbau eines Hauses benutzt hat). In all diesen Fällen geht Geschichte in Systematik auf, belegt sie, lässt sich auf sie reduzieren. *Eigentlich bräuchte man sie nicht.*

Geschichte kann indes in erkenntnistheoretischer Sicht eine Bedeutung bekommen, wenn sie zwar explizit gemacht und angeeignet wird, aber so, dass etwas entdeckt wird, was der Vergangenheit weder bewusst war, noch in der Gegenwart ohne diese Vergangenheit erkannt werden könnte. Die Geschichte ist weder nur geschehen (vergangen) noch nur Mittel, die Genese von etwas zu erklären. Sie *entsteht* erst in der Rekonstruktion – aber so, dass die Gedankenbewegung der *Rekonstruktion* viel mehr und anderes erfährt, als sie aus *Interesse* an der Vergangenheit aus dieser nur gespiegelt zu bekommen glaubte: Die Geschichte gibt Antworten, zu denen wir in der Gegenwart zuerst einmal die Fragen suchen müssen – denn die sind uns verloren gegangen, oder wir haben sie nie besessen. Die Geschichte ist gegenüber aller Systematik umfassender.

Das heutige Subjekt kommt zu sich, weil die Geschichte eine Normativität hat, nämlich jene, erst in ihrer Entfaltung überhaupt verstanden und so zur quasi transzendentalen Bedingung für das Heute zu werden. Ohne eine vorgängige

Sprache (die ja nichts anderes als Sprach*geschichte* ist), könnten wir aktuell nichts artikulieren. Wir brauchen aus rein logischen Gründen die Vergangenheit, um uns in der Gegenwart zu artikulieren. Deshalb ist allein die Vergangenheit (wann beginnt sie übrigens?) nie „erledigt". Geschichte ist nicht mehr nur geschehen – *man wird ihrer überhaupt erst gegenwärtig*, wenn man sich um sie bemüht – aber bei diesem Bemühen kann man das vergangene Geschehen in einem umfassenderen Sinne erfahren, als es sich selbst verstehen konnte. *Erst im Urteil der Nachfahren lässt sich die Vorgeschichte verstehen; aber ohne diese Vorgeschichte hätten die Nachfahren ihre Kraft nicht bilden können*. Im Urteil der Nachfahren wird das zu Beurteilende erst in einem weiteren Sinne verstanden – und zudem besser verstanden, als dieses sich selbst verstehen konnte. Dazu fordern die Taten der Vorfahren aber die Nachfahren zu „Urteilen" heraus, die die Vorfahren selbst nicht entfaltet hatten.

Die Gegenwart ist dergestalt zu relativieren, als sie sich erst in Zukunft in ihrem Verständnis erschließt. Wir verstehen unsere eigene Systematik gar nicht umfassend, dürfen sie daher auch nicht absolut über die Vergangenheit setzen. Es bedarf der nachfolgenden Generation, die überhaupt erst das zu beurteilen vermag, was wir in der Gegenwart erleben oder systematisch denken. In gewissem Sinne bleibt uns die Gegenwart dunkel und bedarf daher der Nachfahren, so wie wir, als Nachfahren, an der Vorgeschichte erkennen können, was dieser dunkel bleiben musste.

Aber die Gegenwart bedarf der Vorgeschichte, um sich überhaupt bilden zu können. Gegenwart und Geschichte lassen sich nicht nur *affirmativ, anamnetisch* oder *kritisch* ineinander überführen oder auflösen, sondern bleiben in einem Verhältnis, in dem die Gegenwart mehr enthält als die Vergangenheit, aber – so ist zu betonen – die Vergangenheit auch mehr als die Gegenwart. Und was die Gegenwart auszeichnet, entfaltet sich erst, wenn wir nicht mehr in ihr sind. Dies ist ein Grund, sich unter pädagogischem Interesse mit der Geschichte auseinanderzusetzen.[1]

Gerade angesichts aktueller Kritik an *der* Reformpädagogik schlechthin gilt es tiefer und differenzierter zu blicken. Was kann aus den schockierenden Missbrauchsfällen der Vergangenheit gelernt werden? Aber auch: Was war dem gegenüber pädagogisch wertvoll und kann – eventuell modifiziert – neue oder längst vergessene Anstöße für ein verantwortliches pädagogisches Denken und Handeln geben?

Unser Dank gilt vor allem den Autorinnen und Autoren, die sich mit uns auf den Weg gemacht und *Reformpädagogik weitergedacht* haben. Sie verleihen diesem Band eine Aspektvielfalt und thematische Dynamik, die zum fortgesetzten Weiterdenken der Reformpädagogik anregen kann.

Bonn, im September 2015   Volker Ladenthin und Anke Redecker

---

[1] Vgl. Ladenthin, Volker: „Den Nachfahren überlasse ich das schwierige Urteil!" Bemerkungen zum Sinn einer Gesamtausgabe der Werke Maria Montessoris. In: Klein-Landeck, Michael (Hg.): Fragen an Maria Montessori. Immer noch ihrer Zeit voraus? Freiburg/München 2015, S. 201-209.

Alte Reformen – neue Szenarien.
Einführung in den Problemhorizont

Anke Redecker

Reformpädagogik weitergedacht – unter diesem Titel möchten die Autorinnen und Autoren der folgenden Beiträge reformpädagogische Ansätze und Konzepte reflektieren und sie auf ihre aktuelle Bedeutsamkeit hin prüfen. – Ein vordergründig unzeitgemäßes Unterfangen, scheinen doch die vermeintlich gigomanischen Heilsbotschaften reformpädagogischer Theoriekonstrukteure inzwischen in den Niederungen und Abgründen schulischer Realitäten untergegangen, wenn nicht gar an den verheerenden Klippen ungeheuerlicher Missbrauchsskandale zerschellt zu sein. Jürgen Oelkers, der erstmals die „Geschichte der Reformpädagogik […] von ihren dunklen Seiten her" (Oelkers 2011, 8) erzählen wollte, seine Gegner dabei aber weitgehend selbst im Dunkeln ließ (vgl. Link 2012, 34), monierte neben „direkten und indirekten Formen der Herrschaft, ökonomischen Zwängen, starken inneren Verwerfungen, oft sehr zweifelhaften Personen" und „missionarischen Ansprüchen" auch „sexuelle[n] Übergriffe[n]" (Oelkers 2011, 10).

Letztere betreffen eine Problematik, die in letzter Zeit hinsichtlich der Odenwaldschule verstärkt ins Bewusstsein geriet (vgl. Miller/Oelkers 2014) und die Frage aufwirft, inwiefern gerade reformpädagogische Exklusivität solche Gewalttaten begünstigen könne. Sind es die vermeintlich gigomanischen Heilsbotschaften reformpädagogischer Theoriekonstrukteure, die blind machen für die Niederungen und Abgründe eines pseudo-pädagogischen Machtmissbrauchs, wie er zur Zeit auch in soziologisch motivierten, anerkennungstheoretischen Überlegungen angesprochen wird? Norbert Ricken betrachtet eine fundierte Auseinandersetzung mit den differenzierten Strukturen von Anerkennungsverhältnissen als Grundlage einer verantwortlichen Auseinandersetzung mit der Missbrauchsproblematik in pädagogischen Beziehungen, sei doch Missbrauch „vielfach nur in Anerkennungsbeziehungen möglich; mehr noch: Missbrauch ist Ausnutzung von Anerkennung und Asymmetrie und zugleich Leugnung und Zementierung der Asymmetrie." (Ricken 2012, 113) Indem wir „unser Leben unter Bedingungen anderer" (ebd., 107) führen, nämlich „in der Weise, dass wir von diesen anderen her uns allererst als ein Selbst erlernen" (ebd.), entsteht ein für Übergriffe anfälliges asymmetrisches Verhältnis, in dem „Unterwerfung und Überschreitung notwendig mit Verletzbarkeit und Begehren" (Ricken 2012, 107) verbunden seien.

Diese Ambivalenz realer Anerkennungsverhältnisse gilt es zu berücksichtigen, um Machtstrukturen auch in pädagogischen Verhältnissen verstehen, sie bewerten und ihnen verantwortlich begegnen zu können. Ricken kritisiert die „insbesondere auch reformpädagogisch beobachtbare Neigung, das pädagogische Handeln als freiheitsermöglichendes und auf Selbstbestimmung zielendes Handeln zu konzipieren und gegen machtvolles Handeln zu konturieren" (Ricken 2012, 104), sei diese Herangehensweise doch „nicht nur mit Blick auf das real existierende pädagogische Handeln naiv", sondern führe „auch strukturell zu Ausblendungen bzw. zu Selbstmissverständnissen, weil damit nahegelegt" werde, „dass pädagogisches Handeln ohne Macht möglich wäre – mit dem Effekt aber, dass Macht und Begehren dann als defizitäre bzw. übergriffige Fehlformen eines als ‚an sich rein' vorstellbaren pädagogischen Handelns zu verstehen wären." (Ricken 2012, 104) Hier klingt die Kritik an einer auch von Oelkers monierten „Rhetorik der ‚neuen' und ‚besseren' Erziehung" (Oelkers 2011, 8) an – sowie an deren vermeintlichen „Ideale[n], die nicht unrein erscheinen dürfen, denn anders wären sie nicht glaubwürdig." (Oelkers 2011, 8) Gerade „reformpädagogische Aspirationen müssen sich auf ihre Beteiligung hin untersuchen und befragen lassen, inwieweit sie mit ihrer bisweilen ungeheuren Aufladung der Kinderwelt zum ‚heiligen Kind' und damit gleichzeitig einhergehenden Abwertung der Erwachsenenwelt als einem gefallenen Status einem klammheimlichen Rollenwechsel bzw. einer Rollenverleugnung und darin einem gefährlichen Selbstmissverständnis Vorschub geleistet haben" (Ricken 2012, 113). Es gelte „auf kategorialer bzw. konzeptioneller Ebene, das souveräne Subjekt zugunsten eines differentiellen und relationalen, exponierten und ekstatischen Subjekts zu verabschieden." (Ricken 2012, 106) Denn dieser Schritt sei „eine der zentralen Weichenstellungen, um sich dann mit der Problematik von Macht und Sexualität angemessen auseinander setzen zu können." (Ricken 2012, 106)

Hierzu bedarf es einer Revision subjekttheoretischer Ansätze und damit eines differenzierten Blicks auf Subjekttheorie, nicht jedoch deren Abschaffung durch ein sich postautonom gebärdendes Selbst, das sich bequem aus der Verantwortung stehlen kann. Auch hinsichtlich der Vorfälle an der Odenwaldschule geben Miller und Oelkers zu bedenken, dass zwar „der Fingerzeig auf Einzeltäter und deren kriminellen Energien als ungenügend und als verschleiernde Entlastungsstrategie kritisiert" (Miller/Oelkers 2014a, 18) werden müsse, dass es aber auch „kein Unfall war, sondern systematisches Handeln von Personen" (Miller/Oelkers 2014a, 7). Sicher, es bleibt zu beklagen, dass in einer auf das Individuum fokussierten Perspektive „die beiden Aspekte von *Organisation* und *Situation*, in die sozial Handelnde als Individuen immer eingebettet sind" (Maeder 2014, 127), nicht immer hinreichend berücksichtigt werden. Zugleich ist hier jedoch gerade das situationsrelevant und organisationskritisch urteilende Selbst gefordert, sich – zumindest in Grenzen selbstbestimmt – zu Gegebenem ins Verhältnis zu setzen. Dies schließt Selbstreflexion ein. Andreas Huckele, der Pädagogen fordert, die „ihr eigenes Verhältnis zu Macht, Sexualität und Gewalt bearbeiten und reflektieren und dadurch den jungen Menschen unterstützend zur Seite stehen können" (Huckele 2014, 231), stellt die notwendige Selbstreflexion von Lehrenden und Erziehenden prägnant heraus: „Was in manchen Ohren paradox klingen mag, ist eine grundlegende pädagogische Kompetenz: Ich muss mich selbst kennen und ich muss ich selbst sein, sprich, mich intensiv mit mir auseinandersetzen, um für Andere nützlich zu sein. Der Blick auf mich selbst ist die Voraussetzung für den Blick auf den Anderen" (Huckele 2014, 217). Gerade wer ein „System der unkontrollierten Macht und mafiaähnliche Netzwerke" kritisiert, „die das pädagogische Ideal der Selbstlosigkeit haben nützen können" (Miller/Oelkers 2014a, 19), sollte gezielt sowohl nach dem handelnden als auch nach dem schutzbedürftigen Selbst fragen, das sich hier so geschickt ausblenden lässt. So wundert es auch nicht, dass gerade angesichts der Missbrauchsfälle verstärkt zu Recht ethische Reflexionen gefordert werden (vgl. Andresen 2014, 337, ebd., 340-343) und gezielt auf das Kind als Subjekt und dessen Würde aufmerksam gemacht wird (vgl. Kaufmann 2014, 101) – ein markantes Indiz dafür, dass sich Subjekttheorie nicht tot reden lässt.

Zu Recht fordert auch Ricken „ein weites wie empfindsames Verständnis pädagogischer Professionalität zu entwickeln, in dem eine Kultur der Selbstreflexion und des offenen Austausches selbstverständlich sind" (Ricken 2012, 114). Ebenso begrüßenswert ist sein Plädoyer für „eine Art Selbstbegrenzungstechnologie […], die eigene, aufgrund der Asymmetrie des pädagogischen Verhältnisses unabweisliche Macht nicht zur Gewalt werden zu lassen (aber auch nicht umgekehrt bereits als Macht zu widerrufen)" (Ricken 2013, 254).Hierzu ist jedoch nicht nur ein differenzierter Blick auf Anerkennungsverhältnisse, sondern auch auf die Reformpädagogik erforderlich, um nicht zu vernachlässigen, dass letztlich Lehrpersonen – trotz der auch sie nicht umgehenden Determination „vom anderen her" – für ihr Handeln selbst zur Verantwortung zu ziehen sind (vgl. Ladenthin in diesem Band). Gerade weil Heranwachsende ihnen anvertraut sind, haben Lehrende und Erziehende die Aufgabe, Machtverhältnisse in ihrer Verschlungenheit anzuerkennen, um sie „nicht zur Gewalt werden zu lassen".

Dass die neuere Reformpädagogik-Forschung Mängel und Verfehlungen aufdeckt, ist darum zunächst einmal nicht nur begrüßenswert, sondern erforderlich, gilt es doch, den Blick auf Faktisches zu klären, denjenigen auf Unzulässiges zu schärfen sowie den auf Unabdingbares und Wünschbares realistisch zu dimensionieren. Eine pauschale Reformpädagogik-Schelte ist hierzu jedoch nicht hilfreich. Jenseits von Vertuschung oder Beschönigung gilt es, die Epoche der Reformpädagogik als ein mehrschichtiges und vielgestaltiges Phänomen wahrzunehmen und nach einer Sprachlosigkeit, die der letztlich nicht in Worte zu fassenden Abgründigkeit des Übergriffigen nur angemessen sein kann, eine neue Sprache zu finden, die auch nuanciert hinter die Fassaden der Pauschalparolen blickt. Gerade weil „,die' Reformpädagogik […] ins Gerede gekommen" (Herrmann/Schlüter 2012a, 7) ist, bleibt eine differenzierte Auseinandersetzung mit reformpädagogischen Ansätzen unabdingbar (vgl. Herrmann/Schlüter 2012a, 8f.), um den „Facettenreichtum der Reformpädagogik" (Skiera 2012, 70) würdigen zu können, sind doch nach wie vor „die Mehrperspektivität des Phänomens [der Reformpädagogik,

A.R.], eine Vielzahl von Darstellungen und die Beobachtung der Kommunikation über ‚Reformpädagogik' wünschenswert und unverzichtbar" (Retter 2004a, 226).

Nicht nur hinsichtlich des von Böhm angesprochenen „problematische[n] Verhältnis[ses] von Reformpädagogik und Faschismus" (Böhm 2012, 14, vgl. Miller/Oelkers 2014a, 26) ist zu bemerken: „Dem komplexen Phänomen Reformpädagogik kann man schwerlich gerecht werden, wenn man den Fokus nur auf einzelne Richtungen oder Schulen der reformpädagogischen Bewegung […] richtet und diese dann, irrtümlich oder absichtlich, zur Grundlage einer Beurteilung der gesamten Reformpädagogik macht." (Böhm 2012, 14) Hein Retter erachtet dann auch die Bestrebung als „allzu simplifizierend" (Retter 2004a, 221), „eine ungebrochene Linie von der völkisch-nationalen Erziehung im Kaiserreich bis zum Nationalsozialismus" zu ziehen und „der ‚Reformpädagogik' […] die Schuld aufzubürden], die Deutschen für Nationalismus und Rassismus und folgerichtig dann auch für den Nationalsozialismus besonders anfällig gemacht zu haben" (Retter 2004a, 221). Zugleich beklagt Oelkers zu Recht die „politischen Optionen eines erheblichen Teils der deutschen Reformpädagogik vor und nach dem Ersten Weltkrieg. ‚Völkische' Überzeugungen wurden von Anfang an vertreten, unterlegt mit rassistischen Elementen und untersetzt mit chauvinistischen Positionen im Ersten Weltkrieg. Für viele Autoren war der Weg in den Nationalsozialismus vorgezeichnet, den früh auch anti-semitische Züge gekennzeichnet haben." (Oelkers 2011, 9) Hier verbietet es sich jedoch ebenfalls, allgemein von der Schuld *der* Reformpädagogen zu sprechen. Ebenso sollte man sich von einem ebenso naiven wie kurzsichtigen Blick auf vermeintlich makellose Ikonen der Bewegung verabschieden, um sich zum Beispiel auch mit Montessoris Verhältnis zum italienischen Faschismus (vgl. Miller/Oelkers 2014a, 26) kritisch auseinandersetzen zu können.

Es ist ebenfalls nicht abzustreiten, dass Heils- und Machtphantasien bis hin zu eugenischen Konstrukten in reformpädagogischen Kontexten über Gebühr strapaziert wurden. Wer nämlich wisse – so heißt es in Ellen Keys *Jahrhundert des Kindes* – dass „der Mensch unter unablässigen Umgestaltungen das geworden ist, was er nun ist, sieht auch die Möglichkeit ein, seine zukünftige Entwicklung in solcher Weise zu beeinflussen, daß sie einen höheren Typus Mensch hervorbringt. Man findet schon den menschlichen Willen entscheidend bei der Züchtung neuer und höherer Arten in der Tier- und Pflanzenwelt. In bezug auf unser eigenes Geschlecht, auf die Erhöhung des Menschentypus, die Veredelung der menschlichen Rassen herrscht hingegen noch der Zufall, in schöner oder hässlicher Gestalt. Aber die Kultur soll den Menschen zielbewußt und verantwortlich auf allen Gebieten machen, auf denen er bisher nur impulsiv und unverantwortlich gehandelt hat. In keiner Hinsicht ist jedoch die Kultur zurückgebliebener als in all den Verhältnissen, die über die Bildung eines neuen und höheren Menschengeschlechts entscheiden." (Key 2000, 13) Auch hier bestand nicht zuletzt die Gefahr, dass die Begeisterung für das vermeintlich Bessere blind macht für menschliche Begrenzungen und barbarische

Machtambitionen oder die in deren Namen initiierbaren Gewaltausübungen sogar gezielt vorbereitet (vgl. Miller/Oelkers 2014a, 26).

Doch man muss nicht unbedingt in den Abgrund des Verbrecherischen blicken, um Kritik an der Reformpädagogik aufzuspüren. Skiera kennzeichnet die „Entwicklung und Entfaltung des Einzelnen nach seinem eigenen Gesetz" (Skiera 2003, VI) und die Höherentwicklung des Menschlichen schlechthin als einen in der Reformpädagogik gängigen Anspruch, getragen von einem „Erlösungs- und Entwicklungsglauben" (Skiera 2003, VI). Diesen hat Birgitta Fuchs zum Beispiel differenziert bei Maria Montessori aufgezeigt. Sie macht darauf aufmerksam, dass „in der Montessori-Pädagogik" der „Inbegriff einer sogenannten ‚Pädagogik vom Kinde aus'" gesehen wird, „die allein aus der entelechial bestimmten Selbstentfaltung des individuellen Kindes eine normative Begründung der Erziehung gewinnen zu können glaubt" (Fuchs 2003, 9, vgl. Bartosch 2011, 128). Neben „ihrer ungenauen Begrifflichkeit" (Fuchs 2003, 42) und ihrem undifferenzierten Operieren „mit einem biologischen als auch mit einem metaphysischen Naturbegriff" (ebd.) sei Montessori eine „Entwicklungs- und Lerntheorie" anzulasten, „die sich eng an biologischen und neurobiologischen Denkmustern orientiert und von daher weniger als eine Lerntheorie im engeren Sinne gelten kann, sondern treffender als eine ‚Embryologie des Geistes' bezeichnet werden" (Fuchs 2003, 52) müsse.

Der Entwicklungsgedanke lässt sich als ein typisch reformpädagogischer herauskristallisieren. „Wurde die Erziehung zuvor von dem Gedanken der Disziplin und dem der Zucht her konzipiert, so neigte die Reformpädagogik dazu, den Gedanken der individuellen Entwicklung zu verabsolutieren; als unterschiedliche Ideengeber können hier die schwedische Journalistin Ellen Key, die italienische Evolutionsbiologin Maria Montessori und der deutsche Anthroposoph Rudolf Steiner genannt werden." (Seichter 2012, 220) Schließlich habe in der Reformpädagogik „die Faszination des Entwicklungsgedankens aus dem 19. Jahrhundert, der Gedanke einer quasi-naturgesetzlich verlaufenden Höherentwicklung des Menschen und der Gesellschaft eine entscheidende Rolle gespielt. In ihm wurde ein Versprechen gesehen, dessen historische Einlösung die Menschen aus der funktionalen Kälte der Moderne mit ihren als schmerzlich und zerstörerisch erfahrenen Entfremdungserscheinungen herausführt." (Skiera 2003, VI) Diese Sehnsucht nach dem Urwüchsigen und Übermenschlichen sei nicht zuletzt der Nährboden für politische Verirrungen gewesen. „Als Kind der Antimoderne reflektiert sie [die Reformpädagogik, A.R.] die Entfremdungseffekte der Moderne und verfällt nicht selten hypertrophen pädagogischen und politisch-totalitären Rettungsphantasien." (Skiera 2012, 71) Auch Weiß konstatiert „die unterschiedlichen, von emanzipatorischen bis zu konservativen und reaktionären Vorstellungen reichenden Interessen der Reformpädagogik am Entwicklungsbegriff." (Weiß 2013, 377)

Reformpädagogik heute weiterzudenken, bedeutet die kritischen Stimmen ernst zu nehmen und dabei eine Sensibilität für Inkonsistenzen und Anstößigkeiten zu entwickeln, so dass „nicht nur das vorbildhafte Engagement einzelner Theoretiker und Praktiker der Erziehung sichtbar wird, sondern zugleich auch immer die Ambivalenz der Reformpädagogik, changierend zwischen Tradition und Modernität, pädagogischer Innovation und politischer Begrenzung der Sichtweise, ja Borniertheit und Verführbarkeit v.a. deutscher Reformpädagogen." (Tenorth 1999, 444f.) Gerade diese Ambivalenzen zeigen jedoch auch, dass nicht alles schlecht war. Reformpädagogische Ambitionen lassen sich eben nicht pauschal als katastrophale Kopfgeburten borniter Theoriekonstrukteure abqualifizieren, boten sie doch auch mit ihrem Fokus auf eine vielfältige Persönlichkeitsbildung konkrete Auswege aus der vorherrschenden Pauk- und Drillschule mit ihren Disziplinartechniken, die nicht zuletzt Foucault schonungslos als Machtmissbrauch aufgedeckt hat (vgl. Foucault 1977, Maeder 2014, 135). „Die reformpädagogische Schule ist ein Lebens- und Erlebnisraum, ein Erfahrungs- und Arbeitsraum. Sie will sich nicht nur ‚dem Leben öffnen', sondern sie *ist* das Leben in der Vielfalt der schulischen Möglichkeiten der Selbsterfahrung, Selbstentwicklung und Selbstfindung der Schülerinnen und Schüler." (Herrmann 2012a, 124) Reformpädagogik kann als eine Bewegung aus dem und für das reale Schulleben dargestellt werden. Ihre Erscheinungen sind „in erster Linie auf der Ebene der Erziehungswirklichkeit angesiedelt" (Schulze 2012, 17, vgl. Schulze 2012, 19, 26).

Als solche prägen sie eine Bewegung, die kein Phantom, sondern pädagogische Realität war. Entsprechend argumentieren Herrmann und Schlüter dagegen, „‚die' Reformpädagogik nur als ‚Diskurs', als eine ‚Erzählung' von etwas, was es gar nicht gab" (Herrmann/Schlüter 2012a, 11, vgl. Skiera 2012, 75), zu sehen, entstand doch „in persönlichen Begegnungen, gemeinsamen Kongressen und Publikationen eine internationale Vernetzung" (Herrmann 2012a, 118). Reformpädagogen wollten im wechselseitigen Austausch „voneinander lernen, weil sie ja alle experimentierend unterwegs waren" (Herrmann/Schlüter 2012a, 11, vgl. Schulze 2012, 18f.). Oelkers hingegen, der davon ausgeht, dass der Begriff der Reformpädagogik „keine historische Einheit" (Oelkers 2011, 10) bezeichne, fordert „einen Wechsel des historiographischen Zugangs, der ohne Epochenbegriff auskommt und keinen Kanon voraussetzt, weder den der Themen noch den des Personals. Die Epoche verengt und heroisiert die Zeit, der Kanon verstellt den Blick auf Alternativen." (Oelkers 2005, 24) Auch Pehnke spricht sich gegen die strikt eingrenzende Festlegung einer reformpädagogischen Epoche aus, wie sie in der Regel für den Zeitraum von ca. 1880 bis 1932 angesetzt wird, kann die Pädagogikgeschichte doch bereits hier schon auf vielfältige Bemühungen um das heute weiterhin bestehende Bestreben nach dem Besseren zurückblicken (vgl. Pehnke 2011, 111f.).

Dass dieses Streben nach dem Besseren in einer Pädagogik „vom Kinde aus" zum Ende des 19. und zu Beginn des 20. Jahrhunderts vorherrschend war und dass sich die tragenden Personen dieser realen Bewegung in diesen Jahrzehnten auch gegenseitig kritisiert und attackiert haben, kann nicht sinnvoll bestritten werden. Die grundharmonische Sphäre der sich gegen Kritik immunisierenden einhelligen Reformer gab es nicht. Oelkers hingegen bemerkt, das „heroische Bild der ‚neuen Erziehung'" habe „das eigene Lernfeld der Schulen beschnitten, weil sich keine Fehlerkultur entwickeln konnte. Ideale und die damit verbundenen Überzeugungen verleiten nicht zur Vorsicht, sondern zur Arroganz, wenn man sich in der besten aller pädagogischen Welten glaubt." (Oelkers 2011, 21) Wechselseitige Infragestellungen zeigen jedoch, dass die Reformpädagogik sich bereits zu ihrer Blütezeit als eine in kritischer Dynamik begriffene verstanden hat. Betont Herrmann zum Beispiel, dass hinsichtlich Keys Ausführungen „die Bezugnahmen von Seiten der reformpädagogischen Literatur […] höchst selektiv" (Herrmann 2000, 263) gewesen seien – der „eugenisch-rassebiologische Ansatz wurde zumeist ebenso ausgeblendet wie dessen naturalistische und sozial-darwinistische Ausformung" (ebd.) – so bleibt zu erwähnen, dass Key auch in den Reihen der Reformpädagogen, zu nennen sei hier Hugo Gaudig (vgl. Gaudig 2012, 229), auf Kritik stieß – ein weiteres Indiz dafür, dass das Diktum von *der* Reformpädagogik einer differenzierenden Rückbesinnung bedarf.

Es handelt sich um eine Epoche mit Auswirkungen und Nachwirkungen, die inzwischen ihre eigene, stetes fortzuschreibende Historie verzeichnen können, zumal auch „Interpretationen der Reformpädagogik […] ihre eigene diffizile Geschichte" (Retter 2012, 100) haben, die es differenziert aufzuarbeiten gilt. Peter Feuser betrachtet die Reformpädagogik dann auch als eine stets neu zu dimensionierende und weiterzuentwickelnde. Es gehöre „zur Bezeichnung ‚Reformpädagogik', […] dass sie sich als eine ‚pädagogische Reform' immer wieder neu der kritischen Diskussion stellt und neu konstituiert – als ein fachlich verankerter Verbund von verschiedenen Programmen und Projekten, Ansätzen, Konzepten, Ideen und Erkenntnissen, die reformpädagogisch orientiert sind und sich in einem demokratischen Raum gegenseitig wahrnehmen und korrigieren." (Feuser 2013, 53) Da in diesem Prozess ebenfalls Regelschulen zum Schauplatz einer besseren Erziehung werden können, kann man „‚Reformpädagogik' auch ohne utopischen Gehalt verstehen, einfach als Reflexion von Problemen und Problemlösungen, die keine zweite Welt neben der historischen Schule braucht, um Alternativen zu finden." (Oelkers 2011, 308)

Dass hinter den jeweiligen Problemen und Problembearbeitungen Personen stehen, braucht dabei nicht übersehen zu werden, ohne einem Persönlichkeitskult huldigen zu müssen. Die Aktualität reformpädagogischer Protagonisten hervorzukehren, bedeutet dann auch, aktuelle Ansätze mit Reformanspruch hinsichtlich ihrer vermeintlichen Originalität zu prüfen. „So gelangen in der jüngeren pädagogischen Literatur mitunter ‚neue Erkenntnisse' zur Darstellung, die längst, wenn auch unter anderen geschichtlich-sozialen Bedingungen, vorgedacht und […] sogar praktiziert worden sind." (Suchland 1978, 16, vgl. Hartmann 2012, 96) Sieht man Reformpädagogik nicht nur als ein in sich abgeschlossenes, historisches Faktum, sondern als eine fortwährende Aufgabe, so gilt es den anschlussfähigen Argumentationslinien nachzuspüren, nicht nur das Fragwürdige in Zweifel zu ziehen, sondern auch das Begründbare und Anschlussfähige freizulegen. Bisweilen findet man hier Parallelführungen widersprüchlicher Argumentationslinien, die es zu identifizieren und klar zu trennen gilt, um zum Beispiel Erziehung von Entwicklung abgrenzen zu können (vgl. Redecker in diesem Band). Doch wer reformpädagogischem Denken und Handeln den Nimbus einer im Namen des Besseren ausgerufene Glorifizierung und realitätsfernen Reinheit zuspricht, kann von realen Reformbestrebungen nur enttäuscht werden. Es bedarf gerade des kritischen Blicks, der Fragwürdiges nicht übersieht, sondern problematisiert[1] – und es zu diesem Zweck erst einmal interessiert zur Kenntnis nimmt. So ist nicht zuletzt Keys *Jahrhundert des Kindes* (wie manchem – mehr oder weniger entlegen – Werk der Reformpädagogik) „auch heute […] viele Leser zu wünschen – manches mögen sie befremdlich finden, anderes abwegig, jenes unsinnig, dieses übertrieben oder unrealistisch: wenn sie wenigstens anfangen, ihren eigenen Umgang mit Kindern und Heranwachsenden auch einmal mit *anderen* Augen zusehen." (Herrmann 2000, 265)

Mit anderen Augen sollte auch der Blick auf die Reformpädagogik erfolgen und sich aus mehr oder wenig heroisierenden Selbstbespiegelungen befreien, um auf eine mögliche Tragfähigkeit dessen aufmerksam werden zu können, was pauschal mit dem Etikett der Kälte einer rationalen Moderne versehen abgelehnt wurde. Kritisiert Marian Heitger, dass „die Reformbewegung […] dem systematischen Denken in der Pädagogik die emotionale und lebensganzheitliche Position entgegengestellt" (Heitger 2003, 24) habe, so lässt sich diese nun methodisch aufgreifen (vgl. auch Mikhail in diesem Band). Das Experimentieren Ellen Keys, das letztlich in einer die Natur des Kraftvollen und Höheren preisenden Nietzsche-Begeisterung die Bildung zum Übermenschen ausrief, ließ sich nur allzu leicht in eugenische Schreckensphantasien und -realitäten transformieren, vor allem dann, wenn – wie Skiera in seiner kantianischen Key-Kritik anmahnt – die „Aufkündigung eines moralischen Paradigmas der Aufklärung, daß der Mensch nämlich in sich selbst seinen Zweck trägt und folglich nicht zu irgendeinem Höheren instrumentalisiert werden kann und darf" (Skiera 2003, 90), nicht problematisiert wird. Die Zweck-an-sich-Bestimmung des Menschen verbietet dann jegliche ideologische Instrumentalisierung in einem vermeintlichen Bildungsprozess, kennzeichnet doch auch Key „als eines der Hauptübel […] den Versuch der Schule,

---

[1] Vgl. hierzu auch die Infragestellung der argumentativen Konsistenz in Ellen Keys *Jahrhundert des Kindes* durch Volker Ladenthin. Keys Text sei „eine Reihe von intensiven Bildern, Metaphern, Ausrufen, Forderungen, in denen kein logisches Davor und kein Danach, in dem keine Begründungen, kein erster, zweiter oder dritter Grund und keine Konsequenzen bedacht werden" (Ladenthin 1998, 234). Letztlich habe Key „die Kindheit nicht entdeckt", sondern „benutzt, um das Programm der Aufklärung auszuhebeln." (Ladenthin 1998, 235) Dabei sei Keys Text „gedanklich ungegliedert" (Ladenthin 1998, 231) und „stilistisch hochgerüstet […]. Hervorstechendes Merkmal dieses Stils sind die einander jagenden, die hintereinander her hechelnden Superlative und Verabsolutierungen […]. Die Welt soll jeweils aus einem Höhepunkt kuriert werden – jedes Mal und ohne Rücksicht darauf, ob sich die Superlative widersprechen und einer Hierarchisierung bedürften." (Ladenthin 1998, 230f.) Millers Analysen von Beispielen reformpädagogischer Rhetorik – wie „Zahlenhöchstwerte, Hochwertwörter sowie absolute Adjektive […,] Slogans und Metaphern" (Miller 2014, 253) weisen in die gleiche Richtung.

übergeordnete Ideen wie Familie oder Staat zu repräsentieren. Das führe unabwendbar zur Unterdrückung des Schülers, um dessen individuelle Förderung es doch aber gehen muß. Daß sie selbst im Banne einer übergeordneten, vermeintlich als wissenschaftlich erwiesene [sic!] und quasi-religiös geglaubten Idee steht, erkennt sie nicht als mögliches Problem." (Skiera 2003, 93) Auch eine „Pädagogik vom Kinde aus", die dieses meint einer naturalen Eigenentwicklung überlassen zu können, darf sich als eine lernende erweisen und sich durch dialogtheoretische Anregungen bereichern lassen. „Eine naturalistisch-evolutionistische Pädagogik ist theoretisch unmöglich, weil in ihrem Rahmen sowohl das dialogische Gegenüber des Erziehers (es ist auch als fehlbar-menschliches Gegenüber notwendig und konstitutiv) als auch der Anteil der Kultur (er bedeutet im Ganzen sowohl Steigerung wie Begrenzung von Möglichkeiten) im Erziehungsprozeß nicht angemessen reflektiert werden kann" (Skiera 2003, 95).

Das der Zukunft aufgegebene Weiterdenken der Reformpädagogik ist darum nicht die bloße Fortsetzung alter Konzepte in einer neuen Zeit, sondern die kritische Reflexion dieser Konzepte vor dem Hintergrund aktueller Fragestellungen im Blick auf eine Reform, die bereit ist, sich selbst zu reformieren – nicht im Sinne einer selbst den Reformwilligen überfordernden grenzenlosen Optimierung, sondern in Achtung des Humanums und damit fern von un- und übermenschlichen Ambitionen. „Reformpädagogische Momente können sich also von ihrem ursprünglichen erziehungstheoretischen und rettungspädagogischen Kontext lösen und so – als verwandelte, ihrer großen Aspiration entledigte und somit ‚trivialisierte' pädagogische Strukturmomente – in neue diskursive, bildungspolitische und innovationsstrategische Kontexte Eingang finden." (Skiera 2012, 74)

Konkret weitergedacht – die Beiträge

Die Autorinnen und Autoren dieses Bandes lassen Reformpädagogik nicht nur als eine multiperspektivsiche, vielgestaltige Bewegung ins Zentrum der Aufmerksamkeit rücken, sondern fragen zugleich nach der Anschlussfähigkeit der betreffenden Theoreme zu Beginn des 21. Jahrhunderts.

Volker Ladenthin hebt in seinem Beitrag *Die Zukunft der Reformpädagogik – die Reformpädagogik der Zukunft* anhand biographischer Erfahrungen Hermann Hesses einige schulische Missstände am Ende des 19. Jahrhunderts als Anlass reformpädagogischer Schulkritik im Blick auf die Kindorientierung hervor und kennzeichnet damit die Reformpädagogik als eine Bewegung aus der Praxis und für die Praxis. Ein nun aufkommendes schulkritisches Literaturgenre verwies auf die auch reformpädagogisch angeprangerte Missachtung der Schülerpersönlichkeit und konnte an historische Ansätze anknüpfen, wie Ladenthin im Rekurs auf Humboldt, Herbart, Kant sowie Goethes Kritik an Basedow aufzeigt. Noch Kästner und Kempowski kritisieren den kasernierenden Kurs einer disziplinierenden Drill-Schule. Ob Kunsterziehungs-, Arbeitsschul- oder Landerziehungsheimbewegung, die Reformer wollten die unter dirigistischen Lehr- und Stundenplänen Leidenden zu einer Bildung in Menschenwürde befreien – einer Bildung, die durch Kinderarbeit und -armut verhindert wurde. So habe am Beginn der Reformpädagogik kein dogmatisches Theoriekonstrukt gestanden, sondern eine prekäre gesellschaftliche Realität, aus der Landerziehungsheime einen Ausweg bieten wollten. Der Blick „vom Kinde aus" habe sich gegen eine Verzweckung der Schule durch Staat und Politik, die reformpädagogisch propagierte Selbsttätigkeit gegen eine verkopfte Schule des Eindrillens und Auswendiglernens gerichtet, wobei die Vormachtstellung der sogenannten Hauptfächer in gezielt „ganzheitlicher" Ausrichtung auf Musisches und Körperbezogenes gebrochen, das schulische Strafregime von einer Erziehung durch Einsicht abgelöst und eigentümlich kindliche Bedürfnisse im Rahmen einer selbstverwalteten Schule wieder be- und geachtet werden sollten. Damit setzte sich die Reformpädagogik Ziele, die noch heute von zahlreichen Lehrenden gewünscht, gefordert und angestrebt werden. Dies möge nicht über unleugbare Kritikpunkte an reformpädagogischen Ambitionen und in deren Namen vollzogenen Praktiken hinwegtäuschen; eine Pauschalverurteilung *der* Reformpädagogik sei jedoch nicht angebracht. Wer Reformpädagogik heute weiterdenken wolle, habe bei der Absicht von damals anzusetzen, um Schulwirklichkeit unter Berücksichtigung des heutigen Wissens- und Könnensstandes gestalten zu können. Hier trifft sich die damalige Reformbewegung mit der heutigen PISA-Kritik, in der Bildung vor Benchmarking und Inhalt vor Verwaltung gefordert werden. Dabei geht es nicht um die Glorifizierung von Reformschulen im Sinne einer ebenso fragwürdigen Pauschalaburteilung der Regelschule, sondern um die Prüfung des jeweiligen Reformkonzepts, das unter Umständen auch an der Regelschule gestaltbar ist. Die Reformschule der Zukunft habe in einem Klima wechselseitiger Wertschätzung durch erziehenden Unterricht kindgemäß und individuell die Selbständigkeit der Lernenden zu fördern. Entscheidend seien hierbei die Lebensbedeutsamkeit des Wissens und die Bildung des ganzen Menschen, nicht jedoch die kurzzeitige Verfügbarkeit über Prüfungsrelevantes. Das reformpädagogische Internat habe die Aufgabe, fern von bloßen Verwahrungsbemühungen auch Bildungsgelegenheiten außerhalb des Unterrichts zu bieten. Die gerade aufgrund des engen Schüler-Lehrer-Kontakts als typisch reformpädagogisch etikettierten Missbrauchsfälle der jüngeren Vergangenheit seien jedoch nicht als systembedingt zu kennzeichnen, sondern auf persönliches Versagen zurückzuführen. Zudem fordern sie einen verschärften Blick auf die dringend notwendige Klärung der Rolle von Internatserziehern im Bemühen um deren angemessene Ausbalancierung von Nähe und Distanz zu den ihnen anvertrauten Kindern und Jugendlichen. Reformpädagogik, die letztlich nicht an ihr Ende kommt, wird abschließend von Ladenthin als eine Pädagogik definiert, die sich nach ihren jeweils anstehenden Aufgaben in konkreten Konstellationen jeweils neu formuliert.

Zur Aktualität der Montessori-Pädagogik im 21. Jahrhundert – mit diesem Beitrag präsentiert Harald Ludwig eine neue und andere Maria Montessori, ihre bisher weitgehend unterbelichtet gebliebenen und vielleicht auch überraschenden Facetten. Hierzu setzt er bei der weltweit wechselvollen Montessori-Rezeption zu Beginn des 20. Jahrhunderts an. Während die Montessori-Euphorie in Amerika bereits in den 20er Jahren aufgrund der Prominenz von Dewey und Kilpatrick abgeebbt war, nahm sie nach dem Ersten Weltkrieg in Deutschland und anderen Nationen an Fahrt auf, um – nicht zuletzt bedingt durch den Nationalsozialismus – auch hier zunächst keine dauerhafte Etablierung erfahren zu können. Vielfach tot gesagt, erfreut sich die Montessori-Pädagogik heute einer großen internationalen Anhängerschaft – nicht zuletzt auch in den USA. Die von Montessori und ihrem Sohn gegründete Association Montessori Internationale (AMI) zum Beispiel veranstaltet noch heute mehr als gut besuchte internationale Kongresse. Erwähnt werden weitere Netzwerke, die zum Teil auch das Internet zum Austausch nutzen. Nicht zuletzt der PISA-Diskurs und die Regelung der U3-Betreuung rücken die Montessori-Pädagogik zur Zeit in Deutschland ins Licht der Öffentlichkeit, flankiert durch eine historisch-kritische Ausgabe der Montessori-Schriften, die nun auch das bisher schwer zugängliche mathematikdidaktische Oeuvre stärker verbreiten soll und auf noch weitere wenig bekannte Errungenschaften Montessoris aufmerksam macht. Letztlich werde die Montessori-Pädagogik jedoch nicht durch die Größe der Anhängerschar oder den allgemeine Bekanntheitsgrad begründet, sondern durch ihre systematische Bedeutung für eine zeitgemäße Pädagogik. So könne zum Beispiel das von Montessori favorisierte Sinnestraining, dem von Kilpatrick eine förderliche Bedeutung für die geistige Entwicklung abgesprochen worden war, genau diese Bedeutung aufgrund der aktuellen Hirnforschung zuerkannt werden. Zudem sei Pädagogik eine mehrperspektivische, über das empirisch Messbare hinausgehende und auch das Philosophische einbeziehende Wissenschaft. An die „Pädologie" des französischen Psychologen Eugène Blum anknüpfend, kann zwischen einer „Allgemeinen Pädologie", einer experimentellen „Laboratoriumspädologie" und einer verstehenden „Introspektiven Pädologie", die zunehmend in den Fokus der Montessorischen Interessen gerückt sei, differenziert werden, wobei Montessori auch hinsichtlich ihrer frühen Pädagogik nicht als reine Empirikerin bezeichnet werden könne. Neben ihrer medizinisch-biologischen Sichtweise auf den Menschen, die sie vor allem in den Frühschriften vertritt, rückt eine gesellschaftlich-kulturelle und schließlich eine philosophische und religiös-theologische Sichtweise. Dass Montessori sich zudem bereits 1906 für eine Reform des Strafvollzugs für Kinder und Jugendliche eingesetzt habe und schon früh für die heute in vielen Kontexten nach wie vor problematisierungs- und förderungsbedürftigen Rechte der Kinder eingetreten sei, möchte Ludwig als bisher kaum beachtete Tatsachen mit Nachdruck betonen. Zudem zeigt er wesentliche Momente der in vielen Aspekten heute noch angebrachten Montessorischen Schulkritik auf, die sich nur verstreut in ihrem Werk finden lassen, sowie ihre gerade im Internet-Zeitalter betonenswerte Hervorhebung der erzieherischen Aufgabe von Schule. Für die konkrete Gestaltung von Lernprozessen könne uns Montessori auch heute noch wertvolle Impulse geben, denn Lernen müsse individualisiert und nachhaltig sein sowie alle Sinne und das selbständige Tun stärker einbeziehen. Zudem müsse sich heutiges Erziehen – wie Ludwig mit Verweis auf Vorteile der Freiarbeit bemerkt – auf die Förderung von Entscheidungs- und Bindungsfähigkeit ausrichten. Individualisiertes Lernen solle sich mit Sozialerziehung und sozialer Integration verbinden; und schließlich müsse Erziehen heute auch die Erfahrung von Stille ermöglichen. Anschließend stellt Ludwig drei Thesen für das heutige Lernen und Erziehen auf. Beide seien auf eine stärkere Öffnung der Schule auszurichten, des weiteren sollten sie – ähnlich wie Montessoris „Kosmische Erziehung" – in menschheitsbezogener Perspektive erfolgen und schließlich auf Friedenserziehung hin orientiert sein. Dabei betrachtet Ludwig die Montessori-Pädagogik – wie jedes reformpädagogische Konzept – als eine der kreativen Weiterentwicklung aufgegebene.

Jost Schieren greift unter dem Titel *Waldorfpädagogik und Erziehungswissenschaft. Eine Neubesinnung* die gerade nach dem PISA-Schock gestiegene Attraktivität der Waldorfschulen auf. Umso erstaunlicher scheine es, dass das ihnen zugrunde liegende Bildungskonzept in erziehungswissenschaftlichen Kontexten – wenn überhaupt – betont kritisch betrachtet werde, und dies meist ohne differenzierte Blicktiefe. Schieren zeigt auf, dass dem gegenüber empirische Studien die Waldorf-Thematik gehäuft und zustimmend aufgreifen. Durch die Eltern der Lernenden zum erheblichen Teil mitfinanziert, eilt Waldorfschulen hierzulande nach wie vor der Ruf der Privilegiertenpädagogik voraus, doch zunehmend zeige sich die erfolgreiche Umsetzung der Waldorferziehung in sozialen Brennpunkten und Krisenländern. Im akademischen Kontext können inzwischen zahlreiche institutionelle Entwicklungen, Initiativen, Publikationen und Forschungsprojekte aufgezeigt werden – verbunden mit einer dialogorientierten Wissenschaftlichkeit, die dezidiert und produktiv auf kritische Stimmen eingeht. Hier gilt es auch, sich mit der vielen eingeschworenen Steiner-Anhängern nachgesagten anthroposophisch-esoterischen Heilslehre auseinanderzusetzen und ihren Anspruch kritisch zu verorten, wozu nicht zuletzt der eigene phänomenologisch-erkenntnistheoretische Ansatz Steiners dienen kann. Waldorfpädagogik habe sich letztlich nicht auf einen ideologischen Dogmatismus, sondern auf ihren Bildungserfolg zu berufen, wobei ihre esoterischen Inhalte als heuristische Annahmen fungieren und auch ein allgemein festzuschreibendes Menschenbild verabschiedet werden könne. In ihrer Auffassung des Menschen als eines der Selbstbestimmung aufgegebenen Wesens halte die Waldorfpädagogik dessen Gestaltungsräume offen, was gerade für Kritiker an einem weitgehend ökonomisch orientierten Bildungssystem attraktiv erscheinen kann, zumal auch den Waldorf-Lehrenden eine fortgesetzte geistig-sensible Entwicklung aufgegeben sei, die wiederum den Lernenden zugute kommen könne. So habe sich nicht nur die Waldorfpädagogik in Besinnung auf ihren rationalen Kern der Erziehungswissenschaft anzunähern, sondern diese sich dialogorientiert mit diesem Kern auseinanderzusetzen.

Dem von Schieren fokussierten *rationalen* Steiner und der von Ludwig vorgestellten *neuen* Montessori kann mit Andreas Lischewski ein *anderer* Kerschensteiner zur Seite gestellt werden. Dieser habe vor allem in seinem Spätwerk manches zurechtgerückt, was seine gemeinhin kritisierte staatsbürgerliche Instrumentalisierung der Erziehung in Frage stellt. Lischewski betont in seinem Beitrag *Sittlichkeit und Sachlichkeit. Pädagogische Arbeit als Bildungsprinzip bei Georg Kerschensteiner* die Bedeutung des Arbeitsschulgedankens für die Reformpädagogik und dessen schulpraktische Relevanz zu Beginn des 20. Jahrhunderts. Im Gedanken der Arbeitsschule konnten Grundlagen der wichtigsten Strömungen der Reformpädagogik vereint werden. Kerschensteiners Konzeption der Arbeitsschule wird im Licht der Pädagogik „vom Kinde aus" betrachtet, verbunden mit einer Volksschulkritik, die die Individualität der Lernenden und deren Anregung zum eigenständigen und zielgerichteten Erarbeiten ihrer Interessenbereiche in den Fokus rückt. Im gleichzeitigen Bewusstsein der Grenzen einer Pädagogik „vom Kinde aus" plädierte Kerschensteiner für eine über die berufliche und staatsbürgerliche Bildung führende sachlich-sittliche Bildungsausrichtung, bei der es zu verhindern galt, die Selbstliebe des Kindes in Selbstsucht ausufern zu lassen. Dabei macht Lischewski darauf aufmerksam, dass die von Kerschensteiner propagierte staatsbürgerliche Erziehung, die eine parteiübergreifende Ausrichtung gehabt habe, fälschlicherweise dem Dogmatismus-Verdacht ausgesetzt worden sei. Unter Berücksichtigung (inter-)individueller Interessenkollisionen habe Kerschensteiner den Blick auf altruistische Bestrebungen zum Zweck einer mitmenschlichen Schülergemeinschaft gelenkt. Auch die soziale Orientierung an den Belangen des Staates habe ihre Grenzen, da sie in grundsätzlich ethischer Ausrichtung auf einen Interessenausgleich der Beteiligten deren fraglose Unterordnung unter gegebene Staatsverhältnisse verbiete. Vielmehr seien sie als sittlich freie Persönlichkeiten anzuerkennen, womit Kerschensteiner den gegen ihn erhobenen Vorwurf einer Bevorzugung des in erster Linie brauchbaren und unterordnungswilligen Staatsbürgers selbst ausgeräumt habe. Neben dem Begriff des Interesses tritt schließlich derjenige des (Kultur-)Wertes in Beziehung zum Bildungsbegriff, wobei Kerschensteiner eine sittlich ausgerichtete Bildung favorisiere, die den Lernenden zu Werturteilsfähigkeit zu führen habe. Dies wird von Lischewski gerade angesichts gegenwärtiger wirtschafts- und renditeorientierter Ambitionen im Bildungswesen hervorgehoben. Die vom Lernenden geforderte sachliche Einstellung verbiete sowohl eine übersteigerte Fixierung auf die Sicht „vom Kinde aus" als auch die Selbstaufgabe in staatsbürgerlicher Unterordnung. Vielmehr sei auch das Sachliche unter Wertaspekten zu betrachten. Problembewusstsein und Urteilskraft im situationsrelevanten Abwägen von Werten zur moralisch verantwortbaren Entscheidungsfindung können hierbei vor allem in Bezug auf Kerschensteiners Spätwerk betont werden. Das Bemühen um einen sorgfältigen, methodisch gerechtfertigten und moralisch verantwortlichen Umgang mit reformpädagogischen Ansätzen und Konzepten sei nicht zuletzt den heutigen Rezipienten aufgegeben.

Unter dem Titel *Die „werdende Persönlichkeit" als monadisches Kraftzentrum. Hugo Gaudigs Prinzip der Selbsttätigkeit* möchte Anke Redecker den Blick auf einen weitgehend vergessenen Reformpädagogen lenken, dessen Argumentation nicht nur aufgrund seiner konservativ ausgerichteten Mädchenbildung und einer betont patriotischen Pädagogik fragwürdig erscheine. Gaudig betone die aus dem Klassenverband herausgelöste Selbsttätigkeit der Lernenden dermaßen stark, dass nicht nur die Aktivität der Mitlernenden, sondern auch diejenige der Lehrperson weitgehend ausgeschaltet werde. Eine dialogische Auseinandersetzung im Unterricht könne darum nicht hinsichtlich ihrer pädagogischen Bedeutsamkeit von Gaudig hinreichend problematisiert und gewürdigt werden. Redecker verankert die Gaudigsche Begeisterung für die einsame Freiarbeit in einer Leibniz-Rezeption, durch die der einzelne Lernende als eine in sich geschlossene, isolierte Monade aufgefasst werden kann, die sich bildend aus sich selbst heraus entwickeln soll. Damit wird dem bisher erst in Ansätzen aufgedeckten philosophischen Hintergrund Gaudigs und einer spezifisch-individualpädagogischen Leibniz-Rezeption nachgespürt, anhand derer Leibniz durch die Betonung einer ganzheitlichen, geist-leiblichen Bildung auch für reformpädagogische Ansätze herangezogen werden kann. Redecker konstatiert hierbei eine argumentative Zweigleisigkeit, die neben dem quasi-biologisch angelegten, teleologischen Bildungsverständnis Gaudigs auf einen durch vernunftbasierte Selbsttätigkeit ausgezeichneten Bildungsgedanken rekurriert. Es sei gerade die Rätselhaftigkeit der Leibnizschen Monadologie, die eine solch widersprüchliche – einerseits teleologisch-vormoderne, andererseits modern-vernunftbasierte – Auffassung von Bildung ermögliche. Es gelte nun an die letztere und dabei zugleich nicht an den *vormodernen*, sondern den *modernen* Gaudig anzuknüpfen, um reformpädagogische Bestrebungen mit dem Gedanken der unbestimmten Bildsamkeit einer dialogisch anzuregenden Geistmonas verbinden zu können, während Gaudig das lernende Selbst vielfach als ein sich in Richtung Vollkommenheit hochstilisierendes und damit der Gefahr der Überforderung ausgesetztes Kraftzentrum schildere.

„Pädagogik vom Kinde aus" – Alfred Petzelts Reformulierung eines reformpädagogischen Slogans – so betitelt Thomas Mikhail seine kritischen Ausführungen zu einer auf Anpassung und Bevormundung gerichteten Normalpädagogik, der die Reformpädagogik ihren Slogan „vom Kinde aus" entgegengesetzt habe. Mit Israel Scheffler betont Mikhail hierbei die oft zu Popularisierung und Simplifizierung führende Spezifizität von Slogans, fern von einem differenziert bearbeiteten Theoriekonzept konkretes Handeln anzuregen. Diese Rezeptionstendenz teile das reformpädagogisch propagierte „vom Kinde aus" zum Beispiel mit dem aktuell geforderten „längeren gemeinsamen Lernen". Pädagogische Slogans können im Namen eines ausgerufenen Besseren Schlechtes verdecken oder verschleiern, wie angesichts der im Kontext der Reformpädagogik aufkommenden Missbrauchsdebatte betont wurde. Um den Slogan „vom Kinde aus" zu hinterfragen und ihn auch gegen einen Laissez-faire-Stil abzugrenzen, rekurriert Mikhail auf Alfred Petzelt, der sich mit seiner

streng methodisch-systematischen Ausrichtung auf den ersten Blick deutlich von reformpädagogischer Praxisorientierung absetze. Betrachtet man Reformpädagogik jedoch nicht als eine lediglich klar umrissene Epoche, sondern als ein fortwährendes Streben nach dem Besseren, so können auch Petzelts auf die Selbstbestimmung der Lernenden gerichteten pädagogischen Bestrebungen als reformpädagogisch charakterisiert werden, wobei er an die Stelle des biologismusverdächtigen Lebensbegriffs denjenigen des Erlebens treten lasse – und den Entwicklungsbegriff klar durch den Begriff der Selbsttätigkeit verabschiede. Ähnlich wie in der Reformpädagogik gewinne auch der Gemeinschaftsbegriff in Petzelts Konzept eine tragende Rolle, ohne jedoch mystifiziert zu werden. Mit der Reformpädagogik verbinde Petzelt zudem das Bestreben, Pädagogik als methodisch eigenständige Disziplin zu bestimmen. Sowohl die Argumentation Petzelts als auch diejenige der ausdrücklich als solche anerkannten Reformpädagogen könne auf Rousseaus *Émile* zurückgeführt werden. Hier findet Mikhail den Ursprung des Slogans „vom Kinde aus" – noch fern von einer reformpädagogisch-selbstwidersprüchlichen Glorifizierung des Kindes. Während die reformpädagogisch vorausgesetzte Vollkommenheit des Kindes durch Nicht-Eingreifen seines Erziehers lediglich zu erhalten sei, stelle Petzelts Verständnis einer Pädagogik „vom Kinde aus" die Aktivität des Menschen und dessen individuelle Sinngebung in den Mittelpunkt. Pädagogik finde letztlich ihr Maß weder „vom Kinde", noch „vom Erwachsenen" aus, sondern im Menschen. Damit nehme Petzelt Abstand von glorifizierenden Verirrungen des „Kindgemäßen" und besinne sich – wie Rousseau – auf die „Natur" des Kindes. Dieses sei im Appell an seine Verantwortlichkeit für den eigenen Umgang mit anderen, der Welt und sich selbst vom Erzieher unabhängig zu halten und von diesem dialogisch zum eigenständigen Urteilen anzuregen, ohne indoktriniert zu werden. Hierzu räume Petzelt der Frage im pädagogischen Prozess eine entscheidende Position ein.

Unter dem Titel *Ist Reformpädagogik noch aktuell? Eine schulpädagogische Betrachtung am Beispiel der Montessori-Pädagogik* geht Svea Cichy sowohl den Aussagen gegenwärtiger Montessori-Praktiker als auch der kritischen Montessori-Literatur nach, um im Ausgang von der gegenwärtigen Renaissance reformpädagogischer Schulpraxis zu betonen, dass gerade aufgrund der aktuellen Kritik an der Regelschule das Konzept der Montessori-Pädagogik, das wohl prominenteste unter den reformpädagogischen Konzepten, eine tragfähige Alternative darstellen könne. Hier werde auf eine kreative Erziehung zur Eigenständigkeit großer Wert gelegt, weiterhin auf die Zusammenarbeit der Lernenden, wie sie zum Beispiel mit der Unterrichtsmethode „Lernen durch Lehren" fokussiert wird. Cichy zeigt, dass Montessoris Schulkritik bereits ein Vorläufer des gegenwärtig akzentuierten Unbehagens an der Output-Orientierung, an Notendruck, Turbo-Abitur sowie rigiden Curriculum- und Stundenplanvorgaben war. Schon Montessori beklagte in ihrer Schulkritik die Ausbildungsfokussierung aufkosten der Bildung. Cichy beschreibt, wie heute im Geiste Montessoris neben der Schule als einem relativ realitätsentlasteten Erprobungsraum Projektunterricht eingesetzt wird, um die Lernenden auf ein selbstverantwortliches Leben als mündige Bürgerinnen und Bürger vorzubereiten und wie durch außerschulische, regional verankerte Aktivitäten Vorteile für alle Beteiligten erzielt werden können. Zudem könne durch Unterrichtsmodelle, die eng an universitären Lehrformen angelehnt seien, die Selbsttätigkeit gefördert werden. Reformpädagogik wird so auch über die Gegenwart hinaus zu einer stets neu geforderten Aufgabe.

Sidonie Engels stellt schließlich in ihrem Beitrag *Die Kunsterziehungsbewegung und die deutsche Kunstdidaktik* entscheidende Ergebnisse des ersten Kunsterziehungstags 1901 in Dresden heraus, wo sich verschiedene Vertreter der Bewegung zu zahlreichen Vorträgen und Diskussionen versammelten, unter ihnen ihre berühmten Protagonisten Konrad Lange und Alfred Lichtwark. Hier sprach man sich unisono für eine Reformierung des Kunstunterrichts aus. Grundanliegen der Kunsterziehungsbewegung war die ethische Bildung des heranwachsenden Menschen durch Sensibilisierung für das Ästhetische. Da hierbei dem Lehrer eine Schlüsselrolle zukomme, war es erforderlich, am ersten Kunsterziehungstag, der vielfache kontroverse Diskussionen mit sich brachte, auch Fragen der Lehrerbildung zu erörtern. Dass der Sinn für das Künstlerische sowohl produktiv als auch rezeptiv auszubilden sei sowie wesentliche hierfür im Rahmen der Kunsterziehungsbewegung vorgeschlagenen Wege und Kriterien gelten bis heute als Kernanliegen des schulischen Kunstunterrichts. Nach dem ersten Nachkriegs-Kunsterziehungstag 1949 in Fulda sollte der Kunstunterricht der 50er Jahre fern von einer Intellektualisierung an das Emotionale appellieren, während seit Beginn der 60erJahre das Rationale dominiere. Hätten Anfang des 20. Jahrhunderts die Wahrnehmung und Widergabe der Natur im Vordergrund gestanden, so spiele beides nun kaum noch eine Rolle; auch von einer – zudem der Autoritätshörigkeit verdächtigen – musischen Erziehung habe man sich inzwischen weitgehend verabschiedet. In den 90er Jahren werde die Debatte schließlich von der Frage nach einer Vereinbarkeit von Kunst und Pädagogik geprägt. Das Reformbestreben zu Beginn des 20. Jahrhunderts teile die Kunsterziehungsbewegung mit einer aktuellen PISA-Kritik, die eine Wahrnehmungs- und Vorstellungsdifferenzierung vernachlässigende Kompetenzorientierung moniere, während die 1901 in den Fokus gestellte enge Verbindung von Kunst und Lebenswelt im heutigen Kunstunterricht vielfach nicht mehr vorausgesetzt werde, was der Kunstdidaktik neue Fragen aufgeben könne.

Reformpädagogik als Aufgabe

Reformpädagogik bleibt aktuell. Sie kann „nicht zu Ende sein, solange Selbstentwicklung und Eigenverantwortung in und für die Gemeinschaft auf der (schul-)pädagogischen Agenda stehen und unter sich verändernden Bedingungen immer neue Herausforderungen darstellen." (Schlüter 2012, 162) Einige dieser aktuellen Bedingungen und Herausforderungen sollen im Folgenden aufgegriffen werden, um Reformpädagogik als Aufgabe der Gegenwart und Zukunft zu problematisieren. Die Konzentration liegt hierbei auf der aktuellen reformpädagogisch kontextualisierbaren Schulkritik, der Inklusion und dem vielfach propagierten Forschenden Lernen.

Dass Persönlichkeitsbildung in einem weitgehend ausbildungsorientierten Unterricht auf der Strecke bleibt, wird nicht nur in der Reformpädagogik (vgl. Ludwig 2013, XV, Montessori 2013, 217), sondern auch in der aktuellen Schulkritik angemahnt (vgl. Maeder 2014, 135). Im Vordergrund stehe nicht die Mündigkeit von Schülern, sondern das Managen von Schulen, nicht die Kreativität des Kindes, sondern der Konkurrenzdruck der Lernenden und zukünftigen Erwerbstätigen. „Während die Wahrnehmungsfähigkeit, die ästhetische Dimension, für die Entwicklung der Persönlichkeit von zentraler Bedeutung ist, bleibt sie in der schulischen Bildung randständig", kritisiert Nida-Rümelin (2013, 225) und trifft damit den Ton der Kunsterziehungsbewegung (vgl. Engels in diesem Band). Nida-Rümelin plädiert für die „Balance von Physischem und Psychischem, von Ästhetik und Praxis als Bildungsweg und -ziel. Die deutsche Bildungspolitik hat dagegen die niederschmetternden ersten PISA-Ergebnisse zum Anlass genommen, die musische und die physische Bildung weiter zu marginalisieren, zu einer Schattenexistenz am Rande eines übervollen Stundenplans zu verdammen." (Nida-Rümelin 2013, 227) Und in gleicher Argumentationsrichtung pointiert: „Eine humane Bildung soll den ganzen Menschen in den Blick nehmen, ihn in seiner ästhetischen, emotionalen, ethischen und kognitiven Dimension respektieren. Die menschliche Praxis verlangt nach einer Kohärenz emotiver und kognitiver, ästhetischer und ethischer Erfahrungen und Einstellungen." (Nida-Rümelin 2013, 230)

Betont Skiera gerade „das Leiden an und in der Schule" (Skiera 2012, 65) als ein Grundübel, dem Reformpädagogen den Kampf angesagt haben, so akzentuiert die gegenwärtige Schulkritik eine ähnliche Misere. Hansen-Schaberg gibt zu bedenken, dass es im Kaiserreich kaum möglich war, „pädagogische Freiräume zu gestalten" (Hansen-Schaberg 2005a, 13) – bis auf vereinzelte Ausnahmen: Wald- und Freiluftschulen, private Schulen wie höhere Mädchenschulen und Landerziehungsheime. „Die ansonsten vorherrschende Untertanenerziehung und insbesondere der herbertianisch geprägte Unterricht mit der zentralen Lehrer-Autorität […] kannten kein ‚Eigenrecht' des Kindes. Trotzdem oder gerade deshalb wuchs der Wille zu Reformen." (Hansen-Schaberg, 2005a, 13) Heute ist es die „Schule der Kontrollgesellschaft", in der jeder nicht als Persönlichkeit, sondern als Manager seiner selbst in den Fokus rückt. Hier ist der kritische Ruf nach einer Reformpädagogik erforderlich, die Persönlichkeitsbildung wieder in den Mittelpunkt stellt und die Lehrperson nicht lediglich als Coach oder Lernbegleiter versteht, sondern als moralisch verantwortliche und gleichzeitig fehlbare Persönlichkeit mit Erziehungsauftrag. „Auch in sittlicher Hinsicht hat die Person des Lehrers eine große Bedeutung. Denn wenn er etwas lehrt und etwas anderes tut, dann erzeugt dieser Widerspruch beim Schüler entmutigende Konflikte, während das Vertrauen zum Lehrer eine wirkliche moralische Stütze darstellt." (Montessori 2013, 49)

Doch den Kritikern der Kultur des sich stets als kreativ und konkurrenzstark beweisen müssenden „unternehmerischen Selbst" (vgl. Bröckling 2007) ist die „alte" Reformpädagogik verdächtig geworden, propagierte sie doch gerade jene Selbsttätigkeit und Eigenständigkeit, die den Unternehmer seiner selbst von sich selbst entfremden soll. Budde betont, dass „alternativer Unterricht nicht unbedingt das ‚positive', ermöglichende und alternativ-reformpädagogische Gegenteil vom traditionellen und frontalen Fachunterricht ist" (Budde 2010, 312). Schließlich „werden die SchülerInnen durch die als Gouvernementalitätsstrategie zu bezeichnende Selbstverantwortung für die Lernprozesse nun auch selber zu Produzenten von Machttechniken." (Budde 2010, 312) Der Wechsel von der Disziplinar- zur Kontrollgesellschaft gehe „mit einer Ausweitung von Modulationsfähigkeit, Kontrolle, Prävention, Verantwortlichkeit und Flexibilisierung einher und führt zu einer verstärkten Selbstverantwortlichkeit der Individuen im Feld der Macht. [...] Die verordnete Selbstverantwortung ist somit auch ein Spiegelbild des Wandels gesellschaftlicher Anforderungen. Nicht nur reformerische Vorstellungen eines selbstbestimmten Lernens, sondern auch das Leitbild des ‚Unternehmer des Selbst' steht im Hintergrund Pate." (Budde 2010, 312)

Die hier akzentuierten Gefahren machen erneut auf die Notwendigkeit einer kritischen, nicht zuletzt auch ethischen Grundlegung des Reformerischen aufmerksam. Das sich erfolgreich unternehmende Selbst hingegen ist der scheinbar starke Machtmensch, der sich in Richtung Übermensch perfektioniert und nicht das in seiner Fragilität und Verletzlichkeit geachtete Subjekt. So wundert es nicht, dass von Seiten der Reformpädagogik-Kritiker auch das derzeit große Thema der Inklusion angeführt wird, um die eigene Position zu stärken. „In einer Vorlesung zur Allgemeinen Pädagogik" komme „häufig die Reformpädagogik als historische Epoche vor, aber sicher nicht die Reformpädagogik der Behinderten, was auch damit zu tun" habe, „dass die Vorzeigeschulen der Epoche nie eine inklusive Bildung vertraten. Kein Landerziehungsheim hat vor oder nach dem Ersten Weltkrieg Menschen mit Behinderung integriert; die Reformpädagogik hatte wie jede Allgemeine Pädagogik das normale, gesunde und nichtbehinderte Kind vor Augen, eine Sichtweise, die seinerzeit stark eugenisch beeinflusst war." (Oelkers 2012, 32)

Liesen hingegen, der bemerkt, dass die Integration in Deutschland „nur über Umwege ins öffentliche Schulsystem" (Liesen 2006, 70) kam, berichtet, dass 1970 in München eine Montessori-Schule als „erste Schule für behinderte und nichtbehinderte Kinder in der Bundesrepublik" (Liesen 2006, 70) eröffnet wurde, an der auch geistig behinderte Kinder unterrichtet wurden. „Weitere Montessori-, Waldorfsowie freie Schulen folgten" (ebd.), während erst sechs Jahre später die erste öffentliche Schule Integrationsklassen einrichtete. Dass nicht erst ihren Nachfolgern, sondern Montessori selbst die Bildung von Kindern mit Behinderung am Herzen lag, hebt Harald Ludwig hervor, der das bereits in ihren Frühschriften dokumentierte Engagement Montessoris für die Förderung geistig behinderter Kinder betont. Deren ganzheitliche Bildung habe auch im weiteren Verlauf von Montessoris

Leben eine entscheidende Rolle gespielt (vgl. Ludwig 2011, VII). „Auch wenn sich andere ebenfalls um diesen Problemkreis bemüht haben, so hat er in Italien doch erst durch Montessoris Wirken, ihr rednerisches Talent und ihre sachliche Überzeugungskraft, mehr Aufmerksamkeit gefunden." (Ludwig 2011, XII) Leider skizziert Montessori „als ‚Kind ihrer Zeit'" (Ludwig 2011, XVIII) viel Förderliches in der heute wenig ansprechenden, „anstößig anmutenden Sprache der damaligen Zeit" (ebd.). Hervorzuheben bleibt jedoch, dass „ihr Anliegen gerade ist, die darin für uns heute enthaltenen Abwertungen zu überwinden und auch behinderten Menschen das ihnen zustehende Menschenrecht auf angemessene Förderung nicht nur zuzugestehen, sondern es auch zu realisieren." (ebd.) Montessori wird zur Streiterin für diejenigen, die nicht nur aufgrund ihrer Konstitution, sondern auch ihrer gesellschaftlichen Ächtung benachteiligt sind. Ende des 19. Jahrhunderts schreibt sie: „Wenn wir heutzutage mit Schrecken an die Zeiten zurückdenken, in denen man die armen Verrückten in Ketten legte, müssten wir alle, Bevölkerung und Regierende gründlich über diese anderen Unglücklichen nachdenken, die auch zu Ketten verdammt sind, die durch die Geringschätzung und Verachtung der Gesellschaft noch schwerwiegender sind." (Montessori 2011a, 8)

Heute wird gerade im Inklusionsdiskurs ein Gewinn durch Montessori-Pädagogik in den Fokus gestellt, da einige ihrer Spezifika – wie die Orientierung gebende „vorbereitete Umgebung" oder das Selbstkontrolle ermöglichende Montessori-Material (vgl. Wocken 2013, 148, 209) – „den Entwicklungsbedürfnissen aller Kinder angemessen" seien und „hohe Anforderungen für Schüler mit spezieller Problematik" erfüllten (van der Wolf 2010, 82, vgl. Auerbach 2010, 180). Zudem favorisierte Montessori in der Zusammenführung verschiedener Alters- und Jahrgangsstufen ein soziales Lernen, in dessen Kontext die Schwächeren geachtet werden (vgl. Köpcke-Duttler 2010, 117) und gerade die ihnen Helfenden in Wissen, Selbstvertrauen und Sozialkompetenz gestärkt werden können (vgl. Anderlik 2010, 141), während ihr die „alten Schulen […] des Wettstreits" (Köpcke-Duttler 2010, 118) als Schauplätze des Machtkampfs zwischen Kindern verdächtig waren. So sei die Montessori-Pädagogik geprägt von der „Hilfe zur Selbsthilfe" (Zimpel 2014, 112, vgl. Wocken 2013, 215) und „der Anerkennung der Menschlichkeit des anderen Menschen, von den Gefühlskräften der Empathie und der schöpferischen Achtung des Anderen, die sich mit meiner Selbstachtung verbindet" (Köpcke-Duttler 2010, 118). Eine Befürwortung heterogener Lerngruppen wird als typisch reformpädagogisch herausgestellt (vgl. Bos/Scharenberg 2010, 173). „Reformpädagogischer Unterricht öffnet sich gegenüber der Individualität der Lernenden." (Kohlberg 2007, 71) Hinsichtlich der Montessori-Pädagogik verweist Zimpel darüber hinaus auf Fragebögen und Leitfadeninterviews, die „zeigen, dass die Stärken der Bildungseinrichtungen vor allem in der Lernkultur liegen: Die Beziehung zwischen Lehrenden und Lernenden ist vertrauensvoller, auf Stärken und Schwächen Einzelner geht man differenzierter ein, und es gibt mehr Möglichkeiten, eigene Ideen und Meinungen in den Unterricht einzubringen." (Zimpel 2012, 168)

Unverkennbar ist zur Zeit, nicht nur hinsichtlich der Inklusionsthematik eine Montessori-Renaissance zu erleben (vgl. hierzu auch Ludwig und Cichy in diesem Band). Auch bisher nicht in deutscher Sprache zugängliche Teile des Montessorischen Werkes liegen nun in Übersetzung historisch-kritisch ediert vor (vgl. Kelpin 2013, X, Ludwig 2013, XIII, Montessori 2013), was einer weiteren differenzierten Montessori-Rezeption zugute kommen kann. Die kleinen Frühschriften aus den Jahren 1897 bis 1917, die der deutschsprachigen Leserschaft – und nicht nur ihr – eine weitgehend unbekannte Montessori zugänglich machen" (Ludwig 2011, XVI), können nun im Rahmen einer Montessori-Gesamtausgabe übersichtlich, in deutscher Sprache und textkritisch bearbeitet rezipiert werden (vgl. Montessori 2011, Ludwig 2011, IX) und halten „auch für den Leser, der mit Montessoris pädagogischen Hauptschriften vertraut ist, überraschende, klärende und vertiefende Erkenntnisse" (Ludwig 2011, XV) bereit: Dabei widerlegen sie zum Beispiel das Vorurteil von der „angeblich amusische[n] Ärztin Montessori" (ebd.).

Eine Renaissance erleben zur Zeit auch zwei Schlagworte des schulpädagogischen Diskurses, hinsichtlich derer ebenfalls bei Montessori nachzufragen wäre: das Forschende Lernen und das gern als dessen Vorstufe ausgegebene Entdeckende Lernen. Denn manches, das heute als innovativ etikettiert wird, findet sich bereits in reformpädagogischen Ansätzen. Helmke kennzeichnet ein spezielles „Lernen durch Entdeckung" als „eine Form des Wissenserwerbs, bei der die Neugier und Eigenaktivität des Lernenden im Vordergrund stehen" [...]. Entdeckendes Lernen kann zu *forschendem Lernen* werden, wenn es sich an den Prinzipien der wissenschaftlichen Forschung orientiert." (Helmke 2010, 68f.) Das Forschende Lernen wiederum wird in John Hatties Sudie *Visible Learning* als ein „Unterrichtsansatz" gekennzeichnet, „in dem herausfordernde Situationen entwickelt werden, die Lernende zu Folgendem auffordern sollen: Phänomene zu beobachten und zu hinterfragen; Erklärungen dafür zu geben, was sie beobachten; sich Experimente auszudenken, in denen Daten gesammelt werden, und diese durchzuführen, um ihre Theorien zu stützen oder zu widerlegen; Daten zu analysieren; Schlussfolgerungen aus den experimentellen Daten zu ziehen; Modelle zu entwerfen und zu bauen – oder eine Kombination aus diesen Tätigkeiten. Diese Lernsituationen sind ergebnisoffen gedachte, insofern das Ziel nicht darin besteht, eine einzig ‚richtige' Antwort auf eine bestimmte Ausgangsfrage zu finden. Vielmehr ist beabsichtigt, die Lernenden tiefer in den Prozess des Beobachtens und Fragestellens einzubinden, sie an Experimenten und an der Erforschung zu beteiligen und ihnen beizubringen, wie man analysiert und begründet." (Hattie 2013, 247)

Das neugierige und selbsttätige Entdecken anregender Phänomene, Aufgaben und Probleme wird von Montessori als ein wesentliches Bildungsmoment des bereits vorschulischen Kindes betont. „Es ist das Kind selbst, welches Interesse an den Dingen entwickelt und alles genau beobachtet und dabei den Eindruck gewinnt, dass es permanent Entdeckungen macht. Nicht die Lehrerin bemüht sich, sein Interesse zu wecken, um sein Bewusstsein auf neue Dinge (hinzuweisen), sondern das Kind geht spontan auf diese Dinge zu und bemerkt sie, als ob es sich um eine Entdeckung handele. Die Entdeckung belebt es. [...] Tatsächlich hat das Kind den Eindruck, eine Entdeckung gemacht zu haben. Folglich stellt das Unbekannte, welches zum Bekannten wird, ein völlig anderes Phänomen dar als dasjenige, das entsteht, wenn ein Lehrer von außen her etwas vermittelt." (Montessori 2014a, 276) Es geht also nicht, wie Hattie angibt, darum, Lernende zu instruieren und ihnen etwas „beizubringen" (Hattie 2013, 247). Vielmehr kann mit Montessori auf die Notwendigkeit von Sprachsensibilität in pädagogischen Kontexten aufmerksam gemacht werden. Schließlich betont auch Hattie: „Nicht das Wissen oder die Ideen, sondern die Konstruktion dieses Wissens durch die Lernenden sind entscheidend." (Hattie 2013, 281) Oder mit Montessori: „Statt dass das Interesse einfach (und) künstlich vom Lehrer ausgeht, muss etwas im Inneren des Kindes vorhanden sein. [...] Es gibt Explosionen und nichts davon stellt lediglich ein Gegenstück zur Arbeit der Lehrerin dar. Aber nicht nur das, all das entspricht auch nicht (nur) den Materialien. Es entspricht vielmehr der Entwicklung des Lebens (selbst), das immer reicher ist, als wir es uns vorstellen können." (Montessori 2014a, 277) So können Kinder nicht nur selbsttätig Neues entdecken, sondern auch lernen, sich eigenständig und kritisch zu anderen, anderem und sich selbst ins Verhältnis zu setzen. Anzumerken ist hier, dass jedes Lernen, das nicht als quasi-biologischer Entwicklungs- oder Anpassungsprozess, sondern als begründetes Begreifen zu verstehen ist, als Forschendes Lernen gekennzeichnet werden kann (vgl. Ladenthin 2014).

Die Wiederentdeckung der selbsttätig begründeten Auseinandersetzung mit der jeweiligen Lernthematik kann – ebenso wie die aktuelle Schulkritik und der Inklusionsdiskurs – durch reformpädagogische Konzepte wertvolle Impulse erfahren. Auch das Weiterdenken der Reformpädagogik bleibt eine Aufgabe – und zwar die Aufgabe von Personen, die sowohl über ihre soziale Bedingtheit als auch über ihre individuelle Verantwortlichkeit im Gespräch bleiben sollten.

Literaturverzeichnis

Anderlik, Lore 2010: Miteinander wachsen, lernen, leben. Ist das im Kinderhaus und in der Montessori-Schule möglich? Wenn nicht hier – wo denn sonst? In: Eckert / Waldschmidt 2010, 126-141.
Andresen, Sabine 2014: Beziehungsqualität und Schulreform. Essayistische Überlegungen zu ihrem Zusammenhang. In: Miller / Oelkers 2014, 333-345.
Auerbach, Dagmar 2010: Montessori-Therapie. Eine Fördermaßnahme für besondere Bedürfnisse. In: Eckert / Waldschmidt 2010, 166-197.
Bartosch, Ulrich 2011: Missbrauchte Macht – Pädagogik als Unterdrückung. In: Flocke / Schoneville 2011, 123-137.
Böhm, Winfried 2012: Die Reformpädagogik. Montessori, Waldorf und andere Lehren. München.
Bos, Wilfried / Klieme, Eckhard / Köller, Olaf (Hg.) 2010: Schulische Lerngelegenheiten und Kompetenzentwicklung. Festschrift für Jürgen Baumert. Münster.

Bos, Wilfried / Scharenberg, Katja 2010: Lernentwicklung in leistungshomogenen und -heterogenen Schulklassen. In: Bos u.a. 2010, 173-194.

Bröckling, Ulrich 2007: Das unternehmerische Selbst. Soziologie einer Subjektivierungsform. Frankfurt/M.

Budde, Jürgen 2010: Perspektiven für heterogenitätsorientierten Unterricht durch Projektarbeit in Lernbereichen der Sekundarstufe I. In: Hagedorn u.a. 2010, 295-314.

Eckert, Ela / Waldschmidt, Ingeborg (Hg.) 2010: Inklusion: Menschen mit besonderen Bedürfnissen und Montessori-Pädagogik. Münster.

Eichelberger, Harald / Laner, Christian 2007 (Hg.): Zukunft Reformpädagogik. Neue Kraft für eine moderne Schule. Innsbruck u.a. 2007.

Feuser, Georg 2013: Grundlegende Dimensionen einer LehrerInnen-Bildung für die Realisierung einer inklusionskompetenten Allgemeinen Pädagogik. In: Feuser / Maschke 2013, 11-66.

Feuser, Georg / Maschke, Thomas (Hg.) 2013: Lehrerbildung auf dem Prüfstand. Welche Qualifikationen braucht die inklusive Schule? Gießen.

Flocke, Vera / Schoneville, Holger (Hg.) 2011: Differenz und Dialog. Anerkennung als Strategie der Konfliktbewältigung? Berlin.

Flöter, Jonas / Ritzi, Christian (Hg.) 2012: Hugo Gaudig – Schule im Dienst der freien geistigen Arbeit. Darstellungen und Dokumente. Bad Heilbrunn.

Foucault, Michel 1977: Überwachen und Strafen. Die Geburt des Gefängnisses. Frankfurt/M.

Fuchs, Birgitta 2003: Maria Montessori. Ein pädagogisches Porträt. Weinheim und Basel.

Gaudig, Hugo 2012: Ellen Key. Eine pädagogische Revolutionärin im Urteil unserer 1a-Seminarklasse. In: Flöter / Ritzi 2012, 227-229. Ursprgl. in: Bericht über die Höhere Schule für Mädchen und das Lehrerinnenseminar zu Leipzig 33 (1905), 8-16.

Hagedorn, Jörg / Schurt, Verena / Steber, Corinna / Waburg, Wiebke (Hg.) 2010: Ethnizität, Geschlecht, Familie und Schule. Heterogenität als erziehungswissenschaftliche Herausforderung. Wiesbaden.

Hansen-Schaberg, Inge (Hg.) 2005: Die Praxis der Reformpädagogik. Dokumente und Kommentare zur Reform der öffentlichen Schulen in der Weimarer Republik. Bad Heilbrunn.

Hansen-Schaberg, Inge 2005a: Pädagogik „Vom Kinde aus". In: Hansen-Schaberg 2005, 11-16.

Hartmann, Andrea 2012: Das Konzept der Arbeitsschule Hugo Gaudigs unter dem Aspekt der Selbsttätigkeit als Unterrichtsprinzip. In: Flöter / Ritzi 2012, 74-99.

Hattie, John 2013: Lernen sichtbar machen. Überarb. und deutschspr. Ausgabe von „Visible Learning" besorgt von Wolfgang Beywl und Klaus Zierer. Baltmannsweiler.

Helmke, Andreas 2010: Unterrichtsqualität und Lehrerprofessionalität. Diagnose, Evaluation und Verbesserung des Unterrichts, 3. Aufl. Seelze.

Heitger, Marian 2003: Systematische Pädagogik – Wozu? Paderborn.

Hermann, Ulrich 2000: Die „Majestät des Kindes" – Ellen Keys polemische Provokationen. In: Key 2000, 255-266.

Herrmann, Ulrich 2012a: Pädagogikreformen und Reformpädagogiken. Fokussierung im ausgehenden 18., 19. und 20. Jahrhundert und die Herausforderungen am Beginn des 21. Jahrhunderts. In: Herrmann / Schlüter 2012, 117-134.

Herrmann, Ulrich / Schlüter, Steffen (Hg.) 2012: Reformpädagogik – eine kritisch-konstruktive Vergegenwärtigung. Bad Heilbrunn.

Herrmann, Ulrich / Schlüter, Steffen 2012a: Vorwort. In: Herrmann / Schlüter 2012, 7-12.

Huckele, Andreas, vormals Jürgen Dehmers 2014: Macht, Sexualität und Gewalt in pädagogischen Kontexten. In: Miller / Oelkers 2014, 205-233.

Kaufmann, Margarita 2014: Was kommt nach dem Erdbeben? Eine traumatisierte Schule sucht Antworten. In: Miller / Oelkers 2014, 74-105.

Keim, Wolfgang / Schwerdt, Ulrich (Hg.) 2013: Handbuch der Reformpädagogik in Deutschland. Teil 1: Gesellschaftliche Kontexte, Leitideen und Diskurse. Frankfurt/M.
Kelpin, Fred 2013: Geleitwort. In: Montessori 2013, VII-X.
Key, Ellen 2000: Das Jahrhundert des Kindes. Aus dem Schwedischen von Francis Maro. Neu hg. mit einem Nachwort von Ulrich Herrmann. 2.Aufl. Weinheim u. Basel.
Köpcke-Duttler, Arnold 2010: Montessori-Pädagogik und das Menschenrecht auf inklusive Bildung. In: Eckert / Waldschmidt 2010, 100-125.
Kohlberg, Wolf Dieter 2007: Die Modernität der Reformpädagogik – konstruktivistisch-neurophysiologisch begründet. In: Eichelberger / Laner 2007, 64-83.
Ladenthin, Volker 1998: Das Jahrhundert des Kindischen. In: Das Jahrhundert des Kindes – am Ende? Ellen Key und der pädagogische Diskurs: eine Revision (engegament. Zeitschrift für Erziehung und Schule 4/1998), 227-241.
Ladernthin, Volker 2014: Forschendes Lernen in der Bildungswissenschaft. Bonn.
Lanwer, Willehad (Hg.) 2014: Bildung für alle. Beiträge zu einem gesellschaftlichen Schlüsselproblem. Für Peter Rödler zum 60. Geburtstag. Gießen.
Liesen, Christian 2006: Gleichheit als ethisch-normatives Problem der Sonderpädagogik. Dargestellt am Beispiel „Integration". Bad Heilbrunn.
Link, Jörg-W. 2012: Neubewertung der Reformpädagogik? Fritz Karsen „Die neuen Schulen in Deutschland" (1924) revisited. In: Herrmann / Schlüter 2012, 30-46.
Ludwig, Harald 2011: Einführung des Herausgebers. In: Montessori 2011, IX-XIX.
Ludwig, Harald 2013: Einführung des Herausgebers. In: Montessori 2013, XI-XXI.
Maeder, Christoph 2014: Die Riskanz der Organisationswahl in der Reformpädagogik. In: Miller / Oelkers 2014, 122-137.
Mayer, Ralf / Thompson, Christiane / Wimmer, Michael (Hg.) 2013: Inszenierung und Optimierung des Selbst. Zur Analyse gegenwärtiger Selbsttechnologien. Wiesbaden.
Miller, Demian 2014: Pädagogische Reformen, Sprache und Demokratie. In: Miller / Oelkers 2014, 239-260.
Miller, Damian / Oelkers, Jürgen (Hg.) 2014: Reformpädagogik nach der Odenwaldschule – Wie weiter? Weinheim und Basel.
Miller, Damian / Oelkers, Jürgen (Hg.) 2014a: Reformpädagogik nach der Odenwaldschule – Wie weiter? In: Miller / Oelkers 2014, 7-30.
Montessori, Maria 2011: Erziehung und Gesellschaft. Kleine Schriften aus den Jahren 1897-1917. Hg., eingel., übers. und textrkritisch bearb. v. Harald Ludwig. Freiburg u.a.
Montessori, Maria 2011a: Soziales Elend und neue Entdeckungen der Wissenschaft. In. Montessori 2011, 4-21.
Montessori, Maria 2013: Durch das Kind zu einer neuen Welt. Hg., textkritisch bearb. und kommentiert von Harald Ludwig. Freiburg u.a.
Montessori, Maria 2014: Kalifornische Vorträge. Gesammelte Reden und Schriften von 1915. Hg. v. Robert G. Buckenmeyer. Deutsche Edition bearbeitet von Ela Eckert und Harald Ludwig. Freiburg u.a.
Montessori, Maria 2014a: Erwecken und Aufrechterhalten der Aufmerksamkeit – Zwei gegensätzliche Ansätze – Bedingungen für naturgemäßes Lernen – Die Materialien und die Innere Kraft – Entdeckendes Lernen. 21. Vortrag: 22. September 1915. In: Montessori 2014, 268-277.
Nida-Rümelin, Julian 2013: Philosophie einer humanen Bildung. Hamburg.
Oelkers, Jürgen 2005: Reformpädagogik. Eine kritische Dogmengeschichte, 4. vollst. überarb. u. erw. Aufl. Weinheim und München.
Oelkers, , Jürgen 2011: Eros und Herrschaft. Die dunklen Seiten der Reformpädagogik. Weinheim.
Oelkers, Jürgen 2012: Inklusion als Aufgabe der öffentlichen Schule. In: Seitz u.a. 2012, 32-45.

Pehnke, Andreas 2011: Hugo Gaudig (1860-1923), prominentester sächsischer Reformpädagoge, inmitten der Widersprüche reformpädagogischer Entwicklungen am Anfang des 20. Jahrhunderts. In: Sächsisches Schulmuseum 2011, 111-124.
Retter, Hein (Hg.) 2004: Reformpädagogik. Neue Zugänge – Befunde – Kontroversen. Bad Heilbrunn.
Retter, Hein 2004a: Kommunikation über Reformpädagogik. In: Retter 2004, 209-232.
Retter, Hein 2012: „Reformpädagogik" als Fiktionspflege. Arbeit am Mythos durch Entlarvung. In: Herrmann / Schlüter 2012, 79-103.
Ricken, Norbert 2012: Macht, Gewalt und Sexualität in pädagogischen Beziehungen. Versuch einer systematischen Reflexion. In: Thole u.a. (Hg.) 2012, 103-117.
Ricken, Norbert 2013: An den Grenzen des Selbst. In Mayer u.a. 2013, 239-257.
Schlüter, Steffen 2012: Die Befreiung des Lernens: John Dewey und Alexander S. Neill. In: Herrmann / Schlüter 2012, 153-163.
Schulmuseum Leipzig – Werkstatt für Schulgeschichte (Hg.) 2011: Hugo Gaudig – Architekt einer Schule der Freiheit. Festschrift zum Internationalen Symposium aus Anlass seines 150. Geburtstags. 2. erw. Aufl. Leipzig.
Scheibe, Wolfgang 1999: Die reformpädagogische Bewegung 1900-1932. Weinheim.
Schulze, Theodor 2012: Reformpädagogik und Schulreformpolitik. Eine Antwort auf die derzeit grassierende Kritik an der Reformpädagogik. In: Herrmann / Schlüter 2012, 15-29.
Seichter, Sabine 2012: Die Missachtung der Grenze. Zu einer kritischen Revision des reformpädagogischen Habitus. In: Herrmann / Schlüter 2012, 219-230.
Seitz, Simone / Finnern, Nina-Kathrin / Korff, Natascha / Scheidt, Katja (Hg.) 2012: Inklusiv gleich gerecht? Inklusion und Bildungsgerechtigkeit. Bad Heilbrunn.
Skiera, Ehrenhard 2003: Reformpädagogik in Geschichte und Gegenwart. München.
Skiera, Ehrenhard 2012: Reformpädagogik in Diskurs und Erziehungswirklichkeit. In: Herrmann / Schlüter 2012, 47-78.
Suchland, Joachim 1978: Einleitung des Herausgebers. In: Suchland / Jost 1978, 15f.
Suchland, Joachim / Jost, Leonhard (Hg.) 1978: Wegbereiter einer neuen Schule. Die Pädagogik der Gaudigschule. Schaffhausen.
Tenorth, Heinz-Elmar 1999: Nachwort. Reformpädagogik und ihre Historiographie und Analyse. In: Scheibe 1999, 438-449.
Thole, Werner u.a. (Hg.) 2012: Sexualisierte Gewalt, Macht und Pädagogik. Opladen.
van der Wolf, Kees 2010: Kinder mit besonderen Bedürfnissen und Inklusion in der Montessori-Pädagogik. Ideen und Hintergründe in sich wandelnden Kontexten. In: Eckert / Waldschmidt 2010, 72-83.
Weiß, Edgar 2013: Entwicklung. In: Keim / Schwerdt 2013, 363-378.
Wocken, Hans 2013: Zum Haus der inklusiven Schule. Ansichten – Zugänge – Wege. Hamburg.
Zimpel, André Frank 2012: Einander helfen. Der Weg zur inklusiven Lernkultur, Göttingen.
Zimpel, André Frank 2014: Helfen – eine anthropologische Konstante. In: Lanwer 2014, 107-120.

Die Zukunft der Reformpädagogik – die Reformpädagogik der Zukunft[1]

Volker Ladenthin

I.

„Die Schule (…) behielt für mich alle die Jahre (…) die Schwüle einer Zwangsanstalt. Wieviel von meinem Leiden und meiner Verbitterung, neben meinen eigenen Fehlern, der ganzen Erziehungsart zur Last fällt, kann ich nicht beurteilen; aber in den acht Jahren, welche ich in den niederen Schulen zubrachte, fand ich nur einen einzigen Lehrer, den ich liebte und dem ich dankbar sein kann. Wer die Kindesseele ein wenig kennt und selber einen Rest ihrer Zartheit sich bewahrt hat, der kennt das Leiden, dessen ein Schulknabe fähig ist, und zittert noch in Scham und Zorn, wenn er sich der Roheiten mancher Schulmeister erinnert, der Quälereien, der berührten Wunden, der grausamen Strafen, der unzähligen Schamlosigkeiten. Wahrlich, ich meine nicht die fleißige Rute (…); ich meine aber die Frevel, die an dem Glauben und dem Rechtssinn des Kindes geschehen, die rohen Antworten auf schüchterne Kinderfragen, die Gleichgültigkeit gegen den Trieb der Kindheit nach einer Einigung ihrer stückweise erworbenen Kenntnis der Dinge, den Spott als Antwort auf kindergläubige Naivitäten. Ich weiß, daß ich nicht allein in solcher Weise gelitten habe und daß mein Unwille darüber und meine Trauer um zerstörte und verkümmerte Teile meiner jungen Seele nicht die Verbitterung eines nervösen Einzelnen ist; denn ich habe von vielen diese Klagen gehört." (Hesse 1896, 236f.)

Dieser Text entstand um 1896. Hermann Hesse hat ihn geschrieben und mit der Überschrift „Meine Kindheit" versehen. In diesem Text sind die Missstände aufgezählt, die sich am Ausgang des vorvorigen Jahrhunderts in der Jahrhunderterfindung „Allgemeinbildende Schule" ergeben hatten. Angesprochen werden unter anderem der fehlende persönliche Bezug der Lernenden zu den Lehrenden und die mangelnde pädagogische Wertschätzung. Genannt werden mangelndes Vertrauen in die Kinderseele und mangelndes Vertrautsein mit der Kinderseele. Als inhuman erinnert wird ein Strafsystem, welches auf Beschämung angelegt ist, welches das Selbstwertgefühl der zu Erziehenden schwächt, sie demütigt und letztlich zerstört. In diesem System wird das kindliche Gerechtigkeitsgefühl nicht beachtet, das vom erwachsenen Rechtssinn – wie wir seit Piaget und Kohlberg wissen – sehr unterschieden ist. Der kindliche Blick auf die Welt wird nicht ernst ge-

---

[1] Basierend auf einem Vortrag anlässlich des Festaktes zum 110jährigen Internats-Jubiläums in Haubinda am 8. Mai 2011. Teilabdruck in: Verein der Freunde und Förderer der Hermann-Lietz-Schule Haubinda (Hg) 2011: Der Glaskasten. H. 2 Ausgabe 37 (November 2011), 45-51. Der Text wurde erweitert und überarbeitet.

nommen, es herrscht die rohe Welt der Erwachsenen. In dieser „Pädagogik vom Erwachsenen aus" bleibt nur Spott übrig für das Kindliche der Kinder.

Diese biographischen Erfahrungen muss man im Blick haben, wenn man die Reformpädagogik verstehen will. Sie verweisen auf den Entstehungs*anlass* (nicht die Ursache). Zugleich beinhaltet die kleine Passage aus der Erzählung Hesses das Kernprogramm der Reformpädagogik: Ihre Ziele sind Würde, Gerechtigkeit, Personalität und der Versuch, Kinder zu verstehen und sie daher in den Mittelpunkt zu stellen: Pädagogik vom Begriff des Kindes aus. Das Lernen wird vom Lernenden her verstanden. Die Verwirklichung dieser Ziele ist der Entstehungs*grund* der Reformpädagogik.

Die Reformpädagogik des ausgehenden 19. Jahrhunderts wandte sich gegen die erfahrbare Schul*wirklichkeit*. Sie war gewissermaßen *empirisch* motiviert; sie formierte sich aus Anlass von *Erfahrungen alltäglicher Art*. Sie entstand als Reaktion auf die – dann in Erinnerungen und Romanen dokumentierte – Erfahrung von Überheblichkeit, Unsensibilität, Häme, Sarkasmus, Spott – kurz: die Erfahrung von Unverständnis und Unvermögen. *Die Reformpädagogik war eine Reaktion auf eine falsche Praxis*. Sie war nicht primär theoretisch motiviert; nicht ein Paradigmenwechsel in der Theorie hatte zur Reformpädagogik geführt. Die Theorie wurde gewissermaßen „nachgereicht" (Ladenthin 2006). Die Konzepte waren nicht das Ergebnis von forschungsorientierten Theoretikern, feinsinnigen Kennern epistemischer Paradigmenwechsel – ja, es waren nicht einmal akademische Erziehungswissenschaftler, die eine Reform herbeiführen wollten. Es waren Praktiker aller Art.[2] Sie mahnten nicht ein Theoriedefizit an, sondern hatten eine falsche und schlechte Praxis erlebt – und erlebten sie noch. Schulen, wie Hermann Hesse sie beschrieb, gab es in jeder Stadt, in jedem Dorf: Es war in der Tat nicht die „Verbitterung eines nervösen Einzelnen", die Hesse niedergeschrieben hatte. Er hatte „von vielen diese Klagen gehört." (Hesse 1896, 237)

Diese alltägliche Regelschule, die Hesse im Blick hatte, erfüllte nämlich ihren ursprünglichen Zweck nicht mehr – oder noch nicht: Bildung für alle. Aus dem angesehenen Schulmeister auf dem Dorfe war ein Professor Unrat (Mann 1905) der Städte geworden, und nur unter dem Einfluss der alkoholischen Gärung, bei dem Verzehr einer Feuerzangenbowle (Spoerl 1933), konnte man diese Schule erträglich finden. Das „Frühlingserwachen" der Kindheit endete im Grab der zahlreichen jugendlichen Selbstmörder (Wedekind 1891). Es erschienen um die Jahrhundertwende gleich mehrere Bücher (Goldbeck 1908; Budde 1908; Gurlitt o.J., Feichtinger 1928), die sich einem damals neuen Phänomen zuwandten: der signifikanten Zunahme an Schülerselbstmorden. Es entstand ein eigenes Literaturgenre (die schulkritische Erzählung) und von James Joyce über Thomas Mann bis hin zur Gegenwartsliteratur hat kaum ein Autor dieses Thema ausgelassen (Gregor-Dellin 1979).

In dieser Kritik an der realen Schule stimmten sie allerdings mit vielen Pädagogen überein – übrigens schon lange vor dem Datum, das man als Gründungsphase

---

[2] Hermann Lietz und Paul Geheeb waren Lehrer. Maria Montessori war Ärztin. Rudolf Steiner war Literaturwissenschaftler, freier Autor, Redakteur und Hauslehrer.

der Reformpädagogik bezeichnet. Goethe etwa hatte vehement den in Dessau wirkenden Schulmann Johann Bernhard Basedow kritisiert, weil dieser mit seinem schematisierten Unterrichtskonzept die natürlichen Zusammenhänge der Welt zerstöre und sie mechanisch für einen Lehrplan ordne; er zerschneide Leben und Lernen; damit setze er die leblose Ordnung vor den individuellen Zugang, nehme dem Lernen die Kreativität. Die vorgegebene Ordnung verdränge das Ordnen-Lernen.[3] Hier ist sie schon vorformuliert, die reformpädagogische Kritik am Fetzenstundenplan, am leeren Mechanismus der Unterrichtsstunden, an der lebensfernen Welt der Schule – eine Kritik, die dann zu Projektarbeit und Epochenunterricht, zu Arbeitslehre und künstlerischem Verstehen, zu freien Aufsätzen, zur „Freien Arbeit" und zu erfahrungsorientiertem Lernen geführt hat.

Auch Wilhelm von Humboldt hatte die staatliche Massenschule kritisiert, weil diese sich nicht der „Ausbildung der Individuen" widme sondern „die Menschen mehr in Massen zusammendränge(…)". (Humboldt 1792, 19)

Und Johann Friedrich Herbart hatte 1810 vor der Institution Schule gewarnt: „Die Schule (…) verengt (…) die pädagogische Thätigkeit; sie versagt die Anschließung an Individuen, denn die Schüler erscheinen massenweise in gewissen Stunden; sie versagt den Gebrauch mannigfaltiger Kenntnisse, denn der Lectionsplan schreibt dem einzelnen Lehrer ein paar Fächer vor, worin er zu unterrichten hat; sie macht die feinere Führung unmöglich, denn sie erfordert Wachsamkeit und Strenge gegen so viele, die auf allem Fall in Ordnung gehalten werden müssen." (Herbart 1810, 81)

Dass Schule mehr sein muss als ein Instrument zur Qualifikation künftiger Arbeitnehmer hatte schon zuvor Immanuel Kant bedacht – und auch die finanziellen Aspekte dieser Einsicht: „Die Erziehung ist entweder eine Privat- oder eine Öffentliche Erziehung. Letztere betrifft nur die Information, und diese kann immer öffentlich bleiben. (…) Eine vollständige öffentliche Erziehung ist diejenige, die beides, Unterweisung und moralische Bildung, vereiniget. Ihr Zweck ist: Beförderung einer guten Privaterziehung. Eine Schule, in der dieses geschieht, nennt man ein Erziehungsinstitut. Solcher Institute können nicht viele, und die Anzahl der Zöglinge in denselben kann nicht groß sein, weil sie sehr kostbar sind, und ihre bloße Einrichtung schon sehr vieles Geld erfordert. Es verhält sich mit ihnen, wie mit den Armenhäusern und Hospitälern. Die Gebäude, die dazu erfordert werden, die Besoldung der Direktoren, Aufseher und Bedienten, nehmen schon die Hälfte von dem dazu ausgesetzten Gelde weg, und es ist ausgemacht, daß, wenn man dieses Geld den Armen in ihre Häuser schickte, sie viel besser verpflegt werden würden. Daher ist es auch schwer, daß andere als bloß reicher Leute Kinder an solchen Instituten Teil nehmen können. (…) In wie ferne dürfte aber die

---

[3] Die traditionelle Schulpädagogik und ihre Bücher „zersplitter[n] (das Geregelte der Welt), indem das, was in der Weltanschauung keineswegs zusammentrifft, um der Verwandtschaft der Begriffe willen, nebeneinander steht." Zitat in: Goethe, Johann Wolfgang von: Dichtung und Wahrheit. Theil III. In: Weimarer Ausgabe. Abt. I. Bd. 28, 272f. (14. Kapitel).

Privaterziehung vor der öffentlichen, oder diese vor jener, Vorzüge haben? Im allgemeinen scheint doch, nicht bloß von Seiten der Geschicklichkeit, sondern auch in betreff des Charakters eines Bürgers, die öffentliche Erziehung vorteilhafter, als die häusliche zu sein. Die letztere bringt gar oft nicht nur Familienfehler hervor, sondern pflanzt dieselben auch fort." (Kant 1803, 709f.) Die Konsequenz wäre eine Schule, die zugleich öffentlich wie familial ist: das Landerziehungsheim.

*Schul*kritik vor 200 Jahren – als es diese Massenschule noch gar nicht flächendeckend gab – aber bereits im konkreten Einzelfall ihre Probleme gesehen wurden. Die Kritik beruht auf Erwartungen, die die Reformpädagogen 100 Jahre später, unter anderen politischen Kräfteverhältnissen[4] und aufgrund neuer Medien[5], mit mehr Aussicht auf Publizität anmahnen.

Der Ausbau des deutschen Schulwesens hatte sich im 19. Jahrhundert allerdings wenig um diese Kritik gekümmert. Im Gegenteil: Es verstärkte sich – gerade nach der Reichsgründung – die militärische Ausrichtung der Schule. Warum Kaserne und Schule gleichgesetzt werden konnten, greift Erich Kästner in der „Kinderkaserne" (Kästner 1925, 340-344) auf. Und keineswegs nur dort: „Ob es noch so wie früher war, daß man, kam ein Lehrer, stramm stehen mußte?" (Kästner 1931, 184) Kritisiert wurde der disziplinierende Umgangston, der keinen Widerspruch duldete:

> „‚Kempowski sitzt eine Stunde nach.'
> ‚... aber Herr Doktor!'
> ‚Kempowski sitzt *zwei* Stunden nach.'
> ‚... aber Herr Doktor!'
> ‚Kempowski sitzt drei Stunden nach.'" (Kempowski 1971, 125)

Kritisiert wurde die mechanistische Ausrichtung der Schule. Die starren Methoden, die Frage-Antwort-Katechese, bei der man womöglich aufstehen musste und ein starrer Stundenplan (bei dem man um 8 Uhr auf Befehl Interesse an Mathematik und um 8.50 Uhr ein ebenso starkes Interesse an englischer Grammatik haben musste) führten genau zu den Schulen, die dann von den Literaten kritisiert wurden.

Die Autoren der Reformpädagogik haben diese literarischen Seismographen ernst genommen[6] und nach Abhilfe gesucht: vor Ort. Dann erst entstand jene in viele kleine Schriften aufgesplitterte Theorie, die man heute „Die Reformpädagogik" nennt. Unterschiedliches verband sich hier:

- Die Kunsterziehungsbewegung – die das Lernen analog zum Verstehen von Kunst beschrieb. Sie lebt heute fort etwa in dem Bemühen um sogenannte Kulturschulen.

---

[4] Georg Kerschensteiner war ab 1895 Schulrat, also Teil der Verwaltung.
[5] Ellen Key arbeitete als Journalistin und veröffentlichte die Texte ihres Buches über das „Jahrhundert des Kindes" zuerst als Zeitschriftenbeiträge.
[6] Die Verbindungen zwischen Literatur und Bildungstheorie lassen sich paradigmatisch am Briefwechsel zwischen Ellen Key und Rainer Maria Rilke studieren (Fiedler 1993).

- Die Arbeitsschulbewegung, die das Lernen als produktive Arbeit und Arbeit als Lernvorgang beschrieb – heute im handlungsorientierten Unterricht oder Projektunterricht eine Selbstverständlichkeit. (In Haubinda sind es die „Gilden")
- Oder eben die Landerziehungsheimbewegung von Hermann Lietz. Sie wollte die Kinder aus den krank machenden Städten aufs gesunde Land holen: Raus aus den Hinterhöfen in die Sonne.

Man muss erinnern, was Kindheit um 1900 in den Großstädten bedeutete: Beengte Wohnverhältnisse – in denen Betten in drei Schichten vermietet wurden. Gefährlicher Straßenverkehr: 1912 wurden allein in Berlin bereits über 3000 Verkehrsunfälle gemeldet – als es noch kaum Autos gab.[7] Die Großstadt um 1900 war für Kinder lebensgefährlich. In England, wo sich Hermann Lietz durch die in Rocester, Staffordshire gelegene Schule Abbotsholme zu seinem Schulversuch „Haubinda" anregen ließ, hat Charles Dickens immer wieder die trostlose und lebensgefährliche Welt der Kinder beschrieben (Dickens 1838).[8]

Friedrich Engels berichtet:

> „In Beziehung auf die Bildung und Sittlichkeit der bergbauenden Bevölkerung (...) steht sie (die Schulbildung, V.L.) in den Kohlendistrikten allgemein sehr niedrig. Die Leute leben auf dem Lande, in vernachlässigten Gegenden, und wenn sie ihre saure Arbeit tun, so kümmert sich außer der Polizei kein Mensch um sie. Daher kommt es und von dem zarten Alter, in welchem die Kinder an die Arbeit gestellt werden, daß ihre geistige Bildung durchaus vernachlässigt ist. Die Wochenschulen stehen ihnen nicht offen, die Abend- und Sonntagsschulen sind illusorisch, die Lehrer taugen nichts. Daher können nur wenige lesen und noch weniger schreiben. (...) In die Kirche gehen sie nie oder selten; alle Geistlichen klagen über eine Irreligiosität ohnegleichen. In der Tat finden wir unter ihnen eine Unwissenheit über religiöse und weltliche Dinge, gegen welche die oben in Beispielen dargelegte vieler Industriearbeiter noch gering ist. Die religiösen Kategorien sind ihnen nur aus den Fluchworten bekannt. Ihre Moralität wird schon durch die Arbeit zerstört. Daß die Überarbeitung aller Grubenarbeiter den Trunk notwendig erzeugen muß, liegt auf der Hand. Was das Geschlechtsverhältnis betrifft, so arbeiten in den Gruben wegen der dort herrschenden Wärme Männer, Weiber und Kinder in vielen Fällen ganz und in den meisten beinahe nackt, und was die Folgen davon in der finstern, einsamen Grube sind, mag sich jeder selbst denken. Die Zahl der unehelichen Kinder, die hier unverhältnismäßig groß ist, spricht für das, was unter der halbwilden Bevölkerung dort unten vorgeht, beweist aber auch, daß der illegitime Verkehr der Geschlechter hier noch nicht, wie in den Städten, bis zur Prostitution gesunken ist. Die Arbeit der Weiber hat dieselben Folgen wie in den Fabriken, sie löst die Familie auf und macht die Mütter durchaus unfähig zur Verrichtung ihrer häuslichen Beschäftigungen. (...) Kirche und Schule werden nur von wenigen besucht, und bei diesen klagen die Lehrer über große Schläfrigkeit und Abstumpfung bei aller Lernbegierde. (...) Dann wird die

---

[7] Zur Verkehrsentwicklung insgesamt vgl. Merki 2008.
[8] Die deutsche Ausgabe erschien bezeichnenderweise im Westermann Verlag, dem späteren Spezialverlag für pädagogische Schriften. Dort lautete ihr Titel: Oliver Twist oder die Laufbahn eines Waisenknaben. Von Boz, dem Verfasser des Nickolaus Nickleby, der humoristischen Genrebilder und der Pickwicker. Aus dem Englischen von Dr. A. Diezmann. In drei Theilen. Mit einer Federzeichnung nach Phiz. Braunschweig. 1838/1839.

Pubertät sowohl bei Knaben wie Mädchen zurückgehalten, bei ersteren oft bis zum 18. Jahre; dem Kommissär Symons kam sogar ein neunzehnjähriger Knabe vor, der, mit Ausnahme der Zähne, in keinem Teile weiterentwickelt war als ein Knabe von 11 bis 12 Jahren. Diese Verlängerung der Kindheitsepoche ist im Grunde auch weiter nichts als ein Beweis gehemmter Entwicklung und verfehlt nicht, im späteren Alter ihre Früchte zu tragen. Verkrümmung der Beine, eingebogene Knie und auswärts gebogene Füße, Verkrümmung des Rückgrats und andere Mißbildungen stellen sich unter diesen Umständen und bei so geschwächten Konstitutionen infolge der fast immer gezwungenen Körperstellung bei der Arbeit um so leichter ein und sind so häufig, daß sowohl in Yorkshire und Lancashire wie in Northumberland und Durham von vielen, selbst Ärzten behauptet wird, man könne einen Grubenarbeiter unter hundert andern Leuten schon an seiner Körperbildung kennen." (Engels 1844/1845, 460ff.)

Das Landerziehungsheim sollte Schutz gewähren vor diesem Missbrauch, vor diesen sozialen Verhältnissen. Es gehört schon historische Ignoranz hinzu, die Reformpädagogik nicht von ihrem Anliegen her zu verstehen und „rein theoretisch" auf ihre angeblichen „Dogmen" hin zu prüfen. Am Anfang stand nicht ein Dogma, sondern eine alltägliche Erfahrung – „nach eigener Anschauung", schreibt Friedrich Engels. Das *Land*erziehungsheim sollte schützen vor einer Kriminalität z.B., die besonders in den groß*städtischen* Armenvierteln zum Alltag gehörte. Das platte Land, auch das Gebirge und die Insel gaben diesen Schutz. Schutz vor schlechtem Einfluss, vor einer unkontrollierbaren Öffentlichkeit mit Massenzeitungen, Schundliteratur (vgl. Wolgast 1910) und Sensationskino. Schutz auch vor den Skurrilitätenschauen der Damen mit Vollbart aber ohne Unterleib oder den in den „Völkerschauen" in Hamburgs Zoologischem Garten Hagenbeck ausgestellten „exotischen" Menschen (Dreesbach 2005).

Und noch ein Aspekt war wichtig: Hatte Rousseau noch gelehrt, dass jede Lebensphase ihre eigene Logik habe und der Erzieher nur etwas erreichen könne, wenn er dem ent*spricht*, was der Lernende verstehen kann – so hatte sich die Logik in der staatlichen Regelschule tatsächlich umgedreht: Kinder hatten sich der künstlichen Schulsprache anzupassen.[9] Und die Schule war die Anstalt, die diese Anpassung notfalls erzwingen sollte: Schule sollte die Kinder „für ihr bürgerliches Leben brauchbar (…) machen" (Zedlitz 1787, 6f.) – wie es das absolutistische Preußen noch formuliert hatte. Schule sollte „Träger des [preußischen] Einheitsgedankens" (Kaiser Wilhelm II 1890, 110) werden – so hieß es dann im wilhelminischen Reich. Und später dann sollte Schule „Teil der nationalsozialistischen Erziehungsordnung" (Benze 1940, 143) sein oder „die jungen Menschen mit marxistisch-leninistischen Erkenntnissen aus[statten]" (Honecker 1973, 335).

Es ging in diesen staatlichen Anstalten gar nicht mehr ausschließlich um Bildung des Menschen zum Menschen, sondern um erpresste Anpassung, Untertanen-Tauglichkeit, um Machtpolitik und verordnete Weltanschauung. Bildung als

---

[9] Basil Bernstein hat dann nahezu 200 Jahre nach Rousseau den empirischen Beweis dafür geliefert, dass die Sprachregelungen der etablierten (bürgerlichen) Schule alle jene faktisch ausschloss, die in anderen sprachlichen Zusammenhängen aufgewachsen waren.

Formung: „Another Brick In The Wall" (vgl. Scharfe 2011). Man hatte irgendwie vergessen, dass in den Schulen Kinder sitzen, die doch einmal *ihre* Welt selbst gestalten sollen.

- Gegen diese *Verzweckung* der Schule für den Staat, für die Politik – ja sogar für einzelne Parteien wehrte sich die Reformpädagogik mit dem Grund-Prinzip: „Pädagogik vom Kinde aus". Sie verstand sich als Anwalt für die Eigenheit des Kindes und das Eigenrecht der Kindheit.
- Gegen die *Verkopfung* der Bildung, gegen das Auswendiglernen und Memorieren setzte die Reformpädagogik das Selbst-Machen und Selbst-Bestimmen, das Erfinden und Erkunden, das Experimentieren und Erproben.
- Gegen die *Verabsolutierung* sogenannter Hauptfächer – Mathematik, Deutsch, Fremdsprachen – setzte die Reformpädagogik das Prinzip der Gleichwertigkeit der Fächer, zeigte die Bedeutung des Musischen auf, der Künste, der Leibesertüchtigung, der Gesundheit.
- Gegen die *Disziplinierung durch Strafe* setzte sie die Erziehung durch Einsicht (oder jugendliche Gemeinschaft).
- Gegen die *Missachtung der kindlichen Bedürfnisse* setzte sie die ländliche Gemeinschaft der Kinder und die Sorge um sie.
- Gegen das Prinzip der Schule als *staatliche Verwaltungseinheit* setzte die Reformpädagogik die Praxis der Selbstverwaltung.

All das gilt bis heute; es wurde zum Teil in die Regelschulen übernommen – oder steht auf der Wunschliste vieler Lehrer.

Man mag dann durchaus einzelne Lösungsvorschläge der Reformpädagogen aus heutiger Sicht kritisch sehen; sicherlich gab es auch Unbeholfenheiten. Es gab Mystizismen, wie bei Rudolf Steiner, eine falsche Idealisierung des Gruppenethos als Ersatz für ethische Reflexion, Naivität und eine nicht geringen Portion Chauvinismus wie bei Gustav Wyneken, ein Freund übrigens des einflussreichen Germanisten und Kulturphilosophen Walter Benjamin, der in Haubinda zwei Jahre in die Schule ging (Fuld 1988).

Aber auch das erste Auto knatterte lächerlich, die ersten Filme flimmerten banal, die ersten Fotos waren unscharf, die ersten Phonogramme ließen kaum erkennen, wer da sprach, spielte oder sang. Aber war deswegen die Idee der Mobilität, des Filmes, der Fotografie, der konservierten Musik schlecht? Im Augenblick verhalten sich viele Erziehungswissenschaftler unhistorisch. Sie verstehen die Reformpädagogik des 19. Jahrhunderts nicht aus dem 19. Jahrhundert heraus als Reaktion auf einen alltäglich zu erfahrenden Notstand, sondern messen sie mit dem Wissen von heute, an der Schulpraxis von heute – und lehnen in Bausch und Bogen ab, was man prinzipiell und im Detail prüfen sollte.

Die pauschalisierte Ablehnung ist historisch naiv. Das ist eben so, als wenn man jede Art der Musikkonservierung ablehnt, weil man ja auf den Wachsrollen Edisons kaum sein eigenes Wort wiedererkannt hatte; als wenn man sich heute kein Auto kaufen würde, weil das erste motorisierte Dreirad von Carl Benz holprig fuhr. Das war übrigens 1885 – ebenfalls zur Geburtsstunde der Reformpädagogik. Ist das nur Zufall? Oder geht es beide Male um Mobilität, einmal um räumliche, einmal um soziale Mobilität – und damit um Selbstbestimmung?

Man wird der Reformpädagogik nur gerecht, wenn man sie versteht wie die Droschken und das Phonogramm, den Stummfilm und die Daguerreotypie. Man muss die *Absicht* rekonstruieren und dann prüfen, ob und wie man die *Absicht* von damals *im Horizont heutigen Wissens und Könnens gestalten* kann. Dann hat die Reformpädagogik eine Zukunft.

II.

Ausgangspunkt der Reformpädagogik war die Kritik
- an der Ersetzung der Methodisierung des Unterrichts durch eine Formalisierung des Lernens,
- an der Entindividualisierung der Bildung,
- am Konkurrenzprinzip statt am sozialen Lernen, am Team, an der Lern-(und Forschungs-) gemeinschaft;
- an formal bestimmten Jahrgangsklassen, weil diese Entwicklung nach Jahreszahlen begriffen wurde, statt den *realen* Entwicklungsstand empirisch festzustellen und zum Ausgangspunkt zu nehmen,
- an der Zufälligkeit und Zerrissenheit der Lehrpläne, die je nach Laune der politischen Verhältnisse und in den Zeiträumen der Legislaturperioden wechseln, bevor sie überhaupt erprobt wurden,
- an Disziplinierungen, die das Selbstwertgefühl zerstören,
- an zentralen welt- und lebensfernen Prüfungen,
- an obrigkeitsstaatlicher Gesinnung.

Kurz: Eine Kritik an der „verwalteten Schule". Ein Aufsatz selben Titels erschien zwar erst 1954, aber sein Autor war Hellmut Becker (Becker 1954, 1956) – ironischerweise Sohn des preußischen Kultusministers Carl Heinrich Becker. Gleichwohl besuchte sein Sohn nicht ausschließlich die staatliche Regelschule; vielmehr war Hellmut Becker Absolvent des Reforminternats Schloss Salem. (Noch heute vergibt die Vereinigung Deutscher Landerziehungsheime den Hellmut-Becker-Preis.[10]) „Die verwaltete Schule" – Mit dieser Formel ist das angesprochen, wogegen die Reformpädagogik antrat: eine Schule, in der nicht mehr die Kinder im Mittelpunkt stehen,

---

[10] Mit dem Preis „(sollen)Projekte ausgezeichnet und gefördert werden, die im Sinne einer Weiterentwicklung und Akzentuierung der Pädagogik der Landerziehungsheime Zeichen setzen". Zitiert nach dem Wikipedia-Artikel „Vereinigung Deutscher Landerziehungsheime". Auf: http://de.wikipedia.org/wiki/Vereinigung_Deutscher_Landerziehungsheime. Zugriff am 10.08.2011.

sondern ihre Verwaltung. Eine Institution, in der die Frage nach der Verwaltbarkeit *vor* die Frage nach dem gestellt wird, was man überhaupt verwalten will.

Es ist aufschlussreich, aus dieser reformpädagogischen Perspektive die Gegenwart zu betrachten – um dann mögliche Aufgaben einer künftigen Reformpädagogik beurteilen zu können. Einige Aspekte sind zu nennen:

Seit den PISA-Erhebungen können wir eine Reduktion von Schule auf das beobachten, was nach PISA angeblich Bildung ausmachen soll (Ladenthin 2003, auch in Ladenthin 2004): Funktionales Wissen und Können in wenigen „Domänen". PISA misst weder Bildungsprozesse in der Kunst noch in der Literatur; nicht im Sport noch in der Philosophie; nicht in der Religion noch in der Soziologie oder der Pädagogik. Die curricular ausgewiesenen Kenntnisse, Fertigkeiten und Fähigkeiten in diesen Bereichen lassen sich nämlich schlecht international messen. (Wer ist der beste Philosoph weltweit? Wer ist der beste Künstler weltweit? Wer ist am meisten gläubig? Wer ist der beste Sportler – der gesündeste oder der leistungsstärkste? Welche Gesellschaftstheorie ist die beste? Welcher Politiker ist der beste? Wann handelt man pädagogisch am meisten kompetent?) Und weil man all dies nicht messen kann, kommt es bei PISA nicht vor. Verwaltung vor Inhalt.

Die Bildungspolitik aller Parteien richtet sich nun aber stark an PISA aus, so dass (um nur ein Beispiel zu nennen) Literaturdidaktiker plötzlich feststellten, dass die Literatur (und die Eigenart ihrer Interpretation) aus den Schulen nahezu verschwunden ist (vgl. Labudde 2007, Spinner 2008). Nur noch Zweckformen werden besprochen: Sachtexte, Zeitungsartikel, Tabellen und Informationstexte. Einige Bundesländer deklarierten bestimmte Fächer als Leitfächer – es sind die Fächer, die schon im Kaiserreich als Hauptfächer galten und gegen deren Dominanz sich die Reformpädagogik zu Recht wandte. In der Geschichte wiederholt sich nichts?

Die Schule wird heute zudem in den Griff dessen genommen, was man in der Verwaltungssprache das „New Public Management" nennt (vgl. Jann/Röber/Wollmann 2006). Outputsteuerung, Ökonomisierung, Marktorientierung, Benchmarking, Konkurrenzprinzip mit öffentlicher Bloßstellung („naming and shaming") (eben das Prinzip PISA), Top-Down-Verwaltung über Zielvereinbarungen: Schule wird nicht als *pädagogische* Institution gesehen, sondern als Verwaltungseinheit im Bildungsgeschäft:

> „Die Schule begreift sich im 21. Jahrhundert immer mehr als *Dienstleistungsorganisation* zur Vermittlung von Wissen, Allgemeinbildung und Kompetenzen an die heranwachsenden Generationen." (Bundesvereinigung der Deutschen Arbeitgeberverbände 2001, 8)

Pädagogisches Handeln wird hier nicht als dialogisches Handeln verstanden, sondern als „Dienstleistung", wird auf „Vermittlung" reduziert. Die Lehrenden werden auf Dienstleister, das Schulleben auf Organisation reduziert. Kategorien wie Lernen durch Einsicht, Person, personaler Bezug und Lernumgebung werden völlig vergessen. Es ist ein Rückfall in die Anstalts- und Instruktionspädagogik der Voraufklärung, allerdings in modernem „wording".

Kinder werden in einer solchen Produktionsstätte zu „Kapital", werden als Humankapital betrachtet: Wenn man Bildung ökonomisch plant, ist Bildung nicht mehr Zweck des Menschen (Humboldt), sondern sie wird zu einem Mittel und damit zu einem Kostenfaktor. Sie wird Mittel für einen Zweck, über den die, die da geformt werden sollen, nicht mitbestimmt haben. Kinder werden zur Investition. Das liest sich dann so:

> „Mädchenbildung: Die ertragreichste Investition. (...) Nach Untersuchungen der Weltbank bringen Investitionen in die Bildung von Mädchen den höchsten Ertrag."
> „Bildung ist das beste Verhütungsmittel. Frauen, die zur Schule gegangen sind, heiraten in der Regel später, bekommen später ihr erstes Kind und haben insgesamt weniger Kinder."

Das steht nicht irgendwo – es ist zu finden auf der Webseite des Bundesbildungsministeriums; es ist ein Text der Bundesregierung (Kuhn 2009): Mädchen als Humankapital. Der Zweck der heranwachsenden Menschen ist es, Investitionsmittel für ältere Menschen zu sein. Menschen werden hier nicht in der ihnen eigenen Würde als Personen betrachtet, sondern als Mittel der Kapitalvermehrung. Kinder als Mittel zum Zweck. Die Humankapitaltheorie fragt, was der Mensch wert ist. Sie fragt nicht nach seiner Würde.

III.

Soweit nur einige Hinweise auf das, was man aus dem Blickwinkel der Reformpädagogik heute „verwaltete Schule" nennen kann. Wobei keinesfalls eine Konkurrenz zwischen staatlichen und privaten Schulen konstruiert werden soll, nicht einmal zwischen Regelschulen und Reformschulen. Denn in den Regelschulen wurde und wird unendlich viel aus den Reformschulen übernommen, sie haben sich längst dem angenähert, was um 1900 als Gegensatz dastand. Und keine Reformschule kommt ohne Institutionalisierung, Einbindung in das berufliche Berechtigungssystem und Verwaltung aus. Reformschulen sind nicht jene, die sich so nennen, sondern nur jene, die so sind. Manchmal sind sie im Regelschulsystem versteckt.

Aber die Reformschulen bewerten Letzteres anders. Sie waren stets Treibhäuser der Zukunft – in denen neue Wege nicht nur gesucht, sondern gefunden wurden. Es geht nicht um das Ausspielen der einen Schule gegen die andere. Es geht allein um pädagogische Vernunft. Gute Schule – schlechte Schule: das ist die Opposition.

Es geht auch nicht darum, die ökonomische Betrachtung aus dem Bildungswesen herauszuhalten. Übrigens kann dies der Reformpädagogik am allerwenigsten vorgeworfen werden: Denn sie musste sich ja oft und lange Zeit selbst refinanzieren, jeden Groschen, Pfennig oder Cent umdrehen. Und *gerade deshalb* kam eine kindgerechte Schule heraus. Denn die Schulen der Reformpädagogik konnten und können bis heute feststellen, dass Eltern gerne bereit sind, viel Geld für die Bildung ihrer Kinder zu bezahlen. Aber eben für die Bildung. Nicht für die Verwaltung. Bildung wird nicht als Investition von Kapital verstanden, sondern als sittliche Handlung. Bildung als Wertschätzung des anderen. Das kann man von der Reformpädagogik lernen – Schulen mit überzeugenden Konzepten rechnen sich besser! Sie lohnen sich betriebswirtschaftlich – und volkswirtschaftlich. Sie bewähren sich auf dem Markt. Da muss man keinen künstlichen Wettstreit initiieren, kein Benchmarking. Man muss den Reformschulen nur pädagogische Freiheiten gewähren, da ambitionierte Eltern sich fragen werden, ob sie ihre Kinder als Kapital bewertet sehen möchten oder als Menschen mit Würde und voller Eigensinn. Sie werden sich fragen, ob ihre Kinder nur als Kandidaten im Dauerstresstest, als Kolonne in der Schulabgangsstatistik in der Schule hervortreten sollen oder als Menschen, deren Potential man feinfühlig erkennt und fördert. Ob ihr Kind unter die Kohorte eines Jahrgangs gezählt oder als einzelne Kinderseele wahrgenommen werden wird. Antworten auf diese Fragen sind die Chance für die Reformpädagogik. Und ein kluger Staat wird sie unterstützen, wo es nur geht – nicht aber gängeln. Man braucht keine internationalen Tests, keine Evaluationskommissionen und Inspektoren, keine Coaching- oder Marketing-Berater. Das Geld dafür zumindest kann man sparen. Man muss nur eine gute Schule machen. Genau dies ist die Chance der Reformschulen. Das Grundgesetz gewährt ihnen die Freiheit durch Artikel 4,3.

Dies ist die Chance für eine Reformpädagogik der Zukunft. Sie bleibt sich und ihren Gedanken treu, wenn sie, wie vor 100 Jahren, eine Alternative bietet. Bildung statt Benchmarking.

IV.

Wie könnte diese Reformpädagogik der Zukunft aussehen? Abschließend sollen nun einige Prinzipien entwickelt werden beileibe nicht vollständig – aber eben doch als Beitrag für eine Reformpädagogik der Zukunft.

Ausgangspunkt muss das Kind bleiben. Das Kind ist zwar nicht Maßstab, aber Anlass von Bildungsprozessen. *Insofern* muss alle Bildung vom Kinde ausgehen. Bildungsprozesse müssen bei den Kindern, so wie sie sind, beginnen. Bildung muss nicht nur gerecht, sie muss kindgerecht sein. Kindgemäß.

Das Wohl des Kindes steht im Zentrum – und dazu gehört eine Bildung, die zu dem je einzelnen Kind passt. Die Menschen sind verschieden, ihre Interessen und Lebenswege, ihre Fähigkeiten und Wünsche – daher brauchen wir Schulen, die hoch differenziert sind; die „anders" sind. Schulen, die den Zielstrebigen fördern, aber eben auch den, der etwas später „auf den Trichter" kommt. Den darf das Leben eben nicht bestrafen. Bildung soll Wege freimachen.

Reformpädagogen kennen die vielen Wege der Bildung. Sie schielen nicht auf Statistiken, sondern sehen sich die Kinder an. Für Reformpädagogen sind Lernstandserhebungen nicht der Endpunkt – sondern bestenfalls der Anfang.

Reformpädagogen produzieren keinen Output – sondern ermächtigen den Einzelnen, sein Leben zu bewältigen. Ob unser Leben gelingt, das wissen wir nicht, wenn wir ein Zeugnis in der Hand halten – so wichtig es auch heutzutage ist. Ob unser Leben gelungen, ob unsere Schulzeit also erfolgreich war, das wissen wir erst am Ende unseres Lebens. Erfolg und Gewinn lassen sich vielleicht planen, Glück und Lebenssinn aber nicht. Diese Differenzen zu erinnern, das ist die bleibende Aufgabe der Reformpädagogik:

Die Differenz zwischen Output und Selbständigkeit, zwischen Erfolg und Gelingen, zwischen Zertifikaten und Bildung. Selbständigkeit, gelingendes Leben und Bildung kann man nicht machen oder verteilen. Aber man kann Bedingungen schaffen, die es allen ermöglichen, selbständig zu werden, die das Leben gelingen lassen – kurz: die es erlauben, sich zu sich selbst zu bilden.

Dazu gehört etwas, was vor 110 Jahren das Grundanliegen von Hermann Lietz war: „Sollte das, was dem Elternhaus von ehedem also möglich war, und was es unendlich oft, täglich und stündlich geleistet hat, der Schule unmöglich sein? Es ist unerreichbar der alten Unterrichtsschule, (...). Aber es ist sehr wohl erreichbar der neuen *Erziehungsschule*, (...). Denn diese nimmt sich jene vorzüglichen häuslichen Erziehungsstätten von ehemals zum *Muster*." (Lietz 1897, 22)

Sicherlich kann die Schule nicht wie eine Familie sein: Schule hat einen anderen und nur einen einzigen Zweck (den der Bildung); sie entsteht durch einen Vertrag (geht also nicht aus emotionalen Gefügen hervor); sie ist auf Zeit und, anders als die Familie, nicht auf Dauer angelegt; ihr Personal wird nach professionellen Gesichtspunkten ausgewählt (und nicht durch Emotionen und Zufälligkeiten gebunden). Dennoch verbirgt sich hinter der Formel „Erziehungsschule" ein Anspruch, den man aufgreifen kann:

Die *Erziehung*sschule: Das könnte schon vom Wort her die Einheit von Unterricht und Erziehung meinen. Erziehung durch Unterricht. Nur das soll unterrichtet werden, was auch für den Einzelnen nachweislich Bedeutung hat, und zu nichts soll erzogen werden, von dem der Zögling zu wenige Kenntnisse hat.

Moralität, sittliches Handeln, Wertbewusstsein sollen nicht etwas sein, was zum Fachunterricht hinzukommt – vielmehr muss aller Wissensstoff so unterrichtet werden, dass der Wert des Gelernten von den Kindern und Jugendlichen verstanden wird. Das wäre eine wichtige Parallele zwischen Erziehungsschule und Elternhaus.

Viele fordern neuerdings Werterziehung in der Schule als „Innovation". Man ist erstaunt: Das war doch die Grundidee der Reformpädagogik – die Erziehungsschule! Schule nicht als Ort von Kompetenztraining, sondern als Ort der Erziehung durch Unterricht. Dann ist Schule bereits ein Wert. Oder hat der Fachunterricht keinen Wert – so dass man noch Werterziehung hinzufügen muss? Machen wir es konkret: Warum lernt man denn die Bruchrechnung? Damit man Zinsen berechnen kann – ist das kein Wert? Warum lernt man Rechtschreibung – damit man sich erfolgversprechend bewerben kann! Ist Rechtschreibung kein Wert?

Das meint Erziehungsschule: Jeweils den Wert des Gelernten zu erkennen. Unterricht als Wert zu verstehen. Das ist eine große Herausforderung für die Fachlehrer, denen ihr Fach oft so selbstverständlich ist, dass sie sich kaum vorstellen können, es hätte für andere nicht den gleichen Wert. Wertbezug im Unterricht: wertvoller, erfahrungsbezogener Unterricht. Denn genau so unterrichten Eltern ihre Kinder: Sie besprechen mit ihnen, was sie für wertvoll halten. Sie reden mit ihnen über das, was ihnen wertvoll ist. Kein Vater, keine Mutter wird den eigenen Kindern absichtlich wertloses Wissen nahebringen wollen und dann Werterziehung hinzufügen. Alltägliches Sprechen ist alltägliches Werten. Unterricht ist dann Erziehung, wenn er nach der Bedeutung, nach dem Wert des Gelernten fragt!

> *Kriterium für den Wert des Wissens und Könnens ist nicht der Test, nicht die Klausur und nicht die Prüfung – sondern Kriterium für den Wert des Gelernten ist das, was auch in der Familie Kriterium ist: Die Bedeutsamkeit des Gelernten für das gegenwärtige und zukünftige verantwortungsvolle Handeln.*

Das muss zum Kriterium des Lehrplans werden. Und hier hat die Reformpädagogik eine kritisch konstruktive Aufgabe. Sie muss aus der Perspektive des Kindes und des Wertbezugs heraus prüfen, ob ein Lehrplan den Ansprüchen einer Erziehungsschule genügt. Sie muss den „wertlosen" Lehrstoff aus den Schulen verbannen, inhaltsleeren Methodendrill, Wissen, das nur bis zur nächsten Prüfung gebraucht wird. Alles das gehört nicht in eine Reformschule. In einer Reformschule, in einer Erziehungsschule ist alles Wissen nur Wissen auf Bewährung, alles Können nur Können auf Bewährung. Beides muss sich vor der Frage nach dem Sinn, nach der Lebensbedeutsamkeit bewähren – und diese Bewährungsprobe muss tagtäglich mit den Schülern durchgeführt werden. Denn für sie wird Schule veranstaltet – nicht für den internationalen Schulvergleich.

Aber Werterziehung hört nicht beim Klingeln auf, schon gar nicht in einem Internat. Denn in einem Internat ist der gesamte Alltag nicht para-pädagogisch *verplant,* – das wäre grauenhaft – sondern *pädagogisch durchdacht.* Das ist etwas anderes. Es ist ein pädagogisch rhythmisierter Alltag. Und im Alltag, im gemeinsamen Internats-Leben, gibt es – wie in der Familie – dauernd Anlässe über Inhalte und Werte zu reden: Muss man seinen Teller leer essen, weil die Augen wieder mal größer waren als der Magen? Muss man nicht auch essen, was zwar nicht so lecker, aber gesund ist? Darf man Hausaufgaben vom Zimmernachbarn abschreiben, weil man lieber schwimmen geht? Darf man aufs Schwimmen verzichten, weil man lieber gute Noten haben möchte? Das Leben ist voller Probleme und damit Entscheidungen. Die richtige Entscheidung ist immer eine sachkundige Entscheidung zwischen Werten – und so bietet das Internatsleben, hierin der Familie ähnlich, am Ort ungezählte Gelegenheiten, um alltägliche Wertentscheidungen zu bedenken. Soll man Sport treiben oder entlastet man den Schuletat durch freiwilliges Unkrautjäten – was ja auch eine körperliche, also ausgleichende Betätigung ist? Was machen wir mit den Lebensmitteln, die nicht verzehrt werden? Eine Tafel einrichten, die von Schülern organisiert und betreut wird? So viele Fragen. So viele Antworten.

Aber auch der Unterricht kann in Schulen der Reformpädagogik reformiert werden: Es könnte Fächer und Themen geben, die an Regelschulen vernachlässigt werden – musische Fächer zum Beispiel. Wir wissen längst, wie sehr z. B. Musik und Mathematik zusammenhängen – so dass mehr musikalische Bildung mathematische Bildung ergänzen oder fördern kann (vgl. Musik-Bildung-Schule 2008).

Philosophische Fächer wie Ethik, Religion, Soziologie, Politik und Pädagogik – sie wären doch ein Kennzeichen für eine reformierte Schule – eine Schule, die den ganzen Menschen im Blick hat. Nicht nur seinen Kopf. Es sind die Integrationsfächer – d.h. Fächer, die die üblichen formalen Fähigkeiten aus Mathe, Naturwissenschaften, Fremdsprachen und Deutsch an einen *bedeutsamen* Gegenstand binden. An einem bedeutsamen Gegenstand das Bedeutsame erlernen lassen! Einige Beispiele:

- Ein tieferes Interesse an Statistik oder Stochastik hat vermutlich der, der verantwortungsvoll über die Bedeutung der Familie für die Entwicklung der Identität sprechen will. Dann nämlich braucht man Statistikkenntnisse und Wahrscheinlichkeitsrechnung, um den Zusammenhang von Familie und Schulerfolg zu bedenken.
- Wer die neue Literatur zur Inklusion lesen will, der muss ganz gut Englisch können.
- Und Probleme der Präimplantationsdiagnostik kann nur verstehen, wer über gute biologische Kenntnisse verfügt.

Reformpädagogik hieße und heißt: Bildung des ganzen Menschen – und der muss mehr Aufgaben lösen als man im Deutsch-, Mathematik- oder Chemieunterricht ansprechen kann.

Die Reformpädagogik hat immer darauf hingewiesen, dass guter Unterricht nur stattfinden kann, wenn die Rahmenbedingungen stimmen – die schlichten Lernvoraussetzungen. Hermann Lietz gehörte zu jenen wachsamen Pädagogen, die die gesellschaftliche Bedrohung der Familie gesehen und mit Sorge betrachtet haben. Deswegen wollte er eine Schule, die den Kindern das wieder gibt, was sie brauchen, aber von Familien immer schwerer erbracht werden kann: Sicherheit, Versorgung, Kontinuität, Bindung. All das schien ihm in der *ursprünglichen* Familie gewährleistet – nicht aber in der modernen, sich auflösenden Familie. Deswegen sollte die Schulgemeinschaft die Familiengemeinschaft abbilden. Deswegen gibt es in Haubinda Heimfamilien. Die Erziehungsschule soll heilen, was die Gesellschaft zerstört: Sie soll Bindungen schaffen, fürsorgliche Beziehungen, ohne die kein Mensch gesund und neugierig aufwachsen kann.

Internate, speziell die Lietzschen Landerziehungsheime, sind aus dieser Überlegung heraus entstanden. Es ging darum, einen Raum zu schaffen, in dem Kinder und Jugendliche nach ihren Bedürfnissen aufwachsen können, mit gesunder Ernährung, viel erlebnisorientierter Bewegung, einem soliden Unterrichtsangebot und vielfältigen sozialen Kontakten und Lebensformen. Das ist ein fürsorgliches Angebot – und Gratulation jenen, die diese Chancen der Schule zuerst erkannt haben. Hier sind – rein historisch betrachtet – die Reformschulen seit 110 Jahren Vorreiter einer Konzeption, die *zuallererst* das Kindeswohl im Blick hat. Die mit Humboldt (siehe oben) verstanden haben, dass jene die beste Schule für den Staat ist, die der Staat nicht unmittelbar nach seinen wechselhaften Wünschen gängelt. Eine Schule, die die Schulzeit als Lebensform begreift. Nicht Ganztagsschule als Verwahrung – sondern den pädagogisch gestalteten Ganztag als Bildungsgelegenheit. Das reformpädagogische Internat macht mit diesem Fürsorgeangebot ernst: Fürsorgliches Handeln nicht als Beaufsichtigung, sondern als Anregung, als Erweiterung, als Ergänzung elterlicher Pflichten zu verstehen – das scheint mir heute der Auftrag für eine Reformpädagogik der Zukunft zu sein.

Zu diesem Angebot gehört auch die Gestaltung der Schulgemeinschaft. Längst hat die Lernforschung erkannt, dass Lernstörungen selten kognitiv bedingt sind. Aus mangelnder Intelligenz scheitern die wenigsten im deutschen Schulsystem. Wohl aber aus mangelndem „Background": Die moderne Reformpädagogik kennt keine Tricks, die es erlauben, ohne Lernen zu lernen und ohne Arbeit etwas zu erreichen. Da gibt es keinen reformpädagogischen Zaubertrank. Lerntheoretische Heilslehren erwiesen sich immer als Aberglaube.

Aber die Reformpädagogik wusste immer, dass Lernerfolg *maßgeblich* vom sozialen Hintergrund abhängt, von der Motivationslage, der geglückten Identitätsentwicklung, der Bindungssicherheit (vgl. Beldowitsch 2011). Kinder, die mit soliden Bindungen aufgewachsen sind, lernen besser. Das hat man experimentell nachgewiesen. Das hat doch auch PISA gezeigt (vgl. Wissenschaftlicher Beirat für Familienfragen 2002). Die Reformschule der Zukunft bietet eine Organisation des Alltags an, die das Lernen fördert.

Bestandteile sind eine kluge Zeitgestaltung, ein geregelter Tagesablauf, gute technische Ausstattung, fachkundiges Personal, feste soziale Beziehungen, verlässliche Unterstützung, wechselseitige Wertschätzung. Eine klug gestaltete Jugendkultur, eine wertschätzende Atmosphäre, die von Zutrauen, Berechenbarkeit, Optimismus und Wohlwollen geprägt ist. All dies fördert den Lernerfolg mehr als noch so viele Nachhilfestunden und Übungen im Selbstlernzentrum. Diese äußeren Bedingungen, das weiß die Forschung seit langer Zeit, fördern den Schulerfolg mehr als alles zusätzliche Trimmen.

Im Internat kann eine Gemeinschaft spezieller Art entstehen, eine Gemeinschaft, die ausschließlich auf Bildung bezogen organisiert ist. Bildung im umfassenden Sinne freilich – also die Befähigung, sein Leben gelingen zu lassen. Und diese Gemeinschaft kann so gestaltet werden, dass sie Bildung wirklich fördert.

Bei der Frage der Gestaltung von Gemeinschaft an Reformschulen hat es in letzter Zeit Verwirrungen gegeben. Die Missbrauchsvorfälle an Internaten, auch solchen der Reformpädagogik, wurden allein und allgemein auf die dort praktizierte „Reformpädagogik" zurückgeführt. So kann man auch Probleme verschieben: Es ist zu vermuten, dass die Bundeswehr nicht nach reformpädagogischen Grundsätzen arbeitet – aber auch dort hat es Zustände gegeben, die man als

Missbrauch bezeichnen kann. (vgl. Spiegel-Online, Misshandlungen). Missbrauch ist persönliches Versagen des Täters. Man kann die Schuld für diese Untaten nicht auf das System schieben. Taten werden von einzelnen Menschen begangen. Sie sind zur Rechenschaft zu ziehen.

Allerdings ist es eine Aufgabe der Internate, die besondere Rolle ihrer Erzieherinnen und Erzieher zu definieren. Diese sind zwar mehr als nur Lehrer (und Fachlehrer), aber dennoch sind sie keine Eltern. Sie sind etwas Eigenes. Sie stehen weder in einem nur sachlich geprägten Verhältnis zu ihren Schülerinnen und Schülern noch in einem Verhältnis, das man als elterliche Liebe bezeichnen kann. Und doch müssen sie beiden in institutioneller Stellvertretung Rechnung tragen – aber eben als Pädagogen. Sie müssen, wie die Eltern, die Kinder und Jugendlichen verstehen und sie als Lehrer beraten. *Verstehen* und *beraten* – ein Ethos, das Nähe und Distanz in einen pädagogischen kontrollierten Ausgleich bringt. In schulischen Institutionen geht es um Erziehung – nicht um Beziehung. Bestenfalls um den „pädagogischen Bezug" – die Beziehung aber, wenn man darunter eine besondere emotionale Nähe versteht, ist an Freiheit, Freiwilligkeit und Person gebunden. Sie ist in einer Institution nicht möglich oder zumindest sinnvoll (vgl. Ladenthin 2008). Auch das Landerziehungsheim bleibt Institution. Es mag sein, dass das Missverständnis im Begriff der „Beziehung" ein Eingangstor für ein falsches, nämlich nicht professionelles Verhältnis zwischen Erzieher und zu Erziehendem geboten hat. Hier ist Begriffsklärung notwendig (vgl. Ladenthin/Fitzek/Ley 2009).

Die Zukunft der Reformpädagogik? Da Institutionen zur Verfestigung neigen, in der Verwaltung eher ihr Ziel sehen als in der Gestaltung dessen, was sie verwalten wollen – wird es immer eine Pädagogik geben, die diese Verhärtungen aufsprengt und die Schule reformiert. Im Augenblick ist hoher Bedarf an dieser Reformpädagogik – hoher Bedarf an Reformschulen.

Die Reformpädagogik der Zukunft wird an dem orientiert sein, woran sich Pädagogik immer orientieren sollte: an der Bildung. Sie muss nach der Ermöglichung dieser Bildung fragen, und zwar vor Ort. Reformpädagogik kann man nicht am grünen Tisch planen, mit der Statistik in der einen und der Kalkulationstabelle in der anderen Hand. Reformpädagogik entsteht vor Ort – als Reaktion auf tatsächliche Bedürfnisse, als Angebot, das dort wirklich ankommt, wo es hin soll. Reformpädagogik wird daher jeden Tag neu formuliert. Seit 110 Jahren. Nein, seit 200 Jahren – ach, eigentlich seit je. Oder umgekehrt: die Pädagogik, die sich die Freiheit nimmt, sich vor Ort je nach den anstehenden Aufgaben neu zu formulieren – das ist Reformpädagogik.

Literaturverzeichnis

Becker, Hellmut 1954: Die verwaltete Schule. Gefahren und Möglichkeiten. In: Merkur 7, 1155-1177.
Becker, Hellmut 1956: Kulturpolitik und Schule. Probleme der verwalteten Welt. Stuttgart.
Beldowitsch, Renate 2011: Kindliche Bindung und elterliche Fürsorge – eine Herausforderung für die Sozialpädiatrie. Diss. Bonn.
Benze, Rudolf 1940: Erziehung und Unterricht. In: Apel, Hans Jürgen; Grunder, Hans-Ulrich (Hg) 1995: Texte zur Schulpädagogik. Selbstverständnis, Entstehung und Schwerpunkte schulpädagogischen Denkens. Weinheim / München, 143-147.
Budde, Gerhard 1908: Schülerselbstmorde. Hannover.
Bundesvereinigung der Deutschen Arbeitgeberverbände (Hg) 2001: „Führungskraft Lehrer". Empfehlungen der Wirtschaft für ein Lehrerleitbild. O.O., 1-32 (hier S. 8). Auf: http://www.metallnrw.de/download/lehrer.pdf. Zugriff am 10.08.2011.
Dickens, Charles 1838: Oliver Twist; or, The Parish Boy's Progress. By "Boz." Plates designed and etched by George Cruikshank. In Three Volumes. London.
Dreesbach, Anne 2005: Gezähmte Wilde: Die Zurschaustellung „exotischer" Menschen in Deutschland 1870-1940. Frankfurt/M.
Engels, Friedrich 1844/1845: Die Lage der arbeitenden Klasse in England. Nach eigner Anschauung und authentischen Quellen. In: Institut für Marxismus-Leninismus beim Zentralkomitee der SED (Hg) 1972: Karl Marx - Friedrich Engels - Werke. Band II. Berlin (DDR), 225 – 506.
Feichtinger, Georg 1928: Wie entstehen Schülerselbstmorde? Sechs aufgezeichnete Fälle. Leipzig.
Fiedler, Theodore (Hg) 1993: Rainer Maria Rilke - Ellen Key: Briefwechsel. Frankfurt/M., Leipzig.
Fuld, Werner 1988: Walter Benjamin. Zwischen den Stühlen. Frankfurt/M.
Goldbeck, Eduard (Hg) 1908: Henker-Drill. Schülerselbstmorde. Soldatenselbstmorde. Berlin
Gregor-Dellin, Martin 1979: Deutsche Schulzeit. Erinnerungen und Erzählungen aus drei Jahrhunderten. München.
Gurlitt, Ludwig o.J.: Schülerselbstmorde. Berlin.
Herbart, Johann Friedrich 1810: Über Erziehung unter öffentlicher Mitwirkung. In: Kehrbach, Otto (Hg) 1964: Johann Friedrich Herbart. Sämtliche Schriften. Bd. 3. Neuauflage Langensalza, 75-82.
Hesse, Hermann 1896: Hermann Lauscher. In: Camenzind, Peter 1970: Hermann Hesse. Gesammelte Werke. Bd. I: Gedichte. Frühe Prosa. Frankfurt/M., 216-339.
Honecker, Erich 1973: Das große Treffen der Weltjugend beginnt. Artikel Juli 1973. In: Honecker, Erich 1975: Reden und Aufsätze 2. Berlin, 328-337.
Humboldt, Wilhelm von 1792: Über öffentliche Staatserziehung. In: Wilhelm von Humboldt 1959:. Bildung und Sprache. Eine Auswahl aus seinen Schriften. Besorgt von Clemens Menze. Paderborn, 19-23.
Jann, Werner / Röber, Manfred / Wollmann, Hellmut 2006: Public Management – Grundlagen, Wirkungen und Kritik. Berlin.
Kaiser Wilhelm II. 1890: Ansprache seiner Majestät des Kaisers und Königs auf der Schulkonferenz. In: Kemper, Herwart (Hg) 1984: Theorie und Geschichte der Bildungsreform. Eine Quellensammlung von Comenius bis zur Gegenwart. Meisenheim, 100-116.
Kästner, Erich 1925: Die Kinderkaserne. In: Pinkerneil, Beate (Hg) 1998: Erich Kästner: Werke in 9 Bänden. Bd. 3: Möblierte Herren (zugleich Romane I). München / Wien, 340-344.
Kästner, Erich 1931: Fabian. In: Möblierte Herren, 7-203.
Kant, Immanuel 1803: Über Pädagogik. In: Weischedel, Wilhelm (Hg) 1968: Immanuel Kant. Werke in zehn Bänden. Bd. 10. Darmstadt, 694-761.

Kempowski, Walter 1971: Tadellöser & Wolf. Ein bürgerlicher Roman. München.
Kuhn, Helga 2009: Mädchenbildung zahlt sich doppelt aus. In: Magazin zur Entwicklungspolitik 72, 1-16. Auf: http://www.bundesregierung.de/Content/DE/Magazine/MagazinEntwicklungspolitik/072/s3-unicef-maedchenbildung-zahlt-sich-doppelt-aus.html. Zugriff am 10.08.2011.
Labudde, Peter (Hg) 2007: Bildungsstandards am Gymnasium. Korsett oder Katalysator? Bern.
Ladenthin, Volker 2003: PISA – Recht und Grenzen einer globalen empirischen Studie. Eine bildungstheoretische Betrachtung. In: Vierteljahrsschrift für wissenschaftliche Pädagogik 79, H. 3, 354-375.
Ladenthin, Volker 2004: Zukunft und Bildung. Entwürfe und Kritiken. Frankfurt/M. u. a.
Ladenthin, Volker 2006: „Das Milieu muss besonders günstig gewesen sein." Über die Dignität von Praxis und die Vorläufigkeit von Geschichte. In: Montessori 2006: Zeitschrift für Montessori -Pädagogik 44. H. 1/2, 69-84.
Ladenthin, Volker 2008: Über den Internatserzieher. In: engagement. Zeitschrift für Erziehung und Schule. H.2, 125-133.
Ladenthin, Volker / Fitzek, Herbert / Ley, Michael u.d. Verband Kathol. Internate und Tagesinternate e.V. (Hg) 2009: Das Internat. Struktur und Zukunft. Ein Handbuch. Würzburg, 273-316.
Lietz, Hermann 1897: Emlohstobba. Roman oder Wirklichkeit. Bilder aus der Vergangenheit, Gegenwart oder Zukunft? In: Lassahn, Rudolf (Hg) 1970: Hermann Lietz. Schulreform durch Neugründung. Ausgewählte pädagogische Schriften. Paderborn, 4-31.
Mann, Heinrich 1905: Professor Unrat oder Das Ende eines Tyrannen. München.
Merki, Christoph Maria 2008: Verkehrsgeschichte und Mobilität. Stuttgart.
Musik – Bildung – Schule. [Themenheft von] PÄD Forum 27 (2008). H. 2.
Scharfe, Gerald 2011: The Making of Pink Floyd: The Wall. Mit einem Vorwort von Roger Waters. Hamburg.
Spiegel-Online, Misshandlungen: Sammlung der Vorfälle. Auf: http://www.spiegel.de/thema/misshandlungen_bei_der_bundeswehr/. Zugriff am 10.08.2011.
Spinner, Kaspar H 2008: Bildungsstandards und Literaturunterricht. In: Meyer, Meinert A. / Prenzel, Manfred / Hellekamps, Stephanie (Hg) 2008: Perspektiven der Didaktik. Zeitschrift für Erziehungswissenschaft. Sonderheft 9. Wiesbaden, 313-323.
Spoerl, Heinrich 1933: Die Feuerzangenbowle: eine Lausbüberei in der Kleinstadt. Düsseldorf.
Wedekind, Frank 1891: Frühlings Erwachen. Eine Kindertragödie. Zürich.
Wikipedia-Artikel „Vereinigung Deutscher Landerziehungsheime". Auf: http://de.wikipedia.org/wiki/Vereinigung_Deutscher_Landerziehungsheime. Zugriff an 10.08.2011.
Wissenschaftlicher Beirat für Familienfragen 2002: Die bildungspolitische Bedeutung der Familie – Folgerungen aus der PISA-Studie. (= Band 224 der Schriftenreihe des Bundesministeriums für Familie, Senioren, Frauen und Jugend.) Berlin.
Wolgast, Heinrich 1910: Das Elend unserer Jugendliteratur. Ein Beitrag zur künstlerischen Erziehung der Jugend. Hamburg.
Zedlitz, Karl A. von 1787: Vorschläge zur Verbesserung des Schulwesens in den königlichen Landen. In: Berg, Christa (Hg) 1980: Staat und Schule oder Staatsschule? Stellungnahmen von Pädagogen und Schulpolitikern zu einem unerledigten Problem 1787-1889. Königstein/Ts., 1-12.

Zur Aktualität der Montessori-Pädagogik im 21. Jahrhundert

Harald Ludwig

1. Geschichtliche Aspekte

Als Maria Montessori im Jahr 1913 zu ihrem ersten Besuch in den Vereinigten Staaten von Amerika eintraf, wurde sie enthusiastisch empfangen.[1] Die Presse bezeichnete sie als die „interessanteste Frau Europas", als „eine Frau, die das Erziehungssystem der Welt revolutioniert hat..., die die Idioten und Verrückten Lesen und Schreiben gelehrt hat – deren Erfolg so wunderbar war, dass sich die Montessori-Methode in einer Nation nach der anderen verbreitet hat, im Osten bis nach China und Korea, im Westen bis nach Honolulu und im Süden bis in die Republik Argentinien" (Kramer 1977, 179). Tausende wollten ihre Vorträge hören und standen Schlange, um Eintrittstickets zu erhalten, vielfach vergeblich. Bei Montessoris Vortrag in der Carnegie Hall in New York mussten etwa 1000 Menschen weggeschickt werden, weil die Halle überfüllt war. Jeder Sitzplatz war besetzt. Auf den Galerien stand man in Vierer- und Fünferreihe und lauschte dem zweistündigen Vortrag der italienischen Pädagogin. Der berühmte amerikanische Reformpädagoge John Dewey führte den Vorsitz. Zahlreiche Professoren auch von Eliteuniversitäten wie Princeton und Harvard waren erschienen, dazu viele Repräsentanten des kulturellen und öffentlichen Lebens. Sogar der amerikanische Präsident Wilson und seine Tochter Margret interessierten sich für die neue Pädagogik Montessoris. Ähnlich war es bei der Wiederholung des Vortrags in der Carnegie Hall zwei Wochen später und bei anderen Vorträgen Maria Montessoris in Washington, Boston, Chicago und anderswo. Montessoris Pädagogik war damals in den USA ohne Zweifel aktuell, wenn man als Kriterium die Aufmerksamkeit nimmt, welche eine pädagogische Konzeption in der Öffentlichkeit findet.

Bei Montessoris zweitem Amerikaaufenthalt im Jahr 1915 hatte sie ähnliche Erfolge (vgl. Montessori 2014).[2] Doch schon von 1916 an ließ das Interesse an ihren Ideen, nicht zuletzt unter dem Einfluss der vernichtenden Kritik führender amerikanischer Pädagogen wie John Dewey und vor allem William Heard Kilpatrick deutlich nach. Nach 1918 wurde ihr Name in der amerikanischen Päda-

---

[1] Erst vor kurzem wurde das Tagebuch veröffentlicht, das Montessori während der damaligen Überfahrt nach New York geschrieben hat: *Maria Montessori Sails to America – a private diary*, 1913, translated and introduced by Carolina Montessori, Amsterdam 2013.

[2] Quellenhinweise auf Schriften Montessoris werden im Folgenden überwiegend ohne Nennung ihres Namens nur mit Angabe des Erscheinungsjahrs des jeweiligen Werkes gegeben.

gogik kaum noch erwähnt. Montessoris Pädagogik war nicht mehr aktuell. War sie also nur eine kurzfristige Modeerscheinung?

Die italienische Pädagogin, die seit 1916 ihren festen Wohnsitz in Barcelona in Spanien hatte, ließ sich nicht entmutigen. Überzeugt von ihren Ideen und erfüllt von einem geradezu missionarischen Sendungsbewusstsein setzte sie ihre Arbeit fort, entwickelte ihre pädagogische Konzeption weiter und verbreitete sie durch Kurse, Vorträge, Förderung von Einrichtungen und Veröffentlichung von Schriften. Es gab in zahlreichen Ländern in der Zwischenkriegszeit viel versprechende Ansätze zu einer breiteren Realisierung ihrer Pädagogik, auch in Deutschland (Hammerer 1997, Ludwig 2003). Montessoris Pädagogik erfreute sich einer bemerkenswerten Aktualität. Das Aufkommen totalitärer politischer Systeme in Europa und die Katastrophe des 2. Weltkriegs machten in Europa wiederum fast alles zunichte. Montessoris insgesamt zehnjähriger Aufenthalt in Indien von 1939 bis 1949 mag zusätzlich dazu beigetragen haben, die Erinnerung an sie und ihre Pädagogik in Europa verblassen zu lassen.

Als Maria Montessori am 6. Mai 1952 in Nordwijk aan Zee in den Niederlanden fast 82jährig starb und zahlreiche Nachrufe zu ihrem Tod erschienen, wunderten sich manche, dass sie überhaupt noch gelebt hatte. So sehr schien ihr pädagogisches Denken und Wirken schon zu einer der vielen Episoden in der Geschichte der Pädagogik geworden zu sein. Montessoris Pädagogik war offenbar nicht mehr aktuell. Nur kleine Kreise überzeugter Anhänger hielten an dieser Pädagogik fest und versuchten, sie zu realisieren.

Heute können wir feststellen, dass Montessoris Pädagogik in mehr als 110 Ländern der Welt verbreitet ist, auf allen Kontinenten, in Entwicklungsländern und in Industriestaaten, in Ländern mit ganz unterschiedlichen Kulturen und Religionen, Gesellschafts- und Staatsformen. Es scheint sich das bewahrheitet zu haben, was Montessori in dem letzten von ihr selbst herausgegebenen Werk so formulierte: „Die Schulen aber entwickeln sich weiter und verbreiten sich stets mehr in der ganzen Welt trotz all der Kriege und trotz des sie begleitenden Unglücks. Wir finden sie selbst inmitten des Stillen Ozeans auf den Hawaii Inseln, in Honolulu, unter den Einheimischen in Nigeria, in Ceylon, wirklich bei allen Rassen und in allen Ländern" (1966a, 11f).

In den USA beispielsweise erlebte die Montessori-Pädagogik seit Ende der 1950er Jahre – wenige Jahre nach Montessoris Tod – eine unerwartete Renaissance als Reaktion auf den sogenannten „Sputnik-Schock". Man besann sich in den USA angesichts des anscheinend vorhandenen technologisch-wissenschaftlichen Vorsprungs der damaligen Sowjetunion auf die Bedeutung der Vorschulerziehung und die hierfür gegebenen Möglichkeiten der Montessori-Pädagogik. Empirische Untersuchungen untermauerten das Förderungspotential der Montessori-Pädagogik. Unter anderem legte der bekannte amerikanische Psychologe Lawrence Kohlberg eine derartige Untersuchung vor (Kohlberg 1968). In den USA gibt es heute mehr als 3000 private Montessori-Schulen; außerdem weitere Montessori-Schulen in der Verantwortung von mehr als 100 öffentlichen Schulverwaltungen. Neue wissenschaftliche Untersuchungen belegen die Förderungseffizienz der Montessori-Pädagogik (z. B. Lillard / Else-Quest 2006, Lillard 2007). Zwei große amerikanische Montessori-Organisationen setzen sich für die Realisierung und Weiterentwicklung der Montessori-Pädagogik in den USA ein. Im Nachbarland Kanada gibt es über 600, in Mexiko über 500 Montessori-Schulen. Der Ausdruck „Schulen" schließt hier gemäß internationalem Sprachgebrauch allerdings auch vorschulische Einrichtungen, also „Kindergärten" bzw. „Kinderhäuser", ein.

Ähnliche Entwicklungen können wir in vielen Ländern der Welt beobachten: in Korea und Japan, dort allerdings bisher auf den Vorschulbereich begrenzt, in China, auf den Philippinen, in Thailand, in Australien und Neuseeland, in Afrika, in Mittel- und Südamerika und nicht zuletzt in Europa. Bei den heutigen Jahrestagungen der 1929 von Maria Montessori und ihrem Sohn Mario gegründeten Association Montessori Internationale (AMI) in Amsterdam wird dies in eindrucksvollen Berichten aus aller Welt dokumentiert. Schon zu Lebzeiten Montessoris wurden von dieser Organisation internationale Kongresse veranstaltet, bei denen die neuesten Entwicklungen der Montessori-Pädagogik einer breiteren Öffentlichkeit vorgestellt wurden. Tagungsorte der letzten Kongresse waren: Paris (2001), Sydney (2005) Chennai/Madras (2009), Portland (USA) 2013. Bei dem außerordentlichen Jubiläumskongress im Jahr 2007 in Rom waren über 1200 Pädagoginnen und Pädagogen aus 50 Ländern der Erde versammelt. Am Kongress in Oregon (USA) im Jahr 2013 nahmen über 2500 Personen aus 60 Ländern teil.

In Europa gibt es vor allem in osteuropäischen Ländern in den letzten beiden Jahrzehnten ein neu erwachtes Interesse an der Pädagogik Montessoris und eine zunehmende Expansion von privaten und öffentlichen Bildungseinrichtungen, welche sich an ihrer Pädagogik orientieren (Ludwig 2013). Seit 2002 veranstaltet die Organisation Montessori Europe alljährlich in einem anderen Land Europas einen internationalen Montessori-Kongress, der von mehr als 400 interessierten Pädagoginnen und Pädagogen aus zahlreichen Ländern Europas besucht wird. In den Rahmen von Montessori Europe gehört auch die Arbeit der im November 2007 bei einer Montessori-Tagung in Stockholm gegründeten Organisation *„Montessori Research Europe"* (=MoRE). Es handelt sich um ein Internet-Netzwerk europäischer Montessori-Wissenschaftler und universitärer Forschungszentren, für welches das Montessori-Zentrum der Universität Münster von 2007 bis 2010 die Federführung übernommen hatte. In diesem Netzwerk arbeiten zahlreiche wissenschaftlich interessierte Montessori-Pädagogen aus vielen Ländern Europas mit. Zweimal im Jahr wird ein englischsprachiger Newsletter herausgegeben. Von 2011 bis 2013 wurde dieser vom Montessori-Forschungszentrum der Universität Roma Tre unter der Leitung von Clara Tornar redaktionell betreut. Ab 2014 ist die Montessori-Abteilung der Universität Stockholm für die Herausgabe verantwortlich. In der Doppelnummer des Newsletters von 2013 sind zum Beispiel Forschungsbeiträge von Montessori-Wissenschaftlern aus Deutschland, Großbritannien, Italien,

Polen und Schweden enthalten.³ Ein persönliches Treffen von Mitgliedern des Netzwerks MoRE findet in der Regel bei den Kongressen der Organisation Montessori Europe statt, zuletzt bei dem Kongress in Budapest im Jahr 2013.⁴

In Deutschland verschaffen seit einiger Zeit die Ergebnisse der viel zitierten „PISA-Studien" bildungspolitischen Fragen eine gewisse Resonanz in der Öffentlichkeit, wenn auch in einer durch die Anlage dieser Untersuchungen eingeschränkten Betrachtungsweise. In Nordrhein-Westfalen hob das Kultusministerium die Bedeutung der Montessori-Pädagogik für das Schulwesen des Landes hervor (Kultusministerium NRW 2007). Neuerdings wird der Beitrag der Montessori-Pädagogik zur aktuellen Diskussion um die angemessene Erziehung der Altersgruppe unter drei Jahren besonders intensiv diskutiert (Holtstiege 2009).

Vielleicht kann man es auch als ein Symptom für die Aktualität der Montessori-Pädagogik im 21. Jahrhundert verstehen, dass in Deutschland seit 2010 weltweit zum ersten Mal eine historisch-kritische Edition der Gesammelten Werke Maria Montessoris in ca. 20 Bänden erscheint, in der nicht nur bereits veröffentlichte Schriften der italienischen Pädagogin und Weltbürgerin, sondern auch Teile ihres umfangreichen unveröffentlichten Werkes publiziert und kommentiert werden.⁵ Neun Bände liegen bisher vor, darunter Montessoris früher nur schwer zugängliche mathematikdidaktischen Schriften (2012a, 2012b), deren aktueller Anregungsgehalt auch aus der Sicht heutiger Fachdidaktiker der Mathematik geschätzt wird (Hanewinkel 2007; Schneeberger 2012, Ludwig/Winter 2012).

Indessen kann man fragen, ob solche Aspekte nicht doch einen eher äußerlichen Aspekt von Aktualität einer Pädagogik darstellen. Entscheidend ist doch, ob ein pädagogisches Konzept einen Beitrag liefern kann zu den jeweiligen Erziehungs- und Bildungsproblemen der Zeit. Möglicherweise kann dies gerade ein pädagogisches Denken sein, das in der Öffentlichkeit keine oder nur geringe Aufmerksamkeit findet. Dabei kann es sein, dass eine Pädagogik aus Gründen aktuell ist, aufgrund welcher ihr in früheren Zeiten diese Aktualität gerade abgesprochen wurde. So hatte der erwähnte amerikanische Erziehungswissenschaftler William Heard Kilpatrick seine Kritik an Montessori u. a. damit begründet, dass das von Montessori vorgesehene Sinnestraining für die geistige Entwicklung nichts beitrage. Montessori sei in dieser Beziehung 50 Jahre hinter der wissenschaftlichen Entwicklung zurück und hänge einer überholten Psychologie an (Kramer 1977, 350). Aus heutiger Sicht wird man genau das Gegenteil sagen können. Denn die Forschungen der letzten Jahrzehnte haben immer deutlicher werden lassen, wie wichtig beispielsweise eine Förderung der Sinne im frühen Kindesalter für die

---

3   Vgl.: *MoRE – Montessori Research Europe – Newsletter* 1-2/2013.
4   Auf der Internet-Seite von Montessori Europe (www.montessori-europe.com) finden sich unter der Rubrik „MoRE" alle Newsletter zum Download und weitere Informationen.
5   Montessori, Maria: Gesammelte Werke, hg. von Harald Ludwig in Zusammenarbeit mit Christian Fischer, Michael Klein-Landeck und Volker Ladenthin in Verbindung mit der Association Montessori Internationale (AMI). Freiburg: Herder-Verlag 2010 ff.

geistige Entwicklung des Menschen ist. So hat beispielsweise Albert Heller unter Bezug auf Ergebnisse neuer Forschungen, nicht zuletzt auch der Hirnforschung, aufgezeigt, wie wichtig die von Montessori geforderte und geförderte entwickelte und integrierte sinnliche Struktur als Basis für alle weitere Entwicklung ist: kognitiv, sozial, emotional, ethisch und ästhetisch (Heller 2002; vgl. Klein 2007; Hüther 2010). Damit wenden wir uns einem Fragenbereich zu, den man als die systematische Aktualität der Pädagogik Maria Montessoris bezeichnen könnte.

2. Systematische Aspekte

2.1 Pädagogik als mehrperspektivische Wissenschaft

Ein fundamentaler Gesichtspunkt zum Verständnis von Montessoris pädagogischem Denken ist ihre Auffassung von Pädagogik als Wissenschaft. Oft hören oder lesen wir, Montessori vertrete eine rein positivistische Wissenschaft, in deren Rahmen nur das Messbare und Zählbare seinen legitimen Ort habe. Nun ist zwar unbezweifelbar, dass Montessori in ihrer Studienzeit und als junge Wissenschaftlerin unter dem starken Einfluss einer vom Geist des Positivismus geprägten Naturwissenschaft gestanden hat. In ihren Schriften zur „Pädagogischen Anthropologie" wird dies besonders deutlich (Montessori 1910, Hanisch 2013). „Anthropologie" ist dort in hohem Maße „Anthropometrie", d. h. eine Wissenschaft, die durch ein messendes Vorgehen allgemeine Erkenntnisse über den Menschen zu gewinnen sucht. Dies gilt auch für das Kind. Montessori hat sogar eigene Messinstrumente erfunden, darunter den so genannten „Anthropometer" oder „Pädometer", mit deren Hilfe der Pädagoge regelmäßig Messungen bei den von ihm betreuten Kindern vornehmen soll (2010b, 169-171). Es wäre jedoch verfehlt, Montessoris Verständnis von Pädagogik auf diesen Ansatz einer messenden Erfahrungswissenschaft reduzieren zu wollen.

Es gibt vielmehr schon einen frühen Text der italienischen Wissenschaftlerin aus dem Jahre 1903, in dem sie sich eindeutig für eine Anthropologie und für eine Pädagogik ausspricht, die sich als eine mehrperspektivische Wissenschaft versteht. Dieser Vortrag an der Universität Rom (Montessori 1903) mit dem Titel „Die pädagogische Anthropologie", der in gekürzter Form später noch einmal veröffentlicht wurde (Montessori 1905), beginnt mit den Fragen: „Wer ist der Mensch? Wo kommt er her? Wo geht er hin?" (1903, 3). Eine Antwort auf diese grundlegenden Fragen erhofft sich Montessori von einer Vereinigung der Erkenntnisse der modernen naturwissenschaftlichen Anthropologie, Biologie, Medizin, Psychologie sowie der erfahrungswissenschaftlich orientierten Soziologie mit historischen und philosophischen Reflexionen der bisherigen Pädagogik. So soll es zu einer neuen „wissenschaftlichen Pädagogik" kommen:

> „Es ist notwendig, dass eine grundlegende Synthese in der wissenschaftlichen Pädagogik erfolgt zwischen dem natürlichen Standpunkt, der die biologische menschliche Personalität beschreibt, und dem moralischen Standpunkt, welcher stets der Zeit und Bedeutung

nach der erste bleibt und der den sozialen Menschen herausbildet und vorbereitet. Die Arbeit bleibt in zwei Felder aufgeteilt, die danach streben, sich im Werk und im Ziel zu vereinigen: Gebt den Biologen, was der Biologen ist, und den Philosophen, was der Philosophen ist.[6] Aber bemüht euch darum, dass diese ihre jeweilige Arbeit harmonisch vereinigen. Denn die Pädagogik muss nicht nur Anschluss finden an jeden modernen Zweig der Erfahrungswissenschaft (scienza positiva), sondern sich auch all das aneignen, was die Erfahrung der Menschheit seit den ältesten Zeiten anzusammeln verstanden hat. ... Wir müssen uns immer dafür einsetzen, die Fülle der althergebrachten Erfahrung mit den Erkenntnissen der neuen Wissenschaft zu verbinden" (1903, 4f; vgl. 2011a, 339).

Es geht Montessori also nicht um eine pauschale Ablehnung der alten historisch und philosophisch ausgerichteten Pädagogik, sondern um ihre Verbindung mit den neuen erfahrungswissenschaftlichen Vorgehensweisen. Gemäß ihrem Grundsatz, dass der Pädagoge zunächst das reale individuelle Kind kennen müsse, ehe er ihm erzieherisch zu helfen versuche, sieht Montessori in einer *Wissenschaft vom Kind* eine notwendige Basis pädagogischer Bemühungen. Die „Pädologie" des französischen Psychologen Eugène Blum erscheint ihr dafür als eine geeignete wissenschaftstheoretische Grundlage (Blum 1898; Blum 1903; Depaepe 1993). Dieser hatte eine Dreiteilung der wissenschaftlichen Kinderkunde vorgenommen, die Montessori aufgreift. Sie unterscheidet neben einer grundlegenden „Allgemeinen Pädologie", eine experimentelle „Laboratoriumspädologie" und eine verstehende „Introspektive Pädologie":

„1. Die *Allgemeine Pädologie* führt zum schnellen, umfassenden, knappen Studium der gesamten psychisch-physischen Persönlichkeit des Zöglings und berücksichtigt dabei auch den Gesichtspunkt seiner Erbanlagen. Diese reale biographisch-klinische Geschichte des Individuums könnte man als diagnostischen Teil der Pädologie bezeichnen. ...

2. Die *Laboratoriumspädologie* umfasst den gesamten experimentellen Bereich, der sich, wenn auch ohne Einigkeit über das Ziel, so doch mit einer großen Beständigkeit im Vorgehen seit einigen Jahrzehnten auf der ganzen Welt ausbreitet. Sie ist aufgeteilt in Zweige mit Labors für Psychologie, für Anthropologie, für Hygiene und für Physiologie. Dort schreitet man mit einem komplizierten und vielfältigen Instrumentarium zur Pädometrie, d. h. zur Messung des Kindes, voran. ...

3. *Introspektive Pädologie*. Hier passen die Messungen aus dem Labor nicht mehr hinein. Dieser Teil schließt sich der alten reinen Psychologie an, dem einzigen Leitfaden der metaphysischen Pädagogen. Sie befasst sich mit der subjektiven Seite des Individuums, mit seinen Eindrücken, d. h. mit dem, was es fühlt und was sein psychisches Leben ausmacht. Dennoch hat sich auch hier die Untersuchungsmethode geändert, da alle pädologischen Wissenschaften eine gemeinsame Richtung eingeschlagen haben: die direkte Beobachtung des Individuums" (1903, 5-8; 2011a, 340-342).

Diese dritte Form der Pädologie ist für Montessori immer mehr in den Mittelpunkt getreten. Eine entscheidende Wende scheint sich im Rahmen ihrer Erfahrungen im 1907 eröffneten Kinderhaus von San Lorenzo vollzogen zu haben.

---

[6] Formulierung in Anlehnung an das Bibelwort: „Gebt dem Kaiser, was des Kaisers ist, und Gott, was Gottes ist" (Mt 22, 21).

Der Münsteraner Montessori-Forscher Günter Schulz-Benesch spricht von einem „fundamentalen Methodenwandel" und schreibt:

> „Das Erlebnis von San Lorenzo hatte nicht nur die geschulte Beobachtungsgabe zur Voraussetzung, sondern einen Wandel der Weise der Beobachtung zur Folge. Während Montessori vorher mit den Instrumentarien einer exakt-empirischen Wissenschaft arbeitete, lässt sie sich gewissermaßen nun davon los, befreit sich, macht sich ‚leer', wie sie einmal sagt, zur vorurteilsfreien Beobachtung des Kindes und der Phänomene seines Verhaltens. Es ist bezeichnend, dass Zahlen, statistische Graphiken etc. von nun an in ihren Büchern zurücktreten zugunsten der Beschreibung verstehender Beobachtung, verarbeiteter Erfahrung mit Kindern" (Schulz-Benesch 1980, 24).

Aus Montessoris späterem Werk lässt sich diese Neuakzentuierung ihrer Forschungsweise vielfach belegen. So hat sich die italienische Pädagogin in einem bisher nicht veröffentlichten Vortrag eines Kursus von 1938/39 in Laren (Niederlande) rückblickend ausdrücklich von der Einseitigkeit ihrer frühen Forschungen distanziert. Sie sagt dort:

> „Um eine Sache zu erwähnen: In meiner Jugend habe ich an der Universität von Rom gelehrt, wie jedes Kind individuell auf anthropologische und psychologische Weise zu erforschen ist. Und dann haben wir gelehrt zu messen, ob das Kind sich beim Heranwachsen normal entwickelt, und ebenso haben wir die psychischen Charaktereigenschaften gemessen, und wir haben ernsthaft versucht, all dies zu untersuchen. Aber wir konnten dies nicht anwenden. ... In der Tat, diese moderne Pädagogik ist nicht sehr zweckmäßig gewesen. Sie ist immer ein Sonderfall gewesen oder, um es besser zu sagen, sie hat mehr Probleme als Lösungen gebracht" (1938, 5).

Diesen Wandel in den Auffassungen Montessoris kann man beispielsweise auch an ihrem Verständnis der Musikerziehung aufzeigen, wie dies eine vor einigen Jahren vorgelegte Münsteraner Dissertation im Einzelnen nachgewiesen hat (Hosterbach 2005). An Montessoris Auffassung der Stille und der Stilleübung lässt sich dies ebenfalls verdeutlichen. So sagt sie 1938 rückblickend auf ihre Anfangszeit in einem Vortrag in dem erwähnten Kursus von Laren zu diesem Thema:

> „Es ist evident, dass diese Stille eine viel tiefere Bedeutung hat. ... Es fehlt die Stille im menschlichen Leben. Die Stille fehlt, obwohl alle geistig auf höherer Ebene befindlichen Menschen, alle, die irgendetwas Großes tun, das Bedürfnis der Stille empfunden haben. ... Indessen war ich zu dieser Zeit materialistisch genug, solche Reflexionen nicht anzustellen; ich war zu sehr Arzt und Psychologe, d. h. experimenteller und medizinischer Psychologe, also oberflächlich" (1979, 75).

Auch an einer anderen Besonderheit von Montessoris Denken kann man zeigen, dass sie auch in ihrer Frühzeit trotz aller damaligen Hochschätzung des erfahrungswissenschaftlichen Vorgehens keine einseitig positivistische Auffassung vertreten hat. Vielmehr sind von früh an in ihrem Denken auch Ansätze nachweisbar, die den Rahmen quantitativer erfahrungswissenschaftlicher Forschungsmethoden deutlich übersteigen und unter anderem mit der religiösen Grundorientierung der italienischen Ärztin und Pädagogin zusammenhängen. So stellt beispielsweise Marjan Schwegmann in ihrer Montessori-Biographie fest, dass Montessori bereits 1898 mit der Entdeckung der Bedeutung der Liebe für die Erziehung eine Abkehr vom Positivismus eingeleitet habe (Schwegmann 2002, 83f). In der Tat spricht ja Montessori auch von der „Schaukraft der Liebe" und bezeichnet nur den Liebenden als den wahrhaft Erkennenden. Dies sei – so Schwegmann – auch in ihrem Kinderhaus zum Ausdruck gekommen: „Anders als die Positivisten ... räumte Montessori in ihrem Projekt Platz für das Mysterium ein...". (Schwegmann 2002, 136)

Diese Auffassung lässt sich durch weitere Äußerungen Montessoris stützen. So schreibt sie in ihrem Hauptwerk von 1909:

> „Viele haben mit allzu großen Illusionen auf die Ergebnisse der materialistischen und mechanischen Wissenschaft geblickt. Aber gerade deshalb haben wir uns auf einen falschen und sich verengenden Weg begeben, den wir verlassen müssen, um wirklich auf die neu gestaltete Kunst zu stoßen, menschliche Generationen zu erziehen" (2010a, 9f).

Ähnliches kann man in ihren Vorträgen in den internationalen Ausbildungskursen von 1913 in Rom (Montessori 2013b, X und 39) und 1915 (Montessori 2014) feststellen. In Montessoris erstem Vortrag in San Diego von 1915 heißt es zum Beispiel:

> „Wir müssen uns eingestehen, dass das psychische Leben des Menschen voller Geheimnisse ist und dass dies der Grund ist, warum der Mensch für uns voller Überraschungen ist. Die Vorbereitung der Lehrperson besteht aus zwei Dingen: Sie muss sensibel sein für das Geheimnis des Lebens und sensibel für das Wunder des Lebens, das sich offenbart. Dies ist eine Sensibilität, welche wir durch die Gewohnheit, Wunder zu sehen, häufig verlieren, sodass wir das Geheimnis nicht mehr fühlen.... Insofern ist es notwendig, diese Sensibilität, über etwas zu staunen, zu fördern, um eine vollkommenere Beobachtung zu erreichen. Dies gilt sowohl für Eltern als auch für Lehrer. Der Lehrer, der Vater, die Mutter und alle, die Kontakt mit dem Leben des Kindes haben, sollten bereit sein, dieses Geheimnis und Wunder zu fühlen" (2014, Vortrag III, 1).

Schließlich sei noch auf Montessoris Vorträge von 1915 zur Vorstellungskraft verwiesen. Dort formuliert sie zum Verhältnis von Wissenschaft und Religion:

> „Naturvölker haben eine Religion, die phantastisch und zerbrechlich ist und in großem Maße auf dem Schrecken basiert, der durch geheimnisvolle Naturereignisse entsteht. Zivilisierte Menschen haben hingegen eine starke, positive Religion, die noch reiner wächst, wenn die Wissenschaft der Wahrheit den Schleier über der Natur durchdringt und das Geheimnis lediglich preist und erhellt" (2014, Vortrag III, 3).

Auch erkennt Montessori in ihrem Werk von 1916 ausdrücklich die Möglichkeit einer nicht sinnesgebundenen geistigen Erfahrung an. Sie bezieht sich dabei auf die Erkenntnisse von Mystikern wie der Hl. Theresia von Avila:

> „Es gibt Menschen mit Empfindungen nicht-sinnlicher Art, und das sind die, deren geistiges Leben sehr intensiv ist. Sie haben *innere Eindrücke*, die nicht als Ergebnis einer Vorstellungskraft gelten, sondern als einfach hingenommene Wirklichkeit. Dass es sich um *Wirklichkeiten* handelt, wird nicht nur durch die Selbstbeobachtung normaler Menschen, sondern auch durch die Wirkungen auf deren innere Persönlichkeit bestätigt: ‚Die göttlichen Offenbarungen', sagt die Hl. Theresia, ‚zeigen sich in den großen geistigen Gütern, mit denen sie die Seele bereichern; sie sind von Klarheit, Unterscheidungsgabe und Weisheit begleitet'" (1976, 228f; vgl. 2011a, 394f).

Das alles bedeutet nun allerdings nicht, dass Montessori den Ansatz ihrer frühen Forschungen und deren Ergebnisse für völlig falsch gehalten hätte. Die messende und Fakten ermittelnde empirische Forschung, wie Montessori sie in vielen ihrer frühen Untersuchungen praktiziert hat, bleibt für sie eine wichtige Erkenntnisquelle. Aber sie reicht allein nicht aus und muss durch andere Formen menschlicher Erkenntnisgewinnung ergänzt werden, wozu für sie insbesondere die verstehende Beobachtung, aber auch philosophische Reflexionen gehören. An den Überlegungen Montessoris zur „Kosmischen Erziehung" (1988) in ihrem Spätwerk wird dies besonders deutlich (Ludwig 2012).

Maria Montessori betrachtet den Menschen also mit unterschiedlichen Zugangsweisen und in mehreren Grundperspektiven, die erst zusammen der Komplexität der menschlichen Existenz gerecht werden (Holtstiege 1999). Eine Grundperspektive ist die *medizinisch-biologische*, wie sie in ihren frühen Schriften besonders intensiv zum Ausdruck kommt. Eine zweite Grundperspektive ist die der *gesellschaftlich-kulturellen* Einbindung des Menschen. In ihr zeigen sich die Einflüsse der Umgebung, insbesondere der Gesellschaft, auf die Entwicklung des Menschen und sein Handeln. Als Ergebnis ihrer empirischen Untersuchungen in Schulen hält Montessori zum Beispiel eine doppelte Ursache für schulische Leistungsunterschiede fest: „Einer bezieht sich auf biologische Bedingungen der Geburt (…), der andere auf soziale Bedingungen." (1904, 281). Eine dritte Grundperspektive ist die *philosophische und religiös-theologische*, die Montessori in ihrem späteren Werk stärker betont. In ihr werden die Sonderstellung des Menschen in der Natur und seine personale Individualität als einmaliges Geschöpf Gottes hervorgehoben (Montessori 1995).

In ihrem zweiten Hauptwerk (1916) bringt Montessori diese unvermeidliche und unverzichtbare Mehrperspektivität bei der Betrachtung des Menschen – und damit auch einer humanwissenschaftlichen Pädagogik – in ihrer bildhaften Sprache deutlich zum Ausdruck:

> „Die Schaukraft der Lehrerin müsste gleichzeitig exakt sein wie die des Wissenschaftlers und geistig wie die des Heiligen. Die Vorbereitung für die Wissenschaft und die Vorbereitung für die Heiligkeit müssten gleichzeitig eine neue Seele formen, denn die Haltung der Lehrerin muss gleichzeitig positiv, wissenschaftlich und geistig sein" (1976, 131f).

Hinsichtlich des erfahrungswissenschaftlichen Zugangs im Sinne der Naturwissenschaften, der Medizin und der Sozialwissenschaften gilt für die Lehrerin[7]:

> „Sie muss erkennen, dass die Methoden jener Wissenschaften begrenzt sind … Ihr Feld muss weiter und gewaltiger sein: Sie beobachtet ‚das innere Leben des Menschen'. Jene trockene Einstellung, die sich auf die Wunder der lebenden Materie beschränkt, reicht nicht mehr aus. Alle geistigen Früchte der Geschichte der Menschheit und der Religion sind notwendig zu ihrer Ernährung. Die hohen Offenbarungen der Kunst, der Liebe, und der Heiligkeit sind die charakteristischen Offenbarungen jenes Lebens, das sie nicht nur beobachtet, sondern dem sie dient und das das ‚eigene Leben' ist … das wahre und einzige wirkliche Leben des Menschen" (1976, 134).

---

[7] Montessori bevorzugt die weibliche Form. Gemeint ist indessen meist auch die männliche Lehrperson. Entsprechendes gilt auch für den Gebrauch der männlichen Form.

Diese unterschiedlichen Betrachtungsweisen lassen sich nicht scharf voneinander trennen. Sie lassen sich auch nicht einfach addieren oder völlig spannungsfrei zu einer Einheit zusammenbringen. Vielfach überschneiden sie sich. Der deutsche Philosoph Karl Jaspers (1883-1969) hat dazu einmal formuliert: „Verabsolutierung eines immer partikularen Erkennens zum Ganzen einer Menschenerkenntnis führt zur Verwahrlosung des Menschenbildes. Die Verwahrlosung des Menschenbildes aber führt zur Verwahrlosung des Menschen selber. Denn das Bild, das wir für wahr halten, wird selbst ein Faktor in unserem Leben" (zit. nach Holtstiege 1999, 263).

Noch einen zweiten Problemkreis möchte ich kurz vorstellen, zu dem sich aus bisher unbekannten oder wenig bekannten Texten Montessoris neue Einsichten für ihre Pädagogik ergeben, welche die Aktualität ihres Denkens zeigen können. Es handelt sich um Montessoris Kampf für die Menschenrechte des Kindes, der sich von früh an bis in ihre letzte Lebenszeit in ihrem Werk findet (Montessori 2013a).

2.2 Montessoris Einsatz für soziale Reformen und Kinderrechte

Dass Montessori ihr pädagogisches Wirken im Kinderhaus von San Lorenzo, einem damaligen Elendsviertel in Rom, auch als eine soziale Reform verstanden hat, ist allgemein bekannt. Aber wer weiß schon, dass sie sich bereits im Jahr 1906, also noch vor der Gründung des ersten Kinderhauses im Jahr 1907, nicht nur für das Frauenwahlrecht, sondern auch für eine grundlegende Reform des Strafvollzugs für Kinder und Jugendliche eingesetzt hat?

Im Jahr 1906 entwickelte Montessori eine intensive Publikationstätigkeit in der Tageszeitung „La Vita" und Frauenzeitschriften wie „L'Alleanza" und „Eva moderna". Sie veröffentlichte eine Serie von engagierten Artikeln zu Fragen des Feminismus, vor allem zum Frauenwahlrecht (2011a, 92-208, Babini/Lama 2000). Daneben setzte sie sich in einer Reihe weiterer sozialpädagogisch orientierter Beiträge für eine Verbesserung und Reform des Jugendstrafvollzugs ein (2011a, 284-328). Dazu gehören Artikel, die überwiegend aus der Zeitschrift „La Vita" stammen. Diese römische Tageszeitung war 1905 gegründet worden mit dem Ziel, liberal denkende Menschen anzusprechen und zur Demokratisierung Italiens beizutragen, ohne einer speziellen Partei verpflichtet zu sein.

Wie beim Problemkreis des Feminismus versucht Montessori auch ihre Auffassungen zur Reform des Jugendstrafvollzugs wissenschaftlich und praktisch zu begründen, indem sie vor allem immer wieder auf Ergebnisse der „positiven Wissenschaft" bzw. der „wissenschaftlichen Pädagogik" zurückgreift, womit sie in diesem Kontext die erfahrungswissenschaftlich vorgehenden Wissenschaften meint.

Sie fordert eine pädagogische Grundorientierung für den Jugendstrafvollzug und unterstützt eine damals in Rom von Seiten der Regierung geplante Reform. Die straffälligen Jugendlichen sollen nicht wie Ausgestoßene der Gesellschaft behandelt, sondern wieder in diese integriert werden. Montessori nimmt damit eine Forderung der Kinderrechtserklärung des Völkerbundes von 1924 vorweg, wo es unter Punkt 2 heißt: „Das straffällige Kind muss wieder in die Gesellschaft integriert werden" (Montessori 2013, 20f). An die Stelle bloßer Strafen in Form des Freiheitsentzugs sollen sinnvolle Erziehungs- und Förderungsmaßnahmen für die jungen Menschen treten. Montessori fordert dies nicht nur und begründet dies im Einzelnen, sondern sie nimmt auch selbst mit ihren Studierenden an der Umsetzung praktischer Reformen an so genannten „Besserungsanstalten" in Rom teil. Manche ihrer späteren pädagogischen Prinzipien werden in diesen Ausführungen schon erkennbar. Insofern ist diese weithin unbekannte Artikelserie neben ihren heilpädagogischen Beiträgen (2011a, 3-91) eine weitere wichtige Quelle für die Ursprünge ihres pädagogischen Denkens.

Von ihren Vorträgen beim dritten internationalen Ausbildungskurs, der 1915 in Kalifornien stattfand, trägt der fünfte Vortrag von Los Angeles die Überschrift: „Die Rechte der Kinder, sich körperlich, intellektuell und moralisch zu entwickeln". Montessori beginnt mit der Feststellung, dass sich hinsichtlich der Rechtsstellung des Kindes seit den Zeiten des römischen Rechtes nichts Wesentliches verändert habe.

> „Das römische Prinzip lautet: Das Kind hat das Geschenk des Lebens empfangen, es sollte dankbar sein und sich uns unterordnen. Diese Vorstellung, dass das Kind ein dankbarer Untergebener sein solle, hat man nie verändert oder von der Tatsache unterschieden, dass das Kind als ein Mensch auf die Welt kommt, der das Recht auf Leben hat. Wir beginnen uns dieses zweiten Prinzips bewusst zu werden, nämlich dass das Kind als ein Mensch auf die Welt kommt, der Rechte hat, doch unsere Gesetze und Gebräuche erkennen dies nicht an.... Es stimmt, dass ein Kind auf gewisse Weise dem Erwachsenen unterlegen ist. Um sich selbst zu vollenden, muss es erwachsen werden. Wir sollten dieses Kriterium jedoch sowohl aus der Sicht der Freiheit als auch aus der Perspektive der Sklaverei betrachten. Anstatt das Kind als eine Person anzusehen, die den Erwachsenen alles verdankt, sollten wir es als frei und mit eigenen Rechten sehen" (2014, Vortrag II, 5).

Schon lange vor der Gründung des Völkerbundes und dessen Kinderrechtserklärung von 1924, auf die Montessori sich in ihren späteren Beiträgen bezieht, tritt Montessori also für grundlegende Rechte des Kindes als Mensch ein. Vor allem in den 1930er Jahren hat sie diese Thematik als Teil ihrer Bemühungen um Frieden und Friedenserziehung wieder aufgegriffen (1973; 2013a). Es ist der pädagogischen Reformerin in den Jahren nach dem 1. Weltkrieg wohl zunehmend bewusst geworden, dass es nicht genügt, sich mit der angestrebten Erneuerung der Erziehung nur auf spezifisch pädagogische Handlungsfelder wie Familie und Schule zu konzentrieren, sondern dass es einer gesamtgesellschaftlichen Reform bedarf, um für die kommende Generation bessere Bedingungen ihres Heranwachsens und ihrer Bildung zu selbstständigen Persönlichkeiten zu schaffen. Zentral für dieses Anliegen ist die Anerkennung des Kindes in seinen Menschenrechten (2013a, 11-36, 240-242).

Im Kampf für die Rechte des Kindes, des „vergessenen Bürgers", sieht Montessori eine besonders dringliche politische Aufgabe. Scharf kritisiert sie absolute Herrschaftsformen in allen Bereichen, von denen das Kind trotz aller Fortschritte hin zur Demokratie immer noch besonders stark betroffen ist. Die parlamentarische Demokratie, in der die Gesetzgebung durch Repräsentanten des Volkes erfolgt, bietet nach Montessori die Möglichkeit, „auf legale Weise dem Recht des Menschen, seiner Freiheit und Würde allmählich zum Sieg zu verhelfen. Gerade diese Möglichkeit charakterisiert heute unsere demokratische Zivilisation" (2013a, 14). Dies gilt auch für die Kinderrechte. Eine „Partei des Kindes" soll für die entsprechende politische Repräsentanz sorgen und ein „Ministerium für menschliche Entwicklung" in der Regierung für die Wahrung der Rechte und angemessenen Lebensbedingungen des Kindes zuständig sein. 1937 wurde die „Soziale Partei des Kindes", die es in allen Ländern geben sollte, beim Friedenskongress in Kopenhagen von Montessori und ihrem Sohn Mario gegründet (Montessori 1973; 1941).

In einem weiteren Text, der 1940 in einer Zeitschrift in der Schweiz auf Italienisch erschien und den Titel trägt: „Die soziale Frage des Kindes" (2013a, 19-36), ist es Montessoris Anliegen, deutlich zu machen, dass Einzelmaßnahmen zum Wohle des Kindes, wie es sie vielfach gebe, vor allem im Rahmen privater Initiativen, nicht genügen, sondern dass das Wohl des Kindes zu einer zentralen gesellschaftlichen und staatlichen Aufgabe werden müsse. Werke der Nächstenliebe sind zwar aller Anerkennung wert und verdienen Förderung und Respekt. Aber sie reichen allein nicht aus, weil sie auf der Ebene der Symptome bleiben. Erst wenn man das Problem als soziale Frage fasst, bekommt man die Tiefendimension der Ursachen in den Blick.

Dabei geht es um die gesellschaftliche Stellung des Kindes und insbesondere um die Anerkennung seiner Rechte. Scharf kritisiert Montessori die Instrumentalisierung des Kindes in totalitären Staaten wie den damaligen faschistischen und kommunistischen Systemen für ideologische und militaristische Zwecke. Wie bei anderen sozialen Fragen – etwa der des Arbeiters – bedarf es auch bei der sozialen Frage des Kindes grundlegender struktureller Reformen der Gesellschaft, um das Problem zu lösen. Berücksichtigt man angemessen die Entwicklungsbedürfnisse des Kindes und erkennt seine Rechte an, so bieten sich neue Wege für eine humanere Gesellschaft der Zukunft. Es geht so letztlich für Montessori um die soziale Frage der Menschheit.

Mit diesem Eintreten für die Rechte des Kindes trifft sich Montessori mit dem Einsatz des polnischen Arztes und Reformpädagogen Janusz Korczak (1878-1942) und dessen Kinderrechts-Charta. Beide haben mit ihrem Engagement für das Kind und seine Rechte große Bedeutung für die Sensibilisierung des öffentlichen Bewusstseins für diese Frage. In einem kürzlich erschienenen Buch ist Horst Klaus Berg Gemeinsamkeiten und Unterschieden im pädagogischen Denken dieser beiden großen Reformpädagogen des 20. Jahrhunderts näher nachgegangen (Berg 2013).

Trotz aller Fortschritte, die in der Frage der Kinderrechte gemacht worden sind, etwa durch die UN-Kinderrechtskonvention von 1989, wird man nicht sagen können, dass diese Aufgabe der Anerkennung von Kinderrechten und ihre Realisierung nicht mehr aktuell sei. Sie gehört vielmehr zu den Zukunftsaufgaben der

Menschheit, der sich Pädagogik und Politik gemeinsam widmen sollten. Nicht zuletzt stellt die Schule einen Bereich dar, in dem die Rechte von Kindern auf Entfaltung ihrer Persönlichkeit und angemessene Förderung ihrer Bildung noch erheblich verbessert werden könnten.

2.3 Aspekte der Schulkritik Maria Montessoris[8]

Geht man mit der italienischen Pädagogin von der anthropologischen Grundannahme aus, dass das Kind von Geburt an ein zu Eigenaktivität und Spontaneität fähiges Wesen ist, dem die Aufgabe des schrittweisen Selbstaufbaus zur mündigen Persönlichkeit obliegt, so kann Erziehung von Anfang an nur verstanden werden als Hilfe zur Selbsthilfe: „Hilf mir, es selbst zu tun". Diese Worte eines Kindes an Montessori bringen dieses Grundverständnis von Erziehung auf eine einfache Formel. Ihm gemäß können auch Familie, Kindergarten und Schule nur als organisatorische Hilfestellung für den Weg des jungen Menschen zu seiner Mündigkeit verstanden werden und als Vorbereitungsstätte für seine weltgestaltenden Aufgaben.

Wie viele andere Reformpädagogen verbindet auch Maria Montessori mit ihrem Reformkonzept eine dezidierte Kritik an der traditionellen Schule. „Die Schulen, so wie sie heute sind, sind weder den Bedürfnissen des jungen Menschen noch denen unserer jetzigen Epoche angepasst" (2015, 99). Diese Kritik, die ihre Maßstäbe einem neuen Verständnis von Erziehung und Bildung entnimmt, soll hier in einigen Grundzügen vorgestellt werden. Denn in der Kritik zeichnen sich zugleich schon Grundlinien des Bildes der neuen Schule ab.

Maria Montessori hat ihre Schulkritik nicht in systematischer und umfassender Form vorgelegt. An vielen Stellen finden wir in ihrem Werk in unterschiedlichen Zusammenhängen schulkritische Ausführungen. Dabei ist zu beachten, dass auch der Kindergarten bzw. das Kinderhaus als Einrichtung für Kinder von drei bis sechs Jahren von ihr – angelsächsischem Sprachgebrauch folgend – oft als „Schule" bezeichnet und unter dieser Bezeichnung thematisiert wird.

Montessori kritisiert den repressiven Charakter der Schule als Institution. Häufig verdeutlicht sie dies am Beispiel der früheren Schulbänke, in denen die Kinder zur körperlichen Unbeweglichkeit während des Unterrichts gezwungen wurden (vgl. z.B. 2010a, 16ff). Auch für den psychischen Bereich gibt es ein derartiges Instrumentarium, das die geistige Aktivität des jungen Menschen in die vom Erwachsenen gewünschte Richtung zwingt: ein System von Belohnungen und Strafen (Montessori 2014, Zeitungsartikel VII, 6 und VIII, 6). Die Notengebung gehört ebenfalls dazu. Diese Strukturen der Schule erzeugen bei den Schülern Minderwertigkeitskomplexe und Angst. „Wir kultivieren in den üblichen Schulen die Angst. Das ist keine geringfügige Sache, sondern eine Gefahr" (1979, 115).

---

8 Vgl. hierzu und zum Folgenden Ludwig (Hg.) 2008a, 1-86.

Dies hat auch verhängnisvolle Konsequenzen für den gesellschaftlich-politischen Bereich: „Das Kind, das nie gelernt hat, allein etwas zu tun, seine eigenen Handlungen zu lenken und seinen eigenen Willen zu beherrschen, erkennt man im Erwachsenen wieder, der sich lenken lässt und der eine Anlehnung an andere benötigt". Der Mensch wird durch die einseitigen Zwangsstrukturen der Schule darauf vorbereitet, „sich der Schicksalhaftigkeit der Dinge zu unterwerfen". Es ergibt sich eine „Unfähigkeit zu moralischem Widerstand" und es „eröffnet sich der Weg zur Ergebenheit den Führern gegenüber, ja fast zu ihrer Vergötterung, da diese für den verkümmerten Menschen Vater und Lehrer darstellen, die dem Kind zwangsläufig als vollkommene und unfehlbare Gestalten erschienen" (1973, 18f).

Schule ist organisiert nach dem Vorbild des staatlichen Behördenapparates, nach dem Bürokratiemodell (2010a, 22f). Der Lehrer ist derjenige, der die Inhalte staatlicher Verordnungen, der Lehrpläne, gegenüber den Schülern durchzusetzen hat und über entsprechende Sanktionen verfügt. Er bestimmt das Unterrichtsgeschehen allein, ohne angemessene Beteiligung der Schüler. Dies widerspricht der Vorbereitung auf ein Leben in einer demokratischen Gesellschaft. Wer als Erwachsener mündig und selbstständig am Leben der Gesellschaft mitwirken können soll, muss auch Gelegenheiten erhalten, an seinem eigenen Bildungsgang verantwortlich mitzuwirken (1979, 109ff).

Die Schule bietet zudem auch nicht allen die ihren persönlichen Fähigkeiten entsprechenden Bildungschancen. Denn die Schulerfolge hängen ab von der sozialen Herkunft. Hierzu hat Montessori selbst in ihrer Frühzeit empirische Untersuchungen vorgelegt (Montessori 1904). Es herrscht keine Bildungsgerechtigkeit. „Nicht alle können gleich sein, doch allen muss man gleiche Möglichkeiten geben, sich entfalten zu können...", stellt Montessori fest (1995, 123).

Gegenüber den Lebensbedürfnissen der Schüler ist die Schule gleichgültig. Auf ihre zukünftige Rolle in der Gesellschaft bereitet sie diese nicht angemessen vor. „Die Schulen sind dem sozialen, zeitgenössischen Leben völlig fremd, so wie andererseits das Leben mit seinen Problemen vom Bereich der Bildung ausgeschlossen zu sein scheint. Die Welt der Bildung ist eine Art Insel, auf der sich Individuen auf das Leben vorbereiten, indem sie ihm fremd bleiben" (1972, 9). Es bedarf einer grundlegenden Revision der Inhalte, die in den Schulen gelernt werden sollen. Dies darf jedoch nicht missverstanden werden. Es geht nach Montessori nicht darum, die Lehrpläne lediglich durch Streichungen zu entlasten, um den Schülern das Lernen zu erleichtern. Reformen, die nur in diese Richtung zielen, greifen zu kurz. Es geht eher um eine Bereicherung der Lehrpläne. „Da brauchen nicht die Lasten erleichtert werden, sondern die Reform muß umgedreht werden in bezug auf die Art, das Studium anzubieten" (1979, 111). Es kommt darauf an, Schulen auf das Niveau der gegenwärtigen kulturellen Möglichkeiten der Menschheit zu bringen. Denn sie „blieben unterhalb des Niveaus, das durch die Kultur äußerlich erreicht wurde" (2015, 141; 2013a, 69-79).

Die menschlichen Beziehungen innerhalb der Schule können sich nicht angemessen entwickeln. Ungute Rivalitäten werden begünstigt. Die einseitig auf den Lehrer ausgerichtete Unterrichtsorganisation trägt dazu bei:

> „Es ist eine beschwerliche Kunst, die Kinder durch ihre eigene geistige Arbeit dahin zu bringen, nicht zu finden, was sie natürlicherweise finden würden, sondern das, was der Lehrer will. Dieser sagt jedoch nicht, was er will. Er treibt die Kinder dazu, ‚spontan' ihre Begriffe zu assoziieren – so wie sie der Lehrer assoziiert – und gelangt sogar so weit, dass die Kinder die Definition finden, mit den gleichen Worten, die der Lehrer für sich festgelegt hat, ohne sie zu äußern. Das erweckt den Eindruck eines Kniffs, eines Taschenspielerkunststückes. Trotzdem war und ist dieses System immer noch gebräuchlich und macht in einigen Fällen die ganze Kunst des Lehrers aus" (1976, 51).

Auch die äußere Gestaltung von Schule und Klassenraum ist an dem falschen Konzept vom Lernen als Übernahme von Wissen des Lehrers orientiert. „Die Schule ist in der Mehrzahl der Fälle ein öder, kahler Ort, wo die graue Farbe der Wände und die weißen Musselingardinen an den Fenstern den Sinnen jeden Fluchtweg unmöglich machen. Zweck dieses traurigen Szenenbildes ist, dass die ‚Aufmerksamkeit' des Schülers nicht von Reizen angezogen werde, sondern auf den sprechenden Lehrer hin gerichtet wird" (1976, 250). Schülerinnen und Schüler sind dazu verurteilt, passiv und ohne eigene Initiative dem Vordenken des Lehrers nachzudenken. Wirkliches Lernen, Bildung kommt so nicht zustande.

Dies wird zudem durch die Organisation des Unterrichts im Rahmen der üblichen Stundenpläne verhindert oder doch erschwert. „Prüfen wir nun, was beim jungen Menschen in der höheren Schule vor sich geht: In jeder Stunde wechseln Lehrer und Unterrichtsstoff; sie wechseln ohne jeden sinnvollen Zusammenhang. Man kann sich in einer Stunde nicht völlig auf einen neuen Gegenstand umstellen. Hat man sich aber darauf eingestellt, kommt sogleich ein anderer Studienrat, der ein anderes Fach lehrt. Und in dieser geistigen Hetze läuft diese schwierige Periode des menschlichen Lebens ab. Man beschränkt sich darauf, Wissensstoff zu vermitteln, viel Wissensstoff, eine Menge Gegenstände zu berühren, aber alle mit der gleichen Oberflächlichkeit" (2015, 106; vgl. 1976, 250ff).

Viele solcher von Montessori oft mit rhetorischer Überspitzung vorgetragenen Kritikpunkte treffen die heutige Schule sicherlich nicht mehr oder nicht mehr in dem Maße, wie das bei den Schulen der Fall war, die Montessori noch vor Augen hatte. Selbst im Hinblick auf die damaligen Schulen und das Schicksal der ihnen ausgelieferten Kinder ist manches von Montessori aus rhetorischen Gründen überzeichnet (vgl. z. B. 1952, 301ff: „Ecce homo"). Indessen sind viele Aspekte heute noch aktuell und aus der gegenwärtigen schulkritischen Literatur belegbar. Befragt man heutige Lehramtsstudierende, was ihnen beim Rückblick auf ihre eigene schulische Laufbahn an Schule und Unterricht kritikwürdig erscheine, so ergeben sich überwiegend ähnliche Gesichtspunkte, wie sie Montessori aufführt. Für die italienische Pädagogin bleibt es freilich nicht bei der Kritik an einzelnen Mißständen der Institution Schule.

Es ist vielmehr Aufgabe der Pädagogik als Wissenschaft, Vorschläge für begründete Verbesserungen zu entwickeln. Hier sieht Montessori einen Mangel bisheriger wissenschaftlicher Bemühungen um die Schule. Diese bewegen sich nämlich lediglich innerhalb einer als gegeben angenommenen Auffassung von Schule, ohne bestimmte Grundauffassungen als falsch zu erkennen. Montessori erläutert das an dem schon erwähnten Beispiel der Schulbänke. Es sei viel wissenschaftlicher Sachverstand darauf verwandt worden, die Schulbänke technisch zu verbessern, sie für ihren Zweck, die Schüler zum Stillsitzen zu zwingen, ihnen eine gesunde Sitzhaltung zu erleichtern und ihre Aufmerksamkeit ganz auf den Lehrer zu lenken, noch geeigneter zu machen. Man müsse aber fragen, ob nicht die Grundauffassung von Schule und Unterricht, die sich in der „Schulbank" manifestiere, schon falsch sei und wissenschaftliche Forschung entsprechend konzipieren (2010a, 17ff). Wissenschaftliche Pädagogik im Allgemeinen und Schulforschung im Besonderen sei als eine auf Verbesserung der Erziehungswirklichkeit anzulegende Disziplin zu verstehen (2010a, 26ff; 1976, 69ff). „Eine Erziehungswissenschaft hat nicht nur die Aufgabe, zu ‚beobachten', sie muss die Kinder auch ‚verwandeln' " (2010a, 40). Allerdings setzt dies voraus, dass man sich eine grundlegende Klarheit über Aufgaben und Ziele der Schule verschafft hat.

2.4 Stärkung der Persönlichkeit als Bildungs- und Erziehungsziel in unsicherer Zeit

Wenn Schule ihre Grundaufgabe angemessen erfüllen soll, darf sie nicht lediglich „eine Einrichtung der Wissensvermittlung" darstellen. Sie muss vielmehr „als eine Vorbereitung auf das Leben" verstanden werden, was eine sehr viel umfassendere Aufgabe darstellt (2015, 12). Schule soll daher nach Montessori „die Bildung bringen und die sozialen Erfahrungen erweitern" (ebd., 15). Zu bedenken ist dabei, dass Schulen und Universitäten im Unterschied zum Mittelalter im Zuge der neuzeitlichen Entwicklung ihre Monopolstellung für die Vermittlung von kulturellem Wissen immer mehr verloren haben. „Heute aber wird die Bildung und Kultur durch andere Mittel verbreitet, die immer weiter reichen und leichter sind. Die Bildung breitet sich durch die Presse und die schnellen Verbindungen aus, die eine Art universeller Nivellierung herbeiführen" (ebd., 123). Montessori kannte die Möglichkeiten des Computers und des Internets noch nicht. Doch die aktuellen Möglichkeiten neuer Medien für die Wissensvermittlung auch unabhängig von der Institution Schule geben der Auffassung der italienischen Pädagogin ein noch stärkeres Gewicht. Welche Aufgabe hat Schule in einer Zeit, in der Wissen auch auf vielen anderen Wegen erworben werden kann?

Gewiss bleibt es Aufgabe der Schule, beim Aufbau der notwendigen Grundbildung zu helfen. Aber die Vermittlung eines festen Bildungskanons kann nicht mehr ihre Hauptaufgabe sein. Es gibt keine Sicherheit darüber, welches Wissen für die Zukunft des jungen Menschen notwendig sein wird oder welche beruflichen oder sozialen Positionen er einnehmen wird. Montessori charakterisiert das folgendermaßen:

„Die materielle Welt befindet sich in einer vollständigen Umwandlung und bietet die Ungewissheiten und Gefahren, die aus einer neuen Anpassung entstanden sind. Wir haben jene ‚Sicherheit' der alten Zeit verloren. Jene Zeit ist vorüber, wo der Beruf sich ungestört vom Vater auf den Sohn vererbte. Die Gewissheit einer guten Anstellung, die gute Studien belohnte, ist verloren. Die Familie kann das nicht mehr wie früher garantieren. Nicht einmal der Staat ist in der Lage, seinen Bürgern, die für höhere Berufe bestimmt sind, eine Anstellung zuzusichern, wenn sie ihre Fachschulen absolviert haben. Man muss nun den Schwierigkeiten ins Auge sehen, welche die Unsicherheit der modernen Bedingungen hat auftauchen lassen. Die Welt befindet sich zum Teil im Zustand des Auseinanderfallens, zum Teil im Zustand des Wiederaufbaues. Der Wechsel zwischen Fortschritt und Regression schafft die Unsicherheit" (2015, 101 f.).

Angesichts der Unsicherheit der Gegenwart und der Ungewissheiten der Zukunft kommt Montessori zu dem Schluß, „dass der einzige sichere Führer der Erziehung darin besteht, die Personalität der Kinder zu fördern" (ebd., 2015, 102). Da man angesichts des raschen Wandels der Verhältnisse nicht vorhersehen kann, wie die Situationen beschaffen sein werden, welche in Zukunft von den Heranwachsenden zu bewältigen sind, besteht die einzige Möglichkeit, sie „für alle unvorhergesehenen Eventualitäten vorzubereiten" (ebd.) darin, den jungen Menschen zu helfen, starke, umfassend gebildete Persönlichkeiten zu werden.

Montessori spricht sich dabei für eine Förderung der menschlichen Persönlichkeit in all ihren Dimensionen aus. „Menschen, die Hände, aber keinen Kopf haben, und Menschen, die einen Kopf, aber keine Hände haben, sind in der modernen Gesellschaft in gleicher Weise fehl am Platze" (2015, 103). Das bedeutet keineswegs eine Verringerung der Bildung, auch nicht für die weiterführenden Schulen: „Es kann zweifellos nicht die Rede davon sein, in den höheren Schulen die Vorbereitung auf die intellektuellen Berufe auszuschließen, noch weniger, in ihnen die Bildung zu verringern. Im Gegenteil! Die Erziehung muß in ihnen sehr weit und vollständig sein, nicht nur für diejenigen, die sich für einen intellektuellen Beruf entschließen, sondern vielmehr für alle Menschen, die in einer Epoche leben, die vom Fortschritt der Naturwissenschaft und ihren Anwendungen geprägt ist!" (ebd., 102 f.).

Keineswegs soll dabei auf das Erbringen von Leistungen verzichtet werden. Montessori lehnt in ihrer Pädagogik eine Leistungsorientierung keineswegs ab (Ludwig/Fischer/Fischer (Hg.) 2001). Ganz im Gegenteil! Für sie ist Leistung jedoch primär eine pädagogische Größe. Die eigentliche Leistung des jungen Menschen ist der selbsttätige Aufbau seiner Persönlichkeit, den alle pädagogischen Bemühungen zu unterstützen haben gemäß dem bereits genannten Leitsatz: „Hilf mir, es selbst zu tun!" Schulische Leistungen im traditionellen Sinne, d. h. der Erwerb von Wissen, Fähigkeiten, Fertigkeiten, Können, sind im Zusammenhang mit dieser Grundaufgabe zu sehen. Eine umfassende wissenschaftsorientierte Bildung soll jedem eine bewusste, aktive Teilnahme am gesellschaftlichen Leben ermöglichen.

Dass Montessori-Schulen auch in diesem traditionellen Sinne leistungsfähig sind, lässt sich nicht nur durch partielle empirische Untersuchungen belegen, sondern durch die Tatsache, dass sich diese Schulen in den verschiedensten Ländern in aller Welt über Jahrzehnte bewährt haben. Darin liegt eine Evaluation, welche über die Evaluation mittels gelegentlich durchgeführter punktueller und partieller Leistungsmessungen weit hinausgeht. Gleichwohl brauchen Montessori-Schulen auch in Deutschland empirische Vergleichsuntersuchungen nicht zu scheuen (vgl. z. B. Suffenplan 2006, Ludwig 2008b).

Bildung zum mündigen Menschen umschließt zwar durch Tests messbare Leistungen im Sinne der PISA-Studien, lässt sich aber nicht darauf beschränken. Bildung sollte auf den ganzen Menschen bezogen bleiben. Daher gehören etwa auch die Gesundheitserziehung einschließlich des Sports und die musisch-künstlerische, die ästhetische Bildung dazu. Bildung ist auch mehr als abtestbares Wissen und Verstehen. Montessoris Pädagogik kann auch heute noch dazu beitragen, diese umfassende Sicht nicht aus dem Auge zu verlieren.

Dies soll im Folgenden an einigen Impulsen der Montessori-Pädagogik zur konkreten Gestaltung von Lernen und Erziehen in der heutigen Zeit verdeutlicht werden.

2.5 Zur Gestaltung von Lernen und Erziehen heute[9]

Die Grundperspektive, von der her Maria Montessori ihre pädagogische Konzeption entwirft, ist die des Kindes. Dieser Perspektivenwechsel „vom Kinde aus", zu dem Montessori anregt, führt zu einem neuen Grundverständnis von Erziehung und Unterricht. Der Erwachsene, welcher die „kopernikanische Wende" vornimmt, die Montessori in ihrem Ansatz gegenüber der traditionellen Betrachtungsweise vollzieht, gewinnt eine neue Einstellung zum Kind. Er sieht es nicht als das völlig abhängige Wesen, das durch seine Bemühungen erst zu einem vollwertigen Menschen wird, sondern als ein von Anfang an aktives personales Wesen, das über große Möglichkeiten und Kräfte für seinen Selbstaufbau verfügt, als ein Wesen, das in seiner Individualität und Einmaligkeit ernst zu nehmen und zu respektieren ist. Erziehung und Unterricht können daher nicht bedeuten, das Kind nach einem bestimmten vom Erwachsenen her konzipierten Plan direkt zu steuern und zu formen.

Andererseits greift aber auch eine Haltung des bloßen Wachsenlassens zu kurz. Denn es kommt darauf an, dem Kind zu helfen, die Aufgabe seines Selbstaufbaus zu vollziehen. „Hilf mir, es selbst zu tun". Diese viel zitierten Worte eines Kindes an den Erwachsenen bringen dieses Verständnis von Erziehung als Hilfe zur Selbsthilfe – wie bereits erwähnt – treffend zum Ausdruck. Das Kind ist auf erzieherische Hilfe angewiesen. Es kann seinen Weg zur Selbstständigkeit und Mündigkeit ohne diese Hilfe nicht gehen. Aber sie muss ihm in der ihm angemessenen Form geboten werden. Montessori ist bei solchen allgemeinen Überlegungen nicht stehen geblieben, sondern hat sie u. a. in Gestalt der von ihr entworfenen

---

[9] Vgl. zu den folgenden Ausführungen Ludwig (Hg.) 2003, 25-36; ferner Ludwig (Hg.) 2008.

„vorbereiteten Umgebung" zu konkretisieren gewusst. Denn Lernen vollzieht sich in der Montessori-Pädagogik vornehmlich nicht als unmittelbares Pendant zur lehrenden Tätigkeit eines Lehrers, sondern als Eigenaktivität des Lernenden in der vom Lehrer gestalteten Lernumwelt.

Wenden wir uns zunächst dem Lernen im engeren Sinn zu. Welche Anforderungen müssen wir heute an die Gestaltung von Lernprozessen stellen, damit es zu intensiver und nachhaltiger Bildung kommt?

2.5.1 Drei Thesen zur Gestaltung von Lernprozessen heute

1. Lernen heute muss individualisiertes Lernen sein
2. Lernen heute muss nachhaltiges Lernen sein
3. Lernen heute muss alle Sinne und das selbstständige Tun stärker einbeziehen

2.5.1.1 Lernen heute muss individualisiertes Lernen sein

Besonders häufig werden als Kennzeichen unserer Zeit die Pluralisierung der Lebensformen und die damit verknüpfte Individualisierung genannt. Kinder heute wachsen in ganz unterschiedlichen familiären und sozialen Lebensformen auf. Eine große Verschiedenartigkeit (Heterogenität) ihrer Entwicklungs- und Lernvoraussetzungen ist die unausweichliche Folge. Verstärkt wird dieses Phänomen der Heterogenität bei deutschen Kindern noch durch die vielen Kinder anderer kultureller Herkunft, welche heute unsere Kindergärten und Schulen besuchen. Ferner versucht man in zunehmendem Maße, auch Kinder mit besonderem Förderungsbedarf in die Regeleinrichtungen einzugliedern und am gemeinsamen Lern- und Erziehungsprozess teilnehmen zu lassen.

Wie lässt sich diese Entwicklung beurteilen? Wie kann man ihr pädagogisch und didaktisch Rechnung tragen? Zunächst muss man sich von einem Denken freimachen, das bei uns noch immer stark ausgeprägt ist. Viele sind nämlich der Meinung, dass Gleichartigkeit (Homogenität) einer Gruppe didaktisch und pädagogisch erwünscht sei, weil sich dann Lern- und Erziehungsprozesse einfacher und erfolgreicher gestalten ließen. Wenn alle Kinder in etwa gleiche Voraussetzungen haben, so meint man, kann man Erziehung und Unterricht gezielt auf diese Voraussetzungen beziehen und so effektiv gestalten. Dies gilt freilich nur unter der Annahme, dass Unterricht so beschaffen sein müsse, dass in ihm alle Kinder zu gleicher Zeit das Gleiche lernen. In Wirklichkeit sind jedoch Erziehung und Bildung ein im Wesen individueller Vorgang, dem durch Voranschreiten aller im Gleichschritt nicht angemessen Rechnung getragen werden kann.

Maria Montessori und andere Reformpädagogen – wie etwa Paul Geheeb (1870-1961) oder Peter Petersen (1884-1952) – sind von der Annahme ausgegangen, dass Heterogenität, also Verschiedenartigkeit einer Gruppe, erzieherisch und didaktisch wertvoller sei als Homogenität, also Gleichartigkeit. Sie haben daher versucht, diese Heterogenität nicht abzubauen, sondern sie sogar noch zu verstärken, zugleich aber auch pädagogisch fruchtbar werden zu lassen. So haben Maria Montessori, Peter Petersen und Paul Geheeb bewusst das Prinzip der Altersmischung in den Gruppen ihrer Schulen realisiert. Im Kindergarten ist es uns heute geläufig. Aber es soll auch für die Schule gelten. Natürlich bedarf es dann auch anderer Unterrichtsformen als des direkt vom Lehrer gesteuerten Frontalunterrichts, wie ihn die meisten aus ihrer eigenen Schulerfahrung kennen. Die vielfältigen Möglichkeiten innerer Differenzierung des Unterrichts könnten hier hilfreich sein. Wie wiederum die PISA-Studien zeigen, scheint man in anderen Ländern mit der Heterogenität der Schülerschaft angemessener umgehen zu können als im deutschen Bildungswesen. Unser Bildungswesen steht hier noch vor einem Paradigmenwechsel, der sich allmählich anzubahnen scheint.

Maria Montessori hat für den Umgang mit einer heterogenen Schülerschaft bekanntlich die Form der Freiarbeit in der „vorbereiteten Umgebung" entwickelt (Ludwig 1986; 1993b). Das Kind lernt in der Freiarbeit durch selbstorganisiertes Tun. Es wählt aus den Angeboten an Lernmaterialien und Aufgabenstellungen in der vom Lehrer pädagogisch-didaktisch organisierten Lernumwelt gemäß seinen Interessenimpulsen aus. Es kann sich dabei mit seinen individuellen Lernfähigkeiten und -formen und seinen besonderen Interessen in großem Umfang selbst in den Lernprozess einbringen. Wichtig ist dabei, dass jedes Kind in dem ihm gemäßen Arbeitstempo und Lernrhythmus voranschreiten kann. Es wird nicht durch die auf einen imaginären Durchschnittsschüler abgestimmte Vorgehensweise eines lehrergesteuerten Klassenunterrichts über- oder unterfordert. Auch dem Wiederholungsbedürfnis vor allem jüngerer oder lernschwacher Kinder wird angemessen Rechnung getragen. Denn wie lange sich ein Kind mit einem Lerngegenstand auseinandersetzt, entscheidet es selbst. Es hat damit die Möglichkeit, in Ruhe bei einem Gegenstand verweilen zu können. Das meditative Element des Bildungsprozesses – heute weitgehend vernachlässigt – spielt für Montessori eine große Rolle.[10] Die Pole von Aktivität und Kontemplation werden in ihrer Pädagogik zu einer spannungsreichen Synthese vereint (Ludwig 2001).

Eine Chance der Freiarbeitsstruktur besteht in der gegenüber dem üblichen Klassenunterricht größeren Freisetzung des Lehrers zu individueller Hilfe. Er erhält Spielraum, sich den Kindern besonders intensiv zuzuwenden, die darauf vor allem angewiesen sind, ohne dass dadurch Lernfortschritte leistungsstärkerer Schüler unangemessen behindert würden. Die größeren Möglichkeiten, Kinder zu be-

---

[10] Entgegen einer weit verbreiteten Annahme ist diese Dimension des Denkens bereits in Montessoris frühem Werk ausgeprägt. So betont sie in ihren Vorlesungen an der Universität Rom aus dem Studienjahr 1905/1906 gegenüber ihren Studierenden im Anschluss an die Pädagogik der Jesuiten die Bedeutung ‚meditierenden Lernens': „Dieser Zustand, bei dem eine Erkenntnis für lange Zeit im Innern festgehalten wird, die man auf alle möglichen Weisen neu bedenken muss, ist ein Vorgang des Prüfens, des inneren Wachstums, des Größerwerdens seiner selbst, indem man aufgreift, was man lernt." (1905/1906, 13). Vgl. Montessori 1910, 25.

obachten, erlauben es ihm auch, solche Hilfen gezielter anzusetzen. Schließlich erhält er auch die Gelegenheit, in stärkerem Maße persönliche Beziehungen zu den einzelnen Kindern aufzubauen, was für alle Erziehungs- und Bildungsarbeit unverzichtbar erscheint.

2.5.1.2 Lernen heute muss nachhaltiges Lernen sein

Es sei unter Lernpsychologen und Didaktikern unbestritten, dass es darauf ankommen müsse, für Lern- und Bildungsvorgänge eine intrinsische Motivation zu fördern, d. h. junge Menschen aus Interesse an der Sache lernen zu lassen und ein hohes Maß von Aufmerksamkeit für den Lerngegenstand zu fördern (Montessori 2011b, 50). Ergebnisse heutiger Motivationspsychologie, aber auch der viel diskutierten Hirnforschung (Klein 2007, Hüther 2010, belegen nachdrücklich, dass nur ein solches Lernen nachhaltige Ergebnisse zeitigt.

Durch die Freiarbeit wird dieses zentrale Problem schulischen Lernens hervorragend gelöst, wie neuere Untersuchungen wiederholt bestätigt haben (Fähmel 1981, Fischer 1982, Fischer 1999; Ludwig 1993b; 2008). Die Kinder arbeiten an den Aufgaben, zu denen sie sich selbst entschieden haben, mit sichtlicher Freude und großer Ausdauer. Es ist motivations- und lernpsychologisch wichtig, auf die *Passung von Aufgabenschwierigkeiten und Leistungsfähigkeit* zu achten, was durch die Struktur der Freiarbeit erleichtert wird. Dazu trägt auch bei, dass das Material Montessoris gemäß ihrem Prinzip der Analyse komplexer Lernprozesse *elementarisiert* und nach dem Grundsatz der kleinen Lernschritte aufgebaut ist. Motivationsfördernd wirkt ferner die *unmittelbare Rückmeldung* über den Erfolg des Lernens durch die in vielen Materialien eingebaute Fehlerkontrolle.

2.5.1.3 Lernen heute muss alle Sinne und das selbstständige Tun stärker einbeziehen

Kinder heute leben in einer immer mehr von elektronischen Medien geprägten Welt. Diese wenden sich primär an den Gesichtssinn und den Gehörsinn. Es droht eine einseitige Inanspruchnahme dieser Sinne und eine Verkümmerung der übrigen. Kindergarten und Schule sollten dem entgegenwirken, indem sie ein Lernen mit allen Sinnen ermöglichen. In der Montessori-Pädagogik wird das Kind durch aktiven Umgang mit konkreten, die Sinne vielfältig ansprechenden Materialien gefördert. Die Begriffe werden von der konkreten sinnlichen Erfahrung und dem Tun des Kindes her aufgebaut. Besonders gut lässt sich das am Mathematikmaterial Montessoris illustrieren. Vom Greifen gelangt das Kind zum Begreifen. Wichtig ist dabei nicht nur das Moment der Anschauung, sondern – wie der Entwicklungspsychologe Jean Piaget in seinen Forschungen deutlich gemacht hat – *das konkrete Operieren, das aktive Tun*.

Natürlich sollte man hier nicht vergessen, dass das Material nur eine Hilfe darstellt. Das Ziel ist selbstverständlich das geistige Erfassen und Beherrschen. Montessori hat hierfür einmal ein schönes Bild gebraucht. Das Material erfülle für den Geist die Aufgabe, die der Flugplatz für das Flugzeug habe. Der Flugplatz sei nicht dafür da, dass das Flugzeug ständig auf ihm herumrolle, sondern er sei Starthilfe für dessen Höhenflug. Entsprechendes gelte vom didaktischen Material und dem menschlichen Geist.

Wenden wir uns nun noch einem anderen Bereich zu, der mit dem des Lernens eng verbunden ist und sich letztlich nur analytisch von ihm trennen lässt: der *Aufgabe des Erziehens*. Es ist unverkennbar, dass der Schule der Gegenwart und der Zukunft in höherem Masse auch Erziehungsaufgaben zuwachsen. Die gegenwärtig wieder aktuelle Forderung nach der Organisation der Schule als Ganztagsschule ist nur eines von vielen Signalen, die in diese Richtung weisen.

2.5.2 Drei Thesen zur Erziehungsaufgabe der Schule heute

Maria Montessori hat sich schon in ihrem Erstlingswerk von 1909 im Hinblick auf ihre Kinderhäuser für eine ganztägige Schulerziehung ausgesprochen (2010a, 414-416). „Diese langen Aufenthaltszeiten sind notwendig" - so argumentierte sie damals, „um einen wirksamen Einfluss auf das Wachstum auszuüben" (ebd., 416). Dabei hat sie allerdings die sozialpädagogischen Aufgaben ihrer damaligen Einrichtungen im Auge. Deshalb sieht sie auch pflegerische und gesundheitsfördernde Maßnahmen vor. „An dieser Stelle muss aber angemerkt werden", schreibt sie, „dass der lange Zeitplan - sie denkt für den Sommer an einen Zeitraum von 8 bis 18 Uhr, im Winter von 9 bis 17 Uhr - die Schulspeisung und die Pause in einem ‚Kinderhaus' berücksichtigen muss. ... Das ‚Kinderhaus' ist ein Ort der Kinderpflege. Wir wollen die Kinder gewiss nicht so lange in den Schulen behalten, um aus ihnen Gelehrte zu machen" (ebd.). Diese Warnung vor einer einseitigen Sicht ganztägiger Schulerziehung unter Lernaspekten sollte auch für unsere heutigen Überlegungen zur Ganztagsschule Beachtung verdienen (vgl. Ludwig 1993a).

Indessen stellen sich der Schule heute - auch unabhängig von ihrer zeitlichen Organisationsgestalt - unumgängliche Erziehungsaufgaben, die eng verknüpft sind mit unserer gesellschaftlichen Entwicklung. Ich formuliere auch hier drei Thesen, die wiederum exemplarischen Charakter haben und möchte daran die Aktualität des pädagogischen Denkens Maria Montessoris für Schule und Unterricht heute verdeutlichen:

1. Erziehen heute muss auf Förderung von Entscheidungs- und Bindungsfähigkeit gerichtet sein.
2. Individualisiertes Lernen muss sich mit Sozialerziehung und sozialer Integration verbinden.
3. Erziehen heute muss die Erfahrung von Stille ermöglichen.

2.5.2.1 Erziehen heute muss auf Förderung von Entscheidungs- und Bindungsfähigkeit gerichtet sein

Pluralisierung bezieht sich heute nicht nur auf äußere Lebensformen, sondern auch auf die sie tragenden Wertvorstellungen. Kinder heute werden in einem Ausmaß mit unterschiedlichen, ja widersprüchlichen Wertvorstellungen konfrontiert, nicht zuletzt durch das Fernsehen und das Internet, die sie in jedes Kinderzimmer tragen, wie man sich das früher nicht hätte vorstellen können. Die Folge kann Orientierungslosigkeit und Wertrelativismus sein. In einer solchen Situation bedarf es einer Erziehung, die dem Kind zur Entscheidungs- und Bindungsfähigkeit verhilft. Der junge Mensch muss sehr viel mehr als früher lernen, zwischen gegensätzlichen Wertvorstellungen, Anschauungen, Lebensformen begründet Entscheidungen zu treffen und sich an selbst gewählte Zielsetzungen zu binden. Diese Bindungsfähigkeit des Menschen hat heute sehr abgenommen. Erziehung in Familie und Schule muss deshalb diesem Defizit entgegenzuwirken suchen.

Hier liegt eine pädagogische Chance der Freiarbeit. In der Freiarbeit lernt das Kind, eigenständig Entscheidungen zu treffen und sie auch durchzuhalten, wenn nicht triftige Gründe dem entgegenstehen. Der Hildesheimer Erziehungswissenschaftler Karl Gerhard Pöppel beurteilt in seinem Werk „Unterricht" die Freiarbeit so: „In dieser Unterrichtsform" – heißt es bei ihm – „rückt der erzieherische Aspekt des Unterrichts – die Arbeit der Schüler an sich selbst – in den Vordergrund, ja er begründet diese Unterrichtsform. ... In der Freiarbeit werden Freiheiten der Schüler zu Bindungen, die sie selbst eingehen und über deren Gestaltung sie selbst entscheiden lernen sollen" (Pöppel 1986, 141).

Es ist nicht zu übersehen, dass auch der Freizeitbereich in hohem Maße diese Fähigkeit erfordert, aus einem Angebot von Möglichkeiten begründet auszuwählen und bewusste Entscheidungen zu treffen, wenn man sich nicht ungeschützt und ungewollt den Einflüssen einer Freizeitindustrie aussetzen will.

2.5.2.2 Individualisiertes Lernen muss sich mit Sozialerziehung und sozialer Integration verbinden

Die veränderte Familiensituation, in der viele Kinder als Einzelkinder aufwachsen und keine hinreichende Gelegenheit mehr haben, soziale Erfahrungen mit Geschwistern oder Nachbarkindern zu machen, fordert von unseren Bildungseinrichtungen in höherem Maße als früher ein sozialerzieherisches Engagement.

Verhängnisvoll wäre es im Hinblick auf diese sozialintegrative und sozialerzieherische Zielsetzung von Kindergarten und Schule, wenn diese durch die Individualisierung, wie sie etwa im Rahmen der Montessori-Freiarbeit geschieht, beeinträchtigt würde. Dies ist jedoch keineswegs der Fall. Im Gegenteil wirkt sich konzentriertes Arbeiten des Kindes positiv auf die Gesamtpersönlichkeit des Kindes aus, auch auf deren emotionale und ethisch-soziale Dimension. „Das Ergebnis der Konzentration ist das Erwachen des sozialen Gefühls", formuliert Montessori einmal (1972, 246). Annahme des eigenen Ich, Identität, Erfahren der eigenen Individualität und daraus resultierendes Selbstwertgefühl stellen Grundvoraussetzungen auch für soziales Verhalten dar.

Jedes Material soll in der vorbereiteten Umgebung Montessoris möglichst nur einmal vorhanden sein. Diese Begrenzung des Materials führt die Kinder zu Rücksichtnahme, Einfühlungsvermögen und Geduld. Die Altersmischung der Gruppen begünstigt die Entwicklung der Fähigkeit zur Rollendistanz und fördert allgemein die moralische Entwicklung. Es kommt zu einem natürlichen Helfersystem unter den Kindern. Wechselnde Sozialformen wie Einzel-, Partner- und Gruppenarbeit ermöglichen das Einüben unterschiedlicher sozialer Beziehungen, erleichtert auch durch die Prinzipien der freien Bewegung und der offenen Türen. Die positive sozialerzieherische und sozialintegrative Auswirkung der Montessori-Freiarbeit ist durch Untersuchungen aus jüngster Zeit gut belegt (Fischer 1999; Lillard/Else-Quest 2006). Man kann sagen, dass die Struktur der Freiarbeit erst die Voraussetzungen für eine intensive Kooperation zwischen den Kindern schafft.

Der Münchner Modellversuch des jüngst verstorbenen Arztes und Pädagogen Prof. Dr. Theodor Hellbrügge zur Integration behinderter und nicht behinderter Kinder hat diese sozialintegrativen Möglichkeiten der Montessori-Pädagogik besonders deutlich gemacht (Hellbrügge 1977). Heute wird dieser Problemkreis vornehmlich unter dem Begriff „Inklusion" diskutiert (Eckert/Waldschmidt (Hg.) 2010). Hierbei wird zugleich aufgezeigt, dass im Rahmen von Montessori-Freiarbeit eine weitere Problematik gelöst werden kann, die im Zusammenhang von gemeinsamer Unterrichtung von Kindern verschiedener Leistungsstärke oft diskutiert wird: die Befürchtung negativer Folgewirkung für die leistungsfähigeren Kinder. Man kann vielmehr darauf hinweisen, dass auch die Förderung Hochbegabter im Rahmen einer solchen flexiblen Unterrichtsstruktur, wie sie die Montessori-Freiarbeit bietet, begünstigt wird (Grindel 2007; Ludwig 1996; 1999; 2009).

2.5.2.3 Erziehen heute muss die Erfahrung von Stille ermöglichen

Maria Montessori hat die Bedeutung der Stille für den jungen Menschen, ja für den Menschen überhaupt deutlich erkannt. Sie versucht – wie bereits erwähnt –, in ihre Pädagogik neben den Aktivitätselementen auch das kontemplative Element miteinzubeziehen. Die Diskussion in der Grundschulpädagogik um eine Erziehung zur Stille ist wesentlich auch durch Anregungen Montessoris gekennzeichnet. Natürlich sollte man nicht bei den von Montessori selbst entwickelten Stilleübungen stehenbleiben, sondern – wenn auch durchaus kritisch und orientiert an pädagogischen Prinzipien – das Repertoire der Schulen in diesem Bereich auch erweitern.

Das Besondere der Pädagogik Maria Montessoris scheint mir aber im Hinblick auf die im Schweigen und der Stille zum Ausdruck kommende meditative Dimension zu sein, dass sie nicht nur in zusätzlichen Übungen Beachtung findet, sondern im Phänomen der „Polarisation der Aufmerksamkeit", das bekanntlich eine Schlüsselstellung in Montessoris pädagogischem Denken hat, in den Lern- und Bildungsprozess selbst eingebunden ist. Denn zu den Bildungswirkungen der Polarisation der Aufmerksamkeit gehören auch vielfältige moralische Aspekte und Montessori bemerkt dazu: „Die moralische Persönlichkeit muss aus der methodischen ‚Meditation' ihre festigenden Kräfte nehmen, ohne die der innere Mensch zersplittert und unausgeglichen ist, nicht Herr seiner selbst sein und nicht für edle Zwecke über sich verfügen kann" (1976, 104).

Es ist eine Art meditative Weltzuwendung, zu der Kinder in besonderem Maße fähig sind. „Der Intelligenz des Kindes entgeht auch das Verborgene nicht, eben weil es mit Liebe beobachtet, nie aber mit Gleichgültigkeit. Dieses aktive, brennende, eingehende und dauernde Sichversenken in Liebe ist ein Merkmal des Kindesalters" (1952, 144f). Im Anschluss an ein Wort von Dante spricht die italienische Pädagogin von der „Schaukraft der Liebe", über die das Kind in besonderer Weise verfüge (ebd.).

Montessoris Pädagogik ist daher aktuell für unsere heutige Bildungsreform als eine Pädagogik, in der eine Synthese versucht wird zwischen den zwei grundlegenden Polen menschlichen Daseins, der vita activa der Weltgestaltung und der vita contemplativa der Weltbetrachtung.

Ergänzend möchte ich nun noch drei Thesen anfügen, die jeweils Lernen *und* Erziehen in gleicher Weise betreffen:

2.5.3 Drei Thesen zu Lernen *und* Erziehen heute

Die drei Thesen lauten:

1. Lernen und Erziehen heute sind mit einer stärkeren Öffnung von Schule zu verbinden
2. Lernen und Erziehen heute müssen in menschheitsbezogener Perspektive erfolgen
3. Lernen und Erziehen heute müssen friedenserzieherisch orientiert sein

2.5.3.1 Lernen und Erziehen heute sind mit einer stärkeren Öffnung von Schule zu verbinden

In ihrer Schrift „Von der Kindheit zur Jugend" sagt Montessori unmissverständlich: „Die von der Welt abgeschlossene Schule, so wie sie heute verstanden wird, kann dem Kind nicht genügen" (2015, 10), und fordert dazu auf, die Schule des Öfteren zu verlassen und das Umfeld der Schule als Lernfeld zu nutzen. Es soll zu originalen Begegnungen mit Natur und Kultur kommen. „Veranlassen wir das Kind zu wandern, zeigen wir ihm die Dinge in ihrer Wirklichkeit, anstatt Gegenstände anzufertigen, die Begriffe darstellen, und sie in einen Schrank einzuschließen". Wenig später heißt es: „Offensichtlich bringen vor allem der Besitz realer Dinge und ein wirklicher Kontakt mit ihnen ein wirkliches Ganzes der Bildung mit sich" (ebd., 30). Das unmittelbare Erlebnis eines Waldes mit allen Sinnen etwa kann – wie Montessori erläutert – durch kein Medium in der Schule ersetzt werden.

2.5.3.2 Lernen und Erziehen heute müssen in menschheitsbezogener Perspektive erfolgen

Montessori hat nicht nur Überlegungen zur methodischen Seite von Erziehung und Bildung angestellt, sondern auch deren inhaltliche Neukonzeption reflektiert und entsprechende Vorstellungen entwickelt. Ihren Höhepunkt finden bildungstheoretisch orientierte Lehrplanüberlegungen Montessoris in dem zentralen Programm ihres Spätwerks unter der Bezeichnung „Kosmische Erziehung", das sie aus einer Analyse der Menschheitsentwicklung gewinnt (1973; 1988; Ludwig 2012). Montessori fordert die Erstellung eines universalen Lehrplans, „der den Verstand und das Gewissen aller Menschen in einer Harmonie vereinen kann" (1988, 26f). Als fundamentales Bildungsprinzip für diesen Lehrplan bezeichnet Montessori „die Wechselbeziehung aller Dinge und ihre Zentrierung in dem kosmischen Plan" (ebd., 100). Dieses Prinzip bedeutet, dass der Lehrplan so gestaltet werden soll, dass er die jungen Menschen darin einübt, Zusammenhänge zu erfassen, vernetztes und systemisches Denken zu lernen. Alle Inhalte des Lehrplans sollen nach Auffassung Montessoris zudem in eine Sinnperspektive einrücken, die sie in der Evolution von Natur und Menschheit als „kosmischen Plan" zu finden glaubt.

„Kosmische Erziehung" kann zur zentrierenden Achse der übrigen Schularbeit werden. Anhand der Geschichte der Menschheit kann das Kind z. B. eine Vorstellung davon gewinnen, dass „Sprache, Religion ... und Kunst" „gemeinsame Merkmale aller Menschen" darstellen und Erfindung der Schrift sowie mathematische Leistungen für den Aufbau von Kulturen fundamentale Bedeutung haben (2015, 35; 1988, 122). In den damit eröffneten umfassenden Sinnhorizont können dann die von Montessori entwickelten Programme für solche Fachbereiche – insbesondere für Mathematik und Sprache – einrücken. Zugleich wird dem Kind eine interkulturelle Perspektive eröffnet und das Bewusstsein für die grundlegenden Gemeinsamkeiten aller Menschen geweckt. Durch eine interkulturelle Akzentuierung der Inhalte in Fachbereichen wie Sprache und Mathematik – etwa die Einbeziehung von Schriftzeichen und Rechenformen fremder Kulturen – kann dies noch verstärkt werden. Entsprechendes gilt auch für Religion und Kunst.

„Kosmische Erziehung" soll sich nicht auf kognitive Zielsetzungen beschränken. Ihr Ziel ist wesentlich auch die Kultivierung von Gefühlen und die Förderung einer neuen Moral. Gegenüber Natur und Menschheit sollen Gefühle der „Bewunderung und Dankbarkeit", des „Staunens", der „Liebe" und der „Begeisterung" geweckt werden. Es kommt an auf die Pflege „der Gefühle für die Gerechtigkeit und persönliche Würde". Wichtig ist Montessori die Aufgabe, „jenes menschliche Verstehen und jene Solidarität zu entwickeln, die heute so sehr fehlen". Dazu bedarf es auch der Einsicht in die wechselseitige Abhängigkeit aller Menschen und ihre gemeinsame Aufgabe. „Kosmische Erziehung" „soll all das schätzen (lehren), was Frucht menschlicher Zusammenarbeit ist, und ... die Bereitschaft (erbringen), Vorurteile im Interesse der gemeinschaftlichen Arbeit für den kosmischen Plan abzuwerfen ..." (1988, 93f).

2.5.3.3 Lernen und Erziehen heute müssen friedenserzieherisch orientiert sein

Eng verknüpft mit diesem Plädoyer Montessoris für das alle Menschen verbindende Humanum sind ihre friedenserzieherischen Bemühungen, für die sie nach dem 2. Weltkrieg von verschiedenen Ländern für den Friedensnobelpreis vorgeschlagen wurde. Vor allem angesichts der Erfahrungen des 1. Weltkriegs und in den 30er Jahren ist Montessori unermüdlich für eine Erziehung zum Frieden eingetreten (1973; 2013; Ludwig/Fischer/Heitkämper (Hg.) 2000). Angesichts der Entwicklung der Menschheit zu einer „einzigen Nation" erschienen ihr Maßnahmen eines engstirnigen Nationalismus als „Absurditäten".

Allerdings – und das ist das Fatale der gegenwärtigen Krisenzeit – ist sich die Menschheit der neuen Situation noch nicht genügend bewusst. Sie hat bei ihrer inneren Entwicklung mit dem rasanten Fortschritt im Äußeren nicht Schritt gehalten, ist moralisch und mentalitätsmäßig auf der Entwicklungsstufe einer vergangenen Epoche stehengeblieben. Aus diesem „gestörten Gleichgewicht" erwächst die Gefahr, dass der Mensch sich selbst entfremdet und zum „Opfer seiner Umwelt (wird), die er selbst geschaffen hat" (1966a, 25). Es droht eine „universale Katastrophe", die „Selbstvernichtung" der Menschheit (1973, 24 und 30).

Um sie zu vermeiden, fordert Montessori eine grundlegende Überprüfung des Kurses der Menschheit. Es gilt zu erkennen, dass dem Menschen bei der Errichtung der Super-Natur, zu dem auch die von ihm geschaffenen Sozialgebilde gehören, trotz deren Großartigkeit „gewaltige Fehler" unterlaufen sind. Dazu gehört die ungerechte Verteilung der Reichtümer und der politischen Macht auf dieser Erde, woraus eine ständige Gefahr für den Frieden erwächst. Die menschliche Gesellschaft bedarf einer Neuorganisation unter den Prinzipien der „Gerechtigkeit und Liebe". „Die Zeit ist vorbei", meint Montessori, „da irgendwelche Rassen oder Nationen zivilisiert sein können und andere dabei in Knechtschaft und Unwissenheit belassen" (1988, 108).

Deshalb muss auch für eine grundlegende Bildung *aller* Menschen gesorgt werden. Fundamentale Voraussetzung dafür ist für Montessori die Bekämpfung des Weltanalphabetismus. Diesem Problem hat sich die italienische Pädagogin in ihrem Spätwerk unter dem Eindruck ihrer Erfahrungen in Indien besonders gewidmet (Montessori 1998). Aber soziale, ökonomische, politische und bildungspolitische Maßnahmen allein – so notwendig sie auch sind – reichen nicht aus. Es bedarf vielmehr einer auf die gegenwärtige Weltsituation ausgerichteten grundlegenden Neuorientierung der menschlichen Einstellungen und Handlungsweisen. Es geht um eine neue Moral, die ohne eine neue Erziehung nicht erreicht werden kann. Deshalb misst Montessori für eine langfristige Friedenssicherung der Erziehung eine entscheidende Bedeutung zu. Es bedarf dazu freilich einer grundlegenden „Strukturveränderung der Erziehung" (1973, 30).

So rief sie am Ende eines Ausbildungskurses in Kodaikanal in Indien im Jahr 1944 den Teilnehmern zu: „Nun sage ich euch: geht voran und werdet Kämpfer für den Frieden, nicht wie andere, die nur predigen, sondern indem ihr eine praktische Reform herbeiführt. Friede ist eine Eroberung und nicht nur eine Idee. Friede ist durch Erfahrung zu erreichen, nicht nur durch Ideen. Friede ist das, wonach jedes menschliche Wesen sich sehnt, und er kann erreicht werden durch die Menschheit und vor allem durch das Kind".[11]

3. Kreative Weiterentwicklung als ständige Aufgabe für die Montessori-Pädagogik

Montessori ist bei solchen allgemeinen Überlegungen nicht stehengeblieben, sondern hat nach Möglichkeiten gesucht, sie für Erziehung und Bildung in Familie, Kindergarten und Schule konkret umzusetzen. Dies macht eine besondere Stärke ihrer Pädagogik aus. Auch wenn ich in diesen Überlegungen die Aktualität der Pädagogik Maria Montessoris für die heutige Bildungsreform besonders hervorgehoben habe, so kann das natürlich doch nicht bedeuten, dass alle didaktischen und pädagogischen Probleme, um deren Lösung wir uns heute bemühen, in diesem Konzept schon gelöst seien. Es gibt keinen Königsweg der Pädagogik. Man kann sich nicht mit einem zur Zeit Montessoris oder auch zu einem späteren Zeitpunkt erreichten Stand der pädagogischen Konzeption und ihrer Realisierung begnügen, sondern steht stets vor der Aufgabe einer kreativen Weiterentwicklung, so auch der Montessori-Pädagogik im Rahmen ihres Grundansatzes. Entsprechendes gilt von anderen pädagogischen Konzepten wie denen von Peter Petersen, Paul Geheeb oder Célestin Freinet. Montessori selbst hat dies so gesehen, wenn sie am Ende ihres Lebens einmal formulierte: „Es ist nicht nötig, dass die Untersuchungsarbeit ganz vollendet wird. Es genügt, die Idee zu verstehen und nach ihren Angaben voranzuschreiten" (1966a, 28).

---

[11] Maria Montessori in einer unveröffentlichten Kursusmitschrift von 1944, zit. nach Ludwig/Fischer/Heitkämper (Hg.) 2000, 11.

Literaturverzeichnis

Hinweis: Quellenangaben zu Schriften Montessoris werden im Text des Beitrags überwiegend ohne Nennung ihres Namens nur mit Angabe des Erscheinungsjahrs des jeweiligen Werkes gegeben.

Babini, Valerai P. / Lama, Luisa 2000: Una ‚Donna nuova' – Il femminismo scientifico di Maria Montessori, Milano.
Berg, Horst Klaus 2013: Kinder verändern die Welt. Maria Montessori – Janusz Korczak: Ideen, Praxis, Gegenwartsbedeutung, Reihe: Impulse der Reformpädagogik Bd. 31. Berlin / Münster.
Blum, Eugène 1898: La pédologie – l'idée, le mot, la chose. In: *L'année psychologique* 5 (1898), n. 5; 299-331.
Blum, Eugène 1903: Note sur le développement des recherches pédologiques en France. In: *L'année psychologique* 10 (1903), n. 10, 311-316.
Depaepe, Marc 1993: Zum Wohl des Kindes? – Pädologie, pädagogische Psychologie und experimentelle Pädagogik in Europa und den USA, 1890-1940. Weinheim.
Eckert, Ela / Waldschmidt, Ingeborg 2010: Inklusion: Menschen mit besonderen Bedürfnissen und Montessori-Pädagogik, Reihe: Impulse der Reformpädagogik Bd. 28. Berlin / Münster.
Fähmel, Ingrid 1981: Zur Struktur schulischen Unterrichts nach Maria Montessori. Frankfurt / Bern.
Fischer, Reinhard 1982: Lernen im non-direktiven Unterricht. Frankfurt / Bern.
Fischer, Reinhard 1999: Empirische Ergebnisse der Montessori-Pädagogik. In: Ludwig, Harald (Hg.) 1999, 173-218.
Grindel, Esther 2007: Lernprozesse hochbegabter Kinder in der Freiarbeit der Montessori-Pädagogik. Eine empirische Analyse auf der Basis von Einzelfallstudien in Montessori-Grundschulen. Reihe: Impulse der Reformpädagogik Bd. 17. Berlin / Münster.
Hammerer, Franz 1997: Maria Montessoris pädagogisches Konzept – Anfänge der Realisierung in Österreich. Wien.
Hanewinkel, Nicole 2007: Handlungsorientiertes Lernen mit dem Bruchrechenmaterial Maria Montessoris – Eine Analyse von Arbeitsweisen und mathematischen Verstehensprozessen bei Grundschulkindern. Reihe: Impulse der Reformpädagogik Bd. 18. Berlin / Münster.
Hanisch, Angelika 2013: Maria Montessoris *Antropologia Pedagogica* – Übersetzung und Kommentar. Diss. Universität Bayreuth 2013.
Hellbrügge, Theodor 1977: Unser Montessori-Modell. München.
Heller, Albert 2002: Die Bedeutung der Sinne und des Sinnesmaterials im pädagogischen Konzept Maria Montessoris. In: *Montessori* 40 (2002), 63-78.
Holtstiege, Hildegard 1999: Das Menschenbild bei Maria Montessori – Grundzüge ihrer Anthropologie im Kontext der aktuellen Diskussion. Freiburg.
Holtstiege, Hildegard 2009: Montessori-Pädagogik für 0-4 Jahre. Freiburg.
Hosterbach, Hildegard 2005: Musikalisches Lernen in der Montessori-Pädagogik. Reihe: Impulse der Reformpädagogik Bd. 11. Münster.
Hüther, Gerald 2010: Montessori-Pädagogik und die Herausbildung friedfertiger und lernförderlicher Einstellungen aus neurobiologischer Sicht. In: Eckert, Ela / Waldschmidt, Ingeborg (Hg.) 2010, 24-43.
Klein, Gerhard 2007: Montessori-Pädagogik und Gehirnforschung. In: Ludwig, Harald / Fischer, Reinhard / Klein-Landeck, Michael (Hg.): Das Lernen in die eigene Hand nehmen, Reihe: Impulse der Reformpädagogik Bd. 19. Berlin / Münster 2007, 25-47.

Kohlberg, Lawrence 1968: Montessori with Culturally Disadvantaged. In: Hess, R. / Bear, R. (Eds.): Early Education. Chicago, 105-118 (auf Deutsch: Montessori für kulturell Benachteiligte. In: Hess / Bear (Hg.) 1972: Frühkindliche Erziehung. Weinheim, 111-126).

Kramer, Rita 1977: Maria Montessori – Leben und Werk einer großen Frau. München.

Kultusministerium NRW 2007: NRW-Schulministerin Barbara Sommer lobt Montessori-Schulen. In: *Montessori* 45 (2007). H. 3, 144-145.

Lillard, Angeline Stoll 2007: Montessori – The Science behind the Genius, updated edition. New York.

Lillard, A. St. / Else-Quest, N. 2006: Evaluating Montessori Education. In: *Science*, vol. 303. 1893-1894.

Ludwig, Harald 1986: Montessori-Freiarbeit mit Ausländerkindern konkret. In: *Sachunterricht und Mathematik in der Primarstufe* 14 (1986), 385-392.

Ludwig, Harald 1993a: Entstehung und Entwicklung der modernen Ganztagsschule in Deutschland. 2 Bde. Köln u. a.

Ludwig, Harald 1993b: Freiarbeit im Grundschulunterricht. In: *Montessori* 31 (1993), 4-23.

Ludwig, Harald 1996: Jedes Kind ist anders – Montessori-Pädagogik und die Förderung individueller Begabungen. In: *Montessori* 34 (1996), 87-103.

Ludwig, Harald 1999: Montessori-Pädagogik und Hochbegabtenförderung. In: Ludwig, Harald (Hg.) 1999, 87-111.

Ludwig, Harald 2001: Meditative Elemente in reformpädagogischen Bildungskonzepten. In: Brenk, Markus / Kurth, Ulrike (Hg.): SCHULe erLEBEN, Festschrift für Wilhelm Wittenbruch. Frankfurt/M. u. a., 277-291.

Ludwig, Harald 2003: Montessori-Pädagogik in Deutschland. In: Lubelski Rocznik Pedagogiczny (Pädagogisches Jahrbuch der Universität Lublin). Lublin, 37-49.

Ludwig, Harald 2008: Recent Empirical Research in Germany. In: *Communications* – Journal of the Association Montessori International 2008/2, 35-38.

Ludwig, Harald 2009: Zum Begabungsverständnis bei Maria Montessori. In: *Montessori* 47 (2009). H.1, 8-18.

Ludwig, Harald 2012: „Kosmische Erziehung" bei Maria Montessori. Ein frühes Konzept ökologisch orientierter Pädagogik. In: Obermaier, Michael (Hrsg.) 2012: Humane Ökologie. Paderborn u. a., 43-56.

Ludwig, Harald 2013: The Internationality of Montessori Education as a Contribution to the Integration of Europe. In: Kucha, Ryszard / Cudak, Henry (Eds.) 2013: European Ideas in the Pedagogical Thought: from National to Supranational Points of View. Lodz, 301-315.

Ludwig, Harald / Winter, Martin 2012: Einführung der Herausgeber. In: Montessori, Maria 2012b, IX-XXII.

Ludwig, Harald (Hg.) 1999: Montessori-Pädagogik in der Diskussion. Freiburg.

Ludwig, Harald (Hg.) 2003: Erziehen mit Maria Montessori – Ein reformpädagogisches Konzept in der Praxis. 5. Auflage (Neuausgabe). Freiburg.

Ludwig, Harald (Hg.) 2008: Montessori-Schulen und ihre Didaktik, Reihe: Basiswissen Grundschule Bd. 15. 2. aktualisierte und ergänzte Auflage. Baltmannsweiler.

Ludwig, Harald / Fischer, Reinhard / Heitkämper, Peter (Hg.) 2000: Erziehung zum Frieden für Eine Welt – Der Beitrag der Montessori-Pädagogik, Reihe: Impulse der Reformpädagogik Bd. 3. Münster.

Ludwig, Harald / Fischer, Christian / Fischer, Reinhard (Hrsg.) 2001: Leistungserziehung und Montessori-Pädagogik. Reihe: Impulse der Reformpädagogik Bd. 5. Münster.

Montessori, Maria 1903: L'antropologia pedagogica. Milano.

Montessori, Maria 1904: Der Einfluss der familiären Verhältnisse auf das intellektuelle Niveau der Schüler. In: Montessori 2011a, 219-284.

Montessori, Maria 1905: Della Pedologia. In: *La nuova scuola* 1 (1905), n. 2, 20-22. (deutsche Übersetzung in: Montessori 2011a, 338-346; ferner in: *Das Kind* 24/1998, 7-10.).

Montessori, Maria 1905/1906: Lezioni di Antropologia pedagogica. Anno academico 1905-1906 (unveröffentlichtes, von Montessori autorisiertes Mitschriftenmanuskript, Archiv der Universität Münster).

Montessori, Maria 1910: Antropologia pedagogica. Milano.

Montessori, Maria 1916: L'autoeducazione nelle scuole elementari. Roma.

Montessori, Maria 1938: L'enfant – Principes (unveröffentlichter erster Vortrag des internationalen Ausbildungskursus in Laren vom 26. September 1938, französische Mitschrift, 9 Seiten, AMI-Archiv Amsterdam).

Montessori, Maria 1941: A Step forward towards the Future. The Social Party of the Child. In: *The Theosophist*, 105-11; erneut abgedruckt in: *The AMI Journal* 2013/1-2, 58-62.

Montessori, Maria 1952: Kinder sind anders. Stuttgart.

Montessori, Maria 1966a: Über die Bildung des Menschen. Freiburg.

Montessori, Maria 1972: Das kreative Kind – Der absorbierende Geist. Freiburg.

Montessori, Maria 1973: Frieden und Erziehung. Freiburg.

Montessori, Maria 1976: Schule des Kindes. Freiburg.

Montessori, Maria 1979: Spannungsfeld Kind – Gesellschaft – Welt. Freiburg.

Montessori, Maria 1988: „Kosmische Erziehung". Kleine Schriften Bd. 1. Freiburg.

Montessori, Maria 1995: Gott und das Kind. Kleine Schriften Bd. 4. Freiburg.

Montessori, Maria 1998: Erziehung für eine neue Welt. Kleine Schriften Bd. 5. Freiburg.

Montessori, Maria 2010a: Gesammelte Werke Bd. 1: Die Entdeckung des Kindes. Freiburg.

Montessori, Maria 2010b: Gesammelte Werke Bd. 4: Praxishandbuch der Montessori-Methode. Freiburg.

Montessori, Maria 2011a: Gesammelte Werke Bd. 3: Erziehung und Gesellschaft – Kleine Schriften aus den Jahren 1896-1917. Freiburg.

Montessori, Maria 2011b: Gesammelte Werke Bd. 7: Das Kind in der Familie. Freiburg.

Montessori, Maria 2012a: Gesammelte Werke Bd. 11: Psychoarithmetik. Freiburg.

Montessori, Maria 2012b: Gesammelte Werke Bd. 12: Psychogeometrie. Freiburg.

Montessori, Maria 2013a: Gesammelte Werke Bd. 15: Durch das Kind zu einer neuen Welt. Freiburg.

Montessori, Maria 2013b: The 1913 Rome Lectures. Amsterdam.

Montessori, Maria 2014: Gesammelte Werke Bd. 5: Kalifornische Vorträge. Freiburg.

Montessori, Maria 2015: Gesammelte Werke Bd. 14: Von der Kindheit zur Jugend. Freiburg.

Pöppel, Karl-Gerhard 1988: Unterricht. Hildesheim.

Schneeberger, Martin 2012: Geleitwort. In: Montessori, Maria 2012a, XV-XVII.

Schulz-Benesch, Günter 1980: Montessori, Erträge der Forschung Bd. 129. Darmstadt.

Schwegmann, Marjan 2002: Maria Montessori 1870-1952. Weinheim / Basel.

Suffenplan, Wilhelm: Die Lernstandsergebnisse von VERA 2004 bei Montessori-Schulen und -Zweigen Nordrhein-Westfalens. In: *Montessori* 44 (2006). H.1/2, 18-60.

Waldorfpädagogik und Erziehungswissenschaft. Eine Neubesinnung

Jost Schieren

Waldorfschulen zählen in der Gegenwart zu den bekanntesten und meist verbreiteten Einrichtungen aus dem Kontext der reformpädagogischen Strömungen. Es gibt derzeit etwa 230 Waldorfschulen und über 500 Waldorfkindergärten in Deutschland, weltweit sind es über 1000 Schulen in über 27 Ländern. Insbesondere China gilt in den letzten Jahren als *Boom-Land* der Waldorfpädagogik. Neben der Montessoripädagogik, die mit noch weitaus mehr Einrichtungen vertreten ist,[1] gibt es wohl kaum eine Schulbewegung, die zur Zeit der Reformpädagogik begründet wurde, die heute eine annähernd große Verbreitung hat. Die Waldorfschulen profitieren zudem von dem wachsenden Interesse an Privatschulen seit den ersten alarmierenden PISA-Ergebnissen und den bildungspolitischen Maßnahmen, die daraufhin eingesetzt worden sind: Lernstandserhebungen, Schulzeitverkürzung usw. Bei Eltern, die ihre Kinder auf die Waldorfschule schicken, genießt die Waldorfpädagogik den Ruf einer weniger leistungsorientierten und daher auch weniger stressbehafteten Schulform, deren paidotopische Ausrichtung den Schülern individuelle Entwicklungsfreiräume zugesteht und sie zugleich ermuntert, diese vielseitig zu ergreifen. Eine deutliche Betonung liegt auf handwerklichen und musisch-künstlerischen Aktivitäten, womit eine einseitig kognitive Erziehung ausgeglichen werden soll. Der Verzicht auf Notenzeugnisse, die Verbindlichkeit einer konstanten Lehrperson über die sogenannte Klassenlehrerzeit der ersten acht Schuljahre, das Lernen in leistungsheterogenen Gruppen ohne Sitzenbleiben, der Epochenunterricht und ein früher Fremdsprachenunterricht sind weitere bekannte Merkmale der Waldorfpädagogik.

Trotz der angeführten vergleichsweise erfolgreichen und positiven Entwicklung der Waldorfschulen, die ein mehr oder minder selbstverständlicher Teil der deutschen und internationalen (Privat-)schullandschaft geworden sind, muss mit Bezug auf die Erziehungswissenschaft festgestellt werden, dass das Bildungskonzept der Waldorfpädagogik bisher entweder kaum zur Kenntnis genommen worden ist oder aber in seinen theoretischen Grundlagen scharf kritisiert wird. Die Stellung der Waldorfpädagogik im erziehungswissenschaftlichen Kontext ist zwischen Ignoranz bis scharfer Kritik anzusiedeln, wobei letztere meist die unausgesprochene Voraussetzung der ersteren ist.

---

[1] Hierbei ist allerdings zu beachten, dass Montessorischulen in Deutschland zumeist als Regelschulen in kommunaler Trägerschaft existieren und Waldorfschulen allein als Privatschulen organisiert sind. Eine Ausnahme bildet neuerdings die Grundschule in Hamburg-Wilhelmsdorf, die im Rahmen eines Schulversuches als Regelschule in einem städtischen Brennpunkt Waldorfelemente integriert.

Erziehungswissenschaftliche Kritik

Eine auch gegenwärtig noch maßgebliche, ausführliche und grundlegende Kommentierung seitens der Erziehungswissenschaft hat die Waldorfpädagogik in den 80er Jahren erfahren, als zeitgleich eine Neugründungswelle von Waldorfschulen ihren Anfang nahm. Klaus Prange hat mit seinem 1985 erschienenen schlagkräftigen Titel „Erziehung zur Anthroposophie" (Prange 2000) aus erziehungswissenschaftlicher Sicht das Grundproblem einer weltanschaulich befangenen, dogmatischen und auf Indoktrination ausgerichteten Pädagogik benannt. Heiner Ullrich, der mit seiner Dissertation „Waldorfpädagogik und okkulte Weltanschauung" (Ullrich 1986) eine detaillierte Auswertung der der Waldorfpädagogik zugrunde liegenden Anthroposophie vornimmt, kommt zu dem Schluss, dass es sich bei der Anthroposophie um eine vormoderne, sprich voraufklärerische mystische Weltanschauung handele, die die Kriterien gegenwärtigen wissenschaftlichen Denkens unterschreite. Es heißt bei ihm: „Im Gegensatz zur bewussten methodischen Selbstbegrenzung, zur Pluralität und Unabschließbarkeit moderner Wissenschaftlichkeit wollen Steiner und seine Schülerschaft das wohlgeordnete Ganze der Welt gleich einer ewig unwandelbaren Wahrheit dogmatisch wissen bzw. schauen. [...] Ihre Denkform ist degenerierte Philosophie, ist Weltanschauung. [...] Den Gefahren eines solchen Denkens [...] ist Steiner mit der Herausbildung der anthroposophischen ‚Geheimwissenschaft' gänzlich erlegen. Hier geht die vorneuzeitliche dogmatisch-metaphysische Spekulation des Neuplatonismus über in die bewusst remythisierende Weltdeutung der Theosophie." (Ullrich 1988)

Die von beiden Autoren skizzierte Position ist bis heute in der Erziehungswissenschaft maßgeblich. Die erziehungswissenschaftliche Ideologiekritik an der Waldorfpädagogik bestimmt auch gegenwärtig den Diskurs. Die Anthroposophie gilt als das Problem der Waldorfpädagogik. Dies wirkt im Falle der Waldorfpädagogik ungleich schwerer als beispielsweise bei der in wissenschaftlicher Perspektive nicht minder inkommensurablen „kosmischen Erziehung" von Maria Montessori. Während allerdings die Montessoripädagogik theoriekritisch relativ unbelastet eine Pädagogik „vom Kinde aus" in vielen Schulen in staatlicher Trägerschaft praktizieren kann und auch in erziehungswissenschaftlichen Seminaren sachneutral und erkenntnisbezogen weitgehend unanstößig behandelt wird, so scheitert jeder erziehungswissenschaftliche Zugang zur Waldorfpädagogik bisher an den Theoriezumutungen der Anthroposophie. Allein die Wertschätzung von Elternseite gewährt ihr (wie angeführt) eine Existenzform in den gesetzlich geschützten Residuen der internationalen Privatschulsysteme.

Die Theorie der Waldorfpädagogik erscheint auch in auf Neutralität bedachten Sachdarstellungen der Erziehungswissenschaft grob wissenschaftsfern und erkenntnisabstinent. Blickt man beispielsweise auf die jüngste Darstellung von Andreas Lischewski „Meilensteine der Pädagogik" (Lischewski 2014, 325f.), so ist in den wenigen Passagen, die von der Waldorfpädagogik handeln, in schneller Folge von dem Konzept der „vier Leiber", die sich in einem festgelegten „Siebenjahresrhythmus" enthüllen, und von „Reinkarnation und Karma" als dem Entwicklungsprinzip des Ich die Rede. Man mag es der Kürze der Darstellung zuschreiben, aber sichtbar ist doch, dass solche Begriffsschemen und Denkfragmente kaum eine theoretisch valide Position beschreiben können, ungeachtet dessen, dass viele Waldorfeinrichtungen ebensolche Beschreibungen zur Selbstdarstellung in ihren Broschüren und auf Internetseiten einsetzen.

Es sind weitere Beispiele der erziehungswissenschaftlichen Sicht auf die Waldorfpädagogik zu nennen. Im „Lexikon der Pädagogik" von Heinz-Elmar Tenorth und Rudolf Tippelt heißt es: „Wegen ihrer kinderzentrierten Arbeit und autonomer Formen von Zeit- und Themenorganisation anerkannt, wird die W. gleichzeitig kritisiert, weil sie anthroposophisch indoktriniere" (Tenorth/Tippelt 2007, 762). Als einzige Literaturangabe wird Pranges „Erziehung zur Anthroposophie" erwähnt. Bei Ehrenhard Skiera „Reformpädagogik in Geschichte und Gegenwart" findet sich nach einem angeführten Steinerzitat der Satz: „Das ist weltanschaulicher Totalitarismus in reinster Form. Er hat die Tendenz, alles und jedes in seinen Bann zu ziehen und Kritiker abzuwehren. Er kennt, solange die Mission noch nicht erfüllt ist, Aufgeschlossenheit für anderes nur als Bereitschaft, andere Quellen dem eigenen Denken anzuverwandeln oder als Strategie einer allmählichen Vereinnahmung." (Skiera 2009, 264) Mit solchen Sätzen ist die erziehungswissenschaftliche Position gegenüber den Theorieansprüchen der Waldorfpädagogik markiert. Eine Auseinandersetzung damit verbietet sich selbstredend, denn mit dem belasteten Begriff des „Totalitarismus" ist der empfindliche bundesrepublikanische Wertekanon berührt, der nicht angetastet werden kann. Nicht unerwähnt soll jedoch bleiben, dass Skiera ungeachtet der anthroposophischen Theorienkritik, die Praxis der Waldorfpädagogik sehr eingehend und sachneutral und an vielen Stellen durchaus würdigend beschreibt und zudem den Titel seines Buches zur Reformpädagogik mit einem offensichtlichen „Waldorfbild", das der Einführung der Buchstaben dient, ziert. Es heißt bei ihm in diesem Sinne abschließend: „Die dargelegte kritische Sicht scheint ein ablehnendes Urteil gegenüber der Praxis der Waldorfpädagogik nahezulegen. Das ist nicht notwendigerweise folgerichtig. Man kann die Ergebnisse der Alchimie im Einzelnen würdigen (Beispiel: die Erfindung des Porzellans), ohne von ihren theoretischen Prämissen oder der Zweckmäßigkeit ihres Vorgehens im Ganzen überzeugt zu sein. – Indem die Waldorfpädagogik ihr Menschenbild ‚konsequent' in die Praxis umsetzt, weist sie in ihrem Vorgehen und in ihren Resultaten durchaus auf Desiderate der ‚modernen' Pädagogik hin." (Skiera 2009, 265) Er führt dann einzelne zentrale Aspekte der waldorfpädagogischen Praxis auf, die diesen *Desideraten* entsprechen: die Bedeutung der Autorität, Wertvermittlung, ästhetische Bildung, ganzheitliche Bildung, Inklusionsaspekte und weiteres.

Unterm Strich ist die erziehungswissenschaftliche Haltung diejenige, dass die waldorfpädagogische Praxis im Zuge einer liberalen Bildungspolitik einen Ort in der Privatschullandschaft beanspruchen kann und auch gelegentliche Anregungen für das öffentliche Bildungsleben bereithält, ihr Erfolg ist allerdings zu einem nicht unerheblichen Teil der komfortablen Rahmung selektierter bürgerlicher Elternhäuser geschuldet, die dem gesellschaftlichen Querschnitt bei weitem nicht entsprechen. Die theoretischen Grundlagen der Waldorfpädagogik bleiben dabei vollständig indiskutabel.

„Empirische Wende"

Wenn auch auf der einen Seite die theoretischen Grundlagen der Waldorfpädagogik seitens der Erziehungswissenschaft weitgehend abgelehnt bzw. ignoriert werden, so ist doch auf der anderen Seite die Praxis der Waldorfschulen in den vergangenen fünfzehn Jahren zu einem extensiv beforschten Gegenstand der empirischen Sozialforschung geworden. Inzwischen liegen national und international 80 empirische Studien zur Waldorfpädagogik vor (Peters 2013, 3). Damit zählen die Waldorfschulen inzwischen wohl zu den bestbeforschten reformpädagogischen Schulen. Der deutliche Anstieg der erhobenen empirischen Untersuchungen in den vergangenen fünfzehn Jahren wird durch folgende Grafik, die der Dissertation von Jürgen Peters (Peters 2013, 6; vgl. auch Böhle/Peters 2011) entnommen ist, deutlich:

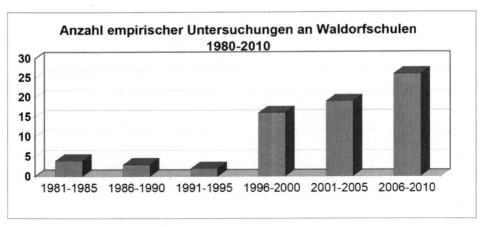

Abbildung 1: Häufigkeit von empirischen Studien zur Waldorfpädagogik

Hervorzuheben sind die empirischen Studien von Heiner Ullrich, der ungeachtet seiner Theoriekritik ein fortdauerndes Forschungsinteresse an der Waldorfpädagogik verfolgt und in Zusammenarbeit mit Werner Helsper eine umfassende Arbeit zur so genannten *Klassenlehrerzeit* (Helsper/Ullrich u.a. 2007) vorgelegt hat. Hinzu kommen zahlreiche wissenschaftliche Arbeiten seiner Schüler: Till-Sebastian Idel hat zu Schülerbiographien an Waldorfschulen geforscht (Idel 2007), Gunter Graßhoff (Graßhoff 2008), Katharina Kunze (Kunze 2011) und Davina Höblich (Höblich/Graßhoff 2006) haben Forschungsergebnisse im Umkreis der erwähnten Klassenlehrerstudie veröffentlicht. Die vorwiegend qualitativ orientierten Arbeiten von Heiner Ullrich und seinem Umkreis werden ergänzt durch zahlreiche quantitative Studien von Dirk Randoll und weiteren qualitativen Arbeiten von Heiner Barz. Beide haben eine umfängliche Absolventenstudie (Barz/Randoll 2007), Studien zur Profession des Waldorflehrers (Randoll 2013, Barz 2013) und gemeinsam mit Sylva Liebenwein eine Untersuchung zur Schulqualität an Waldorfschulen (Liebenwein/Barz/Randoll 2012) vorgelegt. Darüber hinaus existieren inzwischen auch internationale empirische Studien in England (Woods/Ashley/Woods 2005), Schweden (Dahlin 2007), den USA (Gerwin/Mitchell 2007) und der Schweiz (Randoll/Barz 2007).

Überschlägig betrachtet sprechen die meisten Studien den Waldorfschulen ein relativ gutes Zeugnis aus. Unter anderem wird das von Klaus Prange benannte Indoktrinationsmotiv nicht bestätigt. Die Absolventenstudie von Barz und Randoll belegt, dass von einer erfahrenen Indoktrination der befragten Absolventen nicht die Rede sein kann (vgl. Randoll/Barz 2007, 133-153).

Nach den Messkriterien der empirischen Bildungsforschung sind Waldorfschulen international wettbewerbsfähig, wobei die Schüler einen hohen Grad der Identifikation mit ihrer Schule aufweisen (Liebenwein/Barz/Randoll 2012, 50). Auch bei den Waldorflehrern, die schlechter vergütet werden als Regelschullehrer und auch keinen Beamtenstatus haben, liegt offenbar ein hoher Grad an Identifikation mit dem eigenen Beruf und eine große Leistungsbereitschaft bei gleichzeitig geringerer Burnout-Gefährdung vor (vgl. Randoll 2013).

Sind Waldorfschulen demnach Inseln der Seligen in einer mehr und mehr stressbehafteten und dem ökonomischen Diktat folgenden Bildungslandschaft? Mitnichten, die fröhliche Lebendigkeit und der farbenfrohe Glanz der Waldorfschulen sind unter anderem einem eher ökonomischen Selektionsmechanismus geschuldet. Dieser liegt nicht in den Intentionen der Schulen selbst, sondern in den Ländergesetzgebungen zum Privatschulgesetz begründet, wonach Privatschulen nur zum Teil aus staatlichen Mitteln finanziert werden. Waldorfeltern müssen demnach zusätzlich zu ihrem steuerlichen Beitrag zur Bildung einen hohen Eigenanteil von durchschnittlich 160.- Euro (je nach eigenem Einkommen) pro Kind für die Waldorfschule bezahlen (Koolmann 2014, 5). Damit wird die Waldorfschule zu einer Art „Klienten-Schule", die akademischen Elternhäusern mit umfassenden Bildungsaspirationen und individualistischen Lebensentwürfen einen geschützten Bildungsraum für ihre Kinder bietet, die sie vor den dissoziierenden und wertinstabilen Tendenzen der Gegenwartsgesellschaft bewahrt.[2] Erste

---

[2] Vgl. Heiner Ullrich: „Die Auswertung zu den Berufen der Eltern ergibt, dass die ehemaligen Waldorfschüler in Deutschland weiterhin überwiegend aus der gehobenen, akademisch ausgebildeten Mittelschicht stammen, ..." (Ullrich 2012, S. 72) Ullrich beruft sich in der „Auswertung" auf die Absolventenstudie von Barz/Randoll 2007. Diese Studie greift allerdings auf Kohorten bis maximal zu den 90er Jahren zurück. Aktuell läuft eine seitens des Bundes der Freien Waldorfschulen beauftragte Untersuchung, die Steffen Koolmann und Lars Petersen von der Alanus Hochschule durchführen.

Ausnahmen dieser bourgeoisen Inselwelt der Waldorfpädagogik bilden die Interkulturelle Schule in Mannheim (www.fiw-mannheim.de) und das neue Schulprojekt in Hamburg-Wilhelmsburg (www.schulefaehrstrasse.de), das Waldorfelemente in eine staatliche Grundschule, die in einem Brennpunktviertel liegt, integriert. Erfreulicherweise bestehen ähnliche Schulprojekte in der Gründungsphase. Außerdem ist hervorzuheben, dass die bürgerliche Prägung der Waldorfpädagogik ein eher deutsches bzw. europäisches (der Bildungspolitik der Länder geschuldetes) Phänomen ist. Im internationalen Kontext gibt es zahlreiche Beispiele von Projekten in Townships in Afrika, in den Favelas in Brasilien, in Palästina, auf Haiti und auch in Osteuropa, die zeigen, dass Waldorfpädagogik sehr erfolgreich in von Not und Armut gezeichneten Regionen und Verhältnissen sozialtherapeutische und basispädagogische Arbeit zu leisten vermag.

Waldorfpädagogik im akademischen Kontext

Zu dem starken Anstieg von empirischen Forschungen im Bereich der Waldorfpädagogik kommt noch eine deutliche Veränderung in der Waldorflehrerausbildung hinzu. Die Waldorfpädagogik ist weltweit wohl die einzige Privatschulpädagogik, die eine eigene Lehrerbildung unterhält, welche in Deutschland nach derzeitigem Stand jährlich mit rund 10 Millionen Euro aus Beiträgen von Waldorfeltern finanziert wird. Die Waldorflehrerausbildung fand bis 2006 ausschließlich in so genannten Lehrerseminaren statt, die einerseits in grundständigen Vollzeitstudiengängen Waldorfklassenlehrer ausgebildet haben, die dann je nach den Regelungen der einzelnen Bundesländer bestimmte Formen der Unterrichtsgenehmigung ausschließlich an Waldorfschulen erhalten. Andererseits konnten in einem Unterrichtsfach qualifizierte Absolventen von Hochschulstudiengängen eine Waldorfzusatzqualifikation erwerben und dann Oberstufenlehrer an Waldorfschulen werden. Die größten Lehrerseminare sind in Stuttgart, Mannheim und Witten-Annen, wobei die Stuttgarter Einrichtung einen durch das Land Baden-Württemberg bewilligten Hochschulstatus inne hat. Insgesamt gibt es deutschlandweit etwa zehn eigenständige Waldorflehrerausbildungsstätten (nicht gezählt sind an einzelnen Schulen angegliederte Fortbildungen).

Seit 2007 hat sich das Bild etwas verändert. Seitdem bietet die Alanus Hochschule in Alfter bei Bonn einen Lehramtsstudiengang Kunst mit Abschluss Erstes Staatsexamen an, in den eine Waldorfqualifikation integriert ist. Zeitgleich wurde ein Teilzeitstudiengang Master Pädagogik akkreditiert, der einerseits eine pädagogische Qualifizierung für Quereinsteiger mit einem absolvierten Fachstudium anbietet und andererseits für bereits tätige Pädagogen einen Schwerpunkt *Pädagogische Praxisforschung* enthält. Darüber hinaus wurden 2008 ein Teilzeitstudiengang Master Heilpädagogik, 2010 ein Bachelorstudiengang Kindheitspädagogik und 2011 ein Bachelor und Master of Education Studiengang Lehramt Kunst für Gymnasien und Gesamtschulen akkreditiert. Allen Studiengängen ist gemeinsam, dass sie einerseits die

Waldorfpädagogik als Profilmerkmal enthalten und andererseits einen Dialog zwischen Waldorfpädagogik, weiteren Reformpädagogiken und Allgemeiner Erziehungswissenschaft verfolgen. Ziel ist es, die Waldorfpädagogik aus ihrer ideologischen Engführung und eher monolithischen Vertretung herauszulösen und den Studierenden eine breite Diskursplattform zu eröffnen. 2010 erhielt der Fachbereich Bildungswissenschaft im Zuge der erfolgreichen institutionellen Akkreditierung der Alanus Hochschule durch den Wissenschaftsrat das Promotionsrecht.

Im Zuge dieser akademisch orientierten Entwicklung auf Basis des Bologna-Prozesses sind auch in Stuttgart und an anderen Orten BA- und MA-Studiengänge entwickelt und akkreditiert worden. Es wurden zudem erste Professuren mit einem waldorfpädagogischen Fokus eingerichtet.

Diese ganze Entwicklung führte ebenfalls zu einer neuen Forschungs- und Wissenschaftskultur in der Waldorfpädagogik. Schon seit den 1980er Jahren besteht auf Initiative der Stuttgarter Hochschule ein Kolloquium von Erziehungswissenschaftlern und Waldorfpädagogen, die in regelmäßigen Abständen Publikationen mit Diskussionsbeiträgen vorlegen, die die Waldorfpädagogik in der wissenschaftlichen Öffentlichkeit sichtbarer machen (vgl. Bohnsack/Kranich 1990; Bohnsack/Leber 1996). Diesem Kreis gehören unter anderem Fritz Bohnsack (Emeritus Universität Essen), Horst Rumpf (Emeritus Goethe-Universität Frankfurt), Harm Paschen (Emeritus Universität Bielefeld) und neuerdings auch Wolfgang Nieke (Emeritus Universität Rostock), Jochen Krautz (Bergische Universität Wuppertal) und Guido Pollak (Universität Passau) an.

Im (erziehungs)wissenschaftlichen Kontext sind zudem zu nennen: die Habilitationsschrift von Peter Schneider (Emeritus Universität Paderborn), die die Erkenntnistheorie Rudolf Steiners als theoretische Basis der Waldorfpädagogik beschreibt (Schneider 1982), die Studie von Heiner Barz (Universität Düsseldorf), die sich ebenfalls mit den epistemischen Grundlagen der Waldorfpädagogik befasst (Barz 1992), und die Arbeiten von Christian Rittelmeyer (Emeritus Universität Göttingen), die auf Basis einer empirischen Psychologie und einer Hermeneutik Studien zur Schularchitektur (Rittelmeyer 1996), zur ästhetischen Wahrnehmung (Rittelmeyer 2005) und darüber hinaus zu einer leibbezogenen pädagogischen Anthropologie (Rittelmeyer 2002) enthalten. Zwei Sammelbände, die eine erziehungswissenschaftliche Sicht auf die Waldorfpädagogik enthalten, sind von Horst Philipp Bauer und Peter Schneider „Waldorfpädagogik. Perspektiven eines wissenschaftlichen Dialogs" (Bauer/Schneider 2006) und von Harm Paschen „Erziehungswissenschaftliche Zugänge zur Waldorfpädagogik" (Paschen 2010) herausgegeben worden.

Seit 2010 geben die Alanus Hochschule und das Rudolf-Steiner-University-College in Oslo das wissenschaftliche Online-Journal „RoSE" (Research on Steiner Education) heraus, das zweimal jährlich erscheint (vgl. www.rosejourn.com). Die Beiträge werden nach strengen Kriterien in einem peer-reviewed-Verfahren ausgewählt und erscheinen in der Regel zweisprachig (deutsch/englisch).

Darüber hinaus ist die Initiative „ENASTE" (European Network of Academic Steiner Teacher Education) zu nennen (vgl. www.enaste.com), der akademisch orientierte Waldorflehrerausbildungsstätten aus Norwegen, Schweden, Frankreich, den Niederlanden, der Schweiz, Österreich und Deutschland angehören. Am Sitz von ENASTE in Wien fand in diesem Jahr zum dritten Mal ein internationaler Bildungskongress statt, der Erziehungswissenschaftler mit und ohne Waldorfhintergrund zu Fragen der Lehrerausbildung (Kongress 2011: The Futur of Teacher Education), der pädagogischen Anthropologie (Kongress 2013: The Educator's View of the Human Being. Consequences for Schools and Teacher Education) und der gegenwärtigen Herausforderungen an Bildungsprozesse (Kongress 2015: Transformations. Education in a Rapidly-Changing World) versammelt.

All diese aufgeführten Publikationen, Initiativen, Forschungsprojekte und institutionellen Entwicklungen zeigen, dass sich die Waldorfpädagogik im 21. Jahrhundert grundlegend zu verändern beginnt. Ist sie in ihrer nun beinahe hundertjährigen Geschichte bis zum Ende des 20. Jahrhunderts eher darauf ausgerichtet gewesen, sich durch Schulgründungen zu erweitern und ihre Schulpraxis zu etablieren und hat sie sich dabei in Form der Selbstvergewisserung eher affirmativ, relativ unkritisch und wissenschaftsabstinent auf ihre pädagogischen Quellen im Werk Rudolf Steiners berufen, so ist seit dem Beginn des 21. Jahrhunderts ein radikaler Wandel eingetreten. Es geht seitdem verstärkt um eine Wissenschaftsorientierung und um eine forschungsbasierte Dialogoffenheit gegenüber der Allgemeinen Erziehungswissenschaft. Kritische Stimmen aus dieser Richtung werden nicht mehr reflexhaft abgewiesen, sondern auf Basis eines offenen Argumentationsprozesses diskursartig eingebunden.

Eine 2012 veröffentliche Schrift von Volker Frielingsdorf „Waldorfpädagogik in der Erziehungswissenschaft" (Frielingsdorf 2012) gibt einen fundierten und detailliert recherchierten Einblick in die wissenschaftliche Literatur seit der Begründung der Waldorfpädagogik. Frielingsdorf stellt interessanterweise heraus, dass von den seit 1920 von ihm insgesamt erfassten achthundert wissenschaftlichen Titeln zur Waldorfpädagogik allein 350 aus der Zeit seit 2002 veröffentlicht worden sind und verweist damit auf die „immense Menge von Literatur, die in den letzten zehn Jahren (2002-2012; JS) erschienen ist" (Frielingsdorf 2012, S. 69).

Rezeptionsprobleme

Ungeachtet dieser neueren Entwicklungen muss festgestellt werden, dass die Waldorfpädagogik über Jahrzehnte in einer Art esoterischer Schmuddelecke existierte. Aus Sicht der Erziehungswissenschaft ist sie bis heute in ihren Theoriebeständen wissenschaftlich nicht ernst zu nehmen. 2011 befand der Wissenschaftsrat im Zuge der letztlich abgelehnten institutionellen Hochschulakkreditierung der Mannheimer Waldorflehrerausbildung, dass die Gefahr bestehe, „eine spezifische, weltanschaulich geprägte Pädagogik im Sinne einer außerwissenschaftlichen Erziehungslehre zur Grundlage einer Hochschuleinrichtung zu machen."[3] Das Wissenschaftsdefizit der Waldorfpädagogik ist allerdings nicht allein ein Zuschreibungsproblem des etablierten Wissenschaftsbetriebes und eines verengten Wissenschaftsbegriffs, wie engagierte Waldorfverteidiger gerne behaupten, sondern es ist durchaus auch selbstverursacht. Die Anthroposophie wurde und wird von vielen ihrer Vertreter heilslehrenartig behandelt und verbreitet. Ein devotional unkritischer, allein meditativ gepflegter Umgang galt lange Zeit als einzig gültiges Rezeptionsparadigma gegenüber dem Werk Rudolf Steiners. Dabei wurden hermetische Sprach- und Denkformen in einer reinen Binnenkommunikation transportiert und es mangelte an einer begrifflichen Klärung, an einem kritischen Abstand.

Das so genannte Eingeweihtenwissen Rudolf Steiners wurde mit einem unhinterfragten Wahrheitsanspruch versehen, mithin einem „erweiterten" (eben nicht materialistisch verengten) Wissenschaftsbegriff unterstellt und als valide Theoriebasis der Waldorfpädagogik apostrophiert. Dass es sich bei diesem Anspruch um eine lediglich rezeptionsbedingte interpretatorische Haltung einer ihr Vorbild ehrenden und die eigene Auffassung verteidigenden Anhängerschaft handelt, kam sowohl Vertretern als auch Kritikern der Waldorfpädagogik bis vor wenigen Jahren kaum in den Sinn. Dabei ließen sich in Steiners Werk durchaus zahlreiche Ansätze und auch konkrete Textstellen aufweisen, die einen ganz andersartigen Umgang und eine durchaus kritische und selbstbewusste Rezeptionsform einfordern. In einem Vortrag vier Jahre nach Begründung der Waldorfschule am 15. August 1923 in Ilkley (Yorkshire, England) sagt er: „Dieses Allgemein-Menschliche im Unterrichts- und Erziehungswesen, das ich für die verschiedensten Unterrichtszweige charakterisieren musste, das muss sich im Waldorfschulprinzip besonders dadurch ausleben, dass diese Waldorfschule nach keiner Richtung hin eine Schule der religiösen oder philosophischen Überzeugung oder eine Schule einer bestimmten Weltanschauung ist. Und nach dieser Richtung war es ja natürlich notwendig, gerade für ein Schulwesen, das sich aus der Anthroposophie heraus entwickelt hat, darauf hinzuarbeiten, dass nun ja diese Waldorfschule [...] weit davon entfernt sei, etwa eine Anthroposophenschule zu werden oder eine anthroposophische Schule zu sein. Das darf sie ganz gewiss nicht sein. Man möchte sagen: jeden Tag aufs neue strebt man wieder danach, [...] nicht irgendwie durch den Übereifer eines Lehrers, oder durch die ehrliche Überzeugung, die ja selbstverständlich bei den Waldorfschullehrern für die Anthroposophie vorhanden ist [...] irgendwie in eine anthroposophische Einseitigkeit zu verfallen. Der Mensch, nicht der Mensch einer bestimmten Weltanschauung, muss in didaktisch-pädagogischer Beziehung einzig und allein für das Waldorfschul-Prinzip in Frage kommen." (Steiner 1986, S. 203f)

---

[3] Stellungnahme zur Akkreditierung der Freien Hochschule Mannheim in Gründung. Siehe: http://www.wissenschaftsrat.de/nc/presse/pressemitteilungen/2011/nummer_05_vom_31_januar_2011.html; Zugriff April 2015.

Steiner war sich demnach der Problematik einer dogmatischen und mit dem Sektenvorwurf behafteten Anthroposophie durchaus bewusst und hat insbesondere bezogen auf die Waldorfpädagogik eine deutliche Abgrenzung vorgenommen. In einer Ansprache ebenfalls in England in Penmaenmawr am 19. August 1923 heißt es entsprechend: „Dieses pädagogische Gebiet wird so behandelt, dass nur die pädagogischen, die didaktischen Methoden in der besten Weise aus der anthroposophischen Bewegung herausgearbeitet werden sollen. Die Waldorfschule in Stuttgart, in der diese Pädagogik, diese Didaktik, zur Anwendung kommt, ist nichts von einer Sektenschule, nichts von einer dogmatischen Schule, nichts von dem, was die Welt gern eine Anthroposophenschule nennen möchte. Denn wir tragen nicht anthroposophische Dogmatik in die Schule hinein, sondern wir suchen die rein didaktisch-pädagogischen Methoden so auszubilden, wie sie allgemein menschlich sind." (Steiner 1991, S. 172)[4] Diese Selbstverpflichtung zu einer weltanschaulich anzustrebenden Neutralität, wiewohl sie vollends wohl in keinem System einlösbar ist, und einer distanten Behandlung der Anthroposophie in der Waldorfpädagogik wird auch seitens der Vertreter der Waldorfpädagogik bezogen auf das Auftreten der Anthroposophie in den Waldorfschulen so geteilt, bezogen aber auf die Waldorfpädagogik selbst und vor allem bezogen auf die Ausbildung der Waldorflehrerinnen und -lehrer wird eine solche Neutralitätsverpflichtung und Distanznahme kaum empfohlen.

Zanders Steiner-Deutung

Man kann sich nun fragen, wie es dazu gekommen ist, dass gerade der Ruf einer anthroposophischen Indoktrination der Waldorfschule so anhaftet wie ein klebriger Kaugummi? Steiner hat sich offensichtlich in der Sache positioniert. Ist es vielleicht so, dass nach Steiners Tod eine Rezeptionspraxis eingesetzt oder auch überhand genommen hat, die es aus einer übergroßen Steinerverehrung als Verrat empfunden hätte, wenn die Anthroposophie nicht genügend sichtbar auch in der Waldorfpädagogik zur Geltung käme? Und war es vielleicht so, dass zwar Steiners Worte befolgt und die Waldorfschule selbst als anthroposophiefreier Raum aufgefasst wurde (zumindest im direkten Umgang mit den Schülerinnen und Schülern), die waldorfpädagogische Lehrerausbildung sich aber beispielsweise um so mehr verpflichtet fühlte, anthroposophische Inhalte stark zu machen und sie als die alleinige Studienquelle der Lehrerinnen und Lehrer angesehen hat?

Solche Fragen nach den Rezeptionsformen der Waldorfpädagogik von der Gründung der ersten Waldorfschule bis heute sind noch nicht genügend historisch aufgearbeitet worden. Mit dem bevorstehenden hundertjährigen Jubiläum der Waldorfpädagogik 2019 steht es an, dass eine solche Aufarbeitung quellenkri-

---

4 Diese und weitere Textstellen verdanke ich der Dissertation von Angelika Wiehl mit dem Titel: „Propädeutik der Unterrichtsmethoden in der Waldorfpädagogik", die sie im März 2015 an der Alanus Hochschule eingereicht hat.

tisch vorgenommen wird. In der erziehungswissenschaftlichen und auch in der allgemeingesellschaftlichen Öffentlichkeit besteht weiterhin das Bild einer ideologiebelasteten Pädagogik.

Nicht wenig hat dazu auch die umfassende Studie von Helmut Zander „Anthroposophie in Deutschland" (Zander 2007) beigetragen, die auf mehr als zweitausend Seiten eine Gesamtübersicht über das Werk Steiners und dessen Verbreitung in den vergangenen hundert Jahren liefert. Eine Interpretationslinie, die sich bei Zander hindurchzieht, ist die Betonung der so genannten „theosophischen Phase" im Leben und Werk Rudolf Steiners.

Dies sei etwas näher vergegenwärtigt: Das Werk Steiners nimmt seinen Ausgang von einer philosophisch-erkenntnistheoretischen Besinnung, die einerseits die Leistungsfähigkeit des menschlichen Erkennens im Hinblick auf seine Wirklichkeitsteilhabe herausarbeitet und dabei vornehmlich auf die Erkenntnisweise Goethes rekurriert (Steiner 1886/1979). Andererseits entwickelt Steiner unter Bezugnahme auf das Verständnis der Denktätigkeit bei J.G. Fichte eine Freiheitsphilosophie, die die Freiheitsveranlagung des Menschen in den Mittelpunkt stellt (Steiner 1918/2005). Zur Zeit der Jahrhundertwende knüpft die so genannte theosophische Phase an diese philosophische Phase an. Im Kontakt und in Auseinandersetzung mit Vertretern der theosophischen Gesellschaft entsteht das heute bekanntere esoterische Werk Rudolf Steiners. Diese Phase geht zunächst bis 1914. Dann trennt sich Steiner von der Theosophischen Gesellschaft und gründet die Anthroposophische Gesellschaft. Angeregt auch von seiner Frau Marie von Sievers treten künstlerische Aktivitäten in den Vordergrund. Es entstehen die bis heute bekannten anthroposophischen Kunstformen in den Bereichen Architektur (Goetheanumbau), Bildhauerei, Malerei, künstlerisches Sprechen und die Neuschöpfung der Eurythmie. Nach dem Ende des Ersten Weltkrieges 1918 setzt eine neue Phase ein. Steiner beginnt das anthroposophische Gedankengut mehr und mehr in unterschiedlichen Lebensfeldern gesellschaftlich relevant zu entwickeln. Zugleich greift er in der Schrift „Von Seelenrätseln" (Steiner 1917/1976) und in der erweiterten Neuauflage von „Die Philosophie der Freiheit" (Steiner 1918/2005) direkt auf die philosophischen Motive seines Frühwerkes zurück. Zander sieht darin den Versuch einer anthroposophisch-theosophischen Restitution. Steiner nehme in der Neuauflage von „Die Philosophie der Freiheit" eine theosophisch intentionierte restituierende Auto-Interpretation seines Frühwerkes vor. (Zander 2007, S. 531f) Infolgedessen sieht Zander in Steiners gesellschaftlichem Engagement vor allem das Bemühen, theosophisch-spirituelles Denken unmittelbar in einzelnen Lebensfeldern umzusetzen und wirksam werden zu lassen, so auch in der Waldorfpädagogik (Zander 2007, S. 1403-1443). Diese Deutung geht mit den angefügten Zitaten in Bezug auf die Waldorfpädagogik nicht nahtlos zusammen. Eine andere Deutung sei daher nachfolgend vorgestellt.

Phänomenologischer Ansatz

Das erkenntnistheoretische Werk Steiners basiert auf einer von ihm mit der Methode der *seelischen Beobachtung* bezeichneten Bewusstseinsphänomenologie (vgl. Witzenmann 1985). Steiner knüpft dabei an Goethes Forschungsmethode der anschauenden Urteilskraft an (vgl. Schieren 1997), die er von Naturerscheinungen auf Bewusstseinserscheinungen wendet. Entscheidend ist, dass dieser philosophische Ansatz nicht mit einem vorkritischen Wahrheitsanspruch operiert, sondern dem menschlichen Erkennen im Sinne einer modernen Wissenschaftstheorie (vgl. hierzu Popper 2003, S. 339f) lediglich Annäherungsformen an das Sein beimisst. Steiner hat diesen Ansatz in seinem Werk nur bedingt weiterverfolgen können und beklagt dies auch an einer Stelle seiner Autobiographie „Mein Lebensgang" (vgl. Steiner 1925/2005, S. 283).

Es ist bezeichnend, dass er in seinem Spätwerk in einzelnen Vorträgen aus den Jahren 1920/21 auf diesen philosophischen Ansatz zurückkommt, indem er den phänomenologischen Aspekt der Anthroposophie hervorhebt: „Phänomenologie, das ist das Ideal des wissenschaftlichen Strebens, das in der Anthroposophie vorliegt." (Steiner 2005, 318) Und an anderer Stelle führt er aus, *Geisteswissenschaft* sei „nichts anderes als Phänomenologie [...], die nicht dabei stehenbleibt, die einzelnen Phänomene zusammenzusetzen, sondern sie zu lesen im Zusammenhang der Phänomene. Es ist Phänomenologie, und es wird nicht gesündigt dadurch, dass man spekulierend über die Phänomene hinausgeht, sondern man fragt ihnen ab, ob sie nicht nur in Einzelheiten, sondern im Zusammenhang für eine gewisse innerliche Tätigkeit etwas zu sagen haben." (Steiner 2005, 419)

Die Anthroposophie als Phänomenologie zu begreifen und sie dementsprechend erkenntniskritisch und wissenschaftlich zu behandeln, stellt einen vollständig anderen Rezeptionsmodus dar, als derjenige ist, der sich in den vergangenen hundert Jahren sowohl bei Vertretern als auch bei Kritikern etabliert und zu entsprechenden ideologischen Frontenbildungen geführt hat. Hier geht es um eine andere Kultur der Rezeption. Es besteht entsprechend bei offiziellen Vertretern der Waldorfpädagogik kein Zweifel, dass gegenwärtig und in der Zukunft zum einen ein vollständig anderer Tonfall und zum anderen eine anschlussfähige Diskussion der theoretischen Grundlagen der Waldorfpädagogik notwendig sind. Dies stellt keinen Gegensatz zur Anthroposophie dar, sondern ist ihrem Erkenntnisanspruch selbst geschuldet, dass sie nämlich in einem rationalen Kontinuum Gegenstand einer erkenntnisorientierten und selbstkritischen Auseinandersetzung ist.

Waldorfpädagogik ohne Esoterik

Es stellt sich allerdings die Frage, wie im Kontext einer solchen wissenschaftlichen Diskussion der Waldorfpädagogik die so genannten esoterischen Aussagen und Inhalte der Anthroposophie zu behandeln seien. Konsequenterweise fordert eine wissenschaftliche Auseinandersetzung mit der Waldorfpädagogik eine Distanznahme zu so genannten esoterischen Aussagen und Inhalten, wie sie sich allenthalben in der Anthroposophie bzw. im Werk Rudolf Steiners finden. Es muss dann darum gehen, den theoretischen Kern der Waldorfpädagogik rational beschreibbar zu machen. Hier ist eine klare methodische Abgrenzung erforderlich. Was bedeutet dies?

Zunächst müssen alle so genannten esoterischen Elemente der Waldorfpädagogik, also alle Inhalte, die auf dem so genannten Eingeweihtenwissen Rudolf Steiners beruhen, identifiziert werden. Vornehmlich zu nennen wären sicherlich die Lehre von *Reinkarnation und Karma* und die übersinnliche Wahrnehmung der so genannten *Wesensglieder*. Diese Inhalte müssen nicht als Dogmen der Waldorfpädagogik aufgefasst, sondern können im Sinne von Christian Rittelmeyer als lediglich *heuristische* Konzepte verwendet werden, die eine bestimmte Betrachtungsperspektive eröffnen. Bei Rittelmeyer, der sich in seinem Beitrag auf die Darstellung der „Wesensgliederlehre" bezieht, heißt es entsprechend: „Behandelt man die Anthropologie Steiners als Theorie, so erscheint sie für die heute typische wissenschaftliche Denk- und Wahrnehmungsweise eher absurd, da sie nicht durch traditionelle Methoden der empirischen Beobachtung nachweisbar bzw. intersubjektiv überprüfbar ist. Nutzt man sie jedoch wie eine *Heuristik*, d. h. als eine experimentelle Form [...], so erschließt sie eine durchaus objektive, d. h. intersubjektiv überprüfbare neue Facette der Wirklichkeit." (Rittelmeyer 2011, S. 345).

In vergleichbarer Weise kann auch das Reinkarnationskonzept so behandelt werden, dass es nicht als per se gültig angenommen wird, sondern dass zunächst das Menschenbild, das damit verbunden ist, differenzierter in Augenschein genommen wird. Dies sei exemplarisch verdeutlicht: Ein entscheidender Aspekt der Waldorfpädagogik liegt in der Abweisung eines rein deterministischen Menschenbildes, das den Menschen als lediglich von außen, also fremd-bestimmt auffasst und ihm keine Autonomie und innere Freiheit zugesteht. Auf der Basis unterschiedlicher deterministischer Persönlichkeitstheorien wird der Mensch als wesentlich durch seine Vererbung (Gene), durch seine Sozialisationserfahrungen (Peer-Group, Erziehung) oder auch durch seine Gehirnfunktionen bestimmtes Wesen aufgefasst. Allen diesen Persönlichkeitstheorien ist gemeinsam, dass der Mensch im Kern fremdbestimmt ist. Die Waldorfpädagogik hat nun einen Persönlichkeitsbegriff, der von der veranlagten autonomen Individualität des Menschen ausgeht. Dies bedeutet nicht, dass nicht auch Fremdbestimmungen im Sinne der genannten Einflüsse vorliegen würden. Allerdings erfolgt das erzieherische Handeln vornehmlich auf der Grundlage der durchaus normativen Annahme eines der Anlage nach freien und unbedingten Persönlichkeitskerns, der im erzieherischen Prozess möglichst eigenständig zur Entfaltung kommen soll.

Auf diese Weise kommt dem Reinkarnationsgedanken im pädagogischen Kontext die alleinige Rolle zu, dass er einen theoretischen Rahmen bietet, die die autonome Selbstbegründung des Menschen *denkbar* macht. Denn jeder Mensch ist mit bestimmten Neigungen und Anlagen ausgestattet, die auf Basis der heuristischen Annahme der Reinkarnation als nicht bloß zufällig oder fremdverursacht, sondern als selbst gegeben bzw. selbsterworben, also genuin zu Persönlichkeit gehörend, gedeutet werden können. Ob dies tatsächlich so ist, muss zweifellos offen bleiben, aber der pädagogische Gewinn dieser Annahme liegt darin, dass der Pädagoge mit diesem Konzept das Kind als veranlagtes autonomes Wesen betrachten kann. In der pädagogischen Praxis der Waldorfpädagogik bewährt sich diese Herangehensweise insofern, als die Waldorfpädagogik gerade dafür anerkannt ist, dass sie den einzelnen Schülerinnen und Schülern eine große Wertschätzung und Achtung entgegenbringt und ihnen in einem hohen Maße individuelle Entwicklungsräume und Fördermöglichkeiten eröffnet.

Die Forderung, Waldorfpädagogik esoterikfrei zu betreiben, wird sicherlich bei manchen Waldorfvertretern Befremden hervorrufen, da ihnen die Anthroposophie und Steiners Werk als der eigentliche Kern der Waldorfpädagogik gelten. Dies sei auch nicht in Abrede gestellt. Es wird lediglich die Form der Vertretung und des Umgangs mit der Anthroposophie kritisch betrachtet. Es geht eben nicht um eine naiv-realistische und dogmatisch-ehrfürchtige Adaption so genannter geistiger bzw. esoterischer Inhalte, die im Grunde nur auf guten Glauben in Steiners Aussagen hingenommen werden, sondern Ziel ist es, den von Steiner selbst hervorgehobenen phänomenologisch-reflexiven Ansatz zu unterstützen.

Ein weiterer Aspekt in Steiners Biographie verdeutlicht diesen Ansatz: Mit der Abkehr von der Theosophischen Gesellschaft hat sich Steiner – wie angeführt – eingehender mit der Entwicklung der Kunstformen in der Anthroposophie auseinandergesetzt. Steiners ästhetischem Selbstverständnis nach, das an Goethe anknüpft (vgl. Steiner 1889/1985), ist damit vor allem eine Abstreifung oder auch Zurechtrückung einer überbetonten Ideensphäre verbunden. Denn Steiner hebt in seiner Ästhetik hervor, dass für ihn nicht der idealistische Satz gelte, dass das Schöne das sinnliche (Er-)Scheinen der Idee bedeute, wie er den idealistischen Denkern der Goethezeit, vor allem Schelling und Hegel, vorwirft, sondern dass das Schöne und damit die Kunst in dem ideellen Scheinen des Sinnlichen liege (Steiner 1889/1985, 27f.). Es heißt bei ihm entsprechend: „Und dies ist etwas ganz anderes, als was die deutschen idealisierenden Ästhetiker wollen. Das ist nicht die ‚Idee in Form der sinnlichen Erscheinung', das ist das gerade Umgekehrte, das ist eine ‚sinnliche Erscheinung in der Form der Idee'. Der Inhalt des Schönen, der demselben zugrunde liegende Stoff ist also immer ein Reales, ein unmittelbar Wirkliches, und die Form seines Auftretens ist die ideelle. Wir sehen, es ist gerade das Umgekehrte von dem richtig, was die deutsche Ästhetik sagt; diese hat die Dinge einfach auf den Kopf gestellt." (Steiner 1889/1985, 32) - Dies bedeutet, dass Kunst in Steiners Sinne nicht der Vermittlung von bestimmten Inhalten dient. Sie ist kein Vehikel für welches Ideal auch immer, sondern sie muss durch sich, durch ihre eigene ästhetisch-sinnliche Kraft überzeugen. – Indem Steiner mit dem Kunst-Anspruch der Anthroposophie eine Art Trennung von der Ideologielastigkeit der Theosophischen Gesellschaft vollzogen hat, so bedeutet in diesem Sinne eine „Waldorfpädagogik ohne Esoterik" eine reflexive Distanznahme von geistig-esoterischen Inhalten in der Waldorfpädagogik und einer anthroposophischen Überformung derselben. Wie die Kunst durch sich selbst und nicht aufgrund transportierter Inhalte, so muss die Waldorfpädagogik allein durch ihre erfolgreiche pädagogische Arbeit in den Kindergärten und Schulen und ebenso in den entsprechenden Ausbildungen und nicht durch die Vertretung dogmatisch-ideologischer Inhalte überzeugen.

Menschenbild

Entsprechend der vorangehenden Darstellung liegt der Grundduktus eines wissenschaftlichen Umgangs mit den theoretischen Grundlagen der Waldorfpädagogik darin, mit den so genannten esoterischen Inhalten weder im Sinne einer dogmatischen Setzung bzw. Verwerfung zu verfahren, wie es Befürworter bzw. Kritiker der Waldorfpädagogik unvereinbar über Jahrzehnte betrieben haben, sondern solche Inhalte sollen allein als heuristische Annahmen verwendet werden, die ihren Wert bzw. Unwert im pädagogischen Prozess erweisen müssen. Rittelmeyer bezieht sich in diesem Kontext auf *pragmatische Wahrheitstheorien*, deren „Geltungsansprüche aus einer diskursiv herbeigeführten, intersubjektiv überprüfbaren Entscheidung (d.h. auf dem Wege einer sogenannten Konsensustheorie der Wahrheit)" (Rittelmeyer 2011, S. 335) beruhen.

Bezeichnend ist sicherlich, dass die Waldorfpädagogik deutlich von einem Menschenbild geprägt ist und insofern – kritisch betrachtet – als normative Pädagogik gilt. Dies diskreditiert sie vor allem vor dem Hintergrund der gegenwärtigen Diskussion innerhalb der pädagogischen Anthropologie. Denn eine der maßgeblichen Diskurslinien kritisiert aufgrund der impliziten Normativität die in der Vergangenheit mehr oder minder übliche Annahme eines verbindlichen Menschenbildes. Schon Karl-Heinz Dickopp stellte 1973 heraus: „Lässt sich aber Anthropologie innerhalb der Pädagogik auf eine allgemeingültige Vorgabe ein, d.h. auf ein Wissen um das, was der Mensch generell *ist*, verlässt sie die jeweilige historisch-gesellschaftliche Position, in der sie sich befindet." (Dickopp 1973, S. 83) Jeder Versuch einer Wesensbestimmung des Menschen ist in diesem Sinne ahistorisch. So kommt in der aktuellen Diskussion Jörg Zirfas zu dem Schluss: „Pädagogische Anthropologie ist ... negative Anthropologie als Zurückweisung jeglicher Form einer essentialistischen Menschenbildpädagogik" (Zirfas 2004, 34). Er vertritt entsprechend eine Position, die wie folgt charakterisiert ist: „ein pluraler, historischer Ansatz, der die Fraktalität der Anthropologie betont." (ebd., 33) Eine solche von Zirfas auch als *heuristische pädagogische Anthropologie* bezeichnete Forschung begreift sich vornehmlich als historische Anthropologie, die aktuelle bzw. in der Vergangenheit vorhandene Menschenbilder nicht normativ begreift, sondern lediglich in ihrem Auftreten bzw. in ihren Auswirkungen rekonstruiert.

Die Waldorfpädagogik muss in dieser kritischen Sicht als *ahistorische essentialistische Menschenbildpädagogik* erscheinen, die von normativen Bestimmungen geleitet ist. Unzweifelhaft ist diese Sicht auf die Waldorfpädagogik nicht unberechtigt, weil viele Vertreter derselben unkritisch anthropologische Annahmen als dogmatische Wahrheiten vertreten haben und auf diese Weise auch die pädagogische Praxis geprägt worden ist. Hier ist sicherlich eine Neubesinnung auch auf viele Praxiselemente der Waldorfpädagogik vonnöten. Auf der anderen Seite muss bedacht werden, dass jedes pädagogische Handeln auf ein leitendes Menschenbild angewiesen ist, welches allerdings in einem offenen Reflexionsprozess immer wieder kritisch vergegenwärtigt und weiter entwickelt werden muss.

Die Waldorfpädagogik zeichnet sich tatsächlich durch eine klare anthropologische Orientierung aus, allerdings wird in der Diskussion wiederum sowohl von Kritikern als auch von Befürwortern zu wenig die eigentliche *inhaltliche* Ausrichtung der anthropologischen Grundannahmen der Waldorfpädagogik vergegenwärtigt. Diese liegt darin, dass der Mensch im Kern als freiheitsveranlagtes und freiheitsfähiges Wesen begriffen wird. Damit sind die möglichen historischen, psychologischen, gesellschaftlichen, persönlich-biographischen Prägungen, denen der einzelne Mensch unterliegt, wie bereits angeführt, nicht ausgeschlossen, im Gegenteil jeder pädagogische Blick muss auch die Bedingungen, in denen die einzelne Schülerin und der einzelne Schüler stehen, genau vergegenwärtigen. Das pädagogische Entwicklungsziel liegt allerdings in der Anregung und Unterstützung einer möglichst großen Autonomie- und Freiheitserfahrung der sich bildenden Persönlichkeit der einzelnen Schülerinnen und Schüler. Damit ist eine anthropologische Grundannahme der Waldorfpädagogik zwar dezidiert vorhanden, ihre inhaltliche Ausrichtung ist allerdings nicht festlegend bzw. bestimmend, denn innere Freiheit entzieht sich per se äußerer Bestimmung. Es ist eine entwicklungsoffene Annahme, die dem Ideal nach in ihrer normativen Wirkung sich selber aufzuheben bestrebt ist, indem sie die größtmögliche individuelle Entwicklung der Schülerinnen und Schüler fördern will. Dies ist angesichts einer gegenwärtigen schulpolitischen Realität, deren Gestaltungsmaßnahmen mehr und mehr dem Diktat eines ökonomischen Menschenbildes folgen (vgl. Krautz 2007), eine echte Alternative.

Insofern kann herausgestellt werden, dass das Menschenbild der Waldorfpädagogik keinen teleologischen Essentialismus enthält, der auch bei möglichen wohlmeinenden Absichten im Sinne der historischen pädagogischen Anthropologie immer unkritisch gegenüber seinen eigenen historischen Voraussetzungen verfährt und damit in der Gefahr steht, normativ übergriffig zu werden. Die Freiheitsorientierung der Waldorfpädagogik ist demgegenüber entwicklungsoffen. Sie ist kritisch bezogen auf ideologische und gesellschaftliche manipulative Fremdeinflüsse (Medien, ökonomisches Bildungsdiktat usw.) und ist im pädagogischen Handeln lediglich darauf bedacht, optimale Bedingungen und Ermöglichungsgrundlagen für die individuelle Freiheitsentwicklung der Schülerinnen und Schüler zu schaffen.

Der Gedanke der Freiheitsentwicklung des Menschen hat nicht nur Einfluss auf das unmittelbare pädagogische Handeln, sondern wirkt innerhalb der Waldorfpädagogik insbesondere auch im Blick auf den Stellenwert einer inneren Schulung und Selbsterziehung der Lehrenden. Freiheit wirkt immer auch beispielhaft, was heißt, dass *die* Lehrerinnen und Lehrer den größten Entwicklungsimpuls für Schülerinnen und Schüler vermitteln können, die bereit sind und sich der Mühe unterziehen, sich selbst weiter zu entwickeln. Hier wirkt die Anthroposophie tatsächlich unmittelbar in die Waldorfpädagogik hinein, indem von den Kolleginnen und Kollegen erwartet wird, dass sie in einem fortwährenden Prozess an ihrer Persönlichkeitsentwicklung arbeiten, beispielsweise im Hinblick auf ihre Beobachtungs- und Aufmerksamkeitsfähigkeiten gegenüber den Schülerinnen und Schülern oder in Bezug auf die Fähigkeit, sich emotional zu kontrollieren, Geduld zu haben, Lern- und Arbeitsfreude zu vermitteln oder auch im Blick darauf, dass eine ungebrochene Bereitschaft besteht, neue Unterrichtsideen phantasievoll zu entwickeln und zu erproben und nicht allein altbewährte Routinen zu verfolgen.

Die Anthroposophie und deren Selbstschulungsaspekt stellen nach den Aussagen der Lehrerinnen und Lehrer einen großen Wert im Hinblick auf eine erfüllte und befriedigende Berufstätigkeit dar (vgl. Randoll 2013, 124 u. 144).

Schluss

Die vorliegende Betrachtung hat einen im Wesentlichen programmatischen Charakter, indem sie einen notwendigen Kulturwandel von einer im erziehungswissenschaftlichen Kontext dogmatisch-affirmativ vertretenen zu einer dialogisch-selbstkritischen Waldorfpädagogik einfordert. Damit sich dieser Kulturwandel vollziehen kann, sind Bemühungen beider Seiten notwendig: Von Seiten der Waldorfpädagogik muss erwartet werden, dass sie auf dem Niveau der erziehungswissenschaftlichen Diskussion ihre eigene Position selbstkritisch und -reflexiv diskutiert. Und von Seiten der Erziehungswissenschaft muss über die bisher gepflegte Fundamentalkritik bzw. Ignoranz hinaus ein Forschungs- und Diskussionsinteresse entwickelt werden. Eine solche neue Dialogkultur kann für beide Seiten einen Gewinn darstellen: Die Waldorfpädagogik profitiert von den zahlreichen Forschungsleistungen und -ergebnissen der Erziehungswissenschaft. Und die Erziehungswissenschaft kann die jetzt schon in vielen Beispielen erfolgreich adaptierte Praxis der Waldorfpädagogik auch in ihren theoretischen Begründungen nachvollziehen und diskutieren.

Literaturverzeichnis

Barz, Heiner 1994: Anthroposophie im Spiegel von Wissenschaftstheorie und Lebensweltforschung. Zwischen lebendigem Goetheanismus und latenter Militanz. Weinheim.

Barz, Heiner / Randoll, Dirk 2007: Absolventen von Waldorfschulen. Eine empirische Studie zu Bildung und Lebensgestaltung ehemaliger Waldorfschüler. Wiesbaden.

Barz, Heiner 2013: Unterrichten an Waldorfschulen: Berufsbild Waldorflehrer: Neue Perspektiven zu Praxis, Forschung, Ausbildung. Wiesbaden.

Bauer, Horst Philipp / Schneider, Peter (Hrsg.) 2006: Waldorfpädagogik. Perspektiven eines wissenschaftlichen Dialoges. Frankfurt/M. u.a.

Böhle, Petra / Peters, Jürgen 2011: Empirische Forschungen an Waldorfschulen im deutschsprachigen Raum, Teil 2. In: RoSE, Research on Steiner Education, Online Journal Vol 2, No 1 (2011), www.rosejourn.com.

Bohnsack, Fritz / Kranich, Ernst-Michael (Hrsg.) 1990: Erziehungswissenschaft und Waldorfpädagogik. Der Beginn eines notwendigen Dialogs. Weinheim / Basel.

Bohnsack, Fritz / Leber, Stefan (Hrsg.) 1996: Sozial-Erziehung im Sozial-Verfall : Grundlagen, Kontroversen, Wege. Weinheim / Basel.

Dahlin, Bo 2007: The Waldorfschool – Cultivating Humanity? A report from an evaluation of Waldorfschools in Sweden. Karlstad University Press.

Dickopp, Karl-Heinz 1973: Die Krise der anthropologischen Begründung von Erziehung. Ratingen / Kastellaun / Düsseldorf.

Frielingsdorf, Volker 2012: Waldorfpädagogik in der Erziehungswissenschaft. Ein Überblick. Weinheim / Basel.

Gerwin, Douglas / Mitchell, David 2007: Survey of Waldorf Graduates - Phase II. Research Institut of Waldorf Education: New Hampshire / USA.

Graßhoff, Gunter 2008: Zwischen Familie und Klassenlehrer. Pädagogische Generationsbeziehungen jugendlicher Waldorfschüler. Wiesbaden.

Helsper, Werner / Ullrich, Heiner u.a. (Hrsg.) 2007: Autorität und Schule. Die empirische Rekonstruktion der Klassenlehrer-Schüler-Beziehung an Waldorfschulen. Wiesbaden.

Höblich, Davina / Graßhoff, Gunter 2006: Lehrer-Schüler-Beziehungen an Waldorfschulen. Chancen und Risiken einer auf Vertrauen und Nähe basierenden Beziehung. In: Schweer, K.W. (Hrsg.): Bildung und Vertrauen. Frankfurt/M. u.a.

Idel, Till-Sebastian 2007: Waldorfschule und Schülerbiographie. Fallrekonstruktionen zur lebensgeschichtlichen Relevanz anthroposophischer Schulkultur. Wiesbaden.

Koolmann, Steffen 2014: Sozialökonomische Analyse im freien Bildungswesen. In: Kullak-Ublik, Henning (2014): Bund der Freien Waldorfschulen. Jahresbericht 2014. Auf: http://www.waldorfschule.de/fileadmin/downloads/jahresberichte/Jahresbericht_2014.pdf (Zugriff April 2015).

Kunze, Katharina 2011: Professionalisierung als biographisches Projekt: Professionelle Deutungsmuster und biographische Ressourcen von Waldorflehrerinnen und Waldorflehrern. Wiesbaden.

Krautz, Jochen 2007: Wa(h)re Bildung. Schule und Universität unter dem Diktat der Ökonomie. München.

Liebenwein, Sylva / Barz, Heiner / Randoll, Dirk 2012: Bildungserfahrungen an Waldorfschulen. Empirische Studie zu Schulqualität und Lernerfahrungen. Wiesbaden.

Lischewski, Andreas 2014: Meilensteine der Pädagogik. Stuttgart.

Paschen, Harm (Hrsg.) 2010: Erziehungswissenschaftliche Zugänge zur Waldorfpädagogik. Diskussion paradigmatischer Beispiele zu epistemischen Grundlagen, empirischen und methodischen Zugängen und Unterrichtsinhalten. Wiesbaden.

Popper, Karl R. 2003: Die offene Gesellschaft und ihre Feinde. Bd. II. Falsche Propheten: Hegel, Marx und die Folgen. Tübingen.
Peters, Jürgen 2013: Arbeitsbezogene Verhaltens- und Erlebensmuster von Waldorflehrern im Zusammenhang mit Arbeitsbelastung und Berufszufriedenheit - Eine empirische Untersuchung. Inaugural-Dissertation an der Alanus Hochschule in Alfter bei Bonn.
Prange, Klaus 2000: Erziehung zur Anthroposophie. Darstellung und Kritik der Waldorfpädagogik. Bad Heilbrunn.
Prange, Klaus 2005: Curriculum und Karma. Das anthroposophische Erziehungsmodell Rudolf Steiners. In: Forum Demokratischer Atheistinnen (Hrsg.): Mission Klassenzimmer. Zum Einfluss von Religion und Esoterik auf Bildung und Erziehung. Aschaffenburg, 85-100.
Randoll, Dirk / Barz, Heiner 2007: Bildung und Lebensgestaltung ehemaliger Schüler von Rudolf Steiner Schulen in der Schweiz. Eine Absolventenbefragung. Frankfurt/M.
Randoll, Dirk 2013: Ich bin Waldorflehrer: Einstellungen, Erfahrungen, Diskussionspunkte - Eine Befragungsstudie. Wiesbaden.
Rittelmeyer, Christian 1996: Der Schulbau als Sozialpartner des Kindes. Ein Bericht über den Zusammenhang von Baugestaltung und Schülerverhalten. Wilhelm-Ernst Barkhoff Institut: Hannover.
Rittelmeyer, Christian 2002: Pädagogische Anthropologie des Leibes. Biologische Voraussetzungen der Erziehung und Bildung. Weinheim / München.
Rittelmeyer, Christian 2005: „Über die ästhetische Erziehung des Menschen". Eine Einführung in Friedrich Schillers pädagogische Anthropologie. Weinheim / München.
Rittelmeyer, Christian 2011: Gute Pädagogik – fragwürdige Ideologie? Zur Diskussion um die anthroposophischen Grundlagen der Waldorfpädagogik. In: Loebell, Peter: Waldorfschule heute. Eine Einführung. Stuttgart.
Schieren, Jost 1997: Anschauende Urteilskraft. Methodische und philosophische Grundlagen von Goethes naturwissenschaftlichem Erkennen. Düsseldorf / Bonn.
Schneider, Peter 1982: Einführung in die Waldorfpädagogik. Konzepte der Humanwissenschaften. Stuttgart.
Skiera, Ehrenhard 2009: Reformpädagogik in Geschichte und Gegenwart. Eine kritische Einführung. München.
Steiner, Rudolf 1886/1979: Grundlinien einer Erkenntnistheorie der Goetheschen Weltanschauung. Mit besonderer Rücksicht auf Schiller. Rudolf-Steiner-Gesamtausgabe Bd. 2. Dornach / Schweiz.
Steiner, Rudolf 1889/1985: Goethe als Vater einer neuen Ästhetik. In: Steiner, Rudolf: Kunst und Kunsterkenntnis. Grundlagen einer neuen Ästhetik. Rudolf-Steiner-Gesamtausgabe Bd. 271. Dornach / Schweiz.
Steiner, Rudolf 1917/1976: Von Seelenrätseln. Anthropologie und Anthroposophie. Max Dessoir über Anthroposophie. Franz Brentano (Ein Nachruf). Skizzenhafte Erweiterungen. Rudolf-Steiner-Gesamtausgabe Bd. 21. Dornach / Schweiz.
Steiner, Rudolf 1918/2005: Die Philosophie der Freiheit. Grundzüge einer modernen Weltanschauung. Rudolf-Steiner-Gesamtausgabe Bd. 4. Dornach / Schweiz.
Steiner, Rudolf 1925/2000: Mein Lebensgang. Rudolf-Steiner-Gesamtausgabe Bd. 28. Dornach / Schweiz.
Steiner, Rudolf 1927/1986: Gegenwärtiges Geistesleben und Erziehung. Ein Vortragszyklus, gehalten in Ilkley (Yorkshire) vom 5. bis 17. August 1923. Gesamtausgabe Bd. 307. Dornach / Schweiz.
Steiner, Rudolf 1991: Das Schicksalsjahr 1923 in der Geschichte der Anthroposophischen Gesellschaft. Vom Goetheanumbrand zur Weihnachtstagung. Ansprachen - Versammlungen -

Dokumente Januar bis Dezember 1923. Rudolf-Steiner-Gesamtausgabe Bd. 259. Dornach / Schweiz.

Steiner, Rudolf 2005: Fachwissenschaften und Anthroposophie. Acht Vorträge, elf Fragenbeantwortungen, ein Diskussionsbeitrag und ein Schlusswort. Dornach und Stuttgart 24. März 1920 bis 2. September 1921. Rudolf-Steiner-Gesamtausgabe Bd. 73a. Dornach / Schweiz.

Tenorth, Heinz-Elmar und Tippelt, Rudolf (Hrsg.) 2007: Lexikon der Pädagogik. Weinheim / Basel.

Ullrich, Heiner 1986: Waldorfpädagogik und okkulte Weltanschauung. Eine bildungsphilosophische und geistesgeschichtliche Auseinandersetzung mit der Anthropologie Rudolf Steiners. Weinheim / Basel.

Ullrich, Heiner 1988: Wissenschaft als rationalisierte Mystik. Eine problemgeschichtliche Untersuchung der erkenntnistheoretischen Grundlagen der Anthroposophie. In: Neue Sammlung. Vierteljahres-Zeitschrift für Erziehung und Gesellschaft. Nr. 28, 1988.

Witzenmann, Herbert 1985: Strukturphänomenologie. Vorbewusstes Gestaltbilden im erkennenden Wirklichkeitenthüllen. Dornach / Schweiz.

Woods, Philip / Ashley, Martin / Woods, Glenys 2005: Steiner Schools in England. University of West of England: Bristol.

Zander, Helmut 2007: Anthroposophie in Deutschland. Theosophische Weltanschauung und gesellschaftliche Praxis (1884-1945 Band 1; 1884-1945 Band 2). Göttingen.

Zirfas, Jörg 2004: Pädagogik und Anthropologie. Eine Einführung. Stuttgart.

Sittlichkeit und Sachlichkeit.
Pädagogische Arbeit als Bildungsprinzip bei Georg Kerschensteiner

Andreas Lischewski

> „Kompetenz stellt die Verbindung
> von Wissen und Können her."
> (Klieme u.a. 2007, 73)
>
> „Wissen und Können sind nicht gleichwertig
> mit Bildung, ja sie sind nicht einmal ein
> zuverlässiges Maß für die Bildung."
> (Kerschensteiner 1906c, 101)

Anlässlich einer Gedenkfeier zu seinem 100. Geburtstag am 29. Juli 1954 ehrte der Nestor der historischen Pädagogik in Deutschland, Albert Reble, den Münchner Gymnasiallehrer, Stadtschulrat und Schulreformer Georg Kerschensteiner mit dem Hinweis, dass dieser „ohne Übertreibung als der *bedeutenste unter den deutschen Pädagogen der letzten hundert Jahre*" (Reble 1954, 10; Hervorh. orig.) bezeichnet werden könne.

Dabei bezog sich Reble nicht nur auf die bis heute weitgehend unbezweifelte Tatsache, dass Kerschensteiner als ein wesentlicher Anreger der Arbeitsschulbewegung und als „Vater der Berufsschule" gilt. Vielmehr habe er auch auf dem Gesamtgebiet der Pädagogik die Reformbewegungen seit 1900 maßgeblich mitbestimmt und auch wie kein zweiter seiner Zeit international in die Weite gewirkt. Trotz mancher Zeitbedingtheiten sei er darum als ernstzunehmender Denker und Mahner von bleibender Bedeutung. Diese Wertschätzung aber gilt es nunmehr, zum 160. Geburtstag im Jahr 2014, begründet zu erneuern.

1. Die Arbeitsschulbewegung innerhalb der Reformpädagogik

1.1. Die Bedeutung der Arbeitsschulbewegung im Kontext der Reformpädagogik kann kaum hoch genug veranschlagt werden. „Es gibt keine reformpädagogische Erziehungs- und Schulkonzeption, die dem pädagogischen Aspekt der Arbeit nicht eine – oftmals zentrale – Stelle zubilligte", urteilt beispielsweise Ehrenhard Skiera (Skiera ²2010, 104). Und für Wolfgang Scheibe war die Arbeitsschulbewegung in diesem Sinne recht eigentlich „gleichbedeutend mit der Pädagogischen Reformbewegung überhaupt" (Scheibe ³2010, 171). Die verpflichtende Einführung des Arbeitsunterrichtes in den Schulen durch § 148, Abs. 3 der Weimarer Reichsverfassung von 1919 wurde denn auch „ohne Kritik hervorzurufen" von der

Nationalversammlung beschlossen – wenngleich dieses freilich nicht zuletzt daran lag, „dass die Parteien je nach ihrer eigenen Weltanschauung unter diesem Begriff etwas anderes verstanden […] und er in der pädagogischen und didaktischen Publizistik viel zu populär war, um sich dagegen stellen zu können" (Pflefka 2011, 192). Immerhin bedeutete diese verfassungsmäßige Festschreibung des Arbeitsunterrichtes jedoch – bei allen bleibenden Unterschieden in der Auslegung – „eine öffentliche Anerkennung reformpädagogischen Denkens, die es bis dahin nicht gegeben hatte" (Tenorth 1989, 128). Und dass schließlich auch die Leitsätze zum Arbeitsunterricht, die die Reichsschulkonferenz 1920 vorlegte, zuletzt „ohne bemerkenswerten Widerspruch aufgenommen wurden" (Rößger 1927, 198) bestätigt nochmals die alle Differenzen überbrückende Kraft, die der Arbeitsschulgedanke für das reformpädagogische Selbstverständnis besaß.

1.2. Nicht ohne Übertreibung wird man also sagen können, dass das Konzept der Arbeitschule in vielerlei Hinsicht *das* reformpädagogische Programm schlechthin war, so widersprüchlich auch im Einzelfall ihre Begriffsbestimmungen ausfallen und „in siebenmal sieben Bedeutungen" (Scheibner 1923, 181; vgl. Wolff 1923, 1) schillern mochten. Doch worin gründete dessen Erfolg?

Einerseits besaß die Arbeitsschulbewegung schon für die Zeitgenossen „den Charakter eines gewissen Abschlusses", da sie „aus dem Verstehen und von dem Ertrage all der in den übrigen Bewegungen zutage tretenden Hauptgedanken entstanden" (Schloen 1926, 303) sei. Der relativ weite Begriff der Arbeitsschule vermochte also unter seinem Dach alle diejenigen reformpädagogischen Strömungen zu einen, die – rein als solche genommen – gewisser Einseitigkeiten nicht entbehren, als Teil einer übergreifenden Gesamtkonzeption jedoch sinnvolle und praktikable Handlungsoptionen zu eröffnen in der Lage waren. So war es sicherlich kein Einzelfall, wenn ein dezidierter Vertreter der *Kunsterziehungsbewegung* wie Ernst Weber zugleich ein engagiertes Plädoyer zugunsten der Arbeitsschule halten konnte, insofern diese die zentralen Forderungen nach einem harmonischen Ausgleich von intellektuellen, volitiven und affektiven Seelenkräften, von geistigen und körperlichen Tätigkeiten, von Schule und Leben zu erfüllen trachte – dabei jedoch zugleich vor jeglichen Einseitigkeiten sowohl eines „starren Konservatismus" wie auch eines „extremen Radikalismus" in der Umsetzung notwendiger Reformen warnte (Weber 1912, 228; vgl. Richter 1912 sowie Heller 1990). Nicht minder charakteristisch ist aber auch die Bemerkung von Johannes Gläser, einem der Wortführer der *Pädagogik vom-Kinde-aus*, dass der Begriff der Arbeitsschule eine „Umwertung aller pädagogischen Werte" bedeute: Im Mittelpunkt allen Schulunterrichtes müsse nämlich das Kind „als das Maß der Erziehung" stehen, seine Natur, sein organisches Wachstum und seine Entwicklung, so dass der Schulunterricht kein anderes Ergebnis gelten lassen dürfe, als was das Kind zu jeweils seiner eigenen Zeit selbsttätig „erarbeitet" habe (Gläser 1911; vgl. Wolgast 1910, 106f.) – was freilich bereits seinen Ko-Referenten zu dem kritischen Einwand veranlasste, dass es auch hier einer „Ausgleichung des Gegensatzes zwischen Kindesnatur und

Kulturbedürfnis" bedürfe, wolle man sich als Erzieher und Lehrer nicht selbst überflüssig machen (Niebank 1911). Dass auch die Vertreter der *Landerziehungsheime* viel Wert auf einen arbeitsschulisch gestalteten Unterricht legten, bedarf in der Tat „kaum der Erwähnung" (Geheeb 1930, 147; vgl. Andreesen 1921, 8f., 11f.), wie sich denn auch die *sozialistischen Schulreformer* mit ihrer Konzeption gesellschaftlicher Arbeit durchaus als Teil dieser übergeordneten Reformbewegung verstehen konnten (Seidel ³1919; Schulz 1911; Karsen 1930). Und zuletzt scheint auch ihre Fähigkeit, sich selbst mit *individualpsychologischen* Strömungen (Glöckel 1928; Birnbaum/Spiel 1929) und einigen, tendenziell der *Empirischen Pädagogik* nahestehenden Denkern (Meumann 1911, 7, 9; Lay 1911, 33f., 46f.; Fischer 1925) der Zeit zu amalgamieren, die überragende Bedeutung der Arbeitsschulkonzeption für das reformpädagogische Selbstverständnis erneut zu belegen.

Viel wichtiger für den Erfolg der Arbeitsschulkonzeption dürfte aber der Umstand gewesen sein, dass für den Arbeitsunterricht an den Schulen schnell zahlreiche Hilfestellungen zur Verfügung standen, die ihre relativ praktikable Umsetzung in das Unterrichtsgeschehen ermöglichten. Bereits vor dem I. Weltkrieg war es insbesondere die Zeitschrift *Die Arbeitsschule* gewesen, die neben grundsätzlichen Erörterungen auch mannigfaltige Praxisbeispiele für die Realisierung arbeitsschulischen Unterrichts abdruckte. Zuhauf entstanden aber auch komplexere Handreichungen zum fachbezogenen Arbeitsschulprinzip, so für die Mathematik (Lang 1912, Gerlach 1914-1925), für den naturwissenschaftlichen Bereich (Fischer 1921, Mack 1925), den Deutschunterricht (Schoke ²1927, Müller ⁴1929), die Erdkunde (Knospe ³1925, Kaiser ²1925), den Werkunterricht (Scherer 1912/13, Pabst/Seinig ²1921) oder die Religionslehre (Clemenz 1921, Eberhard 1927). Selbst Fragen des Turnunterrichts (Harte ²1925), der musikalischen Erziehung (Wicke 1912) und der Gesundheitskunde (Lorentz 1928) werden nun didaktisch aufbereitet und dem Lehrer zur Anregung der eigenen Unterrichtsgestaltung dargeboten. Freilich war dieser unterrichtliche Aspekt für viele Arbeitsschulpädagogen nicht die *ganze* Arbeitsschule, von welcher man sich doch immer umfassendere Reformwirkungen auch auf das Schulleben und die institutionellen Strukturen der Schulen überhaupt erhoffte. Hatte sich die Deutsche Lehrerversammlung jedoch 1900 in Köln noch schroff gegen die Aufnahme des damals so genannten ‚Handfertigkeitsunterrichts' in den regulären Lehrplan der Volksschulen ausgesprochen, so standen die Zeichen bereits 1912 wesentlich günstiger. Zwar wurde nach dem engagierten Vortrag von Ernst Weber auch weiterhin der bloße Handfertigkeitsunterricht als solcher abgelehnt, insofern er „hauptsächlich um der Handgeschicklichkeit willen und im Hinblick auf einen späteren Beruf" erteilt wurde; die Konzeption einer Arbeitsschule, „die die Arbeit in den Dienst der geistigen Bildung" stellen und „einen Ausgleich in der Pflege der seelischen Kräfte und der Sinnesorgane" (Weber 1912, 229) herbeiführen könne, wurde dagegen ausdrücklich begrüßt. Von hier aus erfasste die Arbeitsschulkonzeption nun die gesamte Lehrerschaft, die darum 1921 ihre positive Haltung zur Arbeitsschule von 1912 erneut bekräftigte. Durch Reichverfassung,

Reichsschulkonferenz und die länderübergreifende „Vereinbarung über die Einführung des Arbeitsunterrichts in den Schulen" vom 14. April 1923 (Führ ²1972, 278f.) nochmals gestärkt, bildete sie sodann aber auch die Grundlage zahlreicher öffentlicher Schulreformversuche während der Weimarer Republik – die weit umfangreicher und oftmals sogar auch wesentlich innovativer waren als oftmals angenommen (Amlung 1993; Hansen-Schaberg 2005). So orientierten sich etwa die Hamburger Lebensgemeinschaftsschulen genauso an arbeitsunterrichtlichen Prinzipien wie die Versuchsarbeitsschulen, die unter Heinrich Scharrelmann in Bremen eingerichtet wurden, oder die Schulreformen unter Wilhelm Paulsen in Berlin; und ebenso gab es in Dortmund, Leipzig, Magdeburg und vielen anderen Städten und Gemeinden des Reiches Schulen, die in mehr oder weniger umfangreicher Weise die Anregungen der Arbeitsschulbewegung umsetzen. Zahlreiche Fortbildungskurse sollten die Lehrer nun in arbeitsunterrichtlichen Techniken unterweisen und das *Zentralinstitut für Erziehung und Unterricht* richtete mit viel Erfolg sogenannte ‚Arbeitsschulwochen' ein, an denen in kürzester Zeit zehntausende von Lehrern erfolgreich teilnehmen (Jungk 1991, 215). In Leipzig – einem der Zentren der Arbeitsschulbewegung während der Weimarer Republik (Taubert-Striese 1996) – wurde sogar eine Reichsberatungsstelle eingerichtet, die die von der Reichsschulkonferenz beschlossenen Vorgaben zur Umsetzung des Arbeitsschulgedankens zügig vorantreiben und die Städte bei der Finanzierung und Organisation geeigneter Versuchsschulen unterstützen sollte – sei „der Versuchsschulgedanke" im allgemeinen doch nichts anderes als die „Gestaltung des Arbeitsschulgedankens von der bestehenden Schulorganisation aus" (Reichsberatungsstelle 1924, 3).

> „Aus der Flut der Reformideen, die sich in den letzten Jahren über und in die Schule ergossen hat, ist jetzt *eine* große Bewegung geworden mit bestimmter Richtung und Bezeichnung, der Bewegung für die ‚Arbeitsschule'", konnte man bereits 1912 in der *Hamburgischen Schulzeitung* lesen (Paschen 1912; Hervorh. orig.). Und vierzehn Jahre später urteilt Heinrich Schloen: „Die Arbeitsschulbewegung ist die tiefste und nachhaltigste von allen reformpädagogischen Bewegungen der letzten fünfzig Jahre." (Schloen 1926, 303) Für das Bewusstsein der Zeitgenossen scheinen diese Kommentare durchaus repräsentativ zu sein; denn es war in der Tat der Gedanke der Arbeitsschule, der einerseits die zentralen Grundgedanken der wichtigsten pädagogischen Reformbewegungen in sich zu vereinen wusste, wie er denn auch andererseits durch seine Intensität in die breite Praxis wirkte. Diagnostizierte Krisen der Arbeitsschule waren damit zwar nicht ausgeschlossen; doch auf das Ganze gesehen scheinen die öffentlichen Schulreformversuche der Weimarer Republik in ihr einen gemeinsamen Topos für ihre Bemühungen gefunden zu haben: „Die Arbeitsschule marschiert." (Rößger 1927, 204)

2. Kerschensteiners sittliche Konzeption der Arbeitsschule

2.1. Es war sicherlich kein Zufall, dass Kerschensteiner seine berühmte Züricher Rede von 1908 zuallererst in der Zeitschrift *Der Säemann* veröffentlichte; denn diese Zeitschrift war nicht nur das zentrale Publikationsorgan der reformfreudigen ‚Hamburger Lehrervereinigung zur Pflege der künstlerischen Bildung', sondern zugleich auch einer der Ursprungsorte jener Pädagogik vom-Kinde-aus, die hier langsam Gestalt zu gewinnen begann. Entworfen wahrscheinlich zunächst in einem engeren Zirkel um Friedrich von Borstel (von Borstel 1905, 342f.), Heinrich Wolgast (Wolgast 1908, 205) und Johannes Gläser (Gläser 1907; 1920), wurde die Charakterisierung ‚vom-Kinde-aus' dabei nicht nur schnell zu einem wichtigen „Schlagwort" (Cordsen 1908, 268 u. 347; Gläser 1920; Gläss 1961, 5; Weiss 1998) der reformpädagogischen Semantik überhaupt; vielmehr prägte diese „Parole" einer „Reform vom Kinde aus" auch maßgeblich die Diskussionen um die Aufgaben und Ziele des ‚Bundes für Schulreform' (Anonymus 1908, 375f.; Meumann 1910, 16f.), an dessen Arbeiten wiederum auch Kerschensteiner maßgeblich beteiligt war. Und so wird man schon rein äußerlich nicht mit der Vermutung fehlgehen, dass seine Konzeption der Arbeitsschule nicht unerheblich mit den Vorstellungen und Zielen einer kind-orientierten Pädagogik übereinstimmt.

Dass nun schon die *Volksschule* im Normalfall allein auf den mitzuteilenden Lehrstoff achte, gerade die *egoistisch-individuelle Interessenslage* des Kindes mit seiner durchweg lebenspraktischen Grundausrichtung jedoch in keiner Weise ernst nehme, gehört sicherlich zum Standardrepertoire reformpädagogischer Schulkritik – auch bei Kerschensteiner:

> „Der Grundfehler aller unserer öffentlichen Bildungseinrichtungen liegt darin, daß sie ihre Bildungsmaßnahmen viel zu wenig an die jeweils herrschenden Interessen des Kindes, des Knaben, des Mädchens, des Jugendlichen, anknüpfen." (1922b, 132; vgl. 1908, 39f.; 1916, 184)

Und doch müssen diese Interessen nicht nur berücksichtigt und wachgehalten, sondern auch gesteigert und „durch geeignete Maßnahmen planmäßig genährt" werden, damit sich „aus dem triebartigen, unbewußten Interesse das bewußte" (1899, 39; vgl. ebd. 41) herausbilden könne. Zwar lerne das Kind schon im Spielalter beständig hinzu, so Kerschensteiner ausdrücklich; doch reiche das kindliche Interesse am Spielen dabei immer nur so weit, wie es seinem Tätigkeitsdrang Befriedigung verschaffe und seine Vorstellungsverbindungen erweitere und bereichere (1906c, 107). Die Folge sei ein stetiger Wechsel der Interessen, die sich fast ausschließlich auf das Tätigsein selbst richteten, während weitergehende Zwecksetzungen zunächst nur sehr rudimentär erfolgten. Im Zuge der Entstehung „egoistischer Arbeitsinteressen" (1926a, 301) werde der Lernprozess dagegen zunehmend zielgerichtet: das Kind lerne nun, seine Tätigkeiten auf konkrete, ihm unmittelbar naheliegende Zwecke auszurichten und auch bewusst nach Mitteln ihrer Realisierung zu suchen, die darum jetzt immer stärker sein Interesse erwecken (1923, 56f.). An die Stelle eines wirren Interessenwechsels tritt damit aber die Möglichkeit einer „reflektierten Geistesverfassung" (1926a, 303), die sowohl die Zweckmäßigkeit der ausgewählten Mittel zu beurteilen als auch anhand des Werkes die eigene Leistung zu bewerten in der Lage ist. Diesen Wandel in der Ausrichtung der kindlichen Interessen beschreibt Kerschensteiner aber nun als Entwicklung einer gewissen „Zucht des Geistes" – und „eine allmähliche Überführung des Spieles in Arbeit", die die kindlichen Kräfte anspanne und zugleich elementare Tugenden wie Fleiß, Ausdauer und Gewissenhaftigkeit erfordere, könne an einer solchen Zucht darum „sehr wertvoll mitwirken" (1906c, 110). Kerschensteiners Grundforderung, dass die Volksschule „eine Arbeitsschule werden" müsse, „die sich an die Spielschule der ersten Kindheit anschließt" (1908, 41), wird von daher aber genauso verständlich wie die Tatsache, dass die Interessenslehre ihm später zum zentralen Gegenstand seiner Ausführungen über das Wesen des Zöglings wird (1926a, 259-306).

Dass pädagogisches Denken vom-Kinde-aus zweifelsfrei auch seine *Grenzen* hat, wusste freilich nicht nur Kerschensteiner (vgl. Regener ²1914, 95f.; Scharrelmann 1924, 42; Lunk 1927, 61; Schwerdt 2002, 46f.). Selbst Wolgast hatte die „Einseitigkeit des ›vom Kinde aus‹" (Friedrichs 1908) zugegeben und betont, dass für die kindliche Kräfteentwicklung selbstverständlich auch „das Sittliche, überhaupt das Kulturgemäße" (Wolgast 1908) eine angemessene Berücksichtigung – etwa bei der Auswahl entsprechender Lektüre – finden müsse: „Das Prinzip ‚vom Kinde aus'", so betonte darum einige Jahre später auch der von zahlreichen mißglückten Schul- und Unterrichtsversuchen gebeutelte Kurt Zeidler, „ist in seiner ganzen Nichtigkeit erkannt und doch zugleich im ganzen Umfang gerechtfertigt. Es bestätigt sich als unentbehrliche Teilwahrheit, die aber, wenn sie die ganze Wahrheit zu sein vorgibt, sogleich zur Unwahrheit wird" (Zeidler 1926, 95). Das sozial-kulturelle Moment der Erziehung drohte also genauso aus dem Blick zu geraten wie das inhaltlich-sachliche (Zeidler 1926, 73f.); und es spricht für Kerschensteiner, dass er dererlei Einseitigkeiten schon früh gesehen – und sich nicht auf sie eingelassen hat. Prinzipiell hat er nämlich gegen den „angeborenen lebhaften egoistischen Trieb der Selbsterhaltung, wie er sich in jedem tüchtigen jungen Manne äußert" (1906a, 113), wohl nichts einzuwenden, entsprechen diesem gesunden Selbsterhaltungstrieb doch durchaus berechtigte Interessen wie das Streben nach Selbstentfaltung, nach einem gewissen materiellen und geistigen Besitz, nach einer gesicherten Lebensstellung im Beruf oder auch nach sozialer Geltung, Anerkennung und Lob. Alles das sei nicht verwerflich; und die Selbstliebe darum zunächst auch „nicht unsittlicher, aber auch nicht sittlicher" als die Nächstenliebe (1922b, 130f., 137). Früh hat Kerschensteiner deshalb aber auch darauf hingewiesen, dass sich dieser an sich indifferente Trieb der Selbsterhaltung jedoch sowohl zur sittlich vertretbaren „Selbst*behauptung*", als auch zur unsittlichen „Selbst*sucht*" entwickeln könne (1901, 32) – und dass er aus diesem Grunde zwar der unhintergehbare Anknüpfungspunkt aller pädagogischen Bemühungen bleibe, zugleich aber auch „durch Erziehung und Einsicht geläutert" und mithin also am „praktischen Dienste *für andere* geübt und gestählt" werden müsse (1901, 39). Die soziale Ausrichtung der egoistischen Interessen und die zeitweilige Gewöhnung daran, sich durch heteronome Ansprüche herausfordern zu lassen, sollen also dem Umschlag des egoistischen Interesses in eine bloße Selbstsucht vorbeugen; und sie werden für Kerschensteiner solcherart zu einem ersten notwendigen Schritt auf dem Weg *durch* die berufliche und staatsbürgerliche *zur* persönlichen und d.h. sachlich-sittlichen Bildung.

2.2. Im April 1900 beschloss die konservative ‚Königliche Akademie gemeinnütziger Wissenschaften zu Erfurt' eine Preisaufgabe mit der Frage, wie die männliche Jugend vom Verlassen der Volksschule mit etwa 14 Jahren bis zum Antritt des Heeresdienstes am zweckmäßigsten für die bürgerliche Gesellschaft erzogen werden könne. Kerschensteiner beteiligte sich mit einer Abhandlung, die 1901 zum Gewinner erkoren und noch im gleichen Jahr unter dem Titel *Staatsbürgerliche Erziehung der deutschen Jugend* in Erfurt gedruckt wurde. Sie vor allen Dingen dürfte dazu geführt haben, dass Kerschensteiner zunächst fast ausschließlich unter diesem Aspekt rezipiert und auch später noch nicht selten einseitig interpretiert wurde (Gaudig 1911, 547f.). Doch scheint Kerschensteiner in dieser Hinsicht insgesamt sehr viel undogmatischer gewesen zu sein, als ihm bis heute gemeiniglich unterstellt wird. So wies er beispielsweise ausdrücklich auf die Notwendigkeit einer staatsbürgerlichen Erziehung hin, die betont parteiübergreifend im Dienste allgemeiner Kulturinteressen zu stehen habe (1929, 6f., 9f. u.ö.), weshalb „parteipolitische Bildung" denn auch das genaue Gegenteil einer „staatsbürgerlichen Erziehung" sei (1929, 22). Bestätigt wird diese Offenheit etwa durch das sowohl fachliche als auch privat herzliche Verhältnis, das Kerschensteiner etwa zu Paul Oestreich unterhielt (Gonon 1992, 251; Neuner 1980, 290), und durch die Unterstützung, die er dem ‚Bund Entschiedener Schulreformer' trotz zahlreicher inhaltlicher Divergenzen zukommen ließ (1922, 145; 1924, 7). So tritt bei ihm also das soziale Moment deutlich und konsequent neben das individuelle, was sich auch in der Interessenslehre deutlich widerspiegelt.

Die egoistischen Interessen bezogen ihre Berechtigung primär aus der Tatsache, dass sie den Trieben und Neigungen der jeweilgen Individuen und deren konkreter Lebenssituation entsprangen. Eben darum aber sind sie nicht nur auf vielfältige Weise verschieden, sondern können auch heftig einander widerstreiten. Neben das Motiv der *berechtigten Individualinteressen* tritt bei Kerschensteiner darum schon früh dasjenige des *Kampfes dieser Interessen* um ihre Realisierung und Durchsetzung (1901, 33):

> „In den unendlich mannigfachen Gegensätzen der natürlichen Interessen der Menschen, Gemeinschaften, Völker, Staaten, wie sie die Verschiedenartigkeit der angeborenen Anlagen und der gegebenen Lebensverhältnisse erzeugen, liegen die letzten unversiegbaren und unzerstörbaren Quellen alles Kampfes. So ist der Kampf der natürliche Zustand der Dinge, der Menschen und der Gemeinschaft der Menschen. ‚Vivere est militare.'" (1916, 2f.)

Dabei spricht Kerschensteiner zwar durchaus von einer „sozialen Natur des Kindes" (1908, 38), das „die eigenen, reichen Kräfte" darum „hilfsbereit allen zur Verfügung stellen" könne, „die ihrer bedürfen" (1908, 41). Um diese sozialen Anlage auch reale Wirklichkeit werden zu lassen, müsse die Erziehung jedoch im Heranwachsenden zuvor eben diese Einsicht reifen lassen, dass seine individuellen Interessen immer schon mit den Interessen seiner Mitmenschen vielfach verknüpft und verflochten sind und solcherart an ihnen ihre natürliche Grenze finden (1906b, 279f.). Durch eine vertiefte Erkenntnis und Erfahrung menschlichen Leidens und menschlicher Freude den „Willen zum Interessensausgleich" (1929, 39; vgl. ebd. 41f., 162f. u.ö.) zu fördern, wird damit die wesentliche Aufgabe einer „Erziehung zum Altruismus" (1901, 40), die nicht nur an die individuell-egoistischen Triebe anknüpft, sondern diese zugleich so weiterentwickelt und läutert, dass sich aus ihnen die *sozial-altruistischen Interessen* gleichsam abzweigen. In der „Fürsorge für die geistigen, moralischen und materiellen Interessen ihrer Mitschüler" und im liebend-tätigen Dienst an den Mitmenschen überhaupt, soll der Heranwachsende zuletzt also jenes „Gefühl der Verantwortlichkeit" (1906c, 119; vgl. ebd. 120f.) finden, das ihm ein sinnvolles Leben in und mit der Gemeinschaft ermöglicht:

> „Was die Arbeitsschule [...] nötig hat, das ist Arbeit im Dienste der Mitschüler, die vom ersten Tage an immer und immer wieder den Satz predigt: *Der Sinn des Lebens ist nicht herrschen, sondern dienen.* Erst wenn die Schularbeit dieses Adelswappen trägt, kann sie Grundlage der staatsbürgerlichen Erziehung werden." (1908, 42; Hervorh. Orig.)

Innerhalb dieser Gesamttendenz schreibt Kerschensteiner nun aber den *Fortbildungsschulen* eine ganz besondere Bedeutung zu, denn ihre wesentliche Aufgabe sieht er darin, dass sie *einerseits* an die individuelle Interessenslage der Jugendlichen anzuknüpfen vermöchten, die für ihn identisch ist mit dem Interesse an einer soliden, zukunftssichernden Berufsausbildung überhaupt, und doch *andererseits* vermittels ihrer auch jene sozialen Interessen fördern und entwickeln könnten, die zuletzt in eine staatsbürgerliche Bildung hinüberführen (1901, 36f., 38f., 45 u.ö.; 1906a, 109; 1929, 118):

> „Das letzte Ziel aller Erziehung kann nicht ein berufliches sein. Das letzte Ziel ist die staatsbürgerliche Erziehung, die allerdings mit und durch die berufliche am besten gefördert werden kann." (1906b, 281)

Diesen Grundgedanken, dass in den Fortbildungsschulen die „Erziehung zur beruflichen Tüchtigkeit [...] die condicio sine qua non aller staatsbürgerlichen Erziehung" sei (1901, 17), mithin also der Mensch nur durch die Versittlichung seines „Arbeitsberufes" auch seinem „sozialen Beruf" als Staatsbürger gerecht werden könne, hat Kerschensteiner niemals aufgegeben (1901, 17; 1926a, 44); und er hat schon früh die entscheidenden Konsequenzen aus diesen Zusammenhängen für die pädagogische Arbeit der Fortbildungsschule gezogen, dass diese nämlich *zunächst* den Schüler „bei seinen egoistischen Interessen, eben den beruflichen" packen müsse, um *hernach* „das Interesse des einzelnen mit den Gesamtinteressen" sozialer Verbände und zuletzt auch des Staates zu verknüpfen (1901, 44). In der konkreten Lehrplangestaltung hat dieses aber einen vielfältigen Niederschlag gefunden. So soll der Unterricht *inhaltlich* betrachtet sowohl (1) eine praktisch gewerbliche Ausbildung in einem bestimmten Beruf gewährleisten, ferner (2) darüber hinausgehende theoretisch gewerbliche Kenntnisse etwa der Buchführung und Verwaltung vermitteln, als auch zuletzt (3) in die staatsbürgerliche Bildung hinüberleiten, indem – historisch und systematisch – sowohl die grundsätzlichen Wechselbeziehungen zwischen den verschiedenen Berufen untereinander und deren Verquickung mit weitergehenden wirtschaftlichen und politischen Interessensverbänden überhaupt beleuchtet als auch brennende soziale Fragen etwa des Arbeitsschutzes oder des Gewerkschaftswesens an diese im engeren Sinne berufsbezogenen Inhalte angeknüpft werden sollen (1901, 45f.). Unter eher *methodischer* Rücksicht fordert Kerschensteiner dagegen vor allen Dingen (1) die Einrichtung von Schulwerkstätten, da diese noch am meisten dem unmittelbar praktisch-beruflichen Interessenskreis der Jugendlichen entgegenkämen, (2) das soziale Lernen in Arbeitsgemeinschaften, wodurch sich u.a. ein Gespür für die gemeinsamen Berufs- und Standesinteressen entwickeln soll, als auch zuletzt (3) eine verstärkte Selbstregierung der Schüler, damit diese auch die Fähigkeit zu einem demokratisch bestimmten Interessensausgleich einüben könnten (1906a; 1929, 56, 121ff. u.ö.). „Den egoistischen Berufsinteressen des Schülers Rechnung tragen, aber langsam und ungezwungen auf das Gebiet der allgemeinen Staatsinteressen hinüberführen" (1901, 47) – das also ist der Kern der Forderungen Kerschensteiners an die Fortbildungsschulen, damit der Jugendliche lerne, seine eigenen Interessen mit den Interessen der anderen zu einem friedlichen Ausgleich zu bringen (1906a, 125; 1929, 23), indem er sich zugleich daran gewöhnt, diesen Ausgleich durch das legale Mittel demokratischer Aussprache und Mehrheitsentscheidungen herbeizuführen (1916, 219).

Wie die Anknüpfung der Erziehung an den individuellen Egoismus des Kindes in eine Sackgasse führt, wenn man sie einseitig verabsolutiert, genau so unterliegt auch die Erziehung zum sozialen Altruismus spezifischen *Grenzen*. Denn wenngleich Kerschensteiner auch deutlich die Einordnung bloßer Privat- und Parteiinteressen in die Gesamtinteressen des Staates fordert, so fordert er doch ausdrücklich *nicht* eine feige Subordination unter „die Interessen des jeweils *gegebenen* Staates", sondern lediglich die gewissenhafte Orientierung des Einzelnen an der „*Idee* des sittlichen Gemeinwesens" (1929, 25; Hervorh. AL) überhaupt. Es setzt also die staatsbürgerliche Erziehung im Sinne Kerschensteiners zuletzt keinen faktischen, sondern einen „ethischen Begriff des Staates" (1929, 45) voraus – so dass der Maßstab staatsbürgerlicher Gesinnung nicht die kritiklose Anpassung an die tatsächlichen Verhältnisse ist, sondern die „sittliche Staatsidee" selbst und d.h. die „Idee des gerechten Ausgleichs aller geistigen und leiblichen Interessen, Bedürfnisse, Forderungen seiner Bürger" (1929, 48). Wie sich aber die staatsbürgerliche Erziehung nur durch die Berufsausbildung hindurch vollziehen kann, so muss auch der Weg zur „Versittlichung des Gemeinwesens" notwendig den Umweg über die „Versittlichung der Berufsaufgabe" nehmen (1912, 10f.), kann sich der erste Schritt auf dem Weg zum Ethos des Staatsbürgers also nur über die Gewinnung eines entsprechenden „Berufsethos" vollziehen, das dann ferner „von selbst nach allen Seiten zum reinen Menschentum drängt" (1928/29, 147). So aber eröffnet die Einübung beruflicher Tüchtigkeit samt ihrer nachfolgend reflexiven Haltung gegenüber dem vollendeten Arbeitswerk und der ihm entsprechenden Arbeitshaltung des Jugendlichen zugleich die Möglichkeit zur Thematisierung der ethischen Zusammenhänge im zwischenberuflichen und staatlichen Bereich – woraus sich dann leicht auch weiterführende Wertfragen anknüpfen lassen.

2.3. Das weit verbreitete (Vor-)Urteil, Kerschensteiners Arbeitsschulkonzept sei rundherum mit der Erziehung zum „brauchbaren ‚Staatsbürger'" zu identifizieren, um ihm dann auch noch eine „dezidiert [...] gesellschaftlich-affirmative" (Skiera ²2010, 105; vgl. Wilhelm 1957, 131ff.) und zugleich antidemokratische Erziehung zu unterstellen, ist in dieser Pauschalität schon für das Frühwerk zumindest sehr fragwürdig – und es wird für den späten Kerschensteiner der 20er Jahre definitiv falsch. „Das letzte Ziel aller Erziehung ist eine menschliche Gesellschaft, die soweit als möglich aus selbständigen, harmonisch entwickelten, sittlich freien Personen besteht" (1901, 14), betonte Kerschensteiner bereits in seiner frühen Preisschrift – und er hat diese Aussage denn auch zunehmend präzisiert. Zurecht ist darauf hingewiesen worden, dass der ‚brauchbare' Staatsbürger bei Kerschensteiner im begriffsgeschichtlichen Kontext von Tüchtigkeit, Tauglichkeit und damit Tugendhaftigkeit zu verorten sei (Weiss 1984, 127f.) – so dass der „wertvolle Staatsbürger" (1929, 32), der sich die sittliche Idee der Gerechtigkeit zum Maßstab seines Handelns macht, sicherlich die treffendere Beschreibung dessen wäre, was Kerschensteiner zunächst als Erziehungsziel vorschwebte (Andreesen 1921, 6; Reble ²²2009, 303). Die Hingabe an den Staat, die Dienstbarkeit für heteronome Zwecke, ist darum vor allen Dingen als Möglichkeit sozial vermittelter Werterfahrungen zu begreifen, die zuletzt „den Übergang von der heteronomen zur autonomen Persönlichkeit, vom Knaben- und Mädchenalter zum jugendlichen Mann oder zur jugendlichen Frau" (1922b, 136f.) einleiten sollen. Die „Förderung sittlich autonomer Persönlichkeiten", die „der Stimme ihres Gewissens folgen und ihre individuelle Entwicklung auch *gegen* gesellschaftliche Zwänge behaupten können" (Tippelt 2010, 186 [Hervorh. AL]): das ist in der Tat das eigentliche und letzte Erziehungsziel Kerschensteiners. Und so geht es der Bildung schließlich eben nicht allein um den kritiklos funktionierenden Arbeiter oder Staatsbürger, sondern um den „innerlich wertvollen" und damit „ganzen Menschen" (1828/29, 148f.). Auch die späte Interessenslehre bricht daher keineswegs mit den früheren Gedanken Kerschensteiners, auch wenn sie erneut die Akzente verschiebt.

Nun setzt bei Kerschensteiner um 1915/16 das ein, was man die ‚wert- und kulturtheoretische Umdeutung der Interessenlehre zu einer vollständigen Bildungstheorie' nennen könnte; denn hier wird zum ersten Male auf zwei Zusammenhänge explizit hingewiesen, die für das pädagogische Spätwerk Kerschensteiners charakteristisch werden sollten. Da ist *zum einen* der Hinweis, dass sich die jeweils individuellen Interessen nur auf jene objektiven Kulturgüter richten können, die von ihrer geistigen und d.h. werthaltigen Struktur her dem eigenen Interessenskreis entsprechen (1917, 26). In Anlehnung an die Wertphilosophie Heinrich Rickerts und die Kulturpädagogik Eduard Sprangers wird das Interesse damit also betont kulturbezogen interpretiert und als prinzipiell „werterfüllt und wertgerichtet" (1926a, 23) verstanden. Indem Erziehung und Unterricht – sowohl in der Familie als auch in der Schule – darauf achten, dem Kinde oder Jugendlichen die jeweils seinem individuellen und altersgemäßen Interessenskreis adäquaten Kulturgüter anzubieten, ermöglichen sie also zugleich ein „bewußtes Ergreifen von

Werten" (1917, 56), das der jeweils besonderen Lage des heranwachsenden Individuums entspricht. *Zum anderen* aber werden die solcherart ergriffenen Kulturwerte durch eine zunehmend individualisierende Interessensverzweigung zugleich subjektiv angeeignet und damit verwandelt, wodurch sie für den Zögling zu einem echten „Bildungsgut" (1917, 37) werden, das er in seine individuelle „Totalität" (1917, 33) oder seelische „Zentralität" (1923, 55) zu integrieren vermag. Weil Bildung also zuletzt als ein „durch die Kulturgüter geweckter, individuell organisierter Wertsinn" (1923, 55) erscheint, der seinerseits wiederum wesentlich auf den ursprünglichen Interessenskreis des Heranwachsenden zurückverweist, kann Kerschensteiner nunmehr die drei Begriffe des *Interesses*, des *Wertes* und der *Bildung* als die wesentlichen Grundbegriffe des pädagogischen Denkens überhaupt bezeichnen (1926b, 140): denn „ohne Interesse kein Werterleben, ohne Werterleben und Interessen keine Bildung" (1922a, 349). Ja, Kerschensteiner spricht jetzt sogar von einem spezifischen „Bildungsinteresse katexochen" (1922b, 133; vgl. 130), das besonders beim Jugendlichen ein Interesse an der bewussten und selbstverantworteten Gestaltung der eigenen Persönlichkeit bezeichnet, und das jenseits der egoistisch-individuellen und altruistisch-sozialen Interessen nach einer autonom zu gestaltenden, aber dennoch werterfüllten Lebensorientierung sucht.

Die Arbeitsschule im Sinne Kerschensteiners erschöpft sich darum niemals in den – wenngleich durchaus wichtigen – Aspekten der manuellen und schöpferischen Selbsttätigkeit des Kindes. Vielmehr fordert sie zugleich eine bildungstheoretisch motivierte Wertausrichtung von Unterricht und Erziehung, die zuletzt jene autonome Sittlichkeit intendieren, welche die in und aus der Gemeinschaft zunächst nur übernommenen Werte auch kritisch zu prüfen, zu verwandeln oder auch zu verwerfen und abzulehnen in der Lage ist (1922b, 136). *Diese* Sittlichkeit zu ermöglichen ist deshalb die zentrale Aufgabe einer Schule, die nicht nur eine *Lern*-Anstalt zum Erwerb von Wissen und Können, Kenntnissen und Fertigkeiten, sein will, sondern sich als wahrhafte *Bildungs*-Institution versteht.

3. Die Gewinnung der sachlichen Einstellung im Bildungsverfahren

3.1. Man mag zu diesem wert- und kulturphilosophischen Begründungszusammenhang in Kerschensteiners Spätwerk stehen, wie man will: Wenn die klassische Bildungstheorie im Kern aus drei Stücken bestand – der Lehre von der *natürlichen Individualität* des Menschen, der Betonung seiner *kulturellen Sozialität* als notwendige Einbettung in ökonomische und gesellschafts-politische Kontexte sowie der Forderung nach einer *wertbezogenen Sittlichkeit* –, dann kommt Kerschensteiner unbezweifelbar das Verdienst zu, diesem letzten Aspekt wieder eine besondere Aufmerksamkeit geschenkt zu haben, *ohne* jedoch die anderen beiden dabei zu vernachlässigen (Lischewski 2014):

> „Wer Bildung als individuell organisierten Wertsinn fordert, der fordert zugleich das zur Entwicklung und Gestaltung dieses Wertsinnes notwendige Wissen und Können. [...]

> Aber ‚Bildung' ist nicht das Ergebnis einer solchen Pflege und Übung. Nur wo Wissen und Können in steigendem Maße aus der sich organisierenden Wertgestalt heraus gesucht und auf diese Weise ganz in das Sinngefüge eingeflochten werden [...], da bedeutet Wissen und Können Erhebliches im Bildungsbegriff. Erst wenn Wissen und Können so der seelischen Zentralität dienen, ‚die zwar an Wissen und Können gebunden ist, aber nicht mit ihr zusammenfällt' (G. Simmel), da zeigen wir auch in Wissen und Können unsere Bildung." (1926a, 21f.)

Der Stellung seines Spätwerkes wird man daher am ehesten gerecht, wenn man es in den Kontext einer kritisch gewordenen Selbstreflexion der Reformpädagogik einordnet, die die vielen überzogenen Einseitigkeiten einer ‚bewegten' Epoche miteinander vermitteln und auf das Niveau einer gemeinsamen Besinnung bringen wollte. Zusammen mit Eduard Spranger und Theodor Litt, Herman Nohl und Wilhelm Flitner, Jonas Cohn und Richard Hönigswald gehört auch der späte Georg Kerschensteiner zu jenen Pädagogen der Weimarer Zeit, die mit Umsicht und Sachverstand – dabei durchaus auch historisch und wissenschaftstheoretisch mehr oder weniger stark bedingt und eingeschränkt – den Anspruch einer reflektierten und wertorientierten Bildung aufrecht erhielten, wo die einen nur ‚vom-Kinde-aus' schrieen und die anderen nur ihre politischen Gesellschaftspläne mittels einer sozialistischen Erziehung durchsetzen wollten. Dass wir Nachgeborenen aus den Erfahrungen der Geschichte heraus auch bei ihnen problematische Theoriestücke entdecken können, sollte diese wichtige Leistung dabei nicht verdecken; im Gegenteil: In den gegenwärtigen Zeiten einer Umstellung der wissenschaftlichen Pädagogik auf empirische ‚Bildungs'-Forschung und der Neufassung des ‚Bildungs'-Wesens als ein Konglomerat rendite-orientierter Berufsausbildungsinstitutionen des Humankapitals wird die historische Besinnung auf die Tatsache, dass die Frage nach sittlicher Tugendhaftigkeit und Rechtschaffenheit einmal zum Kernbestand pädagogischer Nachdenklichkeit gehört hat, nur umso wichtiger.

3.2. Kerschensteiner ist aber auch noch aus einem weiteren Grunde interessant. Teilte er die Frage nach der spezifischen *Sittlichkeit* des Menschen und also das allgemeine wert- und kulturphilosophische Interesse mit vielen seiner Zeitgenossen, so liegt seine Besonderheit in einem spezifischen Konzept von *Sachlichkeit* beschlossen, das er in einem Brief von 1925 gegenüber Spranger ausdrücklich als „den Kernpunkt im pädagogischen Begriff der Arbeit" (Englert 1966, 216) bezeichnete. Zwar wurde der Begriff der ‚Sachlichkeit' durchaus schon in der Zeit vor dem II. Weltkrieg verschiedendlich diskutiert (vgl. Cohn 1926; kritisch Grisebach 1928, 231ff.); wobei Kerschensteiner wohl zu Recht als der eigentlich „pädagogische Erfinder des moralischen Begriffs der ‚Sachlichkeit'" (Wilhelm 1957, 126) und „hervorragendster Theoretiker der deutschen Erziehung zur Sachlichkeit" (Wilhelm 1957, 196) gelten darf, da diese bei ihm erstmals als „anthropologischer, ethischer und pädagogischer Zentralbegriff" (Bittner 1965, 64) auftaucht. Erst in der Nachkriegszeit kam es dann unter dem Eindruck der nationalsozialistischen Vergangenheit einerseits und der allgemeinen Kritik am überzogenen Herrschafts- und Verfügungswissen der Technik andererseits zu erneuten philosophisch wie bildungstheoretisch akzentuierten Auseinandersetzungen (Sauer 1957; Stimpel 1963; Jansohn 1971), die dabei zum Teil auch unter ausdrücklicher Bezugnahme auf Kerschensteiner (Hagenmaier 1964; Bittner 1965; Tilch 1971) geführt wurden. Dabei ging es im Kern um die Ablehnung eines nur ichbezogenen Egoismus, der geradezu als neurotische Persönlichkeitsstörung identifiziert wurde (Hagenmaier 1964, 20; Bittner 1965, 40f., 44, 62 u.ö.), und weitergefasst um die Kritik an der neuzeitlich-anthropozentrischen Bildungstheorie überhaupt, an deren Stelle nun „Sachlichkeit und Mitmenschlichkeit" (Ballauff 1966, 239) als höchste Erziehungsziele treten sollten: Nicht zum willkürlichen Beherrscher von Welt sollte sich der Mensch aufspielen, um diese zu seinem eigenen Nutzen auszubeuten, sondern sich als ein „Sachverwalter und Mitmensch" (Schaller 1962) erweisen, der fähig ist, von sich selbst abzusehen, um die ihn umgebenden Dinge und Menschen auf jeweils sich selbst hin frei zu geben. In diese umfassendere Tendenz aber ist auch Kerschensteiner zweifelsohne einzuordnen, der sich mit seiner Konzeption von ‚Sachlichkeit' genauso gegen die Einseitigkeiten der ‚Pädagogik vom-Kinde-aus' wendet wie gegen die unkritisch-affirmativen Ansprüche der Gesellschaftsideologen.

Obwohl sich bereits im Frühwerk einige wichtige Ansätze zum sachlichen Aspekt der Arbeit finden lassen, ist Kerschensteiners Theorie der Sachlichkeit doch – streng genommen – erst das Ergebnis seiner späteren wertphilosophisch ausgerichteten Bildungstheorie. Es ist deshalb aber durchaus nicht sinnlos, eine frühe *Werk-Orientierung*, bei welcher die problembezogene und sachangemessene Lösung einer konkret gestellten Aufgabe im Vordergrund steht, von der späteren *Wert-Orientierung* der ‚Sachlichkeit' im Kontext der Bildungstheorie zu unterscheiden, um zuletzt zu fragen, wie *beide systematisch zusammengehören*.

Kerschensteiner hatte schon sehr früh betont, dass die Jugendlichen nicht nur „an die Bücher, die über die Sachen geschrieben sind", heranzuführen seien, sondern vor allen Dingen „die Sache selbst" im Mittelpunkt der Aufmerksamkeit zu stehen habe (1904b, 21). Trete nämlich die Sache selbst in den Blick, so sei auch ein sachgemäßer Umgang mit ihr möglich – wofür Kerschensteiner wiederholt die Kennzeichnung einer „soliden" Arbeit verwendet, die sorgfältig durchdacht und mustergültig ausgeführt wird (1904a, 103; 1922b, 141; 1930, 30 u.ö.). Es geht hier noch im wesentlichen um das hergestellte Produkt der Arbeit, das jeweilige *Werk*, das in seiner vollendeten Wirklichkeit durch Eigenschaften wie „Materialgerechtigkeit, Zweckentsprechung, Genauigkeit und Sauberkeit in der Anwendung der erlernten Arbeitstechnik" (Hagenmaier 1964, 17; vgl. ebd. 31f., 45f. u.ö.) auf seine Bündigkeit hin überprüft werden kann. Im Mittelpunkt der Arbeit steht daher aber nicht das Kind mit der produktiven Entfaltung seiner schöpferischen Kräfte, sondern eben jene „Werkgerechtigkeit" (Hagenmaier 1964, 41), deren Kriterium in der Eigenart der Sache selbst zu suchen ist und in diesem Sinne dem „Gesetz der Sache" (1930, VI) entspricht – wie Kerschensteiner später im Rückblick formuliert. ‚Sachlichkeit' in diesem Sinne würde sich dann auf die „Erkenntnis des Gesetzmäßigen" etwa in Natur, Wissenschaft und Kunst beziehen und auf die Fähigkeit, dieser Erkenntnis gemäß die jeweiligen Gegenstände auch zu bearbeiten (1904a, 97f.). Das Kind, dem es an einer solchen sachlichen Einstellung noch mangelt, würde durch diese Gesetzmäßigkeiten aber in die „vielseitige Zucht des Geistes" (1906c, 108) genommen, damit es daran erwachsen werde und d.h. seine Willenstärke zur Überwindung von Schwierigkeiten übe und seine Einsichtskraft schärfe:

> „Nur in der dem jeweiligen Wissensstoff inhärenten Gliederung entfaltet (dieser) die ihm eigentümliche Bildungskraft. Nur in der geistigen Struktur der Wissenschaftsgüter, wie aller Güter überhaupt, liegt ihr immanenter Bildungswert. Nur indem der Geist der Schüler an dieser Struktur sich emporarbeitet, sofern dies seiner geistigen Veranlagung nach möglich ist, wird dieses Gut zu einem Bildungswerkzeug für ihn und verhilft ihm, die Gewohnheiten des logischen Denkens und die für die Charakterbildung notwendige Klarheit des Urteils zu entwickeln." (1930, 163)

Mit der hier skizzierten Auffassung von ‚Sachlichkeit' – und es sei nochmals darauf hingewiesen, dass Kerschensteiner diesen Begriff in dieser Frühzeit noch *nicht* verwendet – lässt sich also zunächst die Forderung nach einem erfahrungsbezogenen und an den phänomenalen Gegenständen des Lebens ausgerichteten Lernprozess verbinden, durch welchen sich das Kind mit den jeweiligen Eigentümlichkeiten der betreffenden – biologischen und chemischen, physikalischen und technischen, historischen und geografischen, ökonomischen und ökologischen – ‚Sachen' bekannt macht, um sie sodann ‚sachgerecht' behandeln zu können. Sachlichkeit würde damit zu einer umfassenden Instruktionsstrategie, die durch „ein *attunement* an die *affordances* und *constraints* der Lernumgebung" (Gerstenmaier/Mandl 2006, 23; Hervorh. orig.) auf ein nachhaltiges problem-, erfahrungs- und lebensweltorientiertes Lernen zielt; weshalb denn auch nicht ganz zu Unrecht der Versuch unternommen wurde, Kerschensteiners Sachlichkeitsprinzip in den Kontext einer „modernen Lern- und Motivationspsychologie" einzuordnen, insofern die Überprüfung eines Werkes auf seine Bündigkeit hin ein „Erfolgserlebnis" zu vermitteln vermag, das dann zu weiteren „Lern- und Leistungshandlungen" (Adrian 1998, 151, 292) anspornen soll. Weiter reicht dagegen der Hinweis, dass die Forderung nach einem sachgemäßen Umgang mit den Sachen auch eine „persönlich verantwortete Moral" impliziert, falls sie über den inhaltlichen *Lern*prozess hinaus auch wahrhaft *bildend* wirken wolle (Köhnlein 2012, 69). Dass Erziehung und Unterricht bei Kerschensteiner auch schon in der Frühphase eine selbst zu verantwortende Einstellung zu den Sachen befördern sollten, wurde darum schon früh als ein wesentlicher Kernpunkt seiner Konzeption von Sachlichkeit erkannt (Hagenmaier 1964, 48f., 62).

Es war darum aber auch nicht völlig inkonsequent, wenn – unter dem Einfluss der Wertphilosophie Heinrich Rickerts und bestärkt durch die Kulturpädagogik seines Freundes Eduard Spranger (Wehle 1956, 100; Bittner 1965, 60) – um 1916 eine Entwicklung einsetzte, die Kerschensteiner nun zu seiner eigentlichen Konzeption der ‚Sachlichkeit' hinführte. Für sein Rezeptionsverhalten entscheidend war zunächst jedoch weniger die Anlehnung an deren konkrete Wertklassen und -systematiken, die Kerschensteiner nämlich durchaus eigenständig umbaute, als vielmehr die grundsätzliche Unterscheidung zwischen wirklicher Wert-Realität und unwirklicher Wert-Geltung (Rickert 1913, 296, 300), zwischen seiendem Kultur-Bestand und sollender Kultur-Idee (Spranger ⁷1930, 16f., 381f.). Demnach ist die konkrete Kultur als objektiver Geist allein „wirklich" – und mit ihr auch die Werte, die sich in ihr realisiert finden; und obwohl hier immer mögliche Irrtümer und Entartungen eingeschlossen sind, weil keine Kultur vollkommen ist, vermag der subjektive Geist doch nicht anders als nur *anhand* dieser verwirklichten Wertgestaltungen zu den Werten als solchen Stellung zu beziehen. Das einzelne, historisch und gesellschaftlich bedingte Werteerlebnis betrifft darum aber im Wesentlichen die Geltung des normativen Geistes, der notwendig „unwirklich" ist, weil er als kulturethische Direktive zuallererst auf ein zukünftiges Sollen zielt. Wenn Kerschensteiner daher im Spätwerk die Sachlichkeit als eine „Einstellung auf Werte" bezeichnet, „die objektiv Gültigkeit haben" (1923, 55), dann geht es weder um eine Abwendung von den Menschen und der menschlichen Gemeinschaft hin zu den faktischen ‚Sachen selbst' – wie es noch im Frühwerk überwiegend der Fall war –, noch gar um einen späten „Rückzug aus der Realistik des Erwerbslebens und des konkreten staatsbürgerlichen Pflichtenkreises in die Tiefen einer verinnerlichten und vergeistigten Kulturphilosophie" als einer unzulässigen „Spiritualisierung" (Wilhelm 1957, 59) der Arbeit. Wohl aber geht es ihm jetzt um den Nachweis, dass jedes Werk eben auch einen immanenten *Wert* besitzt, und dass es darum eben nicht allein das ‚Gesetz' der Sache sein kann, an dem der Handelnde sich zu orientieren hat, sondern vielmehr jener „Wert der Sache" (1926c, 77) handlungsbestimmend werden muss, der über deren faktische Tatsächlichkeit hinausgeht und auf ihre Sinnbestimmung zielt:

> „Jede Arbeit [hat] pädagogischen Wert, in der der Arbeitende rein sachlich sich verhält. Wer aber sachlich eingestellt ist, für den gibt es nur ein Grundmotiv des Handelns, den Wert der Sache so gut als möglich zu verwirklichen. [...] Der auf Sachlichkeit eingestellte Mensch wird den Willensentschluß fassen, der nach reiflicher Überlegung ohne Rücksicht auf sein Behagen oder Unbehagen als der objektiv geltende erscheint." (1923, 56)

Auch in der wert-orientierten Spätphase hält Kerschensteiner also zweifelsfrei an der Überzeugung fest, dass der bloß individuelle Egoismus des jungen Menschen in jedem Falle durch Erziehung und Unterricht überwunden und auf die ihm begegnenden sachlichen und mitmenschlichen Anforderungen hin ausgerichtet werden müsse – mithin pädagogische Arbeit selbstverständlich mit zentralen Tugenden wie „Anstrengung" und „Selbstüberwindung" einhergehen müsse (vgl. 1906c, 104, 106; 1908, 40; 1912, 11 u.ö. mit 1923, 56; 1926c, 71, 78 u.ö.). Andererseits werden nunmehr individuelle Kraftentwicklung und soziale Ausrichtung, Egozentrizität und Heterozentrizität, unter das *gemeinsame* Kriterium der Werthaltigkeit gestellt: Denn Kerschensteiner weist nun ausdrücklich darauf hin, dass der Wunsch nach „Selbsterhaltung und Selbstentfaltung" (einschließlich des Strebens nach materiellem Besitz, gesicherter Berufsexistenz und sozialer Anerkennung) an sich weder sittlicher noch unsittlicher sei als die Neigungen zur „Erhaltung und Entfaltung des Mitmenschen" – mithin sich Sittlichkeit überhaupt nicht zuerst durch das Widerspiel von „Selbstliebe" und „Nächstenliebe" konstituiere, sondern durch den „Widerstreit" von Neigungen, die sich auf unterschiedlich hohe Werte beziehen (1922b, 130f.; vgl. 1923, 53: „Neigungskämpfe", „Willenskampf"). „Die Entstehungsstelle des spezifisch ethischen Erlebnisses ist immer der Konflikt", wusste in diesem Sinne auch Spranger, um verdeutlichend hinzuzufügen, dass es hier um jenen „Konflikt der Werte" (Spranger [7]1930, 283) gehe, bei welchem sich das Maß der Sittlichkeit aus der überlegten Wahl des jeweils höherrangigen Wertes ergebe. Damit aber tritt in den Bildungsbegriff eine ganz neue, dynamische Dramatik ein, die den Rahmen der früheren Überlegungen Kerschensteiners zur Sachlichkeit aufsprengt. Kämpfen zu müssen wird zum Grundzug des Lebens – „vivere est militare" (1916, 3); und doch steht dieser Kampf nicht einfach im Kontext eines Überlebenskampfes des jeweils Stärkeren um Macht und Einfluss, sondern bewegt sich im Horizont einer sinnvollen Auseinandersetzung um die Anerkennung geistiger, moralischer, ästhetischer und religiöser Werte, die heute eben keinesfalls mehr unumstritten gelten, sondern vielmehr gerade *wegen* ihrer mannigfaltigen kulturellen Widersprüchlichkeit nach einer zunehmenden persönlichen Urteilskraft verlangen:

> „Kultur ist jenes Geschenk der Götter, um das wir täglich, ja stündlich ringen müssen. […] Der Sinn des Lebens ist uns nicht gegeben, sondern täglich, stündlich aufgegeben. Wenn dem aber so ist, wenn selbst das Wertvollste, was der Mensch besitzen kann, seine sittliche Freiheit, nur im ewigen Kampfe erworben werden kann; dann gibt es ein einheitliches Prinzip aller Erziehung: die Erziehung zum Kampfe." (1916, 10)

Kerschensteiner hat später ein schönes Beispiel dieses wertbetonten Kampfes geliefert, das viel glücklicher gewählt ist als das wesentlich bekanntere, aber viel zu statisch gedachte Exempel des ‚Starenkastens'. Bei einem nächtlichen Feueralarm kann es nämlich vorkommen, so Kerschensteiner, dass sich plötzlich zwei widerstreitende Neigungen einstellen: die egozentrische Neigung, eine bereits vorhandene Erkältung mit Rücksicht auf die eigene Leistungserhaltung zum Nutzen etwa der Angehörigen nicht bei nebelig-nassem Wetter leichtfertig aufs Spiel zu setzen, einerseits, und die heterozentrische Neigung, dem Nachbarn selbstlos helfen zu wollen, andererseits (1923, 48f.). Die Situation fordert eine Entscheidung, nämlich entweder mit Rücksicht auf die eigene Gesundheit im Bette liegen zu bleiben oder aufzuspringen, um zu helfen. Weit davon entfernt, eine einsinnige Lösung zu präsentieren, die dann auch noch das altruistische Verhalten als das moralisch ‚richtige' qualifizieren würde, sieht Kerschensteiner das für den Bildungsprozess wesentliche Moment nun aber lediglich darin, dass die geforderte Entscheidung auf der überlegten Auswahl des situationsspezifisch als höher einzuschätzenden Wertes geschieht (vgl. 1923, 54): Man kann sich – wie beim Beispiel des Starenkastens – eine technische Sparsamkeit im Umgang mit dem Material angewöhnen, die doch Gefahr läuft, zuletzt im Betrug auszuarten; und man kann sich abhärten, jederzeit Kälte und Nässe geduldig zu ertragen, wenn es nur dem eigenen Vorteil dient. Weil aber die sittliche Pflicht nicht allein auf den *einen* allgemein einsehbaren Imperativ gegründet werden kann, vielmehr die konkrete Pflichterfüllung hier und jetzt grundsätzlich *mehrere* Möglichkeiten zulässt (1916, 36f.), deshalb kann die sachliche Entscheidung nur in der kritischen Abwägung bestehen, welche Werte mit dem ‚im-Bett-liegen-bleiben' und ‚zu-Hilfe-eilen' jeweils verwirklicht würden – und welcher dabei in der gegebenen Situation als der konkret höher zu bewertende erscheint; wobei es sich mir im übrigen um eine Konzeption zu handeln scheint, die bereits eine große Nähe zu späteren Überlegungen besitzt, eine gewisse moralische Urteilskompetenz in der Fähigkeit zum abwägenden Umgang mit moralischen Dilemmata zu erblicken (Kohlberg 1996, 495ff.). Bildungswert hätte die pädagogische Arbeit jetzt also nicht mehr einfach deshalb, weil sie etwas ‚um der Sache selbst willen' und nach deren immanenter Gesetzlichkeit realisiert – die korrekte Ausführung des Starenkastens dabei genauso eingeschlossen, wie die technisch einwandfrei funktionierende Kernspaltung –, sondern wenn sie Wertentscheidungen fordert, die zum Beispiel (wie im Fall der Kernspaltung) den *technischen* Vollendungswert gegenüber dem *sozialen* abwägen und daran eine begründete Entscheidung für das weitere Handeln festmachen kann. So mag zwar die bloße „Ausbildung" moralisch indifferenter Fähigkeiten und Fertigkeiten, die für den Bau der Atombombe genauso geeignet sind wie für die friedliche Nutzung der Kernenergie, durchaus in wissenschaftlicher, ökonomischer und gesamtgesellschaftlicher Perspektive eine gewisse Berechtigung haben. Allein der „Gebildete" aber wüsste um die ganze Ambivalenz des Konfliktes, die einseitige Festlegungen weitgehend verunmöglicht; was meines Erachtens wiederum mit neueren Theorien in Beziehung gesetzt werden kann, die das wesentliche Kennzeichen einer zeitgemäßen Allgemeinbildung gerade nicht in der Übernahme bereits existierender Problemlösungsstrategien sehen, sondern vielmehr in der „Anforderung, problemsichtig zu werden, ein differenziertes Problembewußtsein zu gewinnen" (Klafki [6]2007, 62), das grundsätzlich eben unterschiedliche Bewertungen zulässt, *ohne* sie deshalb auch schon unterschiedslos mit einer völlig gleichberechtigten Geltung auszustatten. Wesentlicher Bezugspunkt der nunmehr geforderten „sachlichen Einstellung" ist darum nicht mehr zuerst die vermeintliche ‚Sache selbst' als phänomenale Gegebenheit, sondern die Fähigkeit „sachlich zu handeln" oder genauer: „mit sorgfältiger Überlegung aller Wertverhältnisse handeln" (1923, 59). Zu den zentralen Bestimmungen von Bildung gehört daher nicht nur die Fähigkeit, Werte nach ihrer unterschiedlichen Werthöhe angemessen beurteilen zu können, sondern auch eine prinzipielle Aufgeschlossenheit für die Erfassung neuer Werte und Wertverwirklichungen sowie eine „bewegliche Verbundenheit des Wertbewußtseins" für einen situationsangemessen verantworteten Einsatz von Mitteln und Methoden „im Gegensatz zur rigorosen Starrheit und Pedanterie des Bürokraten" (1923, 55; vgl. 1926a, 19ff.), der in allen Situationen die Wertbeziehungen immer nur nach feststehenden Patentrezepten zu beurteilen vermag.

Das Kriterium sachlichen Handelns – und das wäre für diese Spätzeit demnach das Entscheidende – liegt also nicht mehr einseitig bei der Sache, der gegenüber der zunächst egoistisch eingestellte Mensch nunmehr eine heterozentrische Einstellung zu gewinnen hätte, um eine ‚sachliche', d.h. dem Gesetz der Sache gemäße Aufgabenlösung zu finden; wenngleich diese Sichtweise bei Kerschensteiner besonders für den institutionalisierten Schulunterricht mit seiner primär *teleologischen* Ausrichtung auf eine berufliche und staatsbürgerliche Fähigkeitsausbildung sicherlich auch weiterhin maßgebliche Geltung besitzt. Vielmehr gelingt Kerschensteiner mit der Betonung des *axiologischen* Momentes der Persönlichkeitsbildung die Hinwendung zu einer weitergefassten Bildungstheorie, deren Kern die kritisch-unterscheidende Sichtung und Gewichtung unterschiedlicher Wertansprüche ist. Der Kampf, den der Mensch nunmehr auszutragen hat, ist deshalb aber auch nicht mehr einfach im Blick auf die *Ein-Deutigkeit* einer (vermeintlichen) Sachforderung entscheidbar, sondern nur unter Berücksichtigung der *Mehr-Deutigkeit* einer umfassenderen Situation, die eben prinzipiell verschiedene Wertrealisierungen im Umgang mit der Sache ermöglicht: An die Stelle der bloßen Unterwerfung unter das ‚Gesetz der Sache' tritt eine kritische Vermittlung von Sachanforderung und sittlicher Freiheit, die sich dem ‚Wert der Sache' verpflichtet weiß.

3.3. Weil nicht die ‚Sache an sich', sondern nur die in ihr zur Anschauung gebrachten ‚geltenden Werte' den Anspruch stellen können, *„durch uns* verwirklicht zu werden", allein deshalb ist das jeweils vollbrachte *Werk*, um das es Kerschensteiner in seiner Spätzeit geht, wesentlich als eine solche „Erfüllung oder Verwirklichung" (1923, 59; Hervorh. orig.) objektiver *Werte* zu verstehen, in dessen Wirklichkeitserlebnis der Mensch zuletzt seiner eigenen Werthaftigkeit ansichtig zu werden vermag. Das Erlebnis einer tatsächlichen *Werk*-Vollendung bedeutet darum aber zugleich eine *Wert*-Erfahrung, in welcher ich mir selbst als derjenige anschaulich werde, der die betreffenden Werte verantwortlich erwählt und realisiert hat:

> „Der pädagogische Wert einer Arbeit ist umso größer, je mehr das Ergebnis der Arbeit es ermöglicht, daß der Arbeitende am Arbeitsprodukt selbst erkennt, wie weit er bei seiner Herstellung sachlich eingestellt war. Sich als die Ursache einer vollendeten Arbeit zu erkennen, die einen Wert verwirklicht hat, und damit als Wertträger reiner Sachlichkeit sich zu fühlen und zwar aus eigener Einsicht heraus, das ist die reine Quelle aller Arbeitsfreude und aller Arbeitssittlichkeit." (1923, 57)

Im Kontext der Wertlehre bekommt das vollendete Arbeitsprodukt also eine durchaus neue Wichtigkeit, ist doch das anschauliche, vom Urheber losgelöst und selbstständig dastehende Werk nunmehr einer doppelten Prüfung zugänglich. Zum einen kann es nämlich auch weiterhin im Sinne einer sachgemäßen „Werkprüfung" daraufhin untersucht werden, ob es die vorgegebenen Anforderungen an eine durchdachte und korrekt ausgeführte Arbeit auch wirklich erfüllt. So ließe sich eben am Beispiel des Starenkastens fragen, ob die Berechnungen genau und die Sägearbeiten sorgfältig vorgenommen wurden, ob der Materialverbrauch angemessen war und das fertige Vogelhaus auch wirklich funktionsfähig ist. Wichtiger wird nun aber der Aspekt jener „Selbstprüfung", die den eigentlichen Kern der späten Konzeption einer sittlichen Sachlichkeit ausmacht, weil der Mensch hier seiner eigenen „Bildungsgesinnung" ansichtig wird (Tilch 1971, 195f.). Dabei geht es dann aber nicht mehr nur darum, dass der gestaltete Starenkasten Rückschlüsse auf bestimmte Arbeitstugenden wie Fleiß oder Genauigkeit zulässt. Gerade das Beispiel des nächtlichen Feueralarms zeigt vielmehr, dass das vollendete Werk – in diesem Falle entweder das enstschiedene ‚im-Bett-liegen-bleiben' oder aber das nicht minder entschiedene ‚zur-Hilfe-eilen' – die individuelle Wertausrichtung der sittlichen Persönlichkeit selbst offenbart, insofern sie eben situationsangemessen *zwischen* zwei Werten auswählen musste, wobei eben der solcherart erwählte Wert die Bildungsgestalt seines Trägers kennzeichnet. Wo es also nicht nur um den Schulunterricht und die mögliche Bewertung seiner Lernerfolge geht, sondern eine umfassende Bildungslehre zur Diskussion steht, da wird letztlich jedes entschiedene Handeln des Menschen zum vollbrachten Werk, zu *seinem* vollbrachten *Werk*, dessen *Wert* ihm als seinem verantwortlichen Urheber persönlich zurechenbar ist. Hat also ‚Bildung' nur dann einen wirklichen „Bildungswert", wenn die durch diese Bildung „erzeugten Fertigkeiten und Eigenschaften im Dienste geltender Werte stehen" (1923, 54; vgl. 1923, 60f., 1926c, 77), so hätte eine bloße Kompetenzbildung im Sinne der Entwicklung allgemeiner Fähigkeiten und Fertigkeiten etwa im Lesen, Schreiben und Rechnen darum zwar einen gewissen *formal-psychologischen* und auch beruflich oder staatsbürgerlich *teleologischen* Bildungswert; die sittliche Persönlichkeit entstünde jedoch erst durch die Begegnung von Wertansprüchen mit ihrem *axiologischen* Bildungswert (1926a, 91f., 95f. u.ö.) – weshalb so viele Wirtschafts-, Banken- und Gewerkschaftsbosse zwar überwiegend *klug*, aber nur sehr selten auch *gebildet* sind.

*

Die hier vorgelegte Interpretation erhebt nicht den Anspruch, eine letztgültige Auslegung von Kerschensteiners Arbeitsschulkonzeption und Bildungstheorie vorzulegen – zumal viele andere, für seine Gesamtkonzeption nicht minder zentrale Theorieelemente an dieser Stelle nicht behandelt werden konnten. Doch soviel dürfte deutlich geworden sein:

Man muss sicherlich nicht alle wert- und kulturphilosophischen Überlegungen Kerschensteiners teilen. Aber die seit über 100 Jahren tradierte Einordnung, wonach Georg Kerschensteiner mit der „elenden Heuchelei" (Schulz 1911, 153) seiner staatsbürgerlichen Erziehung nichts anderes beabsichtigt habe, als „die heranwachsende Generation im Rahmen der bestehenden Ordnung gefügig zu halten", mithin sie im Sinne einer naiven Staatspädagogik zu „braven Handlangern" der faktischen gesellschaftlichen Zustände und zu obrigkeitsergebenen Untertanen zu machen (Wilhelm 1957, 132; vgl. 135), um durch deren ausschließlich ökonomisch und staatspolitisch motivierte, dabei in jeder Hinsicht emanzipationsfeindliche und auf umfassende „Verhinderung" jeglicher Entfaltung jugendlicher Subjektivität und Selbstbestimmung bedachter „Eingliederung in fremdbestimmte Arbeitsprozesse" (Hackl 1990, 76; vgl. 71, 74f.) eine zuletzt durchweg antidemokratische, dem wilhelminischen Kaiserreich „gesellschaftlich-affirmativ" verpflichtete „Erziehung zum ‚brauchbaren Staatsbürger'" (Skiera ²2010, 105, 114f.) durchzusetzen: Diese banalisierende Einordnung sollte aus wissenschaftlichen Lehrbüchern endlich verschwinden!

Heinrich Schulz hatte sich wesentlich als Parteipolitiker geäußert und kannte zum Zeitpunkt seines Urteils überhaupt nur die Schriften des frühen Kerschensteiner, weshalb man ihm manche Ungenauigkeiten und Einseitigkeiten vielleicht zu entschuldigen bereit ist. Doch schon die Tatsache, dass ausgerechnet ein Mann wie Theodor Wilhelm, dessen eigene nationalsozialistische Karriere immer wieder Anlass zur Kritik gab (vgl. Keim 1989, 187), dem ungleich liberaleren und bereits 1932 verstorbenen Kerschensteiner meinte vorwerfen zu müssen, dass der „kühle Luftzug der Sachlichkeit" lediglich zu „viel subalterner Dienstwilligkeit" und „moralischer Selbstbeschwindelung" geführt habe, um seinem „Fanatismus der Sachdienste" zuletzt sogar eine Mitschuld an der „Politik der Unmenschlichkeit" (Wilhelm 1957, 196) nach 1933 zuzusprechen, hätte die Rezipienten über den Wert seines Urteils in mancher Hinsicht nachdenklich stimmen sollen. Und was die Ausführungen von Bernd Hackl betrifft, der vermeint, dass Kerschensteiner eigentlich nur „fremdbestimmtes, entfremdetes Lernen generell pädagogisch zu rechtfertigen" gesucht habe: So ist eine solche sehr tendenziös urteilende und darüber hinaus erschreckend schlecht recherchierte Arbeit – die etwa, um Kerschensteiner gleich politisch ‚korrekt' zu desavouieren, aus der links-liberalen Fortschrittlichen Volkspartei, für welche er 1912-1919 ein Rechtstagsmandat innehatte (Schwarzer 1971), eine „rechts-konservative Volkspartei" werden lässt (Hackl 1990, 43, 73) –, aus wissenschaftlicher Perspektive einfach nur noch peinlich zu nennen. Umso bedauerlicher, dass Ehrenhard Skiera sich für seine Darstellung der Arbeitsschule „schwerpunktmäßig" ausgerechnet auf diesen Autor stützt, weil er ihn für eine „überzeugende" Quelle hält (Skiera ²2010, 109; vgl. 125); dass Hackl für seine pädagogische Geschichtsschreibung vor allen Dingen den Vizepräsidenten der Akademie der Pädagogischen Wissenschaften der DDR, Karl-Heinz Günther, als Gewährsmann zitiert, hat ihn offensichtlich nicht stutzig werden lassen.

Freilich: Schnitzern und Fehlern nicht ausweichen zu können, ist ein charakteristisches Attribut des endlichen Menschen. Niemand ist vollkommen; das liegt im Wesen unserer Geschichtlichkeit. Bildung aber hält zumindest das *Ziel* aufrecht, im ‚Werk' auch einen bildenden ‚Wert' zu realisieren, und in diesem Sinne *Sittlichkeit und Sachlichkeit* hier und jetzt anschaulich werden zu lassen. Sittliche Sachlichkeit, verstanden als eine Einstellung, die sich in diesem Sinne ein vollbrachtes ‚Werk' zur Reflexionsinstanz darüber werden lässt, welcher ‚Wert' mit ihm realisiert wurde, ist daher – das zeigen die genannten Beispiele der Rezeptionsgeschichte – heute wichtiger denn je. Die Fähigkeit, eigene Interessen beiseite stellen zu können, die Genauigkeit einer auszuführenden Arbeit zu gewährleisten – oder zumindest gewissenhaft zu intendieren – und zuletzt etwas hervorzubringen, das in der Tat nicht nur einfach „so annähernd', so ‚beinahe', so ‚ungefähr' richtig" (1912, 11) gemacht wurde: Das wäre in heutigen Zeiten, die sich so gerne auf ihr *reformpädagogisches Erbe* berufen, im Sinne einer reflektierten *Selbstkritik der Reformpädagogik* eine gewaltige *reformpädagogische Herausforderung*.

Literaturverzeichnis

Primärliteratur:

1899	Betrachtungen zur Theorie des Lehrplans. München 1899.
1901	Staatsbürgerliche Erziehung der deutschen Jugend (1901). In: Wehle, Gerhard (Hg.): Georg Kerschensteiner. Berufsbildung und Berufsschule (= Ausgewählte pädagogische Schriften 1). Paderborn 1966, 5-88.
1904a	Berufsbildung oder Allgemeinbildung? (1904). In: Wehle, Gerhard (Hg.): Georg Kerschensteiner. Berufsbildung und Berufsschule (= Ausgewählte pädagogische Schriften 1). Paderborn 1966, 89-104.
1904b	Eröffnung der Verhandlungen. In: Kunsterziehung. Ergebnisse und Anregungen des 2. Kunsterziehungstages in Weimar am 9., 10., 11. Oktober 1903: Deutsche Sprache und Dichtung. Leipzig 1904, 20ff.
1906a	Die drei Grundlagen für die Organisation des Fortbildungsschulwesens (1906). In: Wehle, Gerhard (Hg.): Georg Kerschensteiner. Berufsbildung und Berufsschule (= Ausgewählte pädagogische Schriften 1). Paderborn 1966, 105-115.
1906b	Das Fach- und Fortbildungsschulwesen. In: Lexis, Wilhelm u.a.: Die allgemeinen Grundlagen der Kultur der Gegenwart (Die Kultur der Gegenwart I,1). Berlin / Leipzig 1906, 243-283.
1906c	Produktive Arbeit und ihr Erziehungswert. In: Der Säemann 2 (1906), 101-121.
1908	Die Schule der Zukunft eine Arbeitsschule. In: Die Säemann 4 (1908), 37-49.
1911	Der Begriff der Arbeitsschule (1911). In: Wehle, Gerhard (Hg.): Georg Kerschensteiner. Texte zum pädagogischen Begriff der Arbeit und zur Arbeitsschule (= Ausgewählte pädagogische Schriften 2). Paderborn 1968, 39-45.
1912	Der Begriff der Arbeitsschule. In: Erster Deutscher Kongreß für Jugendbildung und Jugendkunde zu Dresden am 6., 7. und 8. Oktober 1911. Erster Teil: Die Arbeitsschule. Leipzig / Berlin 1912, 8-13.
1916	Deutsche Schulerziehung in Krieg und Frieden. Berlin 1916.
1917	Das Grundaxiom des Bildungsprozesses und seine Folgerungen für die Schulorganisation. Berlin 1917.
1921	Analyse des Bildungsbegriffs. In: Pädagogische Blätter 50 (1921), 5-15.
1922a	Der Interessenbegriff in der Pädagogik. In: Pädagogische Blätter 51 (1922), 349-354.
1922b	Berufserziehung im Jugendalter (1922). In: Wehle, Gerhard (Hg.): Georg Kerschensteiner. Berufsbildung und Berufsschule (= Ausgewählte pädagogische Schriften 1). Paderborn 1966, 130-146.
1923	Der pädagogische Begriff der Arbeit (1923). In: Wehle, Gerhard (Hg.): Georg Kerschensteiner. Texte zum pädagogischen Begriff der Arbeit und zur Arbeitsschule (= Ausgewählte pädagogische Schriften 2). Paderborn 1968, 46-62.

1924	Autorität und Freiheit als Bildungsgrundsätze (= Entschiedene Schulreform 28). Leipzig 1924.
1926a	Theorie der Bildung, Leipzig / Berlin 1926, ^{3}1931.
1926b	Georg Kerschensteiner – Selbstdarstellung (1926). In: Wehle, Gerhard (Hg.): Georg Kerschensteiner. Texte zum pädagogischen Begriff der Arbeit und zur Arbeitsschule (= Ausgewählte pädagogische Schriften 2). Paderborn 1968, 110-149.
1926c	Die geistige Arbeit als Bildungsverfahren (1926). In: Wehle, Gerhard (Hg.): Georg Kerschensteiner. Texte zum pädagogischen Begriff der Arbeit und zur Arbeitsschule (= Ausgewählte pädagogische Schriften 2). Paderborn 1968, 70-79.
1928/29	Der Ausbau der Berufsschule im deutschen Bildungswesen (1928/29). In: Wehle, Gerhard (Hg.): Georg Kerschensteiner. Berufsbildung und Berufsschule (= Ausgewählte pädagogische Schriften 1). Paderborn 1966, 147-160.
1929	Der Begriff der staatsbürgerlichen Erziehung, 6., erw. Aufl. Berlin / Leipzig 1929.
1930	Begriff der Arbeitsschule. Leipzig ^{8}1930.

Sekundärliteratur:

[Anonymus] 1908: Der geplante „Bund für Reform der Volksschule". In: Die Deutsche Schule 12 (1908), 375-377.

Adrian, Renate 1998: Die Schultheorie Georg Kerschensteiners. Eine hermeneutische Rekonstruktion ihrer Genese. Frankfurt/M. u.a.

Andreesen, Alfred 1921: Arbeitsschule und die deutschen Land-Erziehungsheime (= Jahrbuch der deutschen Land-Erziehungsheime 17). Veckenstedt a. Harz o. J. (1921).

Amlung, Ullrich u.a. (Hg.) 1993: „Die alte Schule überwinden". Reformpädagogische Versuchsschulen zwischen Kaiserreich und Nationalsozialismus. Frankfurt/M.

Ballauff, Theodor 1953: Die Grundstruktur der Bildung. Weinheim.

Ballauff, Theodor 1966: Philosophische Begründungen der Pädagogik. Die Frage nach Ursprung und Maß der Bildung. Berlin.

Birnbaum, Ferdinand / Spiel, Oskar 1929: Schule und Erziehungsberatung. In: Internationale Zeitschrift für Individualpsychologie 7 (1929), 184-190.

Bittner, Gerhard 1965: Sachlichkeit und Bildung. Kritische Studie zur Fundierung des gegenwärtigen Bildungsdenkens nach einem Begriff bei Hans-Eduard Hengstenberg, Diss. München.

Borstel, Friedrich von 1905: Neue Weg der sittlichen Erziehung. Eine Buchbesprechung. In: Der Säemann 1 (1905), 342-345; 383-385.

Clemenz, Bruno 1921: Der katholische Religionsunterricht in der Arbeitsschule. Leitlinien und praktische Versuche im Sinne der Arbeits- und der Heimatschule. Langensalza.

Cohn, Jonas 1926: Der gute Sinn der Sachlichkeit [1926]. In: Vom Sinn der Erziehung. Ausgewählte Texte, hg. v. Dieter-Jürgen Löwisch. Paderborn 1970, 98-104.

Cordsen, Hans 1908: Einige Schlagworte der modernen pädagogischen Strömungen philosophisch und psychologisch beleuchtet. In: Der Säemann 4 (1908), 266-269, 339-348, 367-374.

Eberhard, Otto 1927: Evangelischer Religionsunterricht in der Arbeitsschule. Probleme und Proben des arbeitsbetonten Unterrichts. Frankfurt/M.

Englert, Ludwig 1966: Georg Kerschensteiner, Edward Spranger: Briefwechsel 1912-1931. München.

Fischer, Aloys 1925: Psychologie der Arbeit. In: Die Arbeitsschule 39 (1925), 1-15, 65-76, 113-130.

Fischer, Raymund 1921: Ein Weg zur Arbeitsschule. Schaffendes Lernen im elementaren naturwissenschaftlichen Unterricht. München.

[Friedrichs, Friedrich] 1908: Bund für Volksschulreform. In: Pädagogische Reform 32 (1908), Heft 20, 2. Beilage.

Führ, Christoph ²1972: Zur Schulpolitik der Weimarer Republik. Die Zusammenarbeit von Reich und Ländern im Reichsschulausschuß (1919–1923) und im Ausschuß für das Unterrichtswesen (1924–1933). Darstellung und Quellen. Weinheim, 278f.

Gaudig, Hugo 1911: *Die Arbeitsschule als Reformschule*. In: Zeitschrift für pädagogische Psychologie und Jugendkunde 12 (1911), 545-552.

Geheeb, Paul 1931: Die Odenwaldschule im Lichte der Erziehungsaufgaben der Gegenwart [1931]. In: Erziehung zur Humanität, hg. von Mitarbeitern der Odenwaldschule. Heidelberg 1960, S. 131-154.

Gerlach, Adolf 1914-1925: Lebensvoller Rechenunterricht. Vorschläge und Beispiele für eine Fortentwicklung des Rechenunterrichts im Sinne der Arbeitsschule, 3 Bände. Leipzig 1914, 1924, 1925.

Gerstenmaier, Jochen / Mandl, Heinz 2006: Bildung und Lernen in der Tradition von Kerschensteiner und Dewey. In: Tippelt, Rudolf (Hg.): Zur Tradition der Pädagogik an der LMU München 2006, 21-27.

Glöckel, Otto 1928: Drillschule – Lernschule – Arbeitsschule. Wien.

Gläser, Johannes 1907: Das Kindliche. In: Pädagogische Reform 31 (1907), Heft 1.

Gläser, Johannes 1911: Die Arbeitsschule. In: Pädagogische Reform 35 (1911), Hefte 33/34.

Gläser, Johannes 1920: Vom Kinde aus. Arbeiten des Pädagogischen Ausschusses der Gesellschaft der Freunde des vaterländischen Schul- und Erziehungswesens zu Hamburg. Hamburg.

Gläss, Theo 1961: Einleitung. In: Ders. (Hg.): Die Pädagogik vom Kinde aus. Aufsätze Hamburger Lehrer. Weinheim 1961, 5-14.

Gonon, Philipp 1992: Arbeitsschule und Qualifikation Arbeit und Schule im 19. Jahrhundert. Kerschensteiner und die heutigen Debatten zur beruflichen Qualifikation. Bern u.a.

Grisebach, Eberhard 1928: Gegenwart. Eine kritische Ethik. Halle 1928 (ND hg. v. Klaus-Michael Kodalle. Würzburg 2005).

Hackl, Bernd 1990: Die Arbeitsschule. Geschichte und Aktualität eines Reformmodells. Wien.

Hansen-Schaberg, Inge 2005: Die Praxis der Reformpädagogik. Dokumente und Kommentare zur Reform der öffentlichen Schulen in der Weimarer Republik. Bad Heilbrunn.

Hagenmaier, Theresia 1964: Der Begriff der Sachlichkeit in der Pädagogik Georg Kerschensteiners. In: Dies. u.a. (Hg.): Neue Aspekte der Reformpädagogik. Studien zur Anthropologie und Pädagogik bei Kerschensteiner, Dewey und Montessori. Heidelberg 1964, S. 13-63.

Harte, Erich ²1925: Der Turnunterricht im Lichte des Arbeitsschulgedankens. Langensalza.

Heller, Dieter 1990: Die Entwicklung des Werkens und seiner Didaktik. Von 1880 bis 1914. Zur Verflechtung von Kunsterziehung und Arbeitserziehung. Bad Heilbrunn.

Jansohn, Heinz 1971: Sachlichkeit. Ein pädagogisches Grundproblem sozialphilosophisch betrachtet. In: Zeitschrift für philosophische Forschung 25 (1971), 402-425.

Jungk, Sabine 1991: Volksschulreform und Volksschullehrerfortbildung 1918-1933. Ein Beitrag zur Sozialgeschichte der Lehrerschaft am Beispiel des Deutschen Lehrervereins. Frankfurt/M.

Kaiser, Heinrich ²1925: Der Erdkundeunterricht in der Arbeitsschule. Frankfurt/M.

Karsen, Fritz 1930: Sinn und Gestalt der Arbeitsschule. In: Grimme, Adolf (Hg.): Wesen und Wege der Schulreform, Berlin 1930, 100-119.

Keim, Wolfgang 1989: Pädagogik und Nationalsozialismus – Zwischenbilanz einer Auseinandersetzung in der bundesdeutschen Erziehungswissenschaft. In: Neue Sammlung 29 (1989), 186-208.

Klafki, Wolfgang ⁶2007: Neue Studien zur Bildungstheorie und Didaktik. Zeitgemäße Allgemeinbildung und kritisch-konstruktive Didaktik. Weinheim / Basel.

Klieme, Eckhard u.a. 2007: Zur Entwicklung nationaler Bildungsstandards. Expertise, hg. vom Bundesministerium für Bildung und Forschung. Bonn / Berlin.
Knospe, Paul ³1925: Der erdkundliche Unterricht in der Arbeitsschule (= Friedrich Mann's Pädagogisches Magazin 503). Langensalza 1925.
Kohlberg, Lawrence 1996: Die Psychologie der Moralentwicklung. Frankfurt/M.
Köhnlein, Walther 2012: Sachunterricht und Bildung. Bad Heilbrunn.
Lang, Paul 1912: Das Einmaleins in der Arbeitsschule. Ein Beitrag zur Methodik des ersten Rechenunterrichtes. München.
Lay, Wilhelm A. 1911: Die Tatschule. Eine natur- und kulturgemäße Schulreform. Osterwieck a. Harz.
Lischewski, Andreas 2014: Die Wirklichkeit der Bildung. Zum Verhältnis von Allgemeinbildung und Berufsbildung bei Georg Kerschensteiner. In: Perspektiven der Philosophie. Neues Jahrbuch 40 (2014) (im Druck).
Lorentz, Friedrich 1928: Gesundheitskunde in der Arbeitsschule. Gesundheitslehre und Gesundheitspflege auf arbeitsgemäßer Grundlage. Langensalza.
Lunk, Georg 1927: Kritik des pädagogischen Naturalismus im Sinne einer Orientierung vom Kinde aus. Leipzig.
Mack, Jakob 1925: Naturlehre in der Arbeitsschule. Unterrichtsbeispiele aus Physik und Chemie. Oehringen.
Meumann, Ernst 1910: Aufgaben und Ziele. In: Aufgaben und Ziele des Bundes (= Flugschriften des Bundes für Schulreform 1). Leipzig / Berlin 1910, 12-31.
Meumann, Ernst 1911: Experimentelle Pädagogik und Schulreform. In: Zeitschrift für pädagogische Psychologie und experimentelle Pädagogik XII (1911), 1-13.
Müller, Lotte ⁴1929: Vom Deutschunterricht in der Arbeitsschule. Leipzig.
Neuner, Ingrid 1980: Der Bund Entschiedener Schulreformer 1919-1933. Programmatik und Realisation. Bad Heilbrunn / Obb.
Niebank, G[erd] 1911: Die Arbeitsschule. In: Pädagogische Reform 35 (1911), Hefte 34/35.
Pabst, Alwin / Seinig, Oskar ²1921: Aus der Praxis der Arbeitsschule. Osterwieck a. Harz.
Paschen, A. 1912: Die Arbeitsschule. In: Hamburgische Schulzeitung 20 (1912), Hefte 11/12, 81-83, 89-92.
Pflefka, Sven 2011: Zwischen nationaler Gewissheit und transnationalen Hoffnungen. Geschichts-didaktisches Denken dies- und jenseits der nationalen Kategorie in der Spätphase des Wilhelminischen Kaiserreiches und in der Weimarer Republik. Idstein.
Reble, Albert 1954: Georg Kerschensteiner. Gedenkvortrag anläßlich seines 100. Geburtstages am 29. Juli 1954 (= Lüdenscheider Beiträge 2). Lüdenscheid 1954.
Reble, Albert ²²2009: Geschichte der Pädagogik. Stuttgart.
Regener, Friedrich ²1914: Die Prinzipien der Reformpädagogik. Anregungen zur ihrer kritischen Würdigung. Berlin.
Reichsberatungsstelle 1924: Mitteilungsblatt der Reichsberatungsstelle für Arbeitsunterricht 1 (1924), Heft 1, 3.
Richter, Johannes 1912: Die Arbeitsidee im historischen Zusammenhang mit dem kunsterzieherischen Gedanken. In: Die Arbeitsschule 26 (1912), 129-135.
Rickert, Heinrich 1913: Vom System der Werte. In: Logos. Internationale Zeitschrift für Philosophie der Kultur 4 (1913), 295-327.
Rößger, Karl 1927: Der Weg der Arbeitsschule. Historisch-kritischer Versuch. Leipzig.
Sauer, Wilhelm 1957: Über das Sachliche. Ein vernachlässigter Grundbegriff der Geisteswissenschaften. In: Zeitschrift für philosophische Forschung 11 (1957), 54-69.
Schaller, Klaus 1962: Der Gebildete heute. Sachverwalter und Mitmensch. Bochum.

Scharrelmann, Heinrich 1924: Von der großen Umkehr. Beiträge zu einer intimen Pädagogik. Braunschweig u.a.
Scheibe, Wolfgang ³2010: Die reformpädagogische Bewegung 1900-1932. Eine einführende Darstellung. Neuausgabe der 10., erweiterten Auflage 1994, mit einem Nachwort von Heinz-Elmar Tenorth. Weinheim / Basel.
Scheibner, Otto 1923: Der gegenwärtige Stand der Arbeitsschulbewegung und die Aufgaben ihrer führenden Zeitschrift [1923]. In: Ders.: Zwanzig Jahre Arbeitsschule in Idee und Gestaltung. Leipzig ²1930, 180-188.
Scherer, Heinrich 1912/1913: Arbeitsschule und Werkunterricht. Beitrag zur Ausgestaltung der Volksschule als Erziehungs- und Bildungsschule. 2 Bände. Leipzig.
Schloen, Hinrich 1926: Entwicklung und Aufbau der Arbeitsschule. Berlin.
Schoke, Arthur ²1927: Der Deutschunterricht in der Arbeitsschule auf allen Stufen und in allen Zweigen einschließlich des Gesamtunterrichts. Breslau.
Schulz, Heinrich 1911: Die Schulreform der Sozialdemokratie. Dresden.
Schwarzer, Erwin 1971: Georg Kerschensteiner M.d.R. In: Paedagogica Historica 11 (1971), S. 481-525.
Schwerdt, Ulrich 2002: „Vom Kinde aus" – Traditionen subjektorientierter Didaktik und ihrer Selbstkritik. In: Herzig, Bardo / Schwerdt, Ulrich (Hg.): Subjekt- oder Sachorientierung in der Didaktik? Aktuelle Beiträge zu einem didaktischen Grundproblem. Münster u.a., 35-52.
Seidel, Robert ³1919: Die Schule der Zukunft eine Arbeitsschule. Zürich.
Skiera, Ehrenhard ²2010: Reformpädagogik in Geschichte und Gegenwart. Eine kritische Einführung. München.
Spranger, Eduard ⁷1930: Lebensformen. Geisteswissenschaftliche Psychologie und Ethik der Persönlichkeit. Halle/S.
Stimpel, Hans-Martin 1963: Die Bildungstheorie und der Begriff der Sachlichkeit. In: Kittel, Helmut / Wetterling, Borst (Hg.): Behauptung der Person. (FS Bohnenkamp). Weinheim, 309-342.
Taubert-Striese, Annett 1996: Der Leipziger Lehrerverein, ein bedeutender Vertreter der Reformpädagogik. Eine Studie zu seiner geschichtlichen Entwicklung, seinen pädagogischen Leistungen und seinen praktischen Erfolgen. Frankfurt/M.
Tenorth, Heinz-Elmar 1989: Pädagogisches Denken. In: Langewiesche, Dieter / Tenorth, Heinz-Elmar (Hg.): 1918-1945. Die Weimarer Republik und die nationalsozialistische Diktatur (= Handbuch der Deutschen Bildungsgeschichte Bd. V). München 1989.
Tilch, Herbert 1971: Sachlichkeit und Berufsbildungstheorie. Zur Grundlegung und Differenzierung anthropologischer und pädagogischer Ansätze der Sachlichkeit und die bildungs- und berufsbildungstheoretischen Konsequenzen, Diss. Gießen.
Tippelt, Rudolf 2010: Georg Kerschensteiner. In: Zierer, Klaus / Saalfrank, Wolf-Thorsten (Hg.): Zeitgemäße Klassiker der Pädagogik. Leben – Werk – Wirken. Paderborn u.a. 2010, 182-192.
Weber, Ernst 1912: Die Arbeitsschule (Vortrag vor der 24. Vertreterversammlung des Deutschen Lehrervereins am 27. Mai 1912 in Berlin). In: Hamburgische Schulzeitung 20 (1912), Hefte 26-29, 201-202, 211-213, 219-221, 227-229.
Wehle, Gerhard 1956: Praxis und Theorie im Lebenswerk Georg Kerschensteiners. Weinheim.
Weiss, Edgar 1998: „Vom Kinde aus". Ein reformpädagogischer Slogan und seine Problematik. In: Archiv für Reformpädagogik 3 (1998), 3-50.
Weiss, Oskar A. 1984: Kerschensteiners Idee einer staatsbürgerlichen Erziehung. In: Bayerisches Staatsministerium für Unterricht und Kultus (Hg.): Georg Kerschensteiner. Beiträge zur Bedeutung seines Wirkens und seiner Ideen für unser heutiges Schulwesen, Stuttgart 1984, 95-132.

Wicke, Richard 1912: Musikalische Erziehung und Arbeitsschule. Leipzig.
Wilhelm, Theodor 1957: Die Pädagogik Kerschensteiners. Vermächtnis und Verhängnis. Stuttgart.
Wolgast, Heinrich 1908: Lektüre, Persönlichkeit, Stil. In: Der Säemann 4 (1908), 197-205.
Wolgast, Heinrich 1910: Ganze Menschen. Ein sozialpädagogischer Versuch. Berlin.
Wolff, Johann Joseph 1923: Arbeitsunterricht und Staatsbürgerliche Erziehung geschichtlich, grundsätzlich und praktisch betrachtet. Freiburg i.Br.
Zeidler, Kurt 1926: Die Wiederentdeckung der Grenze. Beiträge zur Formgebung der werdenden Schule. Jena.

Die „werdende Persönlichkeit" als monadisches Kraftzentrum.
Hugo Gaudigs Prinzip der Selbsttätigkeit

Anke Redecker

Hugo Gaudig (1860-1923), der wohl größte sächsische Reformpädagoge (vgl. Pehnke 1999, 49), zählt mit seinem zweibändigen Hauptwerk *Die Schule im Dienste der werdenden Persönlichkeit* (1917) im Gegensatz zu einigen prominenten Gestalten der Bewegung wie Maria Montessori, Rudolf Steiner, Peter Petersen, Paul Geheeb oder Ellen Key heute eher zu den Randfiguren der Reformpädagogik. Verantwortlich hierfür ist wohl zum einen sein vorrangiges Selbstverständnis als Schulpraktiker (vgl. Scheibe 1999, 189, Müller 1969, 89), der sich allenfalls zu aphorsitisch-unsystematischen Veröffentlichungen durchrang, ferner die widrigen Zeitumstände[1] und die prekäre Editionslage[2]. So ist – im Gegensatz zu Pehnkes Ansicht (vgl. Pehnke 2012, 28) – auch bei weitem noch nicht hinreichend gründlich zu Gaudig geforscht worden. In Untersuchungen zur Reformpädagogik wird Gaudig in der Regel – wenn überhaupt – nur marginal erwähnt.[3] Es bleibt die Frage zu stellen, ob der Blick auf die Reformpädagogik nicht reicher und differenzierter ausfällt, wenn man auch einen Denker und Schulpraktiker hinzuzieht, der bisher wenig Beachtung gefunden hat.

Der studierte Philologe und Theologe Gaudig, der seine Dissertation über die *Grundprinzipien der Ästhetik Schopenhauers* schrieb, setzte sich vehement für die Pflege des Naturwüchsigen und Urtümlichen der individuellen Schülerpersönlichkeit mit ihren je eigentümlichen „Kräften" ein (vgl. Gaudig 1917a, 297). Von der „Tyrannei der Formalstufen" (ebd., 49) und damit auch vom Herbartianismus des Schulleiters Otto Frick, dem er Ende des 19. Jahrhunderts während seiner Tätigkeit an den Franckeschen Stiftungen in Halle/Saale unterstellt war, setzte Gaudig sich deutlich ab (vgl. Müller 1969, 84). Im Fokus steht ihm die freie Ent-

---

[1] Der Nationalsozialismus und die DDR-Ideologie standen der Gaudigschen Erziehung mit ihrem Bemühen um die selbstbestimmte Persönlichkeit entgegen. Vgl. Müller 1969, 88, Schulz 2011, 56, Flöter/Ritzi 2012a, 8. Die Rezeptionsgeschichte Gaudigs hat Anke Barsch aufgearbeitet. Vgl. Barsch 1999, 631f.

[2] Vgl. Kratochwil 1992, 25. Lange Zeit galt der von seiner Schülerin und späteren Lehrerkollegin Lotte Müller herausgegebene Textband als vorrangige Quelle (vgl. Gaudig 1969). Seit kurzem macht auch der Band von Flöter und Ritzi längst vergessene und an entlegener Stelle erschienene Texte Gaudigs wieder zugänglich (vgl. Flöter/Ritzi 2012). Über den Nachlass Gaudigs informiert Bettina Irina Reimers (Reimers 2012).

[3] Vgl. Böhm 2012, 9,85; Oelkers 2011, 120; Herrmann/Schlüter 2012, 111, 241. Benner und Kemper konzentrieren sich im Rahmen ihrer „Theorie und Geschichte der Reformpädagogik" bei der Darstellung der Arbeitsschule auf Kerschensteiner (vgl. Benner/Kemper 2003, 290-301).

faltung der Heranwachsenden; der Erzieher wird zum „Diener der werdenden Persönlichkeit" (Gaudig 1965, 89). Nachdem Gaudig im Jahr 1900 Leiter der Höheren Mädchenschule in Leipzig geworden war, entstand dort ein Lehrerinnenseminar mit angeschlossener Übungsschule. Nach einer Teilung der Schule war Gaudig ab 1907 Leiter der II. Höheren Mädchenschule und des Lehrerinnenseminars und entwickelte mit einem ausgesuchten Kollegium das Konzept seiner „Arbeitsschule", das er einem interessierten Fachpublikum gern im Praxistest vor Ort präsentierte. So wurde „die Gaudigschule […] zum Wallfahrtsort der Pädagogen" (Fricke 2011, 212). Hier setzte er seine Vorstellungen von einer „Schule der Selbsttätigkeit" gezielt in der Mädchenbildung um.

Wie viele Reformpädagogen, die spätestens seit Oelkers „Entzauberung" vermeintlicher Lichtgestalten der Bewegung (vgl. Oelkers 2011)[4] differenziert zu betrachten sind, war und ist auch Gaudig nicht unumstritten. Zu nennen ist hier sein konservatives Frauenbild[5] und sein die Persönlichkeitspädagogik bisweilen dominierender ausgeprägter Patriotismus[6]. Im Fokus soll nun ein weiteres Manko stehen – nicht um Gaudig zu verurteilen, sondern um hervorzukehren, dass manche argumentative Verengung in der Gaudig-Rezeption vermieden werden kann, wenn man nicht dem Gaudigschen Hang folgt, ein abzulehnendes Extrem durch dessen ebenso extremen Gegenpart zu ersetzen und damit eine dialektische Bewegung nicht mehr zuzulassen. Im Folgenden soll gezeigt werden, wie Gaudig auf diese Weise in Abkehr von der wilhelminischen Drill- und Pauk-Schule radikal Lehrer- durch Schüleraktivität ersetzt und in der Kritik an Indoktrination und Verhaltensdetermination die Erzieherpersönlichkeit im Blick auf kindliche Selbstentfaltung weitgehend auszuschalten strebt.[7] Eine wechselseitige und damit gemeinsame Progression von Lehrenden und Lernenden wird dadurch kaum noch möglich. Am Gipfelpunkt der pädagogischen Bemühungen Gaudigs steht der monadische Zögling, der sich in Einsamkeit selbsttätig bildet:

---

[4] Zur Fragwürdigkeit einer Pauschalaburteilung der Reformpädagogik vgl. Ladenthin in diesem Band.

[5] Gaudig spielt das Familienleben gegen die Frauenbewegung aus. „In unserer Zeit, in der das Familienleben wesentlich durch die agitatorische Arbeit radikal gesinnter Frauen herabgesetzt wird, tut es not, dem heranwachsenden Geschlecht in allen Formen die Schönheit, Trautheit, die schaffende Kraft, die unvergleichliche Geschichte der deutschen Familie darzustellen." (Gaudig 2012b, 254) Gaudig wird als „Gegner der Frauenbewegung" (Kersting 2013, 201) angesehen. Vgl. Hansen-Schaberg 2012, 57, Bleckwenn 1990, 304f.

[6] Vgl. exemplarisch Gaudig 1909, 110, 125, Gaudig 1917a, IXf., 71, 335, Gaudig 1917b, 56, 265, Gaudig 1922a, 3, 27, Gaudig 1922b, 33, 36, Gaudig 1922c, 127, Gaudig 1965, 63, Gaudig 1969, 73, Gaudig 2012b, 256. Gaudig wird als „entschiedener Nationalist" (Weiß 2013, 372, vgl. Weiß 2013a, 1042) bezeichnet. Seine Pädagogik erhält eine dezidiert patriotische Ausrichtung. So „sieht Gaudig das Heil des Volkes […] in der entwickelten Persönlichkeit" (Skiera 2003, 125). Vgl. Osterwalder 1999, 155f, Gonon 1999, 189f.

[7] Zu den Gefahren einer „Pädagogik vom Kinde aus", die Lehreraktivität weitgehend ausschließt, vgl. auch Mikhail in diesem Band.

> „Was ist nun im Interesse der Persönlichkeitserziehung erwünscht? Unser Leitbild ist der einzelne Schüler, der ohne äußere Impulse, auch ohne die aus einer gleichzeitig mit ihm arbeitenden Gemeinschaft, tätig ist" (Gaudig 1917a, 158).

So stellt sich in der „freien häuslichen Arbeit [...] die am meisten von dem Einfluß der Schule emanzipierte und darum eine für die Kultur der Selbsttätigkeit äußerst wichtige Arbeitsform dar" (Gaudig 1917a, 95). Erläutert werden soll diese Fokussierung auf das isolierte Individuum – und deren Fragwürdigkeit – im Rekurs auf Leibniz' *Monadologie*. Damit wird der Versuch unternommen, eine philosophische Quelle Gaudigs hinzuzuziehen, während dieser in seinen Texten nur selten auf andere Autoren verweist und mit der Nennung seiner geistigen Quellen äußerst sparsam verfährt (vgl. Pehnke 2012, 19, Flöter 2012, 45). Brenk charakterisiert Gaudig zu Recht als einen „von der Philosophie herkommenden Reformpädagogen" (Brenk 2013, 1068). Dass allerdings „das ‚philosophische Profil' Hugo Gaudigs [...] möglicherweise in der Forschung schon ausreichend bearbeitet worden" (Prüfer 2012, 163, Fußn. 11) sei, kann nachdrücklich bezweifelt werden.

Die selbsttätige Persönlichkeit

Ein entscheidendes Verdienst Gaudigs liegt darin, dass er das Selbst in Aktivität versetzt: Selbstbestimmung beruht auf Selbsttätigkeit. „Persönlichkeit wird durch immer sich wiederholende Akte der Selbstbestimmung" (Gaudig 1965, 92). Der Begriff der Selbsttätigkeit avanciert bei Gaudig zum Schlüsselbegriff der Pädagogik. Ihn hat „wohl keiner seiner Zeitgenossen ähnlich konsequent und radikal formuliert" (Skiera 2003, 121). Durch Selbsttätigkeit wird Selbstverantwortlichkeit gefördert.

> „Je mehr sie [die Schüler] auf ihre eigenen Kräfte verwiesen werden, je mehr an ihre Selbstbestimmung, Selbsttätigkeit, Selbstregierung appelliert wird, um so mehr wird sich in ihnen das Gefühl der Selbstverantwortlichkeit entwickeln" (Gaudig 1917a, 174).

So legt Gaudig bei der Bestimmung des Pädagogischen den Schwerpunkt nicht auf den Wissenserwerb im Unterricht, sondern auf die Erziehung zur selbstverantwortlichen Persönlichkeit: „Für uns ist Pädagogik im vollen Sinne die Wissenschaft von der Erziehung werdender Persönlichkeiten" (Gaudig 1917a, 326) durch „ausgereifte" Persönlichkeiten; „die Schule ist der Lebenskreis, in der ausgereifte Persönlichkeiten auf werdende Persönlichkeiten wirken" (Gaudig 1917b, 235). Wo Unterricht der schulischen Erziehungsaufgabe untergeordnet wird, erscheint er als erziehender Unterricht.

> „Je mehr nun der Unterricht nach dem Grundsatz der Erweckung zur Selbsttätigkeit betrieben wird, je mehr wird zwar nicht das sittliche Handeln an sich, aber doch das freie, selbständige Handeln überhaupt geübt; und eine Übertragung der Form des Handelns vom intellektuellen auf das sittliche Gebiet darf erwartet werden" (Gaudig 1909, 95).

Selbsttätigkeit macht die Schule zu einer Arbeitsschule, in der nicht – wie nach dem Vorbild Kerschensteiners[8] – das Manuelle im Vordergrund stehen soll, denn es gilt zu beachten, dass „man nicht den Geist aus der Schule heraushandwerkert" (Gaudig 1917a, 10, vgl. Gaudig 1969, 10, Müller 1969, 86). Für Rausch und Steinhöfel ist das „Selbsttätigkeitsprinzip […] der hauptsächliche Schlüssel zum Verständnis der Idee der Ablösung der ‚Lernschule' durch den arbeitsbetonten Unterricht" (Rausch/Steinhöfel 1994, 191). Rücken hierbei die Lernenden in den Mittelpunkt, die Lehrperson jedoch an den Rand des Geschehens, so ist auch diese bei weitem nicht untätig. „Die Schule der Zukunft, die der Selbsttätigkeit der Schüler sehr viel überläßt, wird namentlich den Schein, als wenn der Lehrer inaktiviert ist, zu bekämpfen haben" (Gaudig 1917b, 18), denn dem Lehrer „muß die Methode, seinen Zögling zur Methode zu führen, eigen sein" (Gaudig 1917a, 90). Selbsttätigkeit kann hierbei durch ein eigenständiges Probieren ausgezeichnet sein; „auch Irrwege oder minder bequeme Wege werden vom Lehrer nicht von vornherein verboten, damit echter Pfadfindergeist und echte Pfadfinderstimmung gewonnen wird" (ebd.).

Das Ziel der Arbeitsschule im Sinne Gaudigs ist, „daß die Gesinnung, die Kraft, die Technik gewonnen wird, die zur geistigen Arbeit erforderlich sind" (Gaudig 1917a, 38, vgl. 84). Die Gesinnung sollte durch Freude am Lernen geprägt sein, die Kraft die Fähigkeiten zum Lernen ausprägen und bündeln (vgl. ebd., 86f.) und die Technik fungiert hierbei als die „Fähigkeit, die Kraft recht zu gebrauchen" (ebd., 303). Selbsttätigkeit fordert Gaudig vom ersten Schultag an für alle Lernbereiche und „für alle Phasen der Arbeitsvorgänge; beim Zielsetzen, beim Ordnen des Arbeitsgangs, bei der Fortbewegung zum Ziel, bei den Entscheidungen an kritischen Punkten, bei der Kontrolle des Arbeitsganges und des Ergebnisses, bei der Korrektur, bei der Beurteilung soll der Schüler freitätig sein" (ebd., 89). Gaudigs Definition der „Persönlichkeit" beruht auf Selbsttätigkeit im Kontext der mit- und umweltlichen Bezüge des Individuums. Persönlichkeit ist „sozial geformte Individualität, die ideale Normen oder Werte der verschiedenen Lebensgebiete in sich aufgenommen hat. Individualität ist in diesem Verständnis nur die Potenz, aus der sich die Persönlichkeit entwickeln kann" (Kirchhöfer 2013, 478). Sie „entwickelt" sich in sozialen Gefügen wie Familie, Schule, Gemeinde und Staat sowie in Auseinandersetzung mit kulturellen Aktions- und Rezeptionsfeldern wie Kunst oder Religion. Persönlichkeit ist bei Gaudig „der seiner selbst mächtige, die Kräfte seiner Natur zur Verwirklichung des Ideals seiner Individualität zusammenfassende, auf den Gebieten des Lebens sich frei aus sich heraus bestimmende Mensch" (Gaudig 1917a, 87).

Hier fallen bereits einige Widersprüche ins Auge: Von Selbstbestimmung und Selbstverantwortung ist die Rede, die doch wohl nur durch eigenständiges und begründetes Urteilen möglich sein können. Persönlichkeit kann dann die Idee ge-

---

[8] Zu einer differenzierten Betrachtung der Pädagogik Kerschensteiners vgl. auch Lischewski in diesem Band.

nannt werden, nach der sich das Individuum auf seinem Weg der Selbstbestimmung richtet und die hier immer schon vorausgesetzt wird. Gleichzeitig erscheint Persönlichkeit bei Gaudig jedoch auch als Endpunkt eines quasi-biologischen Entwicklungsprozesses, betrachtet er doch die Lehrperson als „ausgereifte" Persönlichkeit im „Lebenskreis" Schule und schickt die Heranwachsenden auf einen Weg der Selbstentfaltung und der Entwicklung ihrer naturwüchsigen „Kräfte". Auf der einen Seite also Selbstbestimmung durch Selbsttätigkeit mit dem Ziel einer vernunftbestimmten Individualität, auf der anderen Seite Individualität als „Potenz, aus der sich die Persönlichkeit entwickeln kann", Selbsttätigkeit also als bloße teleologische Entfaltung dessen, was „in" der heranwachsenden Person vorhanden sein soll. Die werdende Persönlichkeit hat „aus sich zu entwickeln, was in ihr liegt" (Gaudig 1917a, 237). Gaudig richtet die „Selbstentfaltung des Menschen auf ein entelechetisch vorbestimmtes Ideal bzw. Zielbild" (Kratochwil 1992, 79). Denn „Persönlichkeit ist ja das Ideal der Individualität; das Ideal ist mit der Entelechie der individualen Existenz gegeben. In dem Leben des Zöglings wird das Wertvolle seiner Individualität entfaltet, werden die guten Kräfte entwickelt" (Gaudig 1917a, 178). Schaut man in die Philosophiegeschichte, so lässt sich ein renommierter Vorfahre mit einem ähnlich zwiespältigen Konstrukt von menschlicher Individualität finden: Gottfried Wilhelm Leibniz (1646-1716).

Von Leibniz zu Gaudig – eine pädagogische Monadologie?

Als Gaudig Schuldirektor in Leipzig wurde, bemerkte er in seiner Amtsantrittsrede:

> „Der große Sohn Leipzigs, Leibniz, hat es ausgesprochen, dass nie und nirgends zwei Wesen gleich seien. Und wenn nun schon nicht 2 Blätter eines Baumes gleich sind, wievielweniger Wesen auf der höchsten Stufe der Wesensleiter! ‚Immer dieselben' – so urteilt der oberflächliche Beobachter, ‚nimmer dieselben' – so urteilt der Seelenkenner" (Bericht 2012, 182).

So ist es gerade die Individualität des Menschen, die Gaudig hochschätzt – und dies verbindet ihn mit Leibniz. Dessen weitgehend kryptisch und geheimnisvoll erscheinende Spätschrift *Monadologie* kann herangezogen werden, um Gaudigs Persönlichkeitspädagogik in ihren philosophischen Kontext zu stellen, der keinesfalls ausschließlich, aber doch wohl zumindest partial durch Leibniz geprägt ist.

Die Pädagogik hat sich vielfach mit Leibniz beschäftigt[9] und hierbei die *Monadologie* in den Fokus gestellt. Diese kann bei weitem nicht die Auseinandersetzung mit seinem kompletten philosophischen System ersetzen, hier jedoch als repräsentativ für sein Denken aufgefasst werden, da sie „in extrem knapper Weise so gut wie alle berühmten Lehrstücke der Leibnizschen Metaphysik in Thesenform zusammenfaßt" (Busche 2009a, 4) und dabei nicht nur durch thematische Vielfalt, sondern auch durch schmuckreiche Sprache überzeugt. „Ihr thematischer Reichtum

---

[9] Vgl. z.B. die Hinweise bei Wiater 1985, Wiater 1990.

bei gleichzeitig anschaulich bildhafter Sprache erklärt auch, warum die *Monadologie* heutzutage die am meisten gelesene metaphysische Schrift von Leibniz ist und vielen sogar als sein metaphysisches Hauptwerk gilt" (ebd., 5). Zwar sind unter anderem „die ganze Erkenntnistheorie […] und insbesondere die Lehre vom freien Willen hier ausgeklammert" (ebd., 5f.), doch gerade dadurch, dass die *Monadologie* „ihre Thesen kaum begründet oder erläutert, geschweige denn wissenschaftlich rechtfertigt" (ebd., 6), bietet sie Raum für weiterführende Deutungen. Mit „unerhört bilderreicher Sprache, die bis heute Gegenstand der Auslegung ist" (Schneider 2002, XX), erscheint Leibniz als ein „Autor, der „der Philosophie einen neuen metaphorischen Ausdrucksbereich eröffnet" (ebd.).

Die „Rätselhaftigkeit und Fremdartigkeit" der Monadologie (Busche 2009a, 6), die Leibniz als „Avantgardist einer höchst gewöhnungsbedürftigen Wiederverzauberung der Welt im mechanistischen Zeitalter Newtons" (ebd., 8) erscheinen lässt, eröffnet auch die Möglichkeit einer bildungstheoretischen Interpretation. Wird darum „der pädagogischen Historiographie eine eklektizistische und (auf die Monadologie verengte) reduktionistische Leibniz-Rezeption" (Keck 1984, 6, vgl. Wiater 1984, 101, 110, Wiater 1990, 11f., 26, 34f.) angelastet, so soll im Folgenden gerade die Rätselhaftigkeit der Monadologie die pädagogische Interpretation bereichern.

Monaden können als die das Seiende ausmachenden Substanzen verstanden werden, als individuelle, von einander differenzierte Einheiten. Individualität ist „das Leitthema von G.W. Leibniz" (Wiater 1984, 17), der auch als „,Theoretiker' der Individualität" (ebd., 47) bezeichnet werden kann. Doch für die Reformpädagogik, die mit ihrem Denken „von Kinde aus" auf die Monadologie hätte rekurrieren können, gilt es Leibniz weitgehend noch zu entdecken. Wiater betont, „wie sehr die Reformpädagogik sie [die Leibnizschen Gedanken, A.R.] zur theoretischen Grundlegung hätte nützen können" (ebd., 67, vgl. 111). Gaudig lässt sich hier ausnehmen. Denn wenn er in Anlehnung an Leibniz und im speziellen Blick auf das menschliche Individuum betont, dass „nie und nirgends zwei Wesen gleich seien", lässt sich Entsprechendes direkt in der Monadologie finden. So ist es „erforderlich, dass jede Monade von jeder anderen unterschieden sei. Denn es gibt in der Natur niemals zwei Seiende, die vollkommen eins wie das andere wären und wo es nicht möglich wäre, einen inneren oder auf einer intrinsischen Bezeichnung gegründeten Unterschied zu finden" (Leibniz 2002, 113).

Der „innere Unterschied" entspringt – und auch hier kann Gaudig direkt anknüpfen – einer je individuellen Entwicklung von innen heraus. Leibniz betont, dass „die natürlichen Veränderungen der Monaden aus einem inneren Prinzip herrühren, weil auf ihr Inneres keine äußere Ursache Einfluß nehmen kann" (Leibniz 2002, 115). Monaden sind teleologisch bestimmt. „Den einfachen Substanzen oder geschaffenen Monaden könnte man den Namen der Entelechien geben. Denn sie haben in sich eine gewisse Vollkommenheit" (ebd., 117), wobei „eine Selbstgenügsamkeit […] sie zur Quelle ihrer inneren Handlungen macht" (ebd.). Jede Monade enthält den Zweck ihrer Entwicklung gleichsam keimhaft in sich selbst. „Alle Monaden verfügen über [...] zielgerichtete Kräfte" (Schönpflug 2013, 117). Entwicklung, Selbstentfaltung und -veränderung erscheinen als ein in dem Sich-Entwickelnden vorbestimmter Prozess. „Monaden sind Entelechien [...]. Sie sind teleologisch verfasst: Sie verfolgen einen intrinsischen, für sie konstitutiven Zweck" (Schäfer 2012, 39). Sie haben eine „individuelle Vollendungsperspektive" (ebd.). Diese „enthält [...] – qua innerem Bewegungsgesetz der Selbsttätigkeit – eine Ausrichtung auf Vervollkommnung für das Individuum: so etwas wie seine individuelle Bestimmung" (ebd.). Hier wird nun deutlich die auch bei Gaudig auftretende Selbsttätigkeit zum Zweck der Selbstentfaltung erwähnt.

Leibniz spricht von einer seelischen Entwicklung, die mit der organischen vergleichbar sein soll. Die „organischen Körper der Natur" werden „hervorgebracht [...] durch die Samen, in denen es zweifellos eine Präformation gibt. So hat man geurteilt, dass nicht allein die organischen Körper bereits vor der Empfängnis in den Samen waren, sondern auch eine Seele in diesem Körper, kurz gesagt, das Lebewesen selbst, und daß durch das Mittel der Empfängnis dieses Lebewesen lediglich zu einer großen Transformation disponiert wurde, um Lebewesen einer anderen Art zu werden. Man sieht etwas Annäherndes außerhalb der Neuentstehung bei den Würmern, die Fliegen werden, und bei den Raupen, die Schmetterlinge werden" (Leibniz 2002, 143).

Hier geht es also nicht nur um eine biologische Teleologie, sondern um eine parallele seelische Entwicklung. In der Pädagogik sind Geistmonaden von Interesse, die Leibniz durch Vernunft auszeichnet, „liegt" doch „im Menschen als ‚Geist' die Möglichkeit einer reflexiven Selbstkonstitution" (Schäfer 2012, 44). Die Geistmonade aus dem Monadenreich herauszuheben (vgl. Krämer 2009, 98f., Buchheim 2009, 228) lässt sich mit Leibniz rechtfertigen, denn „Leibniz geht erkenntnistheoretisch gesehen in seiner Ausdehnung der Perzeptionen auf Tiere und einfachere Organismen sehr wohl vom Menschen aus" (Poser 2009, 90). Bei diesem wird die Perzeption zur Apperzeption, da „die Reflexivität vernünftigen Denkens zugleich den Horizont des bloß mir so Erscheinenden durchstößt" (Buchheim 2009, 229). Auf der Grundlage ihres Selbstbewusstseins kann die Geistmonade begründet urteilen. Die Geistmonade Mensch ist ein aus Freiheit handelndes Subjekt. Seine Bestimmung als Vernunftwesen ist Voraussetzung seiner moralischen Zurechenbarkeit. „Sich selbst bestimmen aber kann eine Person nur, weil sie in den ‚Reflexiven Akten' ihrer selbst und der Wirkung ihrer Handlungen auf andere und sie selbst bewußt ist" (ebd., 240). Der bei Gaudig auftretende Konflikt zwischen Selbstbestimmung und Selbstentfaltung, Vernunft und Entelechie, kann nun auf Leibniz zurückgeführt werden:

> „Was die Geister oder die vernünftigen Seelen betrifft, so gibt es [...] diese Besonderheit in den vernünftigen Lebewesen, daß ihre kleinen Samen-Lebewesen, insofern sie nur dieses sind, lediglich gewöhnliche oder empfindsame Seelen haben; sobald diejenigen aber, die gleichsam ausgewählt wurden, durch wirkliche Empfängnis menschliche Natur erlangen, werden ihre empfindsamen Seelen auf den Grad der Vernunft und zu den Vorrechten der Geister erhoben" (Leibniz 2002, 147).

Auch die vernünftigen Monaden sind ja Monaden, werden also teleologisch bestimmt. Zugleich sollen sie jedoch Vernunft haben. Durch ihre Vernunftbestimmung wären sie allerdings gerade nicht entelechial bestimmt, da sie sich in jeder Lernsituation immer wieder neu auf der Grundlage ihres Verstandes und ihrer Urteilskraft zu bestimmen haben, sich also nicht bloß nach einem vorgegebenen Plan entfalten können. So eröffnet Bildsamkeit auf der Grundlage der Vernunft einen offenen, grundsätzlich nicht vorhersehbaren Prozess, der es überhaupt möglich macht, von Individual- und Menschheitsgeschichte, von Biographie und Selbstbestimmung zu sprechen. Mit der Charakterisierung der Geistmonade, die sich vernunftbestimmt bildet, lässt sich Leibniz als Pädagoge entdecken. Keck rechnet ihn „zu den Vätern der Pädagogik [...]. Nach Leibniz sollten die Regeln der Vernunft die Regeln menschlichen Handelns sein" (Keck 1984, 4). Betrachtet man im Blick auf Leibniz Lernen als ein Erkennen, so „offenbart" sich eine „der größten erkenntnistheoretischen [und bildungstheoretischen, A.R.] Leistungen des Denkers [...] in Leibniz' Motiv der ‚Monas'", denn „Bestimmtheit bedeutet allemal Erlebbarkeit" (Hönigswald 1966, 127) durch die Geistmonade.

In dieser – neuzeitlichen – Leibniz-Interpretation werden nun „Selbsttätigkeit und Aufforderung zu ihr nicht als ein biologisches oder psychologisches und auch nicht als ein ontologisches Faktum, sondern als konstitutives Prinzip der Erziehung als Tatsache" (Benner/Kemper 2003, 334) verstanden. Dass sich die eigene Natur der Monade „nach einen inneren, individuellen Gesetz entfaltet" (Busche 2009b, 74), akzentuiert gleichsam die je eigene Bildsamkeit, die keine Norm des Lernens vorschreiben kann. Dass der Mensch bildsam ist, kennzeichnet seine unbestimmte Bestimmbarkeit, die sich nicht als Entwicklungsmöglichkeit eines gleichsam im Keim angelegten Bildungsgangs begreifen lässt.

Vernunft ist kein Entwicklungsvehikel, sondern Grundlage eines Selbstbestimmungsprozesses, der im Gegensatz zur biologischen Entwicklung nicht als Entfaltung von Anlagen betrachtet werden kann. Leibniz und Gaudig stellen ihre Leserinnen und Leser vor die Wahl, entweder eine teleologisch-vorneuzeitliche oder eine vernunftbestimmt-neuzeitliche Interpretation anzuerkennen. Beides lässt sich nicht mit einander vereinbaren. Diese notwendige Trennung kann leicht übersehen oder ignoriert werden, wo biologische und bildungstheoretische Termini vermengt werden und Vernunftbestimmung als eine Entwicklung dargestellt wird, innerhalb derer keimhaft Angelegtes lediglich zu entfalten wäre. So heißt es auch in Wiaters Leibniz-Interpretation: „Aktivität, permanentes Streben nach Entfaltung der eigenen Möglichkeiten und Ichbewusstsein, die innere Qualität dieses personalen Systems [des Menschen, A.R.], begründen seine Individualität und Autarkie und lassen an jedem einzelnen das Funktionieren des gesamten Kosmos erkennbar werden. Aus eigener Kraft entwickelt sich jeder einzelne Mensch durch den Gebrauch seiner Vernunft, durch sein Wahrnehmen und Fühlen sowie durch seine Reflexivität und das Wissen um sich selbst kontinuierlich fort." (Wiater 1984, 222) Bildung wird hier zur monadischen Selbstentfaltung, denn Leibniz könne „einer Erziehungstheorie, die Erziehung als Geschehen zwischen zwei der Selbstentfaltung fähigen personalen Systemen im Bedingungsgefüge umfassender sozialer Systeme konzipiert, wesentliche Impulse" (Wiater 1990, 153) geben.

Plädiert man jedoch für eine Selbstbestimmung aus Gründen – und nicht aus bloßen Entwicklungstendenzen – so gilt es den häufig vernachlässigten Begriff der Bildsamkeit hinzuzuziehen, um auch reformpädagogische Bestrebungen – und hier speziell diejenigen Gaudigs – auf ihre theoretische Legitimation hin befragen zu können. „Unter den Autoren der Pädagogischen Bewegung findet sich kein einziger, bei dem der volle Problemgehalt des Begriffs der naturhaft und teleologisch unbestimmten Lernfähigkeit des Menschen nachweisbar wäre" (Benner/Kemper 2003, 338). Kritisieren Benner und Kemper bei verschiedenen Reformpädagogen die „Ersetzung des Bildungsbegriffs durch den Entwicklungsbegriff" (ebd., 339), so lässt sich dies streckenweise nun auch bei Gaudig feststellen. Hier zeigt sich jedoch – wie oben ausgeführt – nicht eine radikale Verdrängung des Bildungs- durch den Entwicklungsbegriff, sondern eine Zweigleisigkeit in der Argumentation. Selbsttätigkeit wird doppelt ausgelegt – einerseits als Selbstentfaltung (Entwicklung), andererseits als Selbstbestimmung (Bildung), wobei diese argumentative Zweigleisigkeit auf Leibniz zurückgeführt werden könnte. Eine Bildungstheorie, die in begründeter Weise an Gaudig anknüpfen will, müsste sich nicht für den teleologisch argumentierenden, sondern den „anderen" Gaudig stark machen und der Selbstentfaltung die Selbstbestimmung aus Vernunft entgegensetzen.

Ein weiterer Aspekt der Gaudigschen Pädagogik lässt sich dabei in direkter Beziehung zu Leibniz darstellen: Gaudig fasst die menschliche Person in ihrer Ganzheitlichkeit auf. Das sich bildende Individuum denkt nicht nur, es empfindet auch – und es hat einen Körper, durch den all dies überhaupt möglich wird. So soll „Persönlichkeit [...] das Ganze unseres Seins, unseren Leib und unsere Seele, unser Denken, Fühlen und Wollen" (Gaudig 1965, 55, 69) umfassen. Ebenso kann sich die Leibnizsche Geistmonade nur aus sich selbst heraus bestimmen, weil sie in ihrer Bindung an den je eigenen Organismus ihren Ort und ihre Ordnung findet.

> „Der Körper, der einer Monade, die seine Entelechie oder Seele ist, zugehörig ist, konstituiert zusammen mit dieser Entelechie das, was man ein Lebendiges nennen kann und mit der Seele das, was man ein Lebewesen nennt. Nun ist dieser Körper eines Lebendigen oder eines Lebewesens immer organisch, denn da jede Monade in ihrem Modus ein Spiegel des Universums ist, das in vollkommener Ordnung geregelt ist, muß es auch eine Ordnung in den Vorstellenden geben, d.h. in den Perzeptionen der Seele und folglich im Körper, dem gemäß das Universum dort vorgestellt wird" (Leibniz 2002, 137/139).

Was Leibniz hinsichtlich der „Erklärung der Vereinigung oder sogar der Übereinstimmung von Seele und organischem Körper" noch im Sinne einer „prästabilierten Harmonie" (Leibniz 2002, 145) fasst, kann heute als notwendige Bindung des Bewusstseins an den je vereinzelten, monadischen Organismus, der Erleben überhaupt möglich macht, aufgefasst werden (vgl Redecker 2001). Dass dabei die

Monade „ein Spiegel des Universums" ist, dass die Geistmonade aufgrund ihres „inneren Prinzips" der Bildsamkeit grundsätzlich die Möglichkeit hat, „alles" zu denken, macht sie zu einem selbstbezogenen, selbsttätigen und sich selbst bestimmenden Wesen. Dass sie eigenständig denkt, dass ihr niemand das ihr eigene Denken abnehmen kann, muss sie jedoch nicht zu einer einsamen Denkerin machen, wie Gaudig dies in der Isolierung der freitätig arbeitenden Schüler und Schülerinnen anstrebt. Gewiss, die Monaden haben „keine Fenster", bleiben auf sich selbst verwiesen, denn „weder das sinnliche Bild des Stoßes, noch die mathematische Regel für den Austausch und die Übertragung bewegender Energie, ist auf die geistige Sphäre anwendbar" (Cassirer, 1961 42f.). Zur Selbstisolation müssen sie jedoch darum nicht verdammt sein.

Es gibt für Leibniz „kein Mittel zu erklären, wie eine Monade verwandelt oder in ihrem Inneren durch irgendein anderes Geschöpft verändert werden kann; denn man kann keine Bewegung auf sie übertragen, noch in ihr irgendeine innere Bewegung begreifen, die darin hervorgerufen, gelenkt, vergrößert oder verkleinert werden könnte. […] Die Monaden haben keine Fenster, durch die etwas in sie hineintreten oder sie verlassen könnte" (Leibniz 2002, 11/113). Hätten die an ihren je eigenen Körper gebundenen Geistmonaden „Fenster", so wären sie nicht Individuen. „So kann die Substanz nicht im engeren Sinne mit anderen Monaden interagieren – sie beziehen sich zwar auf dieselbe Welt, sind jedoch aufgrund ihrer Perspektive unreduzierbar getrennt" (Lyssy 2009, 158). Leibniz' „Substanzen sind dynamisch und sie sind dies nicht reaktiv, sondern auf der Grundlage einer inneren Spontaneität: Sie sind selbsttätig. Sie spiegeln die sie umgebende Wirklichkeit auf ihre je eigene Weise, sie entwickeln Vorstellungen (Perzeptionen, Wahrnehmungen) der Wirklichkeit und sie tun dies, indem sie eine Unterscheidung zwischen sich und der Wirklichkeit markieren" (Schäfer 2012, 38).

Es gilt nun, den mit der „Fensterlosigkeit" verbundenen Entelechie-Gedanken neuzeitlich zu deuten und damit das Subjekt als den Erkennenden zu begreifen, der nur im eigenen Denken zu den Prinzipien des Denkens vordringen kann.

> „Indem jedes Individuum sich als einen selbständigen Ausdruck der allgemeinen Gesetzlichkeit begreift, findet es in der Vollendung des Alls seine eigene Vollendung. Zur Ausprägung dieses Gedankens greift Leibniz auf den Aristotelischen Begriff der ‚Entelechie' zurück. Weil es im Gedanken der individuellen Substanz liegt, daß alles, was immer ihr geschehen kann, aus ihrem eigenen Grunde herstammt und aus ihrem vollständigen Begriffe ableitbar sein muß: darum ist sie sich selbst genug" (Cassirer 1961, 45).

Aus „ihrem eigenen Grund" schöpft die geistmonadische Einzelseele, wenn sie auf die ihr eigenen Prinzipien des Denkens und Handelns zurückgreift. Dass Bildung die je einzigartige Tätigkeit einer individuellen Seele ist, erscheint als eine grundlegende These „der von der Pädagogik vornehmlich herangezogenen ‚Monadologie' (1720). Die ‚fensterlosen Monaden' stehen im Begriffsarsenal der Pädagogik, Leibniz betreffend, an oberster Stelle!" (Keck 1984, 6) Oder mit Wiater: „Die ‚fensterlosen Monaden' sind zum pädagogischen terminus technicus geworden, mit dessen Hilfe Individualität, Selbsterziehung und Bildung je nach dem zugrunde gelegten Pädagogikverständnis positiv oder negativ beschrieben werden" (Wiater 1984, 50). Niemand kann einem anderen Menschen den je eigenen Prozess der Selbstbestimmung abnehmen; und niemand kann sich anstelle eines Anderen bilden. Bei Gaudig wird die Selbstverwiesenheit der lernenden Person jedoch zu deren Selbstfixierung, das Denken in Eigentätigkeit zum Denken in Einsamkeit, denn Selbsttätigkeit bedeutet ihm weitgehend Arbeit ohne Anregung eines Anderen.

> „Der freitätige Schüler bedarf keiner Fremdeinwirkung, um den Antrieb zur Tätigkeit zu gewinnen; er bedarf während der Arbeit keiner Erregung der Kraft von außen, er bedarf nicht der Wegführung, damit er den Weg zur Lösung seiner Aufgabe findet" (Gaudig 1917a, 89).

Es ist nicht zuletzt die Protesthaltung gegen eine Vermassung, die Gaudig den vereinzelten Zögling in den Fokus rücken lässt, denn „wo freie geistige Tätigkeit in unserem Sinne herrscht, gibt es z.B. keine Masse mehr; die Masse hat sich aufgelöst in selbstverantwortliche Persönlichkeiten" (Gaudig 1922b, 33). Intersubjektivität scheint Gaudig verdächtig zu sein. Sie kann das Individuum überwältigen, wo sie als Masse auftritt. Auch die instruierende Lehrperson, die in der „Pauk- und Drillschule" die Lernenden dominiert, bedeutet Überwältigung des Individuums. Umso mehr gilt es, das Individuum zu schützen, und das heißt bei Gaudig: es von den anderen, die es bedrohen können, abzuschirmen. In Abwehr der schädigenden Mitwelt wird das scheinbar nur in Isolation als „gut" zu klassifizierende Individuum seinen Selbstentfaltungskräften überlassen. „Schon die bloße Anwesenheit des Lehrers schafft eine Lage, der stark determinierende Kraft eigen ist" (Gaudig 1917a, 94). Arbeitet der Schüler „unter den Augen des Lehrers" (ebd.), so ist „eine Quelle der Fremdimpulse gegeben" (ebd.). Wo selbsttätiges Arbeiten zumindest in Grenzen im Rahmen der Klasse möglich sein soll, fordert Gaudig „die Auflösung der Klasse in Individuen" (Gaudig 1917a, 96), die sich – gleichsam in monadischer Abgeschlossenheit – ihrer Aufgabe widmen, wie dies bei Klassenarbeiten der Fall ist; „der einzelne Schüler ist gleichsam inmitten der Klasse in Einsamkeit versetzt, auf sich selbst gestellt, aus der Masse heraus ist er auf sich selbst isoliert" (ebd.).

In Ablehnung eines das lernende Selbst hemmenden Extrems unterrichtlicher Interaktion wird der Lehrer gleichsam ausgeschaltet, um nur noch sein „Gegenüber", die lernende, heranwachsende Person in den Blick zu nehmen – eine ebenso abzulehnende Extremposition, denn nun ist das lernende Kind ausschließlich an sich selbst verwiesen. „Die Bedeutung kooperativer Aktivitäten im schulischen Arbeitsprozeß erscheint bei Gaudig eher als notwendiges Übel denn als eigenständige didaktische oder pädagogische Komponente der Schule" (Hackl, 1990, 84). Es werde „jedes kooperative oder kollektive Leistungsziel zugunsten ausschließlich individueller Leistungsziele verdrängt" (ebd., 85), was sich auch in Gaudigs „Begeisterung für die Hausarbeit" (ebd.) zeigt. Hier geht es Gaudig letztlich um eine persönliche Veredelung in einsamer Stille. So müsse es „in unseren

Schulen erheblich stiller werden, als es ist. Ich glaube aber, daß in dieser Stille, in dieser Einsamkeit, in die man den einzelnen versetzt, bessere, feinere, intimere, individuellere, persönlichere Arbeit gedeiht" (Gaudig 1969, 14).

Deutet man nun die „Fensterlosigkeit" der Geistmonade nicht als eine die Intersubjektivität ausschaltende Isolation, sondern als Möglichkeit eines je individuellen und immer auch perspektivischen Bildungsprozesses und das monadische „Spiegeln" der Welt nicht als allumfassende Selbstgenügsamkeit, sondern als grundsätzliche Möglichkeit, sich mit der eigenen Mit- und Unwelt sowie mit sich selbst als Teil der Welt auseinanderzusetzen, so wird eine pädagogische Deutung der Monadologie möglich, die bildungstheoretisch weiterführen kann. Setzt man jedoch zugleich bei der teleologischen Leibniz-Deutung an, so droht man mit Gaudig einer Verherrlichung kindlicher Selbstentfaltungskräfte zu verfallen. Der heranwachsende Mensch soll sich möglichst unabhängig selbst „entfalten" können, um seine „Kräfte" zu „entwickeln" und diese dann selbsttätig zum Ausdruck bringen zu können. Auf diese Weise wird die Gaudigsche Geistmonas zum personalen Kraftzentrum.

„Kraft-Akte" der „werdenden Persönlichkeit"

Das sich zur Persönlichkeit entfalten sollende Individuum ist für Gaudig ein Inbegriff von Naturkräften. Individualität gilt ihm als „der einem einzelnen Menschen eigene Komplex von Naturbestimmtheiten und Naturkräften, die neben- und aufeinander, nicht selten auch gegeneinander wirken" (Gaudig 1917a, 296). Kraft ist im Schüler entweder schon aktiv oder bereit zur Aktivierung durch den Lehrer. Dem entsprechend akzentuiert Gaudig „die junge Kraft, die entweder bereits aktuell oder doch potentiell (der Auslösung fähig) vorhanden ist" (Gaudig 1969,18). Gaudig pflegt zuweilen den Begriff der Kraft auf engstem Raum geballt – beinahe inflationär – zu verwenden.

> „Persönlichkeitserziehung ist Erziehung in Kraft zu Kraft. Von dem Glauben an die eingeborenen Kräfte des normalen Kindes, an die Fähigkeit der Selbstentwicklung geht sie aus; ihre Aufgabe sieht sie darin, die bereits wirksamen Kräfte zu steigern und zu veredeln, die latenten Kräfte auszulösen und dann zu entwickeln; die Aufgabe der Kräftebildung aber löst sie, indem sie die Kräfte wirken läßt und zwar eigentätig, selbsttätig. Persönlichkeitserziehung steht im Zeichen der Kraft, aber nicht einer Kraft, die das Fremdgebot, der Zwang von außen erweckt und steigert, sondern einer Kraft, die spontan wirkt: einer Kraft auch, die von innen heraus wirkt. Nicht aber so, dass etwa ein nur formaler Wille auf die Kraft wirkt, sondern so, dass die Kraft aus immer tiefer sich gründender wertvoller Gesinnung quillt. Für ein Krafttun, das nicht in wertvoller Gesinnung gegründet ist, hat die Schule der Persönlichkeitserziehung keinen Raum. Die Kraft, die in der werdenden Persönlichkeit sich entwickeln muß, ist aber auch bei aller Stärke keine ‚formlose' Kraft; die Schule formt die Kraft, daß sie zur Kunstkraft, zu ‚geschulten' Kraft wird" (Gaudig 1917b, 230f.).

Erwähnt werden anderen Orts ebenfalls auf engstem Raum „eine Kraft, die sich in bestimmten Formen äußert" (Gaudig 1965, 31), die „Kraft der Gesinnung" (ebd.), die „Kraft […], die die Gesinnung in Tat umzusetzen vermag" (ebd.), die „intellektuelle Kraft" (ebd.), die „Aneignungskraft" (ebd., 44), ein „Zusammen von Kräften […], dem Lebenskraft und Lebenswirksamkeit eigen ist" (ebd., 33), wobei „aus dem Urgrund das Urkräftige sich entwickelt" (ebd., 35).

Auffällig ist, dass ebenfalls in Gaudig-Interpretationen der Ausdruck „Kraft" – wenn auch zum Teil wohl Metaphorisches vorsorglich nicht ausschließend, in Anführungszeichen gesetzt – mit Vorliebe verwendet wird: „Diese seine Schule entwickelte sich zum ‚pädagogischen Kraftquell' für Lehrer aus aller Welt" (Schulz 2011, 59). Ohne Anführungszeichen, direkt und scheinbar selbstverständlich heißt es dann in Lotte Müllers Gedenkrede zu Gaudigs 70. Geburtstag: „So wurde die Gaudigschule zur Kraftquelle im schulischen Leben unseres Volkes" (Müller 2011, 252). Und auch Lotte Müller, die in Bezug auf die Arbeitsenergie der Schülerinnen von „junger Kraft" (ebd., 258) spricht, kennt die zu entfaltende „Kraft" der Schülerpersönlichkeit. „Er [Gaudig, A.R.] wollte jedem jungen Menschen dazu verhelfen, dass er die Kräfte, die in ihm ruhten, entdeckte und sie pflegte" (ebd.). Selbsttätiges Lernen werde „zu einer Quelle des Genusses und des Kraftgefühls, das auch mühevolle oder stupide Arbeit – etwa das Auswendiglernen von Texten oder Vokabeln – leichter von der Hand gehen lässt.[…] Ein Schüler, dessen Selbstwertgefühl durch das Kraftgefühl gesteigert wird, erlebt den Wert des Lernens ganz unmittelbar" (Günther 2011, 235). Und weiter heißt es: „Durch die Reflexion auf das ‚Ich' als Träger dieser Kraft verbindet und verdichtet sich beim Schüler das Kraftgefühl zum Selbstwertgefühl" (ebd., 236).

Die „Kraft-Begeisterung" Gaudigs und seiner Gefolgsleute macht ihm zu einem typischen Vertreter der Reformpädagogik, in der diese Vorliebe deutlich ausgeprägt ist. Der „Kraft-Ausdruck" ist ein typisch reformpädagogischer, der in verschiedenen lernbezogenen Kontexten bis heute Anwendung findet. So trägt zum Beispiel der von Harald Eichelberger und Christian Laner herausgegebene Band *Zukunft Reformpädagogik* aus dem Jahr 2007 den Untertitel „Neue Kraft für eine moderne Schule". Und Eichelberger betitelt einen Abschnitt seines darin enthaltenen Beitrags mit den Worten „Die Kraft der Reformpädagogik zur Erneuerung des Bildungswesens" (Eichelberger 2007, 35). Auch wenn Skiera den Erziehungsanspruch der Reformpädagogik auf den Punkt bringen will, spielt der Begriff der Kraft eine tragende Rolle:

> „Reformpädagogik in Geschichte und Gegenwart ist der Versuch, gegen die Macht der ‚alten Erziehung' mit dem Merkmal einer autoritativen Fremdbestimmung oder Außenlenkung eine ‚neue Erziehung' durchzusetzen, die Anschluß sucht an die im Kinde selbst angelegten Entwicklungskräfte, an seine Interessen und Bedürfnisse. In der Eigendynamik dieser Kräfte sieht Reformpädagogik zugleich den Schlüssel zur Entwicklung einer besseren Welt, an deren Heraufkunft Erziehung in dienender, helfender (nicht vorschreibender) Funktion mitzuwirken habe" (Skiera 2003, 20).

Eine die eigenen natürlichen Kräfte entfaltende Selbstentwicklung erscheint in der Reformpädagogik und speziell bei Gaudig und einigen seiner Interpreten als gleichsam magische Instanz der Bildung, wobei „der Glaube *an* und das Vertrauen *in* die Selbstentwicklungskräfte des Kindes" (Wilhelm 2007, 53) häufig an die Stelle pädagogischer Aktivität treten. Gaudig propagiert die „Entwicklung von innen her in Eigenkraft" (Gaudig 1922a, 24). Im Gedanken der Kraftentwicklung wird speziell der Kraftbegriff nun entelechial ausgelegt. Das „Ideal des Ich" hat eine „wirkende, schaffende und umschaffende Kraft" (Gaudig 1965, 66). Aus Gaudigs Schrift *Was mir der Tag brachte* (1923) hat Lotte Müller hierzu eine treffende Stelle in dem von ihr herausgegebenen Band *Die Schule der Selbsttätigkeit* zugänglich gemacht (vgl. *Todsünde*, wieder abgedruckt in Gaudig 1969, 42f.):

> „Wie willst du's verantworten, daß du die Kräfte nicht entwickelt hast, die – jedenfalls in schöner Fülle und schöner Mannigfaltigkeit – in deinen Schülerinnen verborgen waren, Spannkräfte zum Auslösen, Entelechien zur Entwicklung? Was sollen sie mit deiner auf sie aufgepfropften Wesensart, die nicht in ihrem Eigenwesen begründet ist und für die sie nicht die Verantwortung tragen können? Du warst ein Sklave deines Willens zur Macht".

In Gaudigs Schule soll Arbeit „die Auswirkung innerer Kräfte" (Gaudig 1917a, 86) sein. „Die Kräfte entwickeln sich am konkreten Stoff" (ebd.). Hierbei handelt es sich um die „zu entwickelnden Kräfte der Seele" (ebd.). Die Kinderseele wird zum Kraftkomplex. Gaudigs „fester Ausgangspunkt ist also die Kinderseele als ein Inbegriff von Kräften, die nach Entwicklung drängen und der eigentätigen Entwicklung fähig sind, wenn ihnen nur die Entwicklungsbedingungen gegeben werden" (Gaudig 1917b, 245). Diese Kräfte werden geordnet und klassifiziert. Sie bilden ein Kräftesystem differenzierter Einzelkräfte, mit denen hauszuhalten und gezielt zu verfahren ist.

> „Ein Inbegriff von Kräften ist unser Ausgangspunkt, ein Inbegriff von Kräften ist auch unser Zielpunkt, denn die Persönlichkeit muß gleichfalls als ein Inbegriff von Kräften gefaßt werden. Die Bewegung vom Ausgangspunkt zum Zielpunkt aber vollzieht sich als eine Kraftentwicklung, bei der die Kräfte sich in einer eigens für Selbstverständigung organisierten Wirkenssphäre frei auswirken. Der Inbegriff der Kräfte aber, mit dem wir als unserem Ausgangspunkt rechnen, bedeutet kein Aggregat von Kräften, sondern das Ineinander, das eigentliche Ganze von Kräften, das wir Individuum nennen. Und das ideale Ziel, auf das wir abzielen, ist uns wieder naturgemäß keine Summe von einzelnen Kräften, sondern nichts anderes als das Kraftsystem der Persönlichkeit [...]. Die Bewegung zum Ziel hin aber fordert zwar vielfach eine isolierte Betätigung der Einzelkräfte, aber die Einzelkräfte bilden nach ihrer inneren Verwandtschaft Kraftgruppen; vor allem muß der Isolierung der intellektuellen Kraftbetätigung dadurch vorgebeugt werden, daß bei der intellektuellen Tätigkeit zugleich auch die Kräfte des Gemüts und die Kräfte des Willens in Anspruch genommen werden" (Gaudig 1917b, 245).

Die Motivation zur Selbstentfaltung rührt laut Gaudig aus einem System von Gesinnungen, das hinter den Kräften steht. „Aber wir wollen nicht Kraft als Kraft, sondern Kraft, die von Gesinnung getragen ist" (Gaudig 1917b, 246), so dass „die Kraftbetätigung nicht von Zufälligkeiten wie z.B. vom Zufallsspiel der Stimmungen, sondern von einer sich selbst gleichbleibenden Disposition abhängt" (ebd.). Zudem bedarf es einer „technischen Schulung der Kraft" (ebd.);

„der Energiezustand der uns Persönlichkeit heißt, kann nur erreicht werden, wenn man die Kräfte der Individualität energisch übt und durch diese Übung emporbildet" (ebd.). Gaudig warnt davor, die Kräfte Heranwachsender über Gebühr zu beanspruchen. „Es kommt uns ja nicht auf die Leistung der Kraft als Leistung, sondern auf die Kraft als dauernde Zuständlichkeit, als bleibende Verfassung der werdenden Persönlichkeit an. Damit ist die Richtung auf eine sorgfältige Diätetik, auf einen guten Kräftehaushalt gegeben" (ebd.).

Doch Bildsamkeit, die im Anschluss an Leibniz zunächst unkritisch als „Selbstentfaltung" aufgenommen werden kann, bedeutet nicht die Möglichkeit zur Vollkommenheit, sondern „Vervollkommnung" als Ergreifen der Möglichkeit, sich allem und jedem urteilend gegenüberzustellen. „Eine Seele allerdings kann in sich nur das lesen, was darin deutlich vorgestellt wird, und sie kann sich nicht auf einen Schlag ganz entfalten, weil das ins Unendliche geht" (Leibniz 2002, 137). Hierbei kann das Gebundensein an methodisches Urteilen einer Kraftentfaltung entgegengestellt werden, die die Perfektibilität des Bildungssubjekts durch eine pseudo-naturale Tendenz zur Perfektion ersetzt, während die Auseinandersetzung mit dem eigenen, stets zur Disposition zu stellenden Denken in den Hintergrund gerät. „Wir brauchen kein Vermögen, das Ich ist kein Kraftzentrum, wie es Gaudig noch in Erborgung naturwissenschaftlicher Momente ausgesprochen hat. Die komparative Allgemeinheit muß weichen, hier wird die Notwendigkeit einer Voraussetzung sichtbar, die nicht nur jeden Akt bestimmt, sondern in der alle Menschen im Menschentum zusammengehören. Das Ich ist auf das scibile gerichtet und umgekehrt. Wir sprechen also von einer *grundsätzlichen Korrelation, können sie als Invariante bezeichnen,* aller motus mentis bewegt sich in ihr und wird von ihr regiert!" (Petzelt 1957, 11f.)

Betrachtet man jedoch die Kinderseele als Kraftkomplex, der sich in Richtung Selbstvervollkommnung entfalten soll, so ist eine Überforderung des Individuums geradezu vorprogrammiert (vgl. Redecker 2006). Vom heranwachsenden Menschen werden „Kraft-Akte" erwartet, durch die die „Schule der Zukunft" zum Heilsinstrument deklariert wird. Im Ausblick auf die Vervollkommnung des Kindes können reformpädagogische Bestrebungen an „einer perfekten Teleologie" (Oelkers 2005, 134) kranken. „Entwicklung ist so nicht folgenreiche Veränderung, sondern zielgerichtete Bewegung; die Erziehung muss sich auf das Ziel der Natur (und nicht einfach auf sich selbst) einstellen, will sie legitim sein" (ebd., 135). So propagiert „die reformpädagogische Theorie die Autonomie der Natur des Kindes und ihre Entwicklung, die vor Übergriffen geschützt werden müsse" (ebd., 138). Das kindliche Ich strebt dem Ideal der Persönlichkeit und damit einer kaum noch zu verhindernden Überforderung entgegen. Kratochwil kritisiert dann auch zu Recht, dass pädagogisches Handeln bei Gaudig „zu einseitig am entelechetischteleologisch gedachten Prozeß der Selbstentfaltung des Individuums zur Persönlichkeit überhaupt" (Kratochwil 1992, 86) orientiert wird. „,Natur' aber ist nicht biologische Beschreibung, sondern Substanz, Wesen oder eben Entwicklung, die sich vorhersehen lässt, weil das Ziel nicht nur bekannt ist, sondern die Entwicklung auch steuert. Das Kind ist nicht einfach empirisches Ich, sondern teleologisches Subjekt, das sich entwickeln muss, weil die Grundrichtung dieses Prozesses ihm substantiell eigen und somit vorgegeben ist" (Oelkers 2005, 141). Es hat als Kraftzentrum seinen Entwicklungsplan zu erfüllen. Die heranwachsende Geistmonas wird zum hochstilisierten Ebenbild Gottes, zu einer überforderten „kleinen Gottheit", wobei erneut an Leibniz angeknüpft werden kann. Ein Unterschied „zwischen den gewöhnlichen Seelen und den Geistern" besteht darin, dass „die Seelen im allgemeinen lebendige Spiegel oder Bilder des Universums der Geschöpfe sind, daß aber die Geister auch noch Bilder der Gottheit oder des Urhebers der Natur selbst sind und das System des Universums zu erkennen und durch architektonische Proben davon etwas nachzuahmen vermögen, weil jeder Geist in seiner Abteilung wie eine kleine Gottheit ist" (Leibniz 2002, 147).

Wird allerdings das Streben nach Vervollkommnung nicht als Hybris einer sich in Richtung Übermenschlichkeit hochstilisierenden Geistmonas aufgefasst – wie es die Nähe der Geistmonas zur Gottheit nahe legen könnte – sondern als individueller und stets offener Prozess der Auseinandersetzung mit anderen, anderem und sich selbst auf der Grundlage einer unbestimmten Bildsamkeit, so wird der Einzelne – das von Leibniz und Gaudig hervorgehobene Individuum – zum Maß seines je eigenen Lernprozesses. „Wenn auch das innere Streben des Menschen auf Vervollkommnung und Glück gerichtet ist, so trägt der Mensch dennoch nicht die Garantie für das Erreichen der Vollkommenheit in sich. Denn die beschränkte Menschennatur, die Körperlichkeit, das Vorhandensein von verworrenen und unbewußten Vorstellungen setzt diesem Streben eine Grenze. Verfehlungen, Fehl- und Trugschlüsse sind deshalb nicht ausgeschlossen" (Wiater 1984, 222). Wären sie ausgeschlossen, so hätte der Mensch keine Freiheit und könnte sich nicht bilden. Das scheinbare Manko wird zur Möglichkeit des individuellen Denkens, Urteilens und Wertens[10], das vermeintlich Unzulängliche zum Urgrund der Bildung. Gaudig unterliegt dann letztlich auch nicht einer „Kraftseeligkeit", die nur die von vornherein aus eigener Kraft Erfolgreichen fördert, wie er in seiner Kritik an Ellen Key hervorhebt:

> „Ist der Erzieher der Meinung, nur die Menschenseelen seien wertvoll, die sich mit ihrer naturgegebenen Eigenart in eigener Kraft durchsetzen können, so mag er à la Key experimentieren. Wem aber auch die zarten Seelen, die sich durch eigene Kraft nicht durchsetzen können, hohe Werte darstellen, wer ein tiefes Mitgefühl mit den Kindern hat, die durch die natürlichen Mischungsverhältnisse ihrer Seele an einer schönen und guten Selbstentfaltung gehindert sind, der wird die Kinder nicht so ‚wagen', wie es E. Key tat, und zwar umsoweniger je mehr er als Christ aus der Überzeugung vom unendlichen Wert der Menschenseele heraus die Verantwortlichkeit für die Seele fühlt. Ihm werden die Kinder zu schade sein für die Versuche eines erziehlichen und unterrichtlichen Dilettantismus" (Gaudig 2012a, 229).

---

[10] Zur Werterziehung auf der Grundlage vernünftiger Selbsttätigkeit vgl. auch Ladenthin 2013.

Wer das Kind dominiert, behindert oder zerstört dessen Kräfte. Die kindliche Lust zu fragen ist eine natürliche Kraft, die Gaudig durch die Lehrerfrage gefährdet sieht, denn „der Fragetrieb, mit dem das Kind in die Schule kommt, ist […] eine lebendige Kraft, die alle Pflege verdient" (Gaudig 1969, 47), während die Lehrerfrage dieser Kraft entgegenwirke, denn die „Frage des Lehrers erstickt den Fragetrieb des Schülers, einen der wertvollsten Triebe des jugendlichen Intellekts und schädigt so eine der wertvollsten lebendigen Kräfte des Geistes" (ebd., 46). Kratochwil attestiert Gaudig „einen Übereifer, der ihm etwa im Fall der Lehrerfrage blind macht für die gebotene differenzierte Betrachtung und für die dementsprechenden Unterscheidungen" (Kratochwil 1992, 84). So kann der Lehrer z.B. durch seine Frage „eine Denkbewegung initiieren" oder „Nachdenklichkeit auslösen wollen" (ebd., 85). Einer Pauschalverurteilung der Lehrerfrage ist darum eine Absage zu erteilen. „Ob eine Lehrerfrage pädagogisch und didaktisch legitimierbar ist, kann nur aufgrund einer sorgfältigen Analyse der verschiedenen Unterrichtsmomente des Unterrichtsgeschehens und ihres Zusammenhangs entschieden werden" (ebd.). Die Gaudigsche „Alternative, der Schüler möge die Fragen stellen und der Lehrer antworten, erweist sich nur als eine – das Denken allerdings sehr aktivierende und damit pädagogisch sehr hochwertige – methodische Möglichkeit unter anderen, an einen Stoff heranzugehen" (Kratochwil 1992, 85).

Gaudig differenziert durchaus zwischen verschiedenen Funktionen der Lehrerfrage. Die „kraftraubende" Gefahr der Lehrerfrage scheint ihn jedoch oft zu einer pauschalen Aburteilung der Lehrerfrage zu führen. „Die Kunst der Frage ist ein schönes und notwendiges Stück der Lehrkunst. Aber es gibt auch einen Fragekult, der dem Schulzweck höchst gefährlich wird (Gaudig 1909, 1). Erneut zeigt sich hier der Gaudigsche Hang, wegen eines abgelehnten Lehrerverhaltens, die Lehrperson zu eliminieren und an die Stelle der Lehrerfrage die Schülerfrage treten zu lassen. Auch die Dynamik der fortschreitenden Schülerfragen gipfelt letztlich in der einsamen Selbstbefragung. Die Schülerfrage könne „an den Lehrer, an die Mitschüler und an den Fragenden selbst gerichtet sein. In allen drei Gestalten ist sie wertvoll. Am wertvollsten ist naturgemäß die vom Schüler an sich selbst zur Selbstbeantwortung gerichtete Frage" (Gaudig 1969, 47f.).

Der Gedanke der Selbstschöpfung des Wissens aus dem eigenen Geist durch Selbstbefragung, der als einsame Entfaltung des bereits Angelegten erscheint, lässt sich durch eine entsprechend vorneuzeitliche Leibniz-Inerpretation festigen: „Kraft der immerwährenden Einwirkung Gottes auf die Monaden hat der Mensch alle Ideen virtuell jederzeit im Geiste. Denn der Geist denkt bereits in verworrener Weise alles, was er jemals deutlich denken wird. Zur Erkenntnis der Wahrheit bedarf der Mensch also nur der Aufmerksamkeit" (Wiater 1984, 228). Nun versteht Gaudig unter Selbsttätigkeit durchaus mehr als bloße Aufmerksamkeit, doch dadurch dass der sich selbst Fragen stellende Schüler den Lehrer weitgehend ersetzen soll, erscheint der Lernende als eine monadische Kraftquelle, die ihr Wissen einsam aus sich selbst zu schöpfen hat.

Die dialogische Monade

Wie anfangs hervorgehoben, können „werdende" Persönlichkeiten im Sinne Gaudigs „Methode haben", wenn die Lehrperson selbst „Methode hat", um die Lernenden zur Methode zu führen. Doch Bildung erscheint immer wieder als Bildung am Objekt, bei der die Lehrperson als Störfaktor auftritt.

> „Der Lehrer, den wir fordern, steht nicht dauernd als Mittler zwischen dem Zögling und dem Objekt; er muss immerfort bemüht sein, sich auszuschalten zugunsten des unmittelbaren Verhältnisses der Schüler zum Objekt" (Gaudig 1922a, 24).

Dem entsprechend ist Literaturunterricht direkte Textarbeit. Es „spricht der Geist des Dichters zum Geist seiner Leserin unmittelbar, ohne daß ein dritter vermittelnd zwischen beide träte" (Gaudig 1909, 2). Gewiss, in der einsamen Beschäftigung der Lernwilligen lässt sich die Gefahr des sexuellen Übergriffs, die gerade im Zusammenhang mit reformpädagogischen Einrichtungen in letzter Zeit vermehrt in die Schlagzeilen geriet, meist in beruhigender Weise abwenden. Vermeidet man jedoch im Blick auf die zuwendende Haltung „die Verengung auf den Eros" (Seichter 2012, 228)[11], der zudem einer differenzierten Betrachtung bedürfte, so tritt gerade auch das „dialogische Ein-Führen zu seiner [des Kindes] Selbstbestimmung in Freiheit und Mündigkeit" (Seichter 2012, 228) in den Blick. Die Verletzbarkeit der heranwachsenden Person fordert geradezu ein Ausbalancieren der beiden je unabdingbaren und gleichzeitig auf einander angewiesenen Haltungen der Nähe und der Distanz. Hier gilt es nicht – im Sinne einer Gaudigschen Lösung – die Aktivität der Lehrperson auf ein Minimum zu reduzieren, sondern sich immer wieder neu auf diesen Balance-Akt einzulassen. Es ist die „Aufgabe des Lehrers, die Aktivität des Schülers in differenzierter Hinsicht zu entbinden" (Pöppel 2008, 164). Er ist Unterstützer „im Vertrauen auf den Schüler als Hilfe zum Selbstvertrauen" (ebd.). Es kann mit Jürgen Rekus die Frage gestellt werden, ob die einsame Beschäftigung der Heranwachsenden mit Sinnzusammenhängen überhaupt als Lernen bezeichnet werden kann. „Die Notwendigkeit eines Lehrers […] steht denknotwendig in Zusammenhang mit der Angewiesenheit des Schülers auf Führung" (Rekus 2008, 192).

Gaudig kennt die auf dieser Ansicht basierende Kritik an der Zurückhaltung des Lehrers, und er versucht, ihr in gewohnter Manier zu begegnen. Weil der Lehrer die Eigentätigkeit der Schülerinnen und Schüler hemmen könnte, ist er weitgehend zum Schweigen verdammt:

---

[11] Gerade nach den – immer wieder im Zusammenhang mit reformpädagogischen Erziehungsheimen bekannt gewordenen – Übergriffen auf Kinder und Jugendliche ist zu betonen, dass eine sich in der dialogischen Beziehung manifestierende pädagogische Liebe, die die Personalität des Zöglings achtet auf „das korrespondierende Moment der Distanz" (Seichter 2007, 157) nicht verzichten kann.

„Man hat auch getadelt, daß es bei uns nicht zu einer Arbeitsgemeinschaft des Lehrers und seiner Schüler kommt. Wenn ich von mir selbst reden darf, so muß ich bekennen, daß ich nur gelegentlich ‚mit' meinen Schülern arbeite; nur selten ergeben sich auch im Seminar Unterrichtslagen, in denen ich als Mitdenker mit den Schülerinnen arbeite, als Glied einer Arbeitsgemeinschaft, die uns zu dem wissenschaftlichen Objekt in die wesentlich gleiche Lage des Untersuchenden stellt. Würde ich als Mitarbeiter mit meinen Zöglingen arbeiten, so würde ich sie mit meiner Energie erdrücken und sie in meine Bahnen reißen und wie ich jeder andere ausgereifte Lehrer. Das wäre aber alles andere als eine ehrliche Arbeitsgemeinschaft; das wäre Führertum unter dem Schein der Gleichheit. Würde ich mit meinem Wissen und Können in den Arbeitsvorgang eintreten, so würden für die Klasse und die einzelnen die besten Gelegenheiten zur Selbstentwicklung ihrer Kräfte verloren gehen. Oder soll ich unter meinen Schülern wie einer der Ihren werden, indem ich mich künstlich zurückhalte? Ich danke für solche Künstelei; ich möchte im Verhältnis zu meinen Schülern weder Scheintun noch Künstelei" (Gaudig 1922a, 24f.).

Die sich argumentativ in das Gespräch einbringende Lehrperson erscheint hier als „erdrückend", Gleichheit verheuchelnd, sich verstellend. Ist es jedoch nicht gerade das Lernen von einander, das vor allem bei unterschiedlichen Vorkenntnissen der Sprechenden die Unterredung bereichert und voranbringt? Schließlich gibt es auch hier den „anderen" Gaudig, den dialogbegeisterten Herausforderer, der den intersubjektiven Austausch zu schätzen weiß. „Die Fähigkeit, eines anderen Rede aufzufassen und ihm zu erwidern, sei es in der milden Form geselliger Unterhaltung, sei es in der scharfen Form der Streitverhandlung, sollte eine Eigenschaft sein, die keinem Menschen, am allerwenigsten dem Menschen unserer Zeit abgehen dürfte" (Gaudig 1917a, 109), weshalb „die dialogisch-dialektische Gewandtheit einer planmäßigen Pflege" (ebd.) bedürfe. Es ist jedoch nicht nur der gesellschaftliche Verkehr, auf den die Schule vorbereitet, sondern der Lernprozess selbst, der durch das Gespräch – nicht nur der Schüler unter einander, sondern unter aktiver Beteiligung des Lehrers – befördert werden kann. „Am lebhaftesten wird der Dialog, wenn er sich dialektisch gestaltet, wenn Meinung auf Meinung stößt und ein Meinungsstreit entsteht, der zu einer kleinen, oft sehr charakteristischen Parteibildung führt" (Gaudig 1909, 71). So gelingt es schließlich dem Dialogischen, die Gaudigschen Monaden aus ihrer Einsamkeit zu holen.

Wie wichtig dem Schulpraktiker und Denker Hugo Gaudig die dialogische Begegnung war, weiß Lotte Müller zu berichten: „Auch für sein persönliches Denkleben brauchte Gaudig verstehende Menschen. Nicht am Schreibtisch erklügelte er sein Werk, nicht von Prinzipien und Theorien ging er aus, sondern vom Leben dieser Schule aus gelangte er zu Grundsätzlichem. Widerhall brauchte diese Natur, die sich mitteilen musste: in der Äußerung seiner Gedanken wuchs ihm Neues zu" (Müller 2011, 254). Der die scheinbar höchste Form der Selbsttätigkeit in der einsamen Freiarbeit preisende Gaudig liebte die verbalen Auseinandersetzungen seiner Schülerinnen während des Unterrichts. „Gern entfachte er den Kampf der Geister, freute sich am sachlichen Aufeinanderprallen von Ideen, liebte das Wortspiel und die scharf zugespitzte Rede" (ebd., 256). Schade nur, dass er sie in seinen

Schriften immer wieder hinter das einsame Lernen zurücktreten lässt, und auch das „Entfachen" des Diskursiven durch die Lehrperson nur wenig Beachtung findet.

So ist umso vehementer hervorzukehren, dass er auch die interaktiven Momente des Unterrichts gezielt förderte. „Gaudig hat als ausdrücklicher Gegner des Lehrer-Vortrags die dialogische Form auch zur Lehrweise des Arbeitsunterrichts deklariert" (Scheibe 1999, 194). Es sind „höchst gegenwärtige Probleme der unterrichtlichen Kommunikation, für die der Arbeitsunterricht Gaudigscher Prägung sehr konstruktive Lösungsansätze aufgezeigt und erfolgreich praktiziert hatte" (Pehnke 2011, 115). Pehnke nennt hier die Aufhebung der „ungerechtfertigten Asymmetrien im Sprachgeschehen" (ebd.) zwischen dem vormals das Gespräch dominierenden Lehrer und seinen Schülern zugunsten einer „dialektischen Wechselwirkung von Lehrer- und Schülertätigkeit" (ebd.), bei der der stets engagierte Lehrer sich gekonnt zurückzunehmen wusste: „Wie sich die Lehrer, auf der ganzen Klaviatur didaktischer Möglichkeiten aufbauend, dabei zurückhaltend aber durchaus wirkungsvoll in den Arbeitsunterricht einbrachten, zeugt von hoher pädagogisch-didaktischer Kultur" (ebd., vgl. Rausch/Steinhöfel 1994, 201f.).

Wolf Dieter Kohlberg macht darauf aufmerksam, dass der Sokratische Dialog in der reformpädagogischen Didaktik einen essenziellen Stellenwert hat und trägt damit auch zur Rehabilitierung der Lehrerfrage bei: „Reformpädagogischer Appell an Lehrerinnen und Lehrer: Stellen Sie möglichst oft Fragen, die keine präzisen Reproduktionsleistungen erfordern, sondern formulieren Sie weitreichende Impulse, die konstruktiv-produzierende Schüleraktivitäten initiieren" (Kohlberg 2007, 76). Es ist je gerade die „Fensterlosigkeit", die je eigene Erlebniswelt, die unsere Neugier auf Multiperspektivität weckt. Auch die Leibnizschen Monaden sind nicht komplett isoliert von einander, sondern stehen zu einander in Verbindung. „Nicht im Gegenstand, sondern in der Modifikation der Erkenntnis des Gegenstandes sind die Monaden beschränkt" (Leibniz 2002, 135) und gleichzeitig im Austausch auf einander bezogen; sie stehen in „Konmmunikation" (ebd., 137), so dass „wer alles sehen kann [also bildsam ist, sich dem Wissen und Werten von „allem" potenziell öffnen kann, A.R.], in einem jeden lesen kann" (ebd.) [sich in andere hineinversetzen und mit anderen verständigen kann].

In der Pädagogik sind verschiedene Bedeutungen von Monadizität zu finden. Abzulehnen ist eine Monadizität, die eine rein egologische, weitgehend sozial isolierte Sinnkonstitution ermöglichen soll. Vielmehr setzen sich Menschen, die immer schon prä-reflexiv durch soziale Determinanten zu anderen in Beziehung stehen, mit einander auseinander und sind dabei konsensfähig, ohne zum Konsens gezwungen zu sen. So macht die „Unterscheidung von Konsens und Konsensfähigkeit [...] eine pädagogische Praxis möglich, die weder vor den Schranken unüberwindbarer Monadiztität des Subjekts resigniert noch der hybriden Anmaßung verfällt, Bildung herstellen zu können. Das gilt auch für Unterricht und Erziehung. Subjektivität ermöglicht einen Unterricht, der Vermittlung von Wissen im eigenen Fürwahr-Halten zu seiner Absicht hat. Eigenes Fürwahr-

Halten ist kein willkürlicher Zusatz zum Lernen, sondern eine Forderung zur Anstrengung des Denkens, die dem lernenden Subjekt nicht vom Lehrer auferlegt ist, sondern in der Strenge und Unverzichtbarkeit seiner Geltungsbindung ihren Grund hat." (Heitger 2004, 54) Da Menschen in ihrer faktischen Situiertheit sozial determiniert sind, „zeigt sich, dass die menschliche Vernunft nicht von monadisch-transzendenter Konstitution ist, sondern immer in Bindungen sozialer, historischer und inhaltlicher Art verwickelt bleibt" (Bertsche 2010, 111). Der Schüler, der sich an seinem Lehrer orientiert, begreift auch diesen nicht als eine sich ihm in geschlossener Entität entziehende Persönlichkeit, sondern lernt, sich mit ihm auseinanderzusetzen, ohne jedoch die eigene Individualität zu verleugnen. Er verhält sich zu seinem Lehrer, ohne ihn kopieren zu wollen.

Den abgelehnten isolierenden „Schranken unüberwindbarer Monadizität" tritt eine pädagogisch tragfähige Bedeutung von Monadizität entgegen. Sie besteht darin, dass jeder sein methodisches Denken nur selbst vollziehen und verantworten kann. In diesem Sinne gibt es eine „fensterlose Geschlossenheit des Ich, die wir monadisch nennen können. Ist das Fürwahrhalten nicht mitteilbar, weil es jedes Ich regiert, dann beherrscht diese Bedingung auch jede Du-Beziehung, also auch das Lehrer-Schüler-Verhältnis. In ihr bestimmt sich die Haltung des Lehrenden grundsätzlich. Er wird dafür verantwortlich, daß der Schüler das Fürwahrhalten vollziehen lernt: daß er fragen, begründen, antworten lernt und sich dabei in seiner Selbstverantwortung zu packen imstande ist" (Petzelt 1957, 87). Pädagogische Interaktion ist an Zu-Wissendes und Zu-Wertendes gebunden. Rekus hebt in Anlehnung an Petzelt hervor, dass „die Menschen als Monaden (LEIBNIZ) nicht unmittelbar, sondern immer nur über Gegenstände vermittelt in Beziehung treten können" (Rekus 1993, 115, Anm. 28).

Leibniz betont, dass es „ebenso viele unterschiedliche Universen gibt, die gleichwohl nur die Perspektiven eines einzigen sind, je nach den verschiedenen Gesichtspunkten jeder Monade" (Leibniz 2002, 135). Durch diese Multiperspektivität und ihre Kommunizierbarkeit wird es möglich, „soviel Vielfalt wie möglich zu erhalten, wenngleich mit größtmöglicher Ordnung [...], so viel Vollkommenheit, wie sein kann" (ebd.). Die Fensterlosigkeit der Monaden ist gerade nicht als deren absolute Isolierung von einander, sondern als Ausschluss kausaler Naturnotwendigkeiten in ihrem Wechselverhältnis zu verstehen, der Verständigung überhaupt erst möglich macht. „Die Monadenlehre LEIBNIZ' kann nicht einfach als Aufhebung des sozialen Bandes verstanden werden, sondern will die Besonderheit des personalen Bezuges frei von allen kausalen Bestimmungen festhalten" (Heitger 2008, 146). Im Blick auf die Geistmonade – die eben nicht eine isolierte Erlebniseinheit darstellt – ist Intermonadizität immer schon mitgedacht, was gegen Wiater betont werden kann. „Die Verengung auf die Monade als autarker, autonomer, das Ganze der Welt im Kleinen repräsentierender Einheit, als Selbst des Menschen" provoziere „geradezu den Vorwurf einer idealistisch-bürgerlichen Vereinseitigung der anthropologischen Basis in der Pädagogik

– ein Vorwurf, der sich gegenüber Leibniz als unhaltbar erweist, sobald man seine philosophischen und pädagogischen Aussagen als lebensgeschichtliche Einheit und Kontinuität sieht" (Wiater 1984, 101). Doch bereits im Rahmen der *Monadologie* zeigt sich gerade die hier hervorstechende Individualität des Einzelnen, die diesen mit allen anderen Bildsamen verbindet.

> „Die Monaden haben keine Fenster', sie tauschen keine naturhaften Wirkungen aus, sie repräsentieren die Bestimmtheit des Gegenstandes in einer Beziehungsgemeinschaft der ‚Verständigung'" (Hönigswald 1966, 128).

Es ist diese Verständigung, die eine sinnvolle Argumentation, welche den Horizont des einzelnen überschreitet, erst möglich macht. „Wie es nichts außerhalb der gegenständlichen Gesetzlichkeit der Dinge gibt, so auch nichts grundsätzlich außerhalb des Bereichs intermonadischer Verständigung" (Hönigswald 1966, 128). Das Ich ist in eine „Beziehung auf fremde Iche unaufhebbar hineingestellt; es ist mit ihnen, ohne auf sie kausal zu ‚wirken', durch die Tatsache der Verständigung verbunden; ja, es erscheint selbst erst vermöge seiner Gebundenheit an jene Tatsache als ein einziges" (Hönigswald 1923, 161). Hönigswald kennzeichnet die „Harmonie" zwischen den Erlebenden nicht als deren Unterschiedliches nivellierende Gleichschaltung, diese „Harmonie" beruht vielmehr geradezu auf der Differenz, die in der Individualität jedes Einzelnen liegt, wobei nicht ausgeschlossen sein muss, dass ein präreflexiv fungierender sozialer Sinn – sei dies z.B. die kulturelle Determination des Einzelnen – den Individuen gemein sein kann. „Ungeachtet ihrer Einzigkeit, ja als deren Konsequenz, hängen die Monaden in der Tatsache der Gemeinschaft ihres Erkenntnisbezugs, welche die der Verständigung einschließt, miteinander harmonisch zusammen" (ebd., 162). Dies schließt nicht aus, dass auch „disharmonische" Zusammenhänge durch (prä)reflexive Sozialbeziehungen möglich sein können, die den Anderen nicht in der ihm gebührenden Achtung berücksichtigen.[12]

Dass sich eine die „Fensterlosigkeit" durch Achtung des Anderen in seiner Andersheit berücksichtigende Lehr- und Lerngemeinschaft sprachlich verständigt, ist schließlich kein Manko im Sinne einer „nur" mittelbaren Verständigung, wie es bei Wiater anklingt: „Keiner und nichts vermag direkten Einfluß auf einen anderen zu nehmen. Die Beziehungen und die Kommunikation der Menschen untereinander sind (nur) durch eine wesenhafte Verstehbarkeit der Menschen gewährleistet. Selbst in den Fällen, wo ein Einfluß eines Menschen auf einen anderen äußerlich erkennbar ist, handelt es sich in Wirklichkeit nicht um einen solchen, sondern um ein abgestimmtes Eingehen des einen auf den anderen, das allein aus dessen Wil-

---

[12] Meint Pongratz z.B. mit Verweis auf die von Foucault untersuchten Disziplinartechniken im „Lebenskreis (wie es etwa beim Reformpädagogen Gaudig heißt)" eine der „Gemeinschaften'" zu sehen, „in denen jeder jederzeit gesehen werden kann bzw. jeder sich zeigen und beweisen muss" (Pongratz 2013, 222), so wäre es sicherlich mindestens ebenso herausfordernd, den einsam Lernenden Gaudigscher Couleur vor dem Hintergrund der in der derzeitigen Kontrollgesellschaft problematisierten Subjekttechnologien zu konturieren.

lensregungen zustande gekommen ist" (Wiater 1984, 222). „Fensterlosigkeit" bedeutet gerade die Möglichkeit jedes Einzelnen, durch Anregung Anderer selbst zu denken. Auch wo der Lernende das vom Lehrenden Mitgeteilte als eine nun vom Empfänger geprüfte Mitteilung akzeptiert, liegt kein direkter Einfluss vor, wie Wiater meint: „Leibnizens pädagogische Anthropologie stimmt mit seiner philosophischen Anthropologie überein. Die ‚Fensterlosigkeit der Monade' ist eine bildhafte Umschreibung für die Tatsache, daß der Erzieher keinen direkten Einfluß auf den Zögling nehmen kann, es sei denn [!, A.R.] dieser akzeptiert dessen Absichten und helfende Führung" (ebd., 233). Ein Akzeptieren dieser Absichten, und keine bloße Übernahme derselben, beruht jedoch auf einer Entscheidung des Annehmenden und ist darum nicht mit einem „direkten Einfluß" zu verwechseln. Es ist dann auch gerade die „Fensterlosigkeit", die die Rede von der „Vermittlung von Mündigkeit an Unmündige" (ebd., 234) gegenstandslos werden lässt, während Wiater bemerkt: „Zusammenfassend kann gesagt werden, dass G.W. Leibniz' Erziehungsbegriff an der Schwelle zur Entwicklung wissenschaftlicher Pädagogik bereits Ingredienzien des neuzeitlichen [!, A.R.] Verständnisses von Erziehung als Vermittlung von Mündigkeit an Unmündige enthält" (ebd.). Mündigkeit – und gerade das ist ja spezifisch neuzeitlich – kann nicht vermittelt, sondern auf der Grundlage der eigenen Vernunft nur selbsttätig erlangt werden.

„Autorität ist nicht die eine oder andere Person, sondern das bessere Argument" (Ladenthin 1999, 62); und dieses „bessere Argument" kann mir der Andere im Gespräch erschließen. Im argumentativen Für und Wider, in der Anknüpfung, Differenzierung und Vertiefung einer Thematik findet die Multiperspektivität der Monaden ihren Ausdruck mit dem Ziel einer – immer je eigenen, aber gemeinsam vorangetriebenen – Bildung, an der auch die Lehrperson in Interaktion mit ihren Schülerinnen und Schülern teil haben sollte, denn auch sie ist eben keine „ausgereifte" Persönlichkeit, die nicht auch noch von den ihr Anvertrauten lernen könnte. So kann das Gespräch die perspektivische Beschränktheit der Geistmonade überschreiten, wie sich in Anlehnung an Ursula Frost hervorheben lässt. Es „eröffnet die Möglichkeit, die Eingeschränktheiten der einzelnen Subjekte zu überwinden. Je mehr Menschen im Gespräch auf das Denken und Sprechen anderer Menschen Bezug nehmen, desto größer ist die Chance, daß sie sich der Wahrheit nähern" (Frost 1999a, 11).

Das Gaudigsche Lernen am Objekt, die einsame Beschäftigung mit dem Arbeitstext, kann der Leibnizschen Bedeutung der Intermonadizität nicht gerecht werden. Da jedes Individuum in seiner Bildsamkeit auf seine Art „das Universum spiegelt", treten gleichartige Individuen einander gegenüber, die sich gegenseitig austauschen und zur wechselseitigen Anregung der stets individuellen Bildung beitragen können, indem sie sich ihre je eigene Perspektive mitteilen, was nun auch im Anschluss an Alfred Petzelt betont werden kann. „Das andere Ich wird eben von mir nicht sowohl als ein Gegenstand, sondern vielmehr als ein anderes Ich unterschieden, es wird sozusagen von mir unterschieden, indem es mir gleicherachtet wird!"

(Petzelt 2008, 18) Der Andere „verlangt es, dass er nicht nur Gegenstand eines Prozesses sei, sondern Träger eines solchen Erkenntnisganges" (ebd., 44). Indem ich die Perspektivität des Anderen anerkenne, kann ich mich selbst erst als Individuum erleben. „Die ‚Reziprozität der Perspektiven', d.h. die gegenseitige Erlebbarkeit bedeutet […] ein eigenartiges, durchaus positives Band zwischen dem Ich und dem Du. […] Nur mit Bezug auf das Du kann ich mein Ich individuell nennen. […] Das Ich muss seinem Begriffe nach du-bezogen sein, und zwar so, dass diese Beziehung Wissen und gegenseitige Erlebbarkeit, also Wissen und Tatsachen, die selbst wiederum Tatsachen möglich machen, bedeutet" (ebd., 47). Soll meine Welt nicht eine in mir eingeschlossene bleiben, so fordere ich das Argument des Anderen im gemeinsamen Bemühen um das je eigene Lernen. „So begründet das Ich in Argumenten seine Gedankengänge im Hinblick auf das Du, das dazu müsste Stellung nehmen können. Es ‚rechnet' mit ihm grundsätzlich, bald mehr, bald weniger bewusst" (ebd., 106). Auf diese Weise kann das Verhältnis zwischen Ich und Du als ein dialogisches bezeichnet werden. „Im Begriff des Ich ist der Dialog gefordert, der Dialog mit jedem anderen für jeden möglichen Zeitpunkt" (ebd., 137) – auch der Dialog zwischen Lehrer und Schüler. Ordnen sich beide dem Vernunftanspruch unter, so kann der von Gaudig befürchteten Bemächtigung der heranwachsenden Persönlichkeit durch die – vermeintlich – „ausgereifte" Lehrperson entgegengewirkt werden. „Das zweifache ‚dia' als gegenüber dem Du sowie gegenüber dem Wahrheitsprinzip fordert das Argument beider Dialogisierender, des Führenden wie des Sich-führen-Lassenden" (Mikhail 2008a, 180).

Versteht man die werdende Persönlichkeit als eine lediglich ihre Anlagen entfaltende und damit durch Vorhersehbarkeit determinierbare, als ein nicht nur auf den Begriff, sondern auch „in den Griff" zu bekommendes monadisches Produkt der eigenen Selbstentfaltungskräfte, so erscheint es geradezu als ein an den Lehrer zu richtendes Gebot, weder als „Störfaktor" der Entwicklung, noch als den „jungen Keim" brechende Machtinstanz aufzutreten und sich infolge der damit verbundenen Gefahren vom Schüler zurückzuziehen. In dieser Einstellung wird jedoch übersehen, dass gerade die in „fensterloser" Eigenständigkeit sich selbst bestimmenden Geistmonaden auf den Austausch mit anderen angewiesen sind. Die Verletzbarkeit der heranwachsenden Person fordert dabei geradezu ein Ausbalancieren von Nähe und Distanz während der Begleitung auf einem intermonadisch anzuregenden und zu begleitenden Weg der individuellen Bildung. Entsprechend kann die Zukunft der Gaudigschen Reformpädagogik darin gesehen werden, ihre – oft versteckten, aber sporadisch aufspürbaren – vernunft- und dialogorientierten Aspekte bildungsrelevant aufzugreifen.

Literaturverzeichnis

Barsch, Anke 1999: Ein Versuch zur Klassifizierung von Rezeptionen zu den pädagogischen Aussagen Hugo Gaudigs. In: Pehnke / Förster / Schneider (Hg.) 1999, 627-644.
Benner, Dietrich / Kemper, Herwart 2003: Theorie und Geschichte der Reformpädagogik. Teil 2: Die Pädagogische Bewegung von der Jahrhundertwende bis zum Ende der Weimarer Republik, Weinheim.
Bericht über die Einführung des neuen Direktors 2012. In: Flöter / Ritzi 2012, 179-184 (Ursprgl. in: Bericht über die Höhere Schule für Mädchen und das Lehrerinnenseminar zu Leipzig 29 (1901), 11-17).
Bertsche, Oliver 2010: Erziehungswissenschaft als Systematische Pädagogik. Die prinzipienwissenschaftliche Pädagogik Marian Heitgers. Würzburg.
Bleckwenn, Helga 1990: Mädchenbildung und Reformpädagogik: Die Gaudig-Schule in Leipzig. In: von Hohenzollern / Liedtke 1990, 300-312.
Böhm, Winfried 2012: Die Reformpädagogik. Montessori, Waldorf und andere Lehren. München.
Böhm, Winfried / Oelkers, Jürgen (Hg.) 1999: Reformpädagogik kontrovers. Würzburg.
Brenk, Markus 2013: Sprache und Literatur. In: Keim / Schwerdt 2013b, 1045-1092.
Bublitz, Hannelore / Kaldrack, Irina / Röhle, Theo / Zeman, Mirna (Hg.) 2013: Automatismen – Selbst-Technologien. München.
Buchheim, Thomas 2009: Vernunft und Freiheit. In: Busche 2009, 223-244.
Busche, Hubertus (Hg.) 2009: Gottfried Wilhelm Leibniz. Monadologie. Berlin.
Busche, Hubertus 2009a: Einführung. In: Busche 2009, 1-34.
Busche, Hubertus 2009b: Übernatürlichkeit und Fensterlosigkeit der Monaden. In: Busche 2009, 49-80.
Cassirer, Ernst 1961: Freiheit und Form. Studien zur deutschen Geistesgeschichte. Darmstadt.
Eichelberger, Harald 2007: Die Bedeutung der kindlichen Entwicklung in den reformpädagogischen Modellen für die aktuelle Schulentwicklung. In: Eichelberger / Laner (Hg.) 2007, 24-43.
Eichelberger, Harald / Laner, Christian (Hg.) 2007: Zukunft Reformpädagogik. Neue Kraft für eine moderne Schule. Innsbruck u.a.
Flöter, Jonas 2012: „Wird Selbsttätigkeit das Grundprinzip der Schule, so ist damit die Arbeitsschule geschaffen." Johann Gottlieb Fichtes Idee der Selbsttätigkeit in der Arbeitspädagogik Hugo Gaudigs. In: Flöter / Ritzi 2012, 35-54.
Flöter, Jonas / Ritzi, Christian (Hg.) 2012: Hugo Gaudig – Schule im Dienst der freien geistigen Arbeit. Darstellungen und Dokumente. Bad Heilbrunn.
Fricke, Thomas 2011: Hugo Gaudig und Leipzig. Der Schulreformer, die Gaudigschule und Neuansätze der Gaudig-Rezeption in Leipzig. In: Schulmuseum 2011, 211-227.
Frost, Ursula 1999a: Gespräch als Ort der Bildung und sein Verfall. In: Frost 1999b, 7-18.
Frost, Ursula (Hg.) 1999b: Das Ende der Gesprächskultur? Zur Bedeutung des Gesprächs für den Bildungsprozeß. Münster.
Gaudig, Hugo 1909: Didaktische Ketzereien, 2. Aufl.. Leipzig.
Gaudig, Hugo 1917a: Die Schule im Dienste der werdenden Persönlichkeit. Band 1. Leipzig.
Gaudig, Hugo 1917b: Die Schule im Dienste der werdenden Persönlichkeit. Band 2. Leipzig.
Gaudig, Hugo (Hg.) 1922: Freie geistige Schularbeit in Theorie und Praxis. Breslau.
Gaudig, Hugo 1922a: Gedanken zur Leipziger pädagogischen Woche. In: Gaudig 1922, 3-28.
Gaudig, Hugo 1922b: Das Grundprinzip der freien geistigen Arbeit. In: Gaudig 1922, 31-36.
Gaudig, Hugo 1922c: Einführung in die Zeitungslektüre. In: Gaudig 1922, 126-128.

Gaudig, Hugo 1965 (1923): Die Idee der Persönlichkeit und ihre Bedeutung für die Pädagogik. 2., unveränd. Aufl.. Heidelberg.
Gaudig, Hugo 1969: Die Schule der Selbsttätigkeit. Hg. v. Lotte Müller. 2. Aufl. Bad Heilbrunn.
Gaudig, Hugo 2012a: Ellen Key. Eine pädagogische Revolutionärin im Urteil unserer 1a-Seminarklasse. In: Flöter / Ritzi 2012, 227-229. (Ursprgl. in: Bericht über die Höhere Schule für Mädchen und das Lehrerinnenseminar zu Leipzig 33 (1905), 8-16).
Gaudig, Hugo 2012b: Das deutsche Lesebuch. In: Flöter / Ritzi 2012, 251-264. (Ursprgl. in: Bericht über die II. Höhere Schule für Mädchen nebst Lehrerinnenseminar zu Leipzig 1 (1908), 3-19).
Gonon, Philipp 1999: Kaisertreue statt Internationalismus: Reformpädagogische Befindlichkeiten um die Jahrhundertwende. In: Böhm / Oelkers 1999, 175-200.
Günther, Martin 2011: Der Religionsunterricht bei Hugo Gaudig. In. Schulmuseum 2011, 229-247.
Hackl, Bernd 1990: Die Arbeitsschule. Geschichte und Aktualität eines Reformmodells. Wien.
Hansen-Schaberg, Inge 2012: Hugo Gaudig und die Mädchenbildung. In: Flöter / Ritzi 2012, 55-71.
Heitger, Marian 2004: Bildung als Selbstbestimmung. Herausgegeben von Winfried Böhm und Volker Ladenthin. Paderborn.
Herrmann, Ulrich / Schlüter, Steffen (Hg.) 2012: Reformpädagogik – eine kritisch-konstruktive Vergegenwärtigung. Bad Heilbrunn.
Hönigswald, Richard 1923: Die Philosophie von der Renaissance bis Kant. Berlin.
Hönigswald, Richard 1966: Geschichte der Erkenntnistheorie. Darmstadt.
Keck, Rudolf W. 1984: Vorwort des Herausgebers. In: Wiater 1984, 4-7.
Keim, Wolfgang / Schwerdt, Ulrich (Hg.) 2013a: Handbuch der Reformpädagogik in Deutschland. Teil 1: Gesellschaftliche Kontexte, Leitideen und Diskurse. Frankfurt/M.
Keim, Wolfgang / Schwerdt, Ulrich (Hg.) 2013b: Handbuch der Reformpädagogik in Deutschland. Teil 2: Praxisfelder und pädagogische Handlungssituationen. Frankfurt/M.
Kersting, Christa 2013: Frauenbewegung. In: Keim / Schwerdt 2013a, 169-214.
Kirchhöfer, Dieter 2013: Individualität. In: Keim / Schwerdt 2013a, 477-497.
Kohlberg, Wolf Dieter 2007: Die Modernität der Reformpädagogik – konstruktivistisch-neurophysiologisch begründet. In: Eichelberger / Laner 2007, 64-83.
Kratochwil Leopold 1992: Pädagogisches Handeln bei Hugo Gaudig, Maria Montessori und Peter Petersen, Donauwörth.
Krämer, Sybille: Tatsachenwahrheiten und Vernunftwahrheiten. In: Busche 2009, 95-111.
Ladenthin, Volker 1999: Gespräch und Sprache. In: Frost 1999b, 28-72.
Ladenthin, Volker 2013: Wert Erziehung. Ein Konzept in sechs Perspektiven. Hg. v. Anke Redecker. Baltmannsweiler.
Leibniz, Gottfried Wilhelm 2002: Monadologie und andere metaphysische Schriften. Hg., übersetzt, mit Einleitung, Anmerkungen und Registern versehen v. Ulrich Johannes Schneider. Hamburg.
Lyssy, Ansgar 2009: Monaden als lebendige Spiegel des Universums. In: Busche 2009, 145.160.
Mikhail, Thomas 2008 (Hg.): Ich und Du. Der vergessene Dialog. Frankfurt/M.
Mikhail, Thomas 2008a: Wahrheit und Dialog – Erkenntnistheorie und Pädagogik. In: Mikhail 2008, 171-184.
Müller, Lotte 1969: Nachwort der Herausgeberin. In. Gaudig 1969, 84-89.
Müller, Lotte 2011: Gedenkrede anlässlich des 70. Geburtstags von Hugo Gaudig, gehalten am 5. Dezember 1930 in der Aula der Gaudigschule. In. Schulmuseum 2011, 249-264.

Oelkers, Jürgen 2005: Reformpädagogik. Eine kritische Dogmengeschichte, 4. vollst. überarb. u. erw. Aufl., Weinheim / München.
Oelkers, Jürgen 2011: Eros und Herrschaft. Die dunklen Seiten der Reformpädagogik. Weinheim.
Osterwalder, Fritz 1999: Demokratie in der Konzeption der deutschen Reformpädagogik. In: Böhm / Oelkers 1999, 139-170.
Pehnke, Andreas 1999: Reformpädagogische Impulse für eine zukunftsgerichtete Schule. In: Pehnke / Förster / Schneider (Hg.) 1999, 21-60.
Pehnke, Andreas 2011: Hugo Gaudig (1860-1923), prominentester sächsischer Reformpädagoge, inmitten der Widersprüche reformpädagogischer Entwicklungen am Anfang des 20. Jahrhunderts. In: Schulmuseum 2011, 111-124.
Pehnke, Andreas 2012: Die Pädagogik Hugo Gaudigs im Kontext der Reformpädagogik um 1900. In Flöter / Ritzi 2012, 15-33.
Pehnke, Andreas / Förster, Gabriele / Schneider, Wolfgang (Hg.) 1999: Anregungen international verwirklichter Reformpädagogik. Traditionen, Bilanzen, Visionen. Frankfurt/M. u.a.
Petzelt, Alfred 1957: Von der Frage. Eine Studie zum Begriff der Bildung. Freiburg im Breisgau.
Petzelt, Alfred 2008: Ich und Du. In: Mikhail 2008, 13-138.
Pöppel, Karl Gerhard 2008: Über das Fürwahrhalten im pädagogischen Dialog. In: Mikhail 2008, 161-169.
Pongratz, Ludwig A. 2013: Selbst-Technologien und Kontrollgesellschaft. Gouvernementale Praktiken in pädagogischen Feldern. In: Bublitz u.a. 2013, 221-235.
Poser, Hans 2009: Innere Prinzipien und Hierarchie der Monaden. In: Busche 2009, 81-94.
Prüfer, Sebastian 2012: Hugo Gaudig – Anmerkungen zur Biographie. In: Flöter / Ritzi 2012, 157-175.
Rausch, Edgar / Steinhöfel, Bärbel 1994: Das arbeitsunterrichtliche Verfahren und das Unterrichtsgespräch im Sinne Hugo Gaudigs und Otto Scheibners. In: Röhrs / Pehnke (Hg.) 1994, 189-203.
Redecker, Anke 2001: Korrelation und Kontinuität. Zur Genese und Kritik der Erkenntnispsychologie Richard Hönigswalds vor dem Hintergrund der Theoriekonzepte des Marburger Neukantianismus, Würzburg.
Redecker, Anke 2006: Die „Wiedergeburt" des Subjekts aus dem Geist der Erziehungsphilosophie? – Nachpostmoderne Wege zum kritischen Denken. In: Philosophischer Literaturanzeiger 59 (2006), 69-103.
Reimers, Bettina Irina 2012: Der Nachlass von Hugo Gaudig. In. Flöter / Ritzi 2012, 145-155.
Rekus, Jürgen 1993: Bildung und Moral. Zur Einheit von Rationalität und Moralität in Schule und Unterricht. Weinheim / München.
Rekus, Jürgen 2008: Lernen und Lehren als Dialog. In: Mikhail 2008, 185-204.
Röhrs, Hermann / Pehnke, Andreas (Hg.) 1994: Die Reform des Bildungswesens im Ost-West-Dialog. Geschichte, Aufgaben, Probleme. Frankfurt/M.
Schäfer, Alfred 2012: Zur Genealogie der Pädagogik. Die Neu-Erfindung der Pädagogik als ‚praktische Wissenschaft'. Paderborn.
Scheibe, Wolfgang 1999: Die reformpädagogische Bewegung 1900-1932. Weinheim.
Schneider, Ulrich Johannes 2002: Einleitung. In. Leibniz 2002, VII-XXXII.
Schönpflug, Wolfgang 2013: Geschichte und Systematik der Psychologie. 3. vollst. überarb. Aufl., Weinheim.
Schulmuseum Leipzig – Werkstatt für Schulgeschichte (Hg.) 2011: Hugo Gaudig – Architekt einer Schule der Freiheit. Festschrift zum Internationalen Symposium aus Anlass seines 150. Geburtstags. 2. erw. Aufl. Leipzig.

Schulz, Dieter 2011: Erziehung zur Selbsttätigkeit. Eine Rückschau in die pädagogische Zukunft. In: Schulmuseum 2011, 55-83.

Seichter, Sabine 2007: Pädagogische Liebe. Erfindung, Blütezeit, Verschwinden eines pädagogischen Deutungsmusters. Paderborn.

Seichter, Sabine 2012: Die Missachtung der Grenze. Zu einer kritischen Revision des reformpädagogischen Habitus. In: Herrmann / Schlüter 2012, 219-230.

Skiera, Ehrenhard 2003: Reformpädagogik in Geschichte und Gegenwart. München.

von Hohenzollern, Johann Georg / Liedtke, Max 1990 (Hg.): Der weite Schulweg der Mädchen. Die Geschichte der Mädchenbildung als Beispiel der Geschichte anthropologischer Vorurteile. Bad Heilbrunn.

Weiß, Edgar 2013: Entwicklung. In: Keim / Schwerdt 2013a, 363- 378.

Wiater, Werner 1985: G.W. Leibniz und seine Bedeutung in der Pädagogik. Ein Beitrag zur pädagogischen Rezeptionsgeschichte. Hildesheim.

Wiater, Werner 1990: Erziehungsphilosophische Aspekte im Werk von G.W. Leibniz. Frankfurt/M.

Wilhelm, Marianne 2007: Von einer Pädagogik der Individualisierung zur Entwicklungsdidaktik. In: Eichelberger / Laner 2007, 44-63.

„Pädagogik vom Kinde aus" – Alfred Petzelts Reformulierung eines reformpädagogischen Slogans

Thomas Mikhail

Nach dem Abendbrot schnappt sich die vierjährige Lisa alle Dinkelkekse, die die Eltern für sie und den zweijährigen Bruder Daniel als Dessert auf den Tisch gelegt haben. Die Mutter, die die Szene nach eigenem Bekunden „nicht mehr länger ansehen" kann, richtet das Wort an ihre Tochter: „Ich habe dir schon hundert Mal gesagt, dass du mit deinem Bruder teilen sollst!" Daraufhin schiebt Lisa mit nach unten gezogenen Mundwinkeln zwei der sechs Kekse zu Daniel über den Esstisch.

Aus reformpädagogischer Perspektive mag es schwer fallen, in dieser Aktion eine angemessene pädagogische Maßnahme zu sehen. Das Handeln der Mutter könnte als repressiv bzw. autoritär gedeutet werden. Offenkundig legt die Mutter ihrem Handeln einen Maßstab zugrunde, der mit dem Kind respektive der Tochter nichts zu tun hat. Sie stellt sich auf einen quasi-objektiven, wohl durch die gesellschaftliche Norm legitimierten Standpunkt, von dem aus sie das Handeln der Tochter beurteilt. Die Mutter kann die Szene nach eigener Aussage „nicht mehr länger ansehen", sie bestimmt, dass Lisa zu teilen habe. Was das Kind sieht, denkt oder bestimmt, scheint offenbar keine Rolle zu spielen. Ohne diese Situation normativ zu bewerten oder gar romantisch zu verklären, könnte man das Handeln der Mutter als eine „Pädagogik vom Erwachsenen aus" bezeichnen. Freilich handelt es sich hier bloß um ein Beispiel. Aber wie in jedem Beispiel wird dabei etwas Allgemeines zum Ausdruck gebracht, nämlich eine pädagogische Denkungsart, die davon auszugehen scheint, der Erwachsene wisse, was richtig, gut und sinnvoll sei, während das Kind bzw. der Zögling dies noch zu lernen habe. Pädagogik in diesem Verständnis umfasst dann all jene Maßnahmen, mittels derer das Richtige, Gute und Sinnvolle der Erwachsenen(-welt) gelernt wird, um als Erwachsener selbst Anspruch auf dieses Wissen erheben zu können.

Es war und ist diese Denkungsart, gegen die die Reformpädagogik vehement protestierte bzw. auch heute noch protestiert. Einer so verstandenen „Pädagogik vom Erwachsenen aus" oder auch „Normalpädagogik", sofern sie durchzusetzen trachtet, was als gesellschaftliche, kulturelle oder soziale Norm zu gelten habe, stellt sie kontradiktorisch das Programm einer „Pädagogik vom Kinde aus" entgegen. Dahinter steht zunächst der grundlegende Zweifel, ob mit einem biologischen oder soziologischen (Alters- oder Reife-)Grad, das heißt ab einem genauer zu bestimmenden Zeitpunkt, eine pädagogische Berechtigung einhergehen könne, die pädagogische Maßnahmen von diesem Grad bzw. Zeitpunkt abhängig macht. Dieser Zweifel kommt beispielsweise zum Ausdruck, wenn man sich Fragen stellt wie:

Hat die Mutter Recht, weil sie älter als ihre Tochter ist oder weil sie als Erwachsene gilt? Berechtigt das Älter- und Erwachsensein zu Maßnahmen des Unterrichts und der Erziehung? Sollte sie nicht lieber versuchen, ihr Kind statt sich selbst zum Maßstab zu machen, um vielleicht zunächst zu verstehen, weshalb die Tochter nicht teilen will? Ist eine Pädagogik vom Kinde aus nicht angemessener als der Standpunkt einer quasi-objektiven gesellschaftlichen Norm, die den Menschen ohnehin lediglich in ein Korsett der Anpassung und Bevormundung zwängt?

Wenn dieses Programm einer „Pädagogik vom Kinde aus" hier als Slogan ausgewiesen wird, dann bedarf das einer kurzen Erläuterung. Mit dem sprachanalytischen Bildungsphilosophen Israel Scheffler lassen sich pädagogische Slogans als „Symbole" charakterisieren, „um die sich die wichtigsten Gedanken und Haltungen von pädagogischen Bewegungen gruppieren". Als solche Grundgedanken geben sie „einer gemeinsamen Geisteshaltung Ausdruck, und sie pflegen diese Geisteshaltung" (1971, 55). In Abgrenzung zu Definitionen und Metaphern sind sie für die pädagogische Theoriebildung eher belanglos, zugleich aber für das pädagogische Handeln maß- bzw. normgebend. Weil pädagogische Slogans weniger bei der begrifflichen Präzisierung hilfreich sind, sondern vielmehr das Handeln leiten, sind sie oft „mitreißend" und damit „Ausdruck von Parteigeist", wie sich in noch stärkerem Maße an politischen oder religiösen Slogans sehen lässt. Um beispielhaft einen aktuellen pädagogischen Slogan anzuführen, kann auf das „längere gemeinsame Lernen" verwiesen werden. Ebenso wie bei einer „Pädagogik vom Kinde aus" verbirgt sich hinter diesem Slogan (zunächst) kein klar argumentierbares Theorem, das sich in wissenschaftlichen Sätzen ausbuchstabieren ließe. Aber als Slogan grenzt sich durch ihn eine Gruppe von einer anderen bestehenden ab, die zum Beispiel für die Beibehaltung eines gegliederten Schulwesens votiert. Scheffler zufolge führen pädagogische Slogans im Laufe der Zeit oftmals dazu, „immer wörtlicher (genauer) interpretiert" zu werden, „und zwar sowohl von den Anhängern als auch von den Gegnern der durch die Slogans repräsentierten Bewegung" (ebd., 56). Dies kann in der Konsequenz dazu führen, so Scheffler, dass das mit dem Slogan ursprünglich Gemeinte durch die Transformation in die ‚Buchstäblichkeit' verdeckt oder gar verfälscht werde. Allzu oft würden pädagogische Gedanken so „binnen kurzem in popularisierten Versionen einflußreich", ohne dass man die „gedanklich wohlfundierten und oft schwierigen Schriften", aus denen die Slogans entnommen wurden, berücksichtige. Genau dieses Schicksal der Popularisierung bzw. vielmehr Simplifizierung, so die hier vertretene These, trifft für den reformpädagogischen Slogan einer „Pädagogik vom Kinde aus" zu. Nicht zuletzt zeugt der „GAU" an der Odenwaldschule davon, wie Oelkers und Miller in der Vorbemerkung ihrer neuesten Publikation schreiben, welche fatalen praktischen Konsequenzen folgen (können), wenn man sich „hinter einer reformpädagogischen Fassade" versteckt, die die popularisierte Version des Slogans bietet. „Angesichts der jahrzehntelangen Missbrauchsfälle" in den 1970ern und 80ern, die erst im Jahr 2011 medial in die Öffentlichkeit gelangten, müsse ernsthaft gefragt werden, ob deswegen so lange kein Verdacht aufkam, „weil man der ‚Pädagogik vom Kinde aus' schlecht widersprechen kann" (Oelkers/Miller 2014, 7).

Als Slogan bedeutet eine „Pädagogik vom Kinde aus" vor diesem Hintergrund dann nicht nur ein reformpädagogisches Programm neben anderen. Vielmehr kann damit genau derjenige, von Scheffler charakterisierte „Parteigeist" bezeichnet werden, der die Reformpädagogik als spezifische Bewegung gegenüber anderen (konservativen oder normalpädagogischen) Auffassungen auszeichnet. Blickt man auf das eingangs gegebene Beispiel zurück, muss gefragt werden, weshalb eine reformpädagogische Kritik berechtigt wäre, aber auch, was es heißt, eine „Pädagogik vom Kinde aus" zu praktizieren. Was dieser Slogan nicht bedeuten kann, darf hier bereits ohne große Erläuterung vorweggenommen werden: Sicherlich kann eine „Pädagogik vom Kinde aus" für die Mutter nicht heißen, die Tochter alle Kekse alleine knuspern zu lassen; das heißt im pädagogischen *terminus technicus* eine laissez-faîre-Erziehung zu praktizieren. Zwar wäre auch diese Maßnahme „vom Kinde aus" gedacht, aber eben keine Pädagogik, sofern vorausgesetzt werden kann, dass mit dem Wort „Pädagogik" gerade in diesem Slogan ein (wie auch immer zu bestimmendes) eingreifendes Handeln bezeichnet wird, das von jeder Art des Gewährenlassens unterschieden werden kann.

Um den gedanklich-theoretischen Gehalt dieses Slogans versuchs- und ansatzweise aufzuklären, nehmen die folgenden Überlegungen Bezug zur Pädagogik Alfred Petzelts. Weshalb sich gerade seine pädagogischen Auffassungen in den Zusammenhang eines Bandes über reformpädagogische Denkerinnen und Denker bzw. über reformpädagogisches Denken stellen lassen, bedarf dabei einiger Vorbemerkungen (1.). In einem zweiten Schritt soll der historische Ursprung des reformpädagogischen Slogans genauer analysiert, das heißt der damit unterbestimmte begrifflich-theoretische Gedanke näher entfaltet werden (2.), um von dort aus Petzelts „Reformulierung" zu explizieren (3.). Weshalb es sich um eine „Reformulierung" handelt, muss vorerst noch ungeklärt bleiben und soll erst im weiteren Verlauf deutlich werden. In einem abschließenden Punkt werden handlungstheoretische Folgen aus Anlass der Petzeltschen Auffassungen markiert, die einen Ausblick auf die pädagogische Praxis geben.

1. Petzelt als Reformpädagoge

Es mag ungewöhnlich erscheinen, Alfred Petzelt in den Zusammenhang der Reformpädagogik zu stellen. Lediglich eine einzige unter den einschlägigen Gesamtdarstellungen zur Theoriegeschichte der Reformpädagogik nimmt seine pädagogischen Gedanken auf (vgl. Benner/Kemper 2003, 327ff). Dies nimmt allerdings nicht wunder, wenn man bedenkt, dass Petzelts pädagogisches Schaffen erst ab dem Jahr 1947 mit der ersten Auflage seiner *Grundzüge systematischer Pädagogik* beginnt, nachdem er als studierter und promovierter Psychologe ursprünglich im Bereich der Blindenpsychologie gearbeitet hatte und zudem „durch politische

Maßregelungen im Jahre 1934 aus dem Hörsaal in die Schulstube gewiesen wurde", wie er im Vorwort seiner Hauptschrift selbst schreibt. Als dieser „Spätstarter" passt er nicht recht in das Zeitfenster der „Hochphase" refompädagogischen Denkens um die Jahrhundertwende.

Aber es ist nicht nur die zeitliche Diskrepanz, die eine Einordnung Petzelts in den reformpädagogischen Kontext erschwert. Zu rationalistisch für die reformpädagogische Tradition müssen seine pädagogischen Schriften anmuten, zu pedantisch sein Beharren auf systematische Gedankenführung, zu eng sein Bezug zur Epistemologie und Ethik Immanuel Kants, dessen Transzendentalphilosophie sich der akademische Schüler des Neukantianers Richard Hönigswalds in besonderem Maße verpflichtet weiß. Hinzu kommt sein großes Interesse an der theoretischen Durchdringung der „methodologischen Eigenart der Pädagogik als einer wissenschaftlichen Disziplin" (Ruhloff 1982, 11), dem Petzelt praktische Fragen der Umsetzung (scheinbar) nachordnet. So erscheinen beispielsweise seine Bezugnahmen zur Schulpraxis eher marginal und lediglich dann gegeben, wenn die theoretische Reflexion durch anschauliche Beispiele aufgelockert wird, um die Leserschaft mitzunehmen. Dies sind Gründe, die so gar nicht in die reformpädagogische Tradition des „Irrationalismus" passen mögen, wie ihn Bruno Schonig für die Rezeption der Reformpädagogik herausgearbeitet hat (vgl. 1982).

Wenn hier Petzelts Pädagogik dennoch dem reformpädagogischen Denken zugeordnet wird, verlangt dies zunächst eine ‚Lockerung' des historischen Rahmens. Alle Experten sind sich (mittlerweile) darin einig, die reformpädagogische Bewegung nicht als eine in sich geschichtlich abgrenzbare Epoche betrachten zu können, die sich beispielsweise einer „Normalpädagogik" gegenüber stellen ließe, wie Dietrich Benner zunächst noch in einem Aufsatz zur *„Permanenz der Reformpädagogik"* vorschlug (1998), bevor er zusammen mit Herwart Kemper die Trilogie zur „Theorie und Geschichte der Reformpädagogik" veröffentlichte, wo er schließlich ebenso wie beispielsweise Jürgen Oelkers in seiner *„kritischen Dogmengeschichte"* der *„Reformpädagogik"* (2005) für eine historische Offenheit plädiert. Diese Perspektive bietet sich nicht allein mit Rücksicht auf analoge oder parallele Tendenzen außerhalb Deutschlands an, die nur teilweise zeitgleich, teilweise aber auch erst in der Mitte des 20. Jahrhunderts zu verzeichnen sind (vgl. beispielsweise Böhm 2012, 51ff). Eine historische Öffnung kann auch hinsichtlich des programmatischen Vorhabens reformpädagogischen Denkens gerechtfertigt werden, das heute kein anderes ist als vor einhundert Jahren. Denn auch wenn sich die historisch-gesellschaftlichen Bedingtheiten gewandelt haben mögen (zu betonen ist der Konjunktiv), so bleiben die Kritik am Bestehenden sowie der damit einhergehende Drang nach „Reform" (zumindest formal) dieselben.

Die geschichtliche ‚Lockerung' verweist auf inhaltliche Kriterien, mit denen sich das „Phänomen Reformpädagogik" (Böhm) sowohl für die Historiographie als auch für die systematische Auseinandersetzung fassen lässt. Auch hier herrscht weitgehend Einigkeit unter den einschlägigen Forschungen. So verweisen beispielsweise Benner und Brüggen auf die „zwar nicht von allen Akteuren geteilten, gleichwohl aber übergreifenden Merkmale der reformpädagogischen Bewegung", als da wären „eine weitgehende Mythisierung des Kindes, die Einbettung der Bewegung in die nicht mehr auf Integrationalität, sondern auf Selbständigkeit und Selbsttätigkeit der Heranwachsenden setzende Jugendbewegung sowie radikale Formen von Schul- und Kulturkritik" (2011, 246). Böhm weist darüber hinaus auf „Gemeinschaft" und „Leben" als weitere Grundbegriffe reformpädagogischen Denkens hin (2012), während Oelkers neben der Schulkritik und der Kindorientierung gleichsam die „Entwicklung" als reformpädagogischen „Leitbegriff" herausarbeitet (vgl. 2005).

In dieser Hinsicht lässt sich Petzelt bereits teilweise der Reformpädagogik zuordnen. Lediglich teilweise, weil beispielsweise Begriffe wie „Leben" und „Entwicklung" von dem transzendentalkritischen Pädagogen Petzelt sehr skeptisch betrachtet werden mussten. Nicht im Leben als unhintergehbarem Metaphysikum sah er eine pädagogische Voraussetzung, sondern im Erleben, das heißt in den zeitlichen Akten psychischer Präsenz, in denen sich das Ich selbst ordnet, um in Petzelts Sprache zu sprechen, sah er die Bedingung der Möglichkeit, als Pädagoge überhaupt vom Leben sprechen zu können. Leben war ihm stets nur als Erleben denkbar, um nicht in einen besinnungslosen und damit pädagogisch irrelevanten Biologismus abzugleiten. Beispielhaft schreibt er in den *Grundzügen* über den Zusammenhang von Pädagogik und Leben: „Wir scheuen uns [...] nicht, auszusprechen, daß der Unterricht nie lebensfremder war, als dort, wo er sich nach dem Pseudoprinzip der Lebensnähe modern gebärdete" (1955, 132). Auch mit der „Entwicklung" wusste er lediglich in seiner psychologischen Systematik etwas anzufangen, nicht jedoch in der Pädagogik. Auch sie ist eher im biologisch-organischen Sprachrevier beheimatet. So interessierte ihn weniger, wie und ob sich der Mensch entwickelt, sondern vielmehr, wie er sich in seinen (Handlungs-)Akten gestaltet, das heißt wie er wertet, bewertet und sich entscheidet. Während der Entwicklungsbegriff tendenziell auf ein natürliches Geschehen verweist, das sich von selbst vollzieht, rückte Petzelt die von der Reformpädagogik gleichsam betonte Selbsttätigkeit ins Zentrum seiner Überlegungen. Weil „Entwicklung" eher in den Bereich psychologischer und naturwissenschaftlicher Termini fällt, plädierte Petzelt für den Begriff der „Aktivität", um als Pädagoge die kultürliche Seite des Menschseins stark zu machen.

Bei allen Abweichungen von den inhaltlichen Merkmalen können die Übereinstimmungen mit reformpädagogischem Denken nicht verschwiegen werden. Da die Kindorientierung in ihrer Reformulierung erst noch näher analysiert werden soll, kann sie hier nur vorläufig behauptet werden. Aber gerade der angesprochene Aspekt der Selbsttätigkeit, den Petzelt als „Aktivität" bezeichnet, muss für sein pädagogisches Denken als ein zentraler, wenn nicht als der zentrale pädagogische Begriff betrachtet werden. Selbsttätigkeit bzw. Aktivität sind für ihn keine gesonderten Züge des Menschseins, die erst entfaltet werden müssten oder die durch Repression eliminiert werden könnten. Petzelt sieht den Begriff der „Aktivität" vielmehr als grundlegende Voraussetzung des Menschseins an, das heißt als „Notwendigkeit der Sinngebung durch das Ich" (1955, 85). Der Mensch könne sich gar nicht anders als in und durch Aktivität bestimmt denken. Denn sofern sich der Mensch selbst zu bestimmen sucht, selbst sofern er dieses Fragen nach seiner Bestimmung beiseite lässt, ist er aktiv, oder besser: ist seinem Tun oder Lassen Aktivität vorausgesetzt. Andernfalls, so ist Petzelt zu verstehen, wäre es unmöglich, vom Menschen überhaupt nur irgendwie zu denken, da ja wiederum dieses Denken bereits Aktivität voraussetzte. Aktivität sei somit kein tatsächlicher Zustand des Menschseins, der im Wechsel mit passiven Zuständen stünde. Aktivität ist vielmehr ein Prinzip, das heißt die Bedingung der Möglichkeit des Menschseins überhaupt, was als Voraussetzung die unendliche Mannigfaltigkeit konkreter Akte oder Aktionen bedingt. „Man wende nicht ein", schreibt er in den *Grundzügen*, „daß vieles in uns abläuft, ohne daß wir uns besonders richten, vielfach richten wir uns später auf Wahrgenommenes und Erlebtes bewußt". Dies seien „Tatsächlichkeiten, die nicht zu bestreiten sind" (ebd., 86). Der Punkt ist nur, dass dieser Einwand nicht „das Recht der prinzipiellen Aktivität des Ich" trifft, sofern auch unbewusste Akte einem Ich zugerechnet werden können, „vom Ich gemacht, produziert, also aktgebunden" sind. „Die bewußten Akte sind von den unbewußten nicht so getrennt, daß die letzteren keine mehr wären. Es müßte das Prinzip aufzuzeigen sein, welches sie beide umfaßt. Das aber kann nicht außerhalb des Aktes aufgewiesen werden" (ebd.). Wenn die Selbsttätigkeit eines der bestimmenden inhaltlichen Merkmale reformpädagogischen Denkens ist, dann kann Petzelt ohne Weiteres dieser Tradition zugerechnet werden.

Auch der Gemeinschaftsbegriff spielt in seiner Systematik eine entscheidende Rolle. Zwar ist „Gemeinschaft" im Gegensatz zu der Stellung in der Pädagogik seines Lehrers Hönigswald nicht annähernd prominent (vgl. Hönigswald 1927), aber dennoch für das Verständnis seiner pädagogischen Auffassungen gewichtig. Wie so oft vermeidet Petzelts allerdings jegliche Hypostasierung oder Mystifizierung des Gemeinschaftsbegriffs, wie beispielsweise Peter Petersen. So ist für ihn Gemeinschaft schlicht der notwendige Komplementärbegriff zum Ich. Hönigswald und auch dem Neukantianer Paul Natorp folgend, über den Petzelt im Laufe seiner akademischen Karriere mehrere Vorlesungen hielt, sei Gemeinschaft immer nur als eine Gemeinschaft der Individuen denkbar, während umgekehrt das Individuum als solches nur innerhalb der Gemeinschaft aller Individuen vorgestellt werden könne. Was Erkenntnistheorie und Moralphilosophie betrifft, wendet sich diese Denkfigur ganz klar gegen jede Vorstellung eines epistemologischen oder ethischen Solipsismus. Pädagogisch betrachtet, führt sie zu der Position, dass „echte Gemeinschaft" nur als „Aufgabengemeinschaft" vorstellbar sei. „Kein anderes Fundament kann sie stiften" (1955, 143). Wie es der Bildungsaufgabe des einzelnen obliege, sich selbst in seinen Akten zu gestalten, so bedeutet dies zugleich die pädagogische Aufgabe für alle Iche. In dieser Aufgabe sind die Menschen miteinander verbunden, das heißt angesichts der Bildungsaufgabe könne erst von Gemeinschaft gesprochen werden. „Echte Gemeinschaft bindet die Iche im Wissen und Gewissen" (ebd.). Gemeinschaft als Aufgabengemeinschaft bedeutet (im Gegensatz zur Gesellschaft) dann die Einheit bzw. Vereinigung der Iche angesichts gemeinsamer Wissens- und Wertebestände, was Petzelt in der Konsequenz als „Kulturgemeinschaft" bezeichnet. Welche herausragende pädagogische Bedeutung die Kulturgemeinschaft hat, wird einsichtig, wenn man bedenkt, dass Gemeinschaft als Aufgabengemeinschaft „nicht fertig und abgeschlossen werden" könne, „sie ist erreicht und zerstörbar zugleich, sie muß immer wieder von neuem erreicht und gefestigt werden, das Bemühen um sie darf kein Ende nehmen" (ebd.). Ebenso wie der einzelne Mensch aus pädagogischer Perspektive zu keinem Zeitpunkt als *aus*-gebildet betrachtet werden könne, so sei auch Gemeinschaft nie ‚fertig', nie abgeschlossen, nie vollendet, sondern stets gemeinsame Aufgabe für alle Menschen, die sich um gemeinsame Wissens- bzw. Kulturbestände und Wertvorstellungen bemühen. Wo dieses „einigende Band", das in der Bildungsaufgabe besteht, beispielsweise durch biologische oder geographische Faktoren wie Ethnie oder räumliche Nähe ersetzt wird, werde nach Petzelt faktische Gemeinschaft verunmöglicht. „Gemeinschaft wird solche als Kultureinheit, sie ist Aufgabe, also prozeßhaft. Ihrer Forderung kann sich niemand, grundsätzlich gesehen, entziehen. Sie stellt eine pädagogische Aufgabe dar, die die Glieder durch die Generationen, also unaufhörlich bindet" (ebd., 146).

Aus dieser Perspektive wird deutlich, dass für Petzelt Kulturkritik nichts wäre, was von der Pädagogik neben der Klärung der Bildungsaufgabe geleistet werden müsse. Vielmehr ist Kulturkritik vor dem Hintergrund dieses prozesshaften Kulturbegriffs ihr ständiges Thema. Schon im Vorwort zur ersten Auflage der *Grundzüge* 1947, also beinahe 20 Jahre vor der von Georg Picht zum geflügelten Wort stilisierten Diagnose, schreibt Petzelt von der „Unterrichts- und Erziehungskatastrophe", in die der Nationalsozialismus durch die Ablösung durch Indoktrination und Manipulation „unsere Jugend und mit ihr unser gesamtes Volk gebracht hatte" (1955, 7)[1]. Seine Kulturkritik bleibt aber nicht nur bei der Kritik an der nationalsozialistischen Barbarei stehen, sondern zielt darüber hinaus auf jede Vorstellung, die in der Kultur etwas Bestehendes, Fertiges, das heißt „Ichloses" sieht. Da ihm Kultur Aufgabengemeinschaft bedeutet, Aufgabe jedes einzelnen im Bemühen um Verbindlichkeit im Wissen und Gewissen, habe Pädagogik die Kultur als gegebene nie zu akzeptieren, sondern immer im Hinblick auf diese Aufgabe als eine „Gesollte" bzw. bessere Kultur zu betrachten. Auch in diesem Punkt ist Petzelt demnach einem reformpädagogischen Denken verpflichtet.

Da lediglich eine partielle Übereinstimmung der Petzeltschen Pädagogik mit den inhaltlichen Merkmalen der reformpädagogischen Bewegung vorliegt, die darüber hinaus in der Ausbuchstabierung große Unterschiede zum traditionellen

---

[1] Das Vorwort ist ebenfalls in der zweiten Auflage von 1955 abgedruckt, die im Weiteren zur Zitation verwendet wird.

reformpädagogischen Denken aufweist, ist auch diesbezüglich eine Zuordnung Petzelts in den Kreis der Reformpädagogen nicht recht angebracht. Wenn jedoch eine historische und programmatisch-inhaltliche Einordnung nur bedingt überzeugen, kann die Klassifizierung Petzelts als Reformpädagoge möglicherweise nur durch das gerechtfertigt werden, was hier (stipulativ) als „theoretische Intentionalität" seiner Systematik bezeichnet werden soll. Gemeint ist ein formales Kriterium, das eine pädagogische Denkungsart nicht auf bestimmte Zeitstrecken festlegt und auch nicht bloß auf inhaltliche Merkmale hin untersucht, sondern die Absicht des pädagogischen Denkens in Ansehung und Abgrenzung zu anderen Wissenschaften zu ihrem Maßstab nimmt und so Gemeinsamkeiten und Unterschiede feststellt. So könnte man die Reformpädagogik als den Versuch verstehen, Pädagogik bzw. pädagogisches Handeln als unabhängig von den Interessen und Zwecksetzungen anderer Wissenschaften zu denken. „Reform" bedeutete in diesem Sinne nicht bloß (progressive) Umkehrung bestehenden Denkens und Umgestaltung gegebener Verhältnisse, sondern die Wiederherstellung eines pädagogischen Denkens, das sich (zumindest von der ersten Absicht her) von politischen, kirchlichen und wirtschaftlichen Zwecken unabhängig halten will, also eine Pädagogik *iuxta propria principia* zu sein beansprucht.

Dieses Kriterium steht keineswegs neben oder gar in Opposition zum geschichtlich-epochalen oder inhaltlich-programmatischen. Genauer betrachtet, zeigt sich für bestimmte Zeitabschnitte gerade das gehäufte Auftreten einer solchen Denkungsart, bzw. zeigt sich die aus ihr resultierende inhaltliche Übereinstimmung spezifischer Begrifflichkeiten mitsamt ihrer programmatischen Ausbuchstabierung. Unter diesem Kriterium erschienen beispielsweise Ellen Key, Montessori, Petersen, Kerschensteiner und Otto nicht nur als epochale Denkerinnen und Denker um die Wende vom 19. zum 20. Jahrhundert, denen sich dem Zeitgeist geschuldete inhaltliche Übereinstimmungsmerkmale nachweisen lassen. Sondern diese Kanonisierung könnte als Ergebnis einer (möglicherweise auch den Zeitbedingtheiten oder was auch immer geschuldeten) genuin pädagogischen Denkungsart gedeutet werden, indem diese Vertreter allesamt den Versuch unternommen haben, pädagogische Verhältnisse unabhängig von nicht-pädagogischen Zwecken zu denken und auf die Erziehungswirklichkeit zu übertragen.

Selbstverständlich führt die Einführung eines solchen Kriteriums umgehend zu den Fragen, was denn ein sog. ‚genuin' pädagogisches Denken auszeichne, welches überhaupt die ihr ureigenen Prinzipien wären und woran man diese festmachen könne, so dass die Gefahr eines dogmatisch gesetzten Begriffs des Pädagogischen drohte, der sich als Letztbegründungsfundamentalismus ins Recht oder eher Unrecht setzten wollte. Zugleich kann leicht auf die Tatsache verwiesen werden, dass doch gerade unter den oben exemplarisch erwähnten Namen zumindest Maria Montessori als studierte Ärztin und praktizierende Psychotherapeutin nachweislich auf nicht-pädagogisches Gedankengut (auch religiös-metaphysisches) zurückgreift. Es ist aber eine andere Sache, Nicht-Pädagogisches zum Zweck des

Nicht-Pädagogischen zu denken, eine andere, es in pädagogischer ‚Absicht' zu denken. Mit dieser Differenzierung sind zwar die kritischen Fragen sowie der drohende Dogmatismus nicht abgewehrt, aber zumindest in ihrer Kritik relativiert. Welches letztlich diese „*principia domestica*" bzw. „einheimischen Prinzipien" sind, wie man sie nach Kant bezeichnen könnte, kann hier nicht beantwortet werden. Es soll der Hinweis genügen, dass es solche genuin pädagogischen Prinzipien geben muss, wenn man Pädagogik (weiterhin) als eigene unterscheidbare und unterschiedene Disziplin und Profession von anderen Wissenschaften bzw. Handlungsformen abgrenzen will. Bei dem Versuch ihrer Beantwortung wird es also nicht bloß um einen terminologischen Streit gehen können, sondern um die theoretische Auseinandersetzung mit dem Begriff dessen, was vernünftigerweise in wissenschaftlicher wie in handlungsbezogener Hinsicht „Pädagogik" heißen kann.

Um diese Fragen jedoch auf sich beruhen zu lassen, kann festgestellt werden, dass Petzelt unter dem Kriterium der „theoretischen Intentionalität" fraglos der reformpädagogischen Bewegung zugerechnet zu werden verdient. Es ist nicht übertrieben, wenn Petzelt in dieser Hinsicht, das heißt mit Blick auf den Versuch, Pädagogik als eigenständige Disziplin zu denken und sie als Profession von andern Handlungspraxen zu unterscheiden, als ein Angehöriger der reformpädagogischen Bewegung bezeichnet zu werden verdient. Sein gesamtes Werk mit der Vielzahl seiner Publikationen diente im Grunde diesem einzigen Zweck. Der Versuch, seiner Systematik einen „politischen Impetus" nachzuweisen, wie ihn Peter Kauder unternommen hat (vgl. 1997), muss dort scheitern, wo man nicht mehr die Gründe pädagogischer Gedanken untersucht, sondern die Motive des pädagogischen Denkers. Auch wenn diese Fragen heute, vor allem in der Folge eines kritischen Denkens, das sich den Schriften Foucaults verpflichtet fühlt, kaum mehr auseinandergehalten werden, bleiben es dennoch zwei unterschiedliche Fragestellungen.

Legt man die theoretische Intentionalität als Kriterium für reformpädagogisches Denken fest, dann erscheint die Jahrhundertwende zweifellos als Blütezeit der Reformpädagogik, wenn auch nicht als ihre historische Geburtsstunde. Diese ist eindeutig auf das Erscheinen von Rousseaus *Émile* datierbar. Auch wenn Andreas Lischewski erst kürzlich auf die *„Entdeckung der pädagogischen Mentalität bei Comenius"* (2013) aufmerksam gemacht hat, kann nichts darüber hinwegtäuschen, dass Rousseau als die „Wasserscheide der abendländischen Pädagogik" gelten kann (vgl. Böhm/Soëtard 2012, 11f). In historischer Einmaligkeit liegt mit dem *Émile* die theoretische Intention vor, Unterricht, Erziehung und Bildung ‚jenseits' nicht-pädagogischer Zwecksetzungen zu denken, weshalb er als der eigentliche Gründervater der Reformpädagogik bezeichnet werden kann. Weil die inhaltlich-programmatischen Merkmale in unmittelbarem Zusammenhang zur theoretischen Intentionalität stehen, nimmt es daher nicht wunder, dass der Slogan einer „Pädagogik vom Kinde aus" erstmals bei ihm auftaucht, bzw. sich, um mit Scheffler zu sprechen, aus den wohlfundierten und oft schwierigen Gedanken seines *Émile* schöpfen lässt.

2. Der Ursprung des Slogans bei Rousseau

Rousseau kann vornehmlich deshalb als „Wendepunkt der alten und neuen Welt in der Pädagogik" bezeichnet werden, weil er, wie Pestalozzi in seiner *Lenzburger Rede* konstatiert, „das Kind sich selbst" und die „Erziehung dem Kinde" über- bzw. zurückgab (1979, 176). Erstmalig in der Geschichte der Disziplin wird im *Émile* die Pädagogik nicht als eine Hinführung des Menschen zu einer (quasi-)objektiven Ordnung gedacht. Rousseau geht es weder um die Annäherung der Menschen an eine göttlich offenbarte noch gesellschaftlich gegebene noch ethisch erstrebenswerte Ordnung, sondern um die Menschwerdung des Menschen, die ihr Maß allein im Menschen selbst findet. Das Buch kann oder muss vielleicht sogar daher als ein „Gedankenexperiment" (Ruhloff 1998, 94) gelesen werden, das durch seinen Versuchsaufbau so angelegt ist, die Hypothese einer solchen genuin pädagogischen Denkungsart unter laborähnlichen Bedingungen zu überprüfen. Bis zu Rousseau war dies undenkbar. Noch Comenius ging, namentlich in seinem Lehrbuch *orbis sensualium pictus*, von einer für alle bzw. allgemeinverbindlichen Welt- und damit Bildungsordnung aus, die zwar die Voraussetzung für sein pädagogisches Vorhaben bildete, alle Menschen diese gesamte (göttliche) Weltordnung in allen Einzelaspekten zu lehren, aber dennoch den einzelnen Menschen nur hinsichtlich dieser objektiven Weltordnung in den Blick nahm. Was bei Platon eine Pädagogik von der Polis aus war, blieb noch bei Comenius eine „Pädagogik von Gottes Schöpfung" aus, die erst mit dem *Émile* eine Umwendung erfuhr. Realer Anlass seiner Überlegungen waren zweifellos die (sozialen) Missstände in Frankreich im Allgemeinen und in Paris im Besonderen, die „für den Untergang reif" waren, wie Natorp schreibt, und denen Rousseau wie ein „erbarmungsloser Arzt" die „hippokratischen Züge im Spiegel" vorhielt (Natorp 1922, 45). Dies kann aber nicht darüber hinwegtäuschen, dass mit dem *Émile* grundsätzlich der Versuch vorliegt, Pädagogik neu zu denken, um anschließend die religiöse, politische und gesellschaftliche Wirklichkeit durch Erziehung zu verbessern.

Was meint nun Pestalozzi, wenn er sagt, Rousseau habe das Kind sich selbst und die Erziehung dem Kind zurückgegeben, worin der Slogan einer „Pädagogik vom Kinde aus" einen seiner ersten historischen Ausdrücke fand? Rousseau legt sein Gedankenexperiment so an, indem er festlegt, dass die gesamte Umgebung um den Menschen als verdorben vorgestellt werden müsse. Zugleich, und das ist die Kehrseite des Versuchsaufbaus und keine anthropologische Überzeugung Rousseaus, wird der Mensch, wie Gott ihn bei seiner Geburt schuf, als gut vorgestellt, um den Blick weg von einer (göttlich-, politisch- oder ethisch-) objektiven Ordnung hin zum Menschen selbst zu wenden. Wenn bisher so gedacht wurde, als sei der Mensch auf ein objektives Maß hin zu erziehen, das in der bestehenden Erwachsenenwelt repräsentiert bzw. verwirklicht sei, diese Erwachsenenwelt allerdings jetzt im Versuchsaufbau als verdorben vorgestellt wird, kann dieses Maß der Pädagogik nur im zu erziehenden Menschen selbst liegen und gefunden werden. Der Erwachsene ist kein Maß pädagogischen Handelns, weil er als Maß nicht erstrebenswert ist. Von ihm aus kann Pädagogik nicht gedacht werden, sofern Unterricht und Erziehung nicht als bloße Anpassungen an das Gegebene, ganz gleich, ob sich dieses als gut oder verdorben darstellt, fehlgedeutet werden soll. In diesem Sinne ist es zu verstehen, wenn im ersten Buch des *Émile* die Antwort auf die Frage, welches das Maß bzw. Ziel der Erziehung sei, lautet: „Es ist das Ziel der Natur selber" (1993, 16).

‚Natur' kann vor diesem Hintergrund nicht einfach als die naturgegebene Kreatürlichkeit des Kindes verstanden werden. Gemeint sind nicht spezifische, je individuelle Anlagen und Begabungen, die ein Kind ‚von Natur aus' hat. Vielmehr geht es in erster Linie darum, dieses Maß nicht mehr in einer außerhalb des Kindes, in der Erwachsenenwelt zu suchenden Ordnung zu denken, sondern in dem Kind selbst. ‚Natur' meint hier eher das, was man als „Menschentum im Menschen", als „Menschlichkeit" oder „Humanität" bezeichnen kann. Der Naturbegriff wird von Rousseau im pädagogischen Kontext, wie beispielsweise auch bei Augustinus, Thomas von Aquin und Comenius, vom lateinischen Wort ‚*natura*' übernommen, was im Deutschen im Kontext mit Aussagen über den Menschen mit „Wesen" bzw. „Wesenseigenschaft" übersetzt werden kann. Im Englischen findet sich diese Bedeutung bis heute, wenn man über die ‚*human nature*' spricht. Menschlichkeit als Ziel der Erziehung bedeutet zunächst ‚lediglich' eine formale Kategorie, aber eben eine solche, die als Ziel nicht mehr außerhalb des Menschen, sondern in ihm selbst gedacht wird. Einsichtig wird dies, wenn es im *Émile* heißt, dass in der natürlichen Ordnung alle Menschen gleich seien; „ihre gemeinsame Berufung ist: Mensch zu sein" (ebd., 14).

Die pädagogische Konsequenz dieses gedanklichen Versuchsaufbaus ist, dass der Mensch auf sich selbst als Ausgangspunkt und Ziel pädagogischen Handelns verwiesen wird. Das Prinzip, in dem dieser Gedanke zum Ausdruck kommt, kann als „Selbsttätigkeit" oder „Selbstbestimmung" bezeichnet werden. In allen Einzelexperimenten, die Rousseau im Rahmen des groß angelegten Gedankenexperiments durchführt, wird geprüft, ob dieses pädagogische Prinzip für die verschiedenen Lebensalter in Anschlag gebracht werden kann und wie es sich in den einzelnen Entwicklungsstufen für pädagogisches Handeln ausbuchstabieren lässt. Stets führt Rousseau vor, dass es in pädagogischer Denkungsart darauf ankomme, erstens den Menschen so vorzustellen, als ob er zur Selbstbestimmung fähig sei, dass zweitens das Ziel pädagogischen Handelns eben in der selbstbestimmten Lebensführung liege und dass drittens der Weg dorthin nur über die Aufforderung zur Selbstbestimmung führe, wozu er im Sinne des Experiments vornehmlich solche Versuchsaufbauten wählt, die diese Aufforderung im Arrangieren geeigneter „Lernumgebungen" veranschaulichen, weshalb er pädagogisches Handeln konsequenterweise auch als „negative Erziehung" bezeichnen kann.

Es liegt in der Tragik der reformpädagogischen Tradition der Jahrhundertwende, diese relativ nüchterne, vor allem für das Selbstverständnis und die Denkungsart der Pädagogik relevante Absicht Rousseau in eine Glorifizierung und Mythifizierung des Kindes verklärt zu haben, indem viele ihrer Vertreterinnen und Vertreter das Kind „als die herrliche Möglichkeit eines immer neuen Anfangs, als Inbegriff der unverdorbenen, vorzivilisatorischen Menschheit" sahen (Flitner 2001, 31), was bis zum Bild bzw. der romantischen Vorstellung des Messianischen gesteigert wurde. Diese Verklärung wurde umso gravierender, als die von Rousseau noch zum Behuf des Gedankenexperiments eingeführte Gegenüberstellung von unverdorbenem Kind und verdorbener Erwachsenenwelt als faktischer Kontrast radikalisiert wurde. So hat beispielsweise Rainer Maria Rilke in einer Besprechung des vor allem in reformpädagogischen Kreisen Epoche machenden Buchs von Ellen Key *Das Jahrhundert des Kindes* geschrieben, „dass sowohl die guten wie die schlechten Eltern [...] Unrecht haben dem Kind gegenüber" (1965, 586). Vergleichbar argumentiert Bertold Otto, für den die sittlichen Anforderungen, die Kinder an die Welt, ihre Mitmenschen und sich selbst stellen, „ganz außerordentlich viel strenger und höher" sind, „als der Erwachsene sie zu stellen gewohnt ist" (1906, 105). Im Gegensatz zur Unverdorbenheit des Kindes habe sich der Erwachsene „von der Welt schon einen ganz gehörigen Rabatt abhandeln lassen". Endlich wird das Kind von Maria Montessori als „der ewige Messias" betrachtet, „der immer wieder unter die gefallene Menschheit [der Erwachsenenwelt – T.M.] zurückkehrt, um sie ins Himmelreich zu führen" (2010, 154). Aus Perspektive dieser Mythifizierung verwundert es nicht, wenn viele Vertreterinnen und Vertreter der Reformpädagogik – allen voran Key und Montessori – auch in handlungstheoretischer Hinsicht einen radikalen Blickwechsel vollzogen. Die Welt sollte fortan mit Kinderaugen gesehen werden, sofern einzig das Kind als Inbegriff der Vollkommenheit jenes Maß der Pädagogik verkörpere, das den Weg in eine bessere Zukunft weise.

In zweifacher Hinsicht bereitet diese Sichtweise Probleme für die Pädagogik: Erstens tritt mit der Glorifizierung und Mythifizierung des Kindes die Ungereimtheit auf, dass von erwachsenen Reformpädagoginnen und Reformpädagogen ein Kind-Erwachsener-Hiatus eröffnet wird, der wiederum von diesen Erwachsenen geschlossen werden soll. Wenn Montessori beispielsweise den Erwachsenen als „egozentrisch" anklagt, weil er alles, was das Kind angehe, „nach seinen eigenen Maßstäben" beurteile und so dessen Persönlichkeit auslösche (2008, 21), dann ist sie sich offenbar nicht gewahr, dass sie selbst eine Erwachsene ist, die diese Anklage vom Kinderstandpunkt nur um den Preis der Selbstwidersprüchlichkeit führen könnte, sofern ja auch sie selbst nach ihren eigenen Maßstäben urteilt. Sie bzw. jeder Erwachsene, der dieser Sichtweise beipflichtet, müsste voraussetzen, selbst den Erwachsenenstandpunkt verlassen zu können, um ‚im Namen des Kindes' den Hitaus zu überwinden, obwohl dieser Hiatus doch gerade als konstitutiv für das Programm einer „Pädagogik vom Kinde aus" erklärt wurde. Pädagogisch wirft dies die Frage auf, wie man als Erwachsener unter dieser Voraussetzung überhaupt zu (gültigen) Aussagen über das im Kind vorgestellte Maß der Erziehung kommen kann. Streng genommen, wäre jedes Urteil eines Erwachsenen lediglich das Ergebnis egozentrischer Messung nach eigenen Maßstäben, die ebenso die Persönlichkeit des Kindes auslöschen müssten.

Ein zweiter Einwand erscheint sogar noch gewichtiger, weil er in der Konsequenz die Unmöglichkeit pädagogischen Handelns bedeuten muss; zugleich führt er unmittelbar zur Petzeltschen Reformulierung des reformpädagogischen Slogans. Da mit der Mythifizierung des Kindes, wie sie von Rousseau zum Zwecke des gedanklichen Versuchsaufbaus seines Erziehungsexperiments gesetzt und wie sie von den meisten Reformpädagogen tatsächlich vertreten wurde, die Vollkommenheit des Kindes angenommen wird, gäbe es für die Pädagogik überhaupt keinen Anlass, diese Vollkommenheit in irgendeiner Weise zu ‚stören'. Wie ebenso ein Arzt, der von der faktisch vollkommenen Gesundheit seiner Patienten ausginge, niemals auf die Idee medizinischer Intervention kommen könnte, so sähe auch ein Erzieher, der von der sittlichen Vollkommenheit seiner Zöglinge ausginge, niemals die Möglichkeit oder gar Notwendigkeit erzieherischer Unterstützung. Ganz deutlich sieht man, dass es sich hier nicht bloß um ein theoretisches Problem handelt. In der pädagogischen Praxis, die ja niemals völlig theorie- bzw. gedankenlos vollzogen wird, muss dieser „Mythos Kind" zwangsläufig zur Abschaffung der Praxis führen. So wie dort, wo jeder Mensch vollkommen gesund ist, jeder Arzt überflüssig wird, muss dort, wo jeder Mensch schon gebildet ist, der Pädagoge überflüssig werden. Eine Pädagogik, die vom vollkommen gebildeten Kind aus denkt, schafft sich selbst ab, sofern sie ja davon ausgehen müsste, dass alles, was Kinder dächten, sagten und täten, schon deshalb richtig, gut und sinnvoll wäre, weil es vollkommene Kinder sind. Konsequenterweise stünde sogar eine „vorbereitete Umgebung", wie sie Montessori entwarf, dieser Annahme im Wege, weil die Umgebung selbst von Erwachsenen gestaltet werden müsste, das heißt von solchen verdorbenen Wesen, denen die Vollkommenheit durch welche bösen Mächte auch immer abhanden gekommen ist.

Offenbar vermag eine so verstandene „Pädagogik vom Kinde aus" nicht nur nicht recht zu überzeugen. Sie erscheint durch die Glorifizierung der Kindheit und den Kind-Erwachsenen-Hiatus vielmehr zur Verunmöglichung pädagogischer Praxis zu führen. Was diesem reformpädagogischen Slogan bzw. seiner Ausbuchstabierung durch die „reformpädagogischen Klassiker" fehlt, ist die Analyse derjenigen Voraussetzungen, die zwar einerseits an dem inhaltlichen Programm des Slogans festhält, sofern das Maß pädagogischen Handelns im Kind vorgestellt werden kann, andererseits aber nicht der Ungereimtheit aufsitzt, pädagogisches Handeln im Namen der Pädagogik abzuschaffen, sondern ihm eine Berechtigungsgrundlage verschafft. Diesen Weg hat Petzelt mit seiner Pädagogik eingeschlagen, was im Folgenden näher entfaltet werden soll.

3. Petzelts Reformulierung des reformpädagogischen Slogans

Es ist es hilfreich, zunächst eine Unterscheidung vorzunehmen, um Petzelts Reformulierung des Slogans in den vielfältigen Verstrickungen deutlicher analysieren zu können. Diese Unterscheidung stammt nicht von Petzelt selbst. Sie ist von Johannes Schurr in seiner problemgeschichtlichen Auseinandersetzung mit der Pädagogik Schleiermachers herausgearbeitet worden (vgl. 1975; bes. 51ff). Doch auch wenn Petzelt sie in seinem Werk nicht gesondert kennzeichnet oder erwähnt, so weist vor allem die Gliederung der *Grundzüge* dieselbe Struktur auf, wie sie durch Schurrs Differenzierung hier vorgegeben wird. Schurr unterscheidet drei „Dimensionen" pädagogischen Handelns, die er in einem sog. „technischen Dreieck" zusammenfasst. Obgleich diese Bezeichnung im Hinblick auf pädagogisches Handeln widersprüchlich erscheinen mag, weil der Technikbegriff heute nur funktional gedeutet wird und damit seine etymologischen Ursprünge verdeckt werden, reicht es hier aus, kurz auf die drei Seiten einzugehen.

Innerhalb des Dreiecks können eine „eidetische", „teleologische" und „typologische" Seite unterschieden werden; letztere nennt Schurr auch die methodische Seite, um dem gängigen Sprachgebrauch Rechnung zu tragen; und auch die eidetische Seite kann, der herkömmlichen Rede gemäß, als anthropologische bezeichnet werden. In eidetischer bzw. anthropologischer Hinsicht hat man sich zu fragen, wie man sich das Kind vorzustellen habe, wenn man eine „Pädagogik vom Kinde aus" vertreten und praktizieren will. Es hat sich gezeigt, dass eine Mythifizierung des Kindes dazu ungeeignet ist. So geht es schlicht darum, dass jeder Handelnde sich darüber im Klaren sein muss, wie das ‚Objekt' seiner ‚Behandlung' beschaffen ist. Die teleologische Seite des Dreiecks setzt sich mit der Frage auseinander, welches Ziel mit dem Handeln verfolgt werden soll. Sofern jeder Handelnde mit seinem Handeln notwendig ein Ziel verfolgen muss (selbst ein solches Handeln, das um seiner selbst willen vollzogen wird), tritt die Frage nach dem „Telos" auf den Plan. Um Missverständnisse zu vermeiden: Ziel meint hier nicht das je und je konkrete Ziel, sondern die Zielperspektive, unter der jede einzelne Handlung steht. Bezogen auf den Slogan einer „Pädagogik vom Kinde aus" bedeutet das nicht nur die Frage nach dem Ausgangspunkt „Kind", das heißt nicht nur zu klären, wovon man auszugehen habe, sondern zugleich, wohin das Kind gemäß des Slogans geführt werden soll. Das hatte Rousseau im Sinn, als er nicht bloß die prinzipielle Fähigkeit des Menschen zur Selbstbestimmung prüfte, sondern auch die Zielmaßgabe in der Selbstbestimmung des Menschen fand und eben nicht in der Anpassung an die gegebene Erwachsenenwelt. Auch wenn der reformpädagogische Slogan zunächst nur den Ausgangspunkt zum Ausdruck bringt, ist damit immer schon die Zielperspektive mit eingeschlossen. Zuletzt behandelt die methodische Seite die Frage, wie unter Voraussetzung der kindlichen Wesensbestimmung die festgelegte Zielperspektive erreicht werden kann. Darin steckt die pädagogische Grundfrage nach einem „kindgemäßen" Unterricht, bzw. was es heißt, „kindgemäß" zu erziehen. Viele sahen und sehen, so Schurr, diese methodische Seite als die eigentlich pädagogische oder gar als die einzig relevante an, wobei übersehen wird, dass sich innerhalb des technischen Dreiecks alle Seiten gegenseitig bedingen, so dass keine ohne die andere auskommen kann. So sieht die Ausbuchstabierung des Dreiecks bei vielen reformpädagogischen Vertreterinnen und Vertretern wie folgt aus: Das Kind wird anthropologisch als der Inbegriff der Vollkommenheit vorgestellt, so dass das pädagogische Ziel im Beibehalten dieser Vollkommenheit gesehen wird, was methodisch das Nichteingreifen bedeutet. Dieses Bedingungsgefüge lässt sich allerdings auch umkehren bzw. nach jeder Seite hin so auflösen, dass eine Seite als die bedingende für die beiden anderen erscheint.

Was die anthropologische Seite angeht, ist für Petzelts Denken der Begriff der „Aktivität" zentral oder besser: fundamental im buchstäblichen Sinne. „Aktivität" bedeutet ihm dabei keine Eigenschaft, die dem Menschen zukäme, die operationalisierbar und damit in Graden messbar wäre. Aktivität ist keine Tatsache des Menschen, sondern ein Prinzip des Menschseins, sofern alles Nachdenken über den Menschen auf diesem Begriff aufsitzen und damit anfangen muss. Was zunächst wie eine willkürliche anthropologische Annahme erscheint, wird von Petzelt an mehreren Stellen seines Werkes erläutert und näher entfaltet. So könne man die „prinzipielle Aktivität" des Menschen weder beweisen noch bestreiten, weil ja sowohl das Beweisen als auch das Bestreiten bereits die Aktivität des Beweisenden bzw. Bestreitenden voraussetzt. Aktivität als prinzipielle Voraussetzung des Menschseins lasse sich gerade deshalb nicht leugnen, weil das Leugnen als Akt gewertet werden muss, dem Aktivität als Prinzip notwendig vorausliegt. Der auch zu Petzelts Zeiten vorhandene Hang zur empirischen Betrachtung kann an dieser Voraussetzung immer nur wie eine „Seifenblase zerplatzen" (1954, 25), weil nicht eingesehen wird, dass es bei diesem Prinzip nicht um Tatsachen geht, sondern um die Voraussetzung, die es macht, dass man von Tatsachen überhaupt sprechen kann. Der Mensch sei wohl einerseits Objekt, allerdings nicht Objekt unter Objekten, sondern jederzeit zugleich als die Bedingung der Möglichkeit des Objektivierens anzusehen (vgl. ebd.). Aus Perspektive der Pädagogik betrachtet – und darin unterscheidet sie sich beispielsweise von der Soziologie und naturwissenschaftsanalogen Psychologie – „geschieht nichts" im Menschen, sondern wird von ihm gedacht, gewertet und entschieden, das heißt in Akten geordnet und vollzogen. Pädagogik muss die „prinzipielle Aktivität des ich" voraussetzen, wenn Unterricht und Erziehung nicht als gedankenlose Abläufe missverstanden werden sollen.

Mit der Voraussetzung der Aktivität geht zugleich der Gedanke an die „Notwendigkeit der Sinngebung durch das Ich" einher (1955, 85). Sofern nichts im Menschen geschieht, sofern der Mensch vielmehr sein Leben bzw. sich selbst in zeitlichen Akten gestaltet, zeigt sich der Begriff der Sinngebung nicht bloß als psychologischer Zusatz zur Aktivität, sondern als deren Komplement. Aktivität und Sinngebung stehen nach Petzelt in einem unauflösbaren Verweisungszusammenhang, sofern Sinn weder einfach nur ‚da ist" noch von einem Du abgenommen werden könnte, sondern bloß in eigener Aktivität produziert bzw. gestiftet werden kann. Für eine „Pädagogik vom Kinde aus" ist dieser Verweisungszusammenhang in zweifacher Hinsicht relevant: Einerseits kann nicht davon ausgegangen werden, die Erwachsenen wüssten bereits, was dem Kind sinnvoll erscheinen mag oder nicht. Da die Aufgabe der Sinngebung dem Menschen von niemandem abgenommen werden kann, können auch die Erwachsenen – ob verdorben oder nicht – in Unterricht und Erziehung nicht ‚fremde' Maßstäbe an das Kind anlegen, sondern haben es eben unter der Voraussetzung individueller Sinngebung zu betrachten. Andererseits bleibt diese eidetische Betrachtung nicht bloß auf die Kindheit als abgrenzbare Entwicklungsphase beschränkt. Insofern Petzelt hier eine prinzipielle Voraussetzung des Menschseins herausstellt, ist das Kind weder mehr noch weniger als Sinnstifter zu betrachten als der Erwachsene. Aktivität und Sinngebung als anthropologische Prinzipien, weil es keine Tatsachen sind, vertragen keinen Komparativ. Das bedeutet nicht nur, dass damit jede Mythifizierung des Kindes ausgeschlossen wird, sondern auch, dass damit jedes auf Lebenserfahrung oder sozialen Status gegründete Besserwissertum der Erwachsenen aufgegeben werden muss.

Pädagogik, so verstanden, kann dann weder vom Kind noch vom Erwachsenen ausgehen, sondern sie findet ihr Maß im Menschlichen selbst, oder präziser und mit den Worten Petzelts: „im Menschentum". Nur eine „Pädagogik vom Menschentum aus" trägt den Prinzipien der Aktivität und Sinngebung Rechnung, ohne den Ursprungsgedanken dieses reformpädagogischen Slogans zu desavouieren. Hier wird deutlich, weshalb Petzelts Ausbuchstabierung als Reformulierung einer „Pädagogik vom Kinde aus" betrachtet werden kann. Genau genommen, streift er den um die Jahrhundertwende entstandenen „Mythos Kind" ab und stellt die ursprüngliche Bedeutung des Slogans wieder her, wie sie bei Rousseau mit dem Verweis auf die ‚menschliche Natur' gemeint war. Aktivität und Sinngebung als Prinzipien des Menschseins können nach Petzelt weder als kindliche Ureigenschaften noch als Vorrechte der Erwachsenen verstanden werden. Sie bezeichnen ein allgemeingültiges pädagogisches Maß, das jeden Menschen in seinem Menschentum in den Fokus pädagogischer Überlegungen rückt; ungeachtet seines Alters, seiner spezifischen Begabungen, seiner Erfahrungswerte oder sozialen Verdienste. In einer längeren Passage seines Buchs *Grundlegung der Erziehung* schreibt Petzelt dazu: „Was hier von allergrößtem Übel sein müßte, das wäre die Trennung der Erziehungsaufgabe für heranreifende Kinder und Jugendliche von solchen der Erwachsenen. Man denke etwa an sklavischen Gehorsam der Kinder, der nicht einmal nach Gründen fragen darf, während man doch lernen soll, nach Gründen zu fragen. Man denke an Forderungen, die an die Kinder selbstverständlich gestellt werden, die zu erfüllen man als Erwachsener nicht geneigt ist. Eine einzige Bindung umfaßt den Erwachsenen und den heranwachsenden. Beide sind ihr verpflichtet, deshalb gehören beide in dieser Bindung zusammen. [...] Die Einheit der Erziehungsaufgabe umfaßt das Verhältnis von Generationen, sie bleibt verbindlich für alle, oder sie ist unsinnig. Wenden wir die Betrachtung so, daß wir vom Kinde her das Problem der Erziehung suchen, dann stellt sich uns notwendig das Band vom Säugling zum Erwachsenen als kontinuierlich und notwendig heraus" (1954, 228f).

Unmissverständlich weist Petzelt darauf hin, dass sowohl die Kindheit als auch die Pubertät oder das Erwachsenenalter lediglich verschiedene Phasen sind, die aber, pädagogisch betrachtet, vor derselben Erziehungsaufgabe stehen, die als „Band" die einzelnen Phasen miteinander verbindet. Dieser Auffassung muss der Slogan einer „Pädagogik vom Kinde aus" daher ebenso fremd sein wie der einer „Pädagogik vom Erwachsenen aus", weil dies die Auffächerung der Phasen nach unterschiedlichen eidetischen Maßgaben zur Folge hätte, wo laut Petzelt dieselbe pädagogische Aufgabe vorliege.

Angesichts dieser einheitlichen Erziehungsaufgabe, vor der jeder Mensch zu jedem Zeitpunkt seines Lebens in je individueller Weise steht, zeigt sich ebenso ein einheitliches Ziel aller pädagogischen Bemühungen, womit die teleologische Seite des technischen Dreiecks angesprochen ist. Ruft man sich das eingangs erwähnte Beispiel in Erinnerung, kann eine Unterscheidung hilfreich sein, die Petzelt in allen seinen Schriften als bekannt voraussetzt. Es handelt sich um die Kantische Differenz eines pflichtgemäßen Handelns und eines Handelns aus Pflicht. Erstere gehört nach Kant in den Bereich der Legalität, während nur die letztere moralisch ist. Was das Beispiel angeht, wäre zu fragen, ob die Mutter das Ziel verfolgt, dass ihre Tochter die Kekse mit ihrem Bruder teilt, ganz unabhängig davon, ob sie auch einsieht, dass und vor allem weshalb sie teilen soll; oder ob die Mutter beabsichtigt, dass Lisa sich dafür entscheidet, mit Daniel zu teilen, weil sie mit ihm teilen will. Lediglich dieses zweite Ziel fällt in den Bereich der Moralität, worum sich auch bei Petzelt alles teleologische Nachdenken dreht.

Sofern jeder Mensch unter den Voraussetzungen von Aktivität und Sinngebung steht, sofern diese Aufgaben der Selbstgestaltung und Sinnstiftung von niemandem anderen abgenommen werden können, könne, so Petzelt, die Zielperspektive aller pädagogischer Maßnahmen nur im verantwortungsvollen Umgang des Menschen mit sich selbst, mit den anderen und der Welt gesehen werden. Jedes Einzelziel stehe in dieser teleologischen Perspektive, bzw. erst unter dieser Zielperspektive gewinnen Einzelziele ihre pädagogische Valenz. Ganz gleich, welche konkreten Ziele in Unterricht und Erziehung verfolgt werden, immer gehe es darum, dass der Schüler bzw. Zögling selber denkt, wertet und entscheidet. Die Lösung einer Matheaufgabe soll nicht nachgeplappert, sondern eingesehen werden; Toleranz gegenüber Fremdem soll nicht einfach nur Ich-Gleichgültigkeit sein, sondern Ergebnis eines begründbaren Werturteils; auch das Kinderzimmer soll nicht deshalb aufgeräumt werden, weil als Belohnung ein Schokoladeneis in Aussicht steht. Stets geht es um das Selberdenken, Selberwerten und Selberentscheiden. Es geht um das individuelle ‚Verbindlichmachen' des Verbindlichen.

Der Zögling soll also nicht so und so denken, weil der Erzieher so denkt; er soll nicht das wollen, was und weil der Erzieher das will; und er soll auch nichts machen, nur weil es vom Erziehenden so erwartet wird. Wenn der Begriff der „Verantwortung" überhaupt einen Sinn haben soll und nicht bloß euphemistisches Prädikat für einen gedankenlosen Kadavergehorsam ist, dann kann die Zielperspektive nur darin gesehen werden, dass der Zögling so denkt, weil er es selbst für wahr hält; dass er so wertet, weil er gute Gründe dafür hat, und dass er so handelt, weil er dies als sinnvoll beurteilt. „Demnach kommen wir zum Ergebnis", so Petzelt in den *Grundzügen*, „daß prinzipiell kein Akt des Erziehers gedacht werden kann, der sich nicht an die Verantwortlichkeit des Zöglings wendete, der nicht ausdrücklich mit ihr rechnete, der sie nicht von ihm fordern müßte" (1955, 266). Verantwortlichkeit ist in dieser Sicht vorausgesetztes Telos für jede pädagogische Maßnahme, ganz unabhängig davon, welches konkrete Einzelziel mit ihr verfolgt wird. Da der Begriff der Verantwortlichkeit sowohl inhalts- als auch personenungebunden ist, gilt er als Ziel nicht nur für das Kind, von dem man häufig sagt, es müsse noch lernen, verantwortlich zu handeln bzw. Verantwortung zu tragen. Petzelt geht vielmehr davon aus, dass Verantwortlichkeit als teleologisches Prinzip selbst noch für den Erwachsenen die Erziehungsaufgabe bestimmt. Wenn auch der Erwachsene nicht als *aus*gebildet betrachtet werden kann, wenn auch er noch lernen kann, weil er nicht alles weiß, weil auch er nicht immer moralisch wertet oder verantwortungsvoll handelt, dann hört Verantwortlichkeit mit dem Eintritt ins Erwachsenenalter nicht auf, Zielperspektive pädagogischen Handelns zu sein.

Freilich betont bzw. „verlangt" auch Petzelt, „daß Verantwortung grundsätzlich nach Maßgabe ihrer Tragbarkeit auferlegt wird" (ebd., 269), so dass man vom Kind weniger Verantwortung einfordern können wird als vom Erwachsenen. Der Begriff der „Tragbarkeit" verweist dabei auf eine grundlegende teleologische Unterscheidung. Zwar ist Verantwortlichkeit prinzipielle Zielmaßgabe für alle Menschen in gleicher Weise. Allerdings sind die Menschen de facto unterschiedlich. Ebenso wenig wie man von einem Kind erwarten kann, den Weltrekord im Hochsprung aufzustellen, ebenso wenig wird man von ihm den gleichen Grad der Verantwortlichkeit einfordern wie von einem Erwachsenen; dasselbe gilt beispielsweise auch für geistig beeinträchtigte Menschen. Darüber hinaus meint Tragbarkeit nicht etwa nur ein festgelegtes Maß für eine spezifische Altersklasse. Tragbarkeit meint vielmehr die Ansehung der konkreten Person im Hinblick darauf, welches Maß an Verantwortlichkeit von ihm erwartet werden kann. In diesem Zusammenhang greift Petzelt immer wieder auf den von Pestalozzi entlehnten Terminus der „Individuallage" zurück, der die je individuelle Tragbarkeit des einzelnen zum Ausdruck bringt. In teleologischer Hinsicht meint die Individuallage einen ‚Koinzidenzpunkt' von prinzipieller Forderung und konkreter Umsetzungsmöglichkeit. Es geht um die einheitliche Zielbestimmung, die je nach Tragbarkeit individuell zu spezifizieren und zu modifizieren ist.

Petzelt verbindet mit der Analyse der teleologischen Voraussetzung eine „weitreichende Konsequenz" für „das gesamte erzieherische Tun": Es scheiden vor diesem Hintergrund aus dem Bereich der Erziehung alle Erscheinungen aus, „die es mit bloßer Wiederholung, mit der Häufigkeit identischen Tuns, mit Nachahmung und Gewöhnung zu tun haben" (1955, 267). Mit diesen „Erscheinungen" seien lediglich solche Ziele gesetzt, die frei von Verantwortlichkeit sind, das heißt die die Prinzipien der Aktivität und Sinngebung insofern unterlaufen, als sie das Selbderdenken, Selberwerten und Selberentscheiden durch fremdbestimmte Zwecke ersetzen. Wer bloß einem anderen nachplappert, kann für das Ausgesprochene keine Verantwortung übernehmen, weil er sich über dessen Gültigkeit keine Gedanken gemacht hat; wer nur macht, was alle anderen machen ebenso wenig, weil er als einzige Begründung für sein Tun oder Lassen lediglich auf die anderen und deren „Schuld" oder „Verdienst" verweisen könnte.

Damit betont Petzelt einen weiteren Aspekt, der im Sinne der Reformulierung des reformpädagogischen Slogans betrachtet werden kann: Verantwortlichkeit als teleologisches Prinzip verlangt die Unabhängigkeit des Zöglings vom Erzieher. Das Ziel pädagogischen Handelns besteht nicht in der Anpassung des Kindes an die Norm des Erwachsenen, sondern in der begründeten Stellungnahme zu dieser Norm; oder Kantisch formuliert: Ziel ist nicht die Übereinstimmung der Handlung des Zöglings mit dem Gesetz (Legalität), sondern die Übereinstimmung seiner Haltung mit der des Gesetzes (Moralität). Pädagogisch betrachtet soll Lisa aus dem Beispiel die Kekse nicht teilen, weil ihre Mutter das möchte, sondern sie soll teilen, weil sie den Wert des Teilens für die Situation am Esstisch anerkennt. Nur unter dieser Zielperspektive findet die Pädagogik ihr Maß weder in den gegebenen Umständen noch in der Fremdbestimmung anderer (der Erwachsenen), sondern im Zögling selbst. Gleichsam bedeutet dies aber wiederum eine Absage an jene Mythifizierung des Kindes, die in dessen konkretem Kindsein als dem Inbegriff der Vollkommenheit ihr Telos sieht. Für das Kind kann es laut Petzelt kein anderes teleologisches Prinzip geben als für den Erwachsenen. Verantwortlichkeit gegenüber sich selbst, den Mitmenschen wie gegenüber den Dingen im eigenen Fürwahr-, Fürgut- und Fürsinnvollhalten ist die einheitliche Bildungsaufgabe für alle Entwicklungs- bzw. Altersphasen. Das Kind kann von diesem Telos nicht entbunden werden, sofern man nicht der theoretischen wie empirischen Fehlauffassung unterliegen möchte, dass alles, was Kinder denken, wollen und tun, bereits deshalb richtig, gut und sinnvoll ist, weil es Kinder sind. Unversehens hätte man sowohl die Möglichkeit als auch die Notwendigkeit pädagogischer Praxis aufgehoben, weil Unterricht wie Erziehung die vorausgesetzte kindliche Vollkommenheit notwendig einschränken oder gar zerstören müssten. Diese kritische Auffassung Petzelts führt zu der Auffassung, dass nicht alles richtig, gut und sinnvoll sein muss, was Erwachsene sagen; aber umgekehrt muss auch nicht alles falsch, schlecht und sinnentleert sein, weil es Erwachsene sagen. So schreibt Petzelt über das Erzieher-Zögling-Verhältnis angesichts des teleologischen Prinzips: „An den

Zögling stellen wir daher die grundsätzliche Forderung, daß er lernen soll, verantwortlich zu handeln" und für den Erziehenden gilt, „daß prinzipiell kein Akt des Erziehers gedacht werden kann, der sich nicht an die Verantwortlichkeit des Zöglings wendete, der nicht ausdrücklich mit ihr rechnete, der sie nicht von ihm fordern müsste. [...] Der Erzieher ist nur ein solcher, sofern er Verantwortlichkeit fordert. Der Zögling nur ein solcher, sofern er sie übernimmt" (1955, 266). In dieser Sicht schlägt Petzelt einen Mittelweg zwischen einer Pädagogik vom Erwachsenen und einer solchen vom Kinde aus ein, wenn er das teleologische Maß nicht im je und je Gegebenen (Erwachsenenkultur und konkretes Kindsein), sondern im Aufgegebenen der Verantwortlichkeit sieht.

Wenn Petzelt alle jene „Erscheinungen" der bloßen Wiederholung, der Gewöhnung und Imitation aus dem „Bereich der Erziehung" ausscheidet, ist bereits die methodische Seite des technischen Dreiecks angesprochen. Gewöhnung und Nachahmung, deren pädagogische Bedeutung heute vor allem unter dem Terminus „Ritualisierung" thematisiert werden, widerstreiten nach Petzelt dem Menschen als Sinnstifter, der lernen soll, Verantwortung zu tragen. „Bloße Gewöhnung schläfert die Verantwortung, wenn sie überhaupt vorhanden war, ein" (ebd., 267). Sie sei ein „Pseudoprinzip der Erziehung", weil imitatorisches Nachplappern oder Nachäffen die eigene Haltung in der Handlung niemals rechtfertigen können. Sie sind weder vom Kinde und noch weniger vom Menschentum aus denkbar, weil sie die vorauszusetzende Aktivität, das heißt die Möglichkeit menschlicher Sinnstiftung und Verantwortlichkeit zugunsten einer quasi-kausalen Natur des Menschen unterlaufen. Das der Gewöhnung zugrunde liegende Reiz-Reaktionsschema stellt lediglich ein Instrument des Gefügigmachens dar. Wer einen anderen an dieses oder jenes gewöhnen will, wer Nachahmung fordert, muss ja für sich beanspruchen, dass er weiß, was für den anderen richtig, gut und sinnvoll ist. Wenn es im pädagogischen Handeln allerdings darum geht, dass der Gegenüber lernen soll, dass etwas richtig, gut und sinnvoll ist, dann kann ihm diese Aufgabe nicht von einem Erziehenden abgenommen werden, sondern er muss in eigener Aktivität zum eigenen Fürwahr-, Fürgut- und Fürsinnvollhalten gelangen.

Gewöhnungsmaßnahmen produzieren laut Petzelt „Gewohnheitssklaven" (ebd., 267), so dass er nach jenem methodischem Prinzip sucht, das der Aktivität und Verantwortlichkeit Rechnung trägt. In seiner Schrift *Von der Frage* (1962), die neben oder gar vor den *Grundzügen* als seine Hauptschrift betrachtet werden kann, untersucht er die Bedeutung des „Fragenmüssens" für den Menschen; zunächst in erkenntnistheoretischer und ethischer Perspektive, um dann dessen spezifische pädagogische Relevanz zu entfalten. In transzendental-kritischer Manier unterscheidet er dabei ‚die Frage' (bzw. den ‚Begriff der Frage') und ‚das Fragen', um an ihrer Differenz die gesamte Bildungsaufgabe als Frage nach einer sinnvollen Lebensgestaltung herauszustellen, die sich in einzelnen Frageakten vollzieht. Petzelts Gedankengang in diesem Werk ist sehr verzweigt und braucht hier nicht im Einzelnen wiedergegeben werden. Für den Slogan einer „Pädagogik vom Kinde aus" ist wichtig, dass er die Frage als „*motus mentis*" betrachtet. Ausnahmslos jeder Mensch steht vor der Frage, was er tun soll, um seinem Leben Sinn zu geben. Dies gilt ganz ungeachtet dessen, ob er sich in Frageakten tatsächlich diese Frage stellt oder nicht. Sie bleibt als Möglichkeit jederzeit ‚stellbar'. Dem Fragenmüssen korrespondiert das Antworten. „Wenn wir fragen müssen, rechnen wir auf Antwort" (1962, 21). In diesem Sinne kann jeder Denkakt, jede Wertung, jede Handlung des Menschen als eine zeitpunkthafte Antwort auf eine Frage betrachtet werden. So setzt beispielsweise die Äußerung ‚*Das ist ein Baum.*' die Frage ‚*Was ist das?*' voraus. Es kann keine menschliche ‚Lebensäußerung' bzw. es kann vielmehr kein Akt menschlichen Sinnstiftens vorgestellt werden, der nicht grundsätzlich als Antwort auf eine Frage verstanden werden könne. Zu dieser Relation von Frage und Antwort kommt als deren Komplement die Verantwortung hinzu. So könnte man mit Petzelt sagen: Jede Antwort setzt eine Frage voraus, wobei zugleich jede Antwort die Verantwortung des Antwortenden nach sich zieht. Im Antworten habe sich der Mensch zu verantworten, so dass keine Antwort denkbar wäre, die frei von Verantwortung gedacht werden könnte. Zugleich verweist jede Frage, die grundsätzlich auf eine Antwort zielt, immer auch auf Verantwortung.

Mit dieser Analyse ist Petzelt bei jenem dritten Prinzip angekommen, welches die dritte Seite des technischen Dreiecks neben der anthropologischen Aktivität bzw. Sinngebung und dem Telos der Verantwortlichkeit bildet. Die Frage als methodisches Prinzip besteht als ein solches nicht außerhalb des Menschen, sondern der Mensch findet die Frage (nach dem, was er tun soll) als Maß allein in sich selbst. Im Fragen findet der Mensch Anlässe zu antworten, was ihn zugleich zum Verantworten auffordert. So ist für Petzelt die Frage bzw. das Fragen kein mögliches Gestaltungsmittel pädagogischer Prozesse, sondern „[d]ie Frage beherrscht den Prozeß" (1955, 172) als methodisches Prinzip, wie er in den *Grundzügen* schreibt. Für den konkreten pädagogischen Vollzug bedeutet dies nicht, dass er auch verbaliter als Frageakt formuliert werden müsste. Allerdings ist jede pädagogische Maßnahme immer so zu verstehen, als werde der Zögling gefragt, damit er antworte und sich darin zu verantworten lerne.

In den *Grundzügen* macht Petzelt dabei noch auf einen wesentlichen Aspekt des Fragens aufmerksam, den er in *Von der Frage* nur beiläufig behandelt. „Im Frageakt sieht das Ich den Gegenstand in eigentümlicher Beziehung zu seinem Wissen um ihn" (1955, 174). Wer etwas gefragt wird, sieht sich aufgefordert, sein Wissen bezüglich des Frageinhalts zu überschauen, um eine Antwort geben zu können. Wird die Frage in pädagogischer Absicht gestellt, komme es darauf an, dass der Gefragte im Überschauen seines Wissens zugleich sein Nichtwissen erkennt, das heißt er soll wissen, dass er (noch) keine Antwort weiß. Dieses Moment, das Petzelt die „Einheit von Wissen und Nichtwissen" nennt, stellt er als „konstitutives Moment" pädagogischer Akte gegenüber anderen Formen mitmenschlichen Umgangs heraus. Indem sich der Mensch im Fageakt veranlasst sieht, sein Wissen in Bezug zu seinem Nichtwissen zu setzen, indem dem Zög-

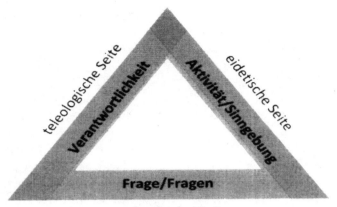

ling also die Differenz von Wissen und Nichtwissen in seiner „Selbstbetrachtung" offenkundig wird, um eine Antwort geben und sich verantworten zu können, liegt für Petzelt *die* Möglichkeitsbedingung eigenen Fürwahr-, Fürgut- und Fürsinnvollhaltens. Im Fragen sieht Petzelt so die Bedingungen gewährleistet, den Gegenüber zum Antworten und Verantworten aufzufordern, ohne ihn zu bevormunden, den Zögling pädagogisch zu führen, ohne ihn zu verführen, das Kind von sich selbst unabhängig zu halten, damit es sich an das eigene Urteil binde.

Die Bedeutung der Frage und des Fragens sei, so Petzelt, in der Pädagogik sehr selten erkannt worden. Allzu oft verdächtige man es als repressives Erziehungsmittel, das das Kind am Gängelband führe. Schließlich gebe es ja in der Pädagogik keine ‚echten' Fragen, sofern der Erziehende bereits um die Antwort wisse. Man führe daher oftmals das Wort von den bloßen „Suggestivfragen" oder „Scheinfragen" im Munde. Dabei verkenne diese Kritik, dass der Erziehende in pädagogischer Absicht nicht fragt, um eine Antwort zu erhalten, sondern damit sich der Zögling selbst frage und so lerne, sein Wissen und Nichtwissen im Fall zu überschauen. Der pädagogische Frageakt sei nicht auf die Wiederholung der eigenen Antwort bzw. Ansicht gerichtet, sondern beabsichtige die verantwortliche Stellungnahme des Zöglings, weil nur im eigenen Antworten Fürwahr-, Fürschön- und Fürsinnvollhalten in Verantwortung möglich erscheinen. So bestehe freilich die Gefahr der „Fehlfragen" (vgl. 1962, 40ff), allerdings handle es sich dabei eben um den Missbrauch des methodischen Prinzips und nicht um einen Mangel am Begriff der Frage selbst.

Auch die Frage als methodisches Prinzip führt zu einer Reformulierung des Slogans einer „Pädagogik vom Kinde aus": Versteht man pädagogisches Handeln als beherrscht vom Prinzip der Frage, dann kann es nicht darum gehen, das Kind weder an die eigenen noch die herkömmlichen, als kulturell ‚normal' einzustufenden Antworten zu gewöhnen. Der erwachsene Erzieher, sofern er die Verantwortung des Zöglings in Rechnung stellt, soll den (Frage-)Prozess so führen, dass eigene

Antworten möglich werden, für die sich das Kind verantworten kann, bzw. damit das Kind lernt, sich im Antworten zu verantworten. Das schließt jeglichen Funktionalismus und Mechanismus vom Repertoire pädagogischer Maßnahmen aus. Im pädagogischen Handeln geht es nicht um Befehl und Gehorsam, sondern um die Aufforderung zum selbstbestimmten Antworten und verantwortlichen Stellungnehmen. Das Kind wird in dieser methodischen Sicht auf sich selbst als Maß des Antwortens und Verantwortens aus Anlass von Frageakten ‚zurückgeworfen'. Der (erwachsene) Erzieher hätte darauf zu achten, dass sich der (kindliche) Zögling im Antworten unabhängig halten kann, das heißt dass er weder Strafe noch Liebesentzug, weder Spott noch Bevormundung zu befürchten hätte. Auf der anderen Seite betont Petzelt mit dem methodischen Prinzip der Frage die verantwortungsvolle „Führungsarbeit" des Pädagogen. Der Ternar von Frage-Antwort-Verantwortung bzw. die Unabhängigkeit, von der er getragen ist, bedeuten nicht Gleichgültigkeit gegenüber der konkreten Antwort. Vielmehr verlangt pädagogisches Handeln vor dem Hintergrund des Prinzips der Frage als dialogisches Verhältnis von Erziehendem und Zögling gesehen zu werden. In der *Grundlegung der Erziehung* heißt es dazu: „Wir dürfen Pädagogik nicht im Verhältnis von Erwachsenen zum Kinde allein sehen, noch weniger für organisierte Schulen reservieren. Sofort geht die Größe des Problems verloren. Das Lehrer-Schüler-Verhältnis bleibt im Dialog angelegt. In ihm sind Aktivitäten aufeinander gerichtet. Sie sind grundsätzlich unabhängig voneinander und haben sich unabhängig zu halten. Der Wert der Persönlichkeit, damit auch des Dialoges, bemißt sich nach dem Grade der erreichten Unabhängigkeit. Der Lehrende verkörpert geradezu diese Unabhängigkeit selbst, er darf daher auch grundsätzlich nicht Abhängigkeit des Schülers fordern oder zulassen, oder noch schlimmer, sich wie ein Demagoge vom Lernenden abhängig machen" (1954, 51). Unabhängigkeit im Dialog bedeutet aber das Gegenteil des willkürlichen Gewährenlassens; es bedeutet auch das Gegenteil zu solchen Auffassungen, die davon ausgehen, man bräuchte dem Kind lediglich geeignetes Spielzeug oder sogenanntes ‚pädagogisch wertvolles' Material an die Hand zu geben. Aus der Perspektive Petzelts kann es kein pädagogisch wertvolles Material geben, weil erst der Dialog bzw. die Relation von Frage-Antwort-Verantwortung die Pädagogizität verbürgt. Freilich tritt das Kind auch aus Anlass von Materialien mit sich selbst in Dialog. Allerdings bleibt dieser der Beliebigkeit bzw. dem je individuell begrenzten Fragehorizont des Kindes überantwortet, so dass das Verantworten als das entscheidende pädagogische Moment ausbleiben muss. Ebenso wie Rousseau, der im *Émile* schrieb, der Zögling möge „doch glauben, er sei der Herr, während in Wirklichkeit ihr es seid" (1993, 105), geht auch Petzelt davon aus, dass das methodische Prinzip der Erziehung darin bestehe, „daß sie gelenkt und gesteuert wird" (1965, 91).

4. „Pädagogik vom Kinde aus"! – Was tun?

Nachdem mit der Aktivität bzw. Sinngebung, der Verantwortlichkeit und dem Prinzip der Frage Petzelts Reformulierung des reformpädagogischen Slogans einer „Pädagogik vom Kinde aus" in groben Zügen skizziert wurde, kommt es abschließend darauf an, diesen Entwurf für die Praxis weiter zu denken. Um Missverständnisse zu vermeiden, muss darauf hingewiesen werden, dass sich Petzelt an keiner Stelle seines pädagogischen Werks anheischig macht, konkrete Gestaltungsvorschläge zu unterbreiten oder gar -vorschriften zu machen. Da es ihm weder um die Beschreibung der Erziehungswirklichkeit noch um die Vorschreibung pädagogischer Handlungsregeln, sondern immer nur um deren Grundlegung und Rechtfertigung ging, können seine Schriften nur um den Preis ihrer willkürlichen Um- und Fehldeutung als normierende Praxisleitfäden gelesen werden. Ganz im Sinne Kants sah er die vorzüglichste Aufgabe wissenschaftlicher Pädagogik darin, Irrtümer zu verhindern, statt Erkenntnisse zu generieren. Was seine pädagogische Systematik in dieser negativen Hinsicht zu leisten vermag, kann dennoch positiv auf die pädagogische Denkungsart im Hinblick auf mögliche Gestaltungen der Praxis gewendet werden.

Fasst man den Slogan einer „Pädagogik vom Kinde aus" als eine Sichtweise, die im Kind einen prinzipiell durch Aktivität ausgezeichneten Sinnstifter sieht, der zur verantwortlichen Lebensgestaltung durch unabhängige Frageakte geführt werden soll, dann muss das Handeln der Mutter gegenüber ihrer Tochter aus dem eingangs erwähnten Beispiel in der Tat kritisiert werden. Wenn es der Mutter darum geht, dass Lisa lernen soll, verantwortlich zu handeln, das heißt selbst teilen zu wollen, dann kann sie ihr nicht befehlen, Daniel die Kekse zu geben. Eine Möglichkeit unter unendlich vielen vorstellbaren wäre zum Beispiel, wenn sie Lisa fragte, ob diese tatsächlich alle sechs Kekse allein essen wolle. Sie könnte sie darauf hinweisen, dass Daniel möglicherweise auch Lust auf den Nachtisch habe. Ob Lisa ihren Bruder gefragt habe, ob er Kekse möchte. Die Mutter könnte ihre Tochter fragen, wie sie die Situation das letzte Mal beurteilt habe, als jemand anderes mit ihr nicht teilen wollte bzw. geteilt hatte. Sie könnte fragen, ob die junge Damen, wenn schon nicht die Hälfte, so doch einen oder zwei Dinkelkekse abgeben bzw. erübrigen könne. Mit solchen Fragen, könnte die Mutter Lisa dazu auffordern, ihr Wissen und Nichtwissen zu aktivieren, das eigene Werten zu überschauen, sich im Antworten zu verantworten.

Selbstverständlich erfordern solche Dialoge Zeit und Geduld seitens der Erwachsenen, da sie nicht auf ein endgültiges Handeln, sondern auf einen prinzipiell unabschließbaren Denk- und Wertungsprozess zielen. Aber gerade darin besteht ja der Unterschied einer „Pädagogik vom Kinde aus", die gerade nicht die Erwachsenen zum Maß des Handelns macht. Desweiteren garantiert ein solches Vorgehen keinen Erfolg. Aber auch die Rede vom „Erfolg" wäre lediglich der Erfolg des Erwachsenen über da Kind. Man sieht nicht, könnte man mit Petzelt sagen, dass Erfolg und Misserfolg nicht an der beobachtbaren Handlung, sondern an der Haltung des Zöglings bemessen werden müssen, wenn tatsächlich „vom Kinde aus" gedacht werden soll. Wer pädagogisch handelt, hat, wie Petzelt formuliert, die Aktivität und Verantwortung des Zöglings in Rechnung zu stellen, er hat sie zu fordern. Das bedeutet aber auch, dass er in Rechnung stellen muss, dass sich der Zögling gegen die Ansichten des Erziehenden stellen kann, dass er gegenteiliger Auffassung ist, seine „eigene Sicht der Dinge" hat. Gerade in solchen Fällen hat sich der reformpädagogische Slogan in ausgezeichneter Weise zu bewähren; hierin entscheidet sich, ob es sich bloß um ein Lippenbekenntnis handelt oder eine reflektierte pädagogische Haltung. Meist genügt die Aufforderung an den Erwachsenen, sich in eigener Selbstbetrachtung die Frage zu stellen, ob man auch heute noch genau so denkt, wertet und entscheidet, wie es die Erwachsenen taten, von denen man selbst unterrichtet und erzogen wurde, um sich Klarheit zu verschaffen, was Petzelt in Anlehnung an Kant in einen Aufsatztitel gefasst hat: *Das Fürwahrhalten lässt sich nicht mitteilen* (1963).

Literaturverzeichnis

Benner, Dietrich 1998: Die Permanenz der Reformpädagogik. In: Rülcker, Tobias / Oelkers, Jürgen (Hrsg.): Politische Reformpädagogik. Bern / Frankfurt/M., S. 16-36.
Benner, Dietrich / Kemper, Herwart 2003: Theorie und Geschichte der Reformpädagogik. Band 2: Die pädagogische Bewegung von der Jahrhundertwende bis zum Ende der Weimarer Republik. Weinheim / Basel.
Böhm, Winfried 2012: Die Reformpädagogik: Montessori, Waldorf und andere Lehren. München.
Böhm, Winfried / Soëtard, Michel 2012: Jean-Jacques Rousseau der Pädagoge. Einführung mit zentralen Texten. Paderborn.
Flitner, Andreas 2001: Reform der Erziehung. Impulse des 20. Jahrhunderts. Weinheim / Basel.
Hönigswald, Richard ²1927: Über die Grundlagen der Pädagogik. Ein Beitrag zur Frage des pädagogischen Universitätsunterrichts. München.
Kauder, Peter 1997: Prinzipienwissenschaftliche Systematik und „politischer Impetus". Eine Untersuchung zur Pädagogik Alfred Petzelts. Frankfurt/M.
Lischewski, Andreas 2013: Die Entdeckung der pädagogischen Mentalität bei Comenius. Zum Problem der anthropologischen Ermächtigung in der Consultatio Catholica. Paderborn.
Miller, Damian / Oelkers, Jürgen 2014: Reformpädagogik nach der Odenwaldschule – Wie weiter? Weinheim / Basel.
Montessori, Maria ²⁴2008: Kinder sind anders. München.
Montessori, Maria 2010: Das Kind (1941). In: Böhm, Winfried: Maria Montessori. Einführung und zentrale Texte. Paderborn, 152-163.
Natorp, Paul ²1922: Rousseaus Sozialphilosophie. In: ders.: Gesammelte Abhandlungen zur Sozialpädagogik. Erstes Heft: Plato, Rousseau, Condorcet, Pestalozzi. Stuttgart, 43-70.
Oelkers, Jürgen ⁴2005: Reformpädagogik. Eine kritische Dogmengeschichte. Weinheim / München.
Otto, Bertold 1906: Vom königlichen Amt der Eltern. Leipzig.
Pestalozzi, Johann Heinrich 1979: Über die Idee der Elementarbildung (Lenzburger Rede) und fünf Schriften um 1910. In: ders.: Sämtliche Werke. Band 22. Zürich.
Petzelt, Alfred 1954: Grundlegung der Erziehung. Freiburg.

Petzelt, Alfred ²1955: Grundzüge systematischer Pädagogik. Stuttgart.
Petzelt, Alfred ²1962: Von der Frage. Eine Untersuchung zum Begriff der Bildung. Freiburg.
Petzelt, Alfred 1963: „Das Fürwahrhalten lässt sich nicht mitteilen". Eine Studie zum Problem des Dialogs im Lehrer-Schüler-Verhältnis. In: Fischer, Wolfgang (Hrsg.): Einführung in die pädagogische Fragestellung. Aufsätze zur Theorie der Bildung, Teil 2. Freiburg, 9-61.
Petzelt, Alfred ⁵1965: Kindheit – Jugend – Reifezeit. Grundriß der Phasen psychischer Entwicklung. Freiburg.
Rilke, Rainer Maria 1965: [Rezension] Das Jahrhundert des Kindes (Ellen Key): In.: ders.: Sämtliche Werke. Fünfter Band: Worpswede. Rodin. Aufsätze. Frankfurt/M., 586-587.
Ruhloff, Jörg 1982: Zur Einführung: Alfred Petzelt – Leben, pädagogischer Grundgedanke, „Tatsache und Prinzip". In: Petzelt, Alfred: Tatsache und Prinzip. Philosophie und Pädagogik. Herausgegeben von Jörg Ruhloff. Frankfurt/M. / Bern, 11-24.
Ruhloff, Jörg ²1998: Jean-Jacques Rousseau. In: Fischer, Wolfgang / Löwisch, Dieter-Jürgen (Hg.): Philosophen als Pädagogen. Wichtige Entwürfe klassischer Denker. Darmstadt, 93-109.
Scheffler, Israel 1971: Die Sprache der Erziehung. Düsseldorf.
Schonig, Bruno 1982: Irrationalismus als pädagogische Tradition. Die Darstellung der Reformpädagogik in der pädagogischen Geschichtsschreibung. Weinheim.
Schurr, Johannes 1975: Schleiermachers Theorie der Erziehung. Düsseldorf.

Ist Reformpädagogik noch aktuell?
Eine schulpädagogische Betrachtung am Beispiel der Montessori-Pädagogik

Svea Cichy

Dieser Beitrag stützt sich auf Erkenntnisse aus einer Schulerkundung, die von der Autorin im Rahmen ihrer Promotion im Jahr 2012 in verschiedenen Montessori-Einrichtungen in Deutschland durchgeführt wurde. Wesentliche Bestandteile derselben waren Unterrichtshospitationen und Interviews mit Montessori-Pädagogen[1], denen ein qualitativ-hermeneutisches Verfahren zugrunde lag.[2] Ergänzend zu den Eindrücken aus der aktuellen Schulpraxis werden theoretische Angaben aus der fachwissenschaftlichen Primär- und Sekundärliteratur sowie weitere Veröffentlichungen herangezogen, um am Beispiel der Montessori-Pädagogik zu klären[3], ob reformpädagogische Bestrebungen heute noch aktuell sind. Die Tatsache, dass die Legitimation der Reformpädagogik sowohl unter Erziehungswissenschaftlern als auch in der Öffentlichkeit immer wieder hinterfragt wird[4], hat die Autorin zum Anlass genommen, in diesem Beitrag eine mögliche Antwort zu geben.

1. Der heutige Zeitgeist

Laut einer Aussage von Harald Ludwig aus dem Jahr 1995 haben reformpädagogische Ansätze „[...] bereits seit längerer Zeit wieder Konjunktur." (Ludwig 1995, 253). Analog dazu stellte Michael Klein-Landeck 2007 „[erneut, S.C.] den Anbruch einer reformpädagogischen Blütezeit" fest. Diese zeigt sich unter anderem darin, dass Werkstatt- und Projektunterricht, Wochenplan- und Freiarbeit sowie Stationenlernen und Ähnliches immer beliebter werden (vgl. Klein-Landeck 2007, 11).

Neben dem begründeten Interesse der Fachwelt und der Erziehungswissenschaft an reformpädagogischen Konzepten[5] stoßen diese auch in der allgemeinen Öffentlichkeit vermehrt auf Akzeptanz: Die pädagogischen Sonderhefte weit rezipierter Zeitungen wie das Magazin *Focus-Schule* stellen divergierende Modelle

---

[1] Um die Lesbarkeit des Aufsatzes zu erleichtern wird hier und im Folgenden das generische Maskulin verwendet.
[2] Genauere Angaben zu den Rahmenbedingungen der Erkundung sind in meiner noch unveröffentlichten Dissertation zu finden. Angesichts der Gefahr eines Eigenplagiats wird aus diesem Grund hier nicht näher darauf eingegangen.
[3] Unter Punkt 2 *Die Montessori-Pädagogik* wird angegeben, warum dieser reformpädagogische Ansatz als Exempel gewählt wurde.
[4] Siehe dazu exemplarisch Ludwig 1995, 254; Kaube 2011, N5.
[5] Siehe dazu exemplarisch Ladenthin 2011, 541-560.

zur staatlichen Regelschule vor, die häufig der Reformpädagogik entstammen. Sie zeigen deren Vor- und Nachteile auf und beraten Eltern sowie Schüler bei der Wahl einer geeigneten Schulform (vgl. Hennis 2011, 12-15).[6]

Infolgedessen steigt auch die Anzahl an reformpädagogischen Einrichtungen (vgl. Ludwig 1995, 253), die in der Regel von einem freien Träger unterhalten werden. Auf der Suche nach Alternativen ist generell ein Trend zu Privatschulen zu verzeichnen (vgl. Klein-Landeck 1995, 292), wie die Schülerzahlen eindeutig belegen: Laut einer Studie erhöhten sich die Anmeldungen im Zeitraum von 1992 bis 2008 von 4,8 auf 7,7 Prozent, wobei diese Tendenz besonders seit der Veröffentlichung der ersten PISA-Studie im Jahr 2001 ins Auge fällt (vgl. Weiß 2011, 5). Teilweise lässt sich diese Entwicklung durch den größeren Gestaltungsspielraum begründen, der freien Schulen von staatlicher Seite zugestanden wird: Er ermöglicht unter anderem eine veränderte Rhythmisierung des Schultages sowie den Einsatz von innovativen Unterrichtskonzepten und eigenen Lehrplänen, die mit Genehmigung des Schulministeriums die vorgegebenen Curricula ersetzen.[7]

Als weitere Folgeerscheinung kann die zunehmende Integration von reformpädagogischen Elementen in das Bildungsprogramm öffentlicher Einrichtungen gesehen werden, die damit den Statuten der einzelnen Bundesländer gerecht zu werden versuchen (vgl. Ludwig 1995, 253). In diesem Zusammenhang wird unter anderem auf Maria Montessoris Modell „im Rahmen der Methodenfreiheit" (Stiller 2008, 100) zurückgegriffen: Montessoris Freiarbeitskonzept kommt dadurch immer häufiger zum Einsatz (vgl. Kreuzberger 2002, 4; Klein-Landeck 1995, 292), ihre Entwicklungsmaterialien ergänzen die üblichen vorschulischen und schulischen Materialien und eine angemessene Lernumgebung gewinnt zunehmend an Bedeutung. Auf den Ursprung dieser pädagogischen Anleihen wird jedoch nicht näher eingegangen (vgl. Klein-Landeck 1995, 292), weswegen Montessoris Ansatz verschiedenartig interpretiert und in der Praxis mit großen qualitativen Unterschieden umgesetzt wird (vgl. Stiller 2008, 100; Kreuzberger 2002, 6).

Allgemein ist festzustellen, dass die Ausrichtung auf reformpädagogische Konzepte aus einem als defizitär wahrgenommenen deutschen Bildungssystem und der damit verbundenen Unzufriedenheit von Eltern, Schülern und Lehrern resultiert.[8] „Die Kritik an der Regelschule will nicht verstummen [...]" (Klein-Landeck 1995, 291), weswegen in der Unterrichtspraxis offene, schülerorientierte und binnendifferenzierte Lehr- und Lernformen angestrebt werden, welche die Schüler trotz großer Heterogenität in ihrer Individualität berücksichtigen und ihre ganzheitliche Persönlichkeitsentwicklung zum Ziel haben (vgl. Klein-Landeck

---

[6] Siehe dazu auch Klein-Landeck 1995, 292.
[7] Siehe dazu exemplarisch das Montessori-Gymnasium Schloss Hagerhof in Bad Honnef.
[8] Siehe dazu die Ergebnisse der Bildungsumfrage *Zukunft durch Bildung – Deutschland will's wissen* auf http://www.bildung2011.de/download/Ergebnisse-der-Online-Buergerbefragung.pdf [Abgerufen am 08.12.2011], die vom Meinungsforschungsinstitut Infratest vom 14.02. bis 06.03.2011 bundesweit durchgeführt wurde, sowie die Ausführungen zur aktuellen Schulkritik in diesem Text.

2007, 11). Es ist offensichtlich, dass Montessoris pädagogischer Ansatz dahingehend einen wichtigen Beitrag leisten kann.

2. Die Montessori-Pädagogik

In diesem Abschnitt werden einige wesentliche Stärken des Montessori-Modells aufgezeigt, welche die Autorin dazu veranlasst haben, die Frage nach der Aktualität der Reformpädagogik exemplarisch an diesem reformpädagogischen Ansatz zu beleuchten.

Der Wert von Maria Montessoris Bildungskonzept liegt dahingehend vor allem in der regulativen Idee, die Eigenverantwortlichkeit, Selbstständigkeit und kreative Selbstentfaltung Heranwachsender zu fördern (vgl. Raapke u.a. 2003, 16[9]), um sie zu einer mündigen und selbstbestimmten Teilhabe am gesellschaftlichen Leben zu befähigen. Dieser Leitgedanke wird aufgrund seiner allgemeinen Anerkennung und Gültigkeit auch außerhalb von Montessori-Einrichtungen verfolgt (vgl. Drücke 2000, 177), wobei Horst Klaus Berg Montessoris pädagogischem Ansatz jedoch attestiert „[...] am entschlossensten an der eigenständigen Entwicklung von Kindern [...]" (Berg 2009, 1) zu arbeiten.

Montessori wie auch viele andere Reformpädagogen waren davon überzeugt, „[...] dass Lernen als offener Prozess zu konzipieren sei, in dem Kinder und Jugendliche sich selbstbestimmt aneignen, was sie zu ihrer Entwicklung und Lebensorientierung brauchen." (Berg 2010, 31) Aus diesem Grund wurde großer Wert auf die Wahlfreiheit des Heranwachsenden gelegt, die laut Berg gegenwärtig im Schulalltag jedoch weit hinter den ursprünglichen reformpädagogischen Vorstellungen zurückbleibt.[10] Demnach wird den Schülern in der Regel nur die Wahl zwischen vergleichbaren Alternativen oder der Reihenfolge obligatorischer Inhalte gelassen (vgl. Berg 2010, 31).

Die Lehrkräfte, die während der Schulerkundung[11] befragt worden sind, gaben als weitere Wahloption an, dass die Lernenden in einem Projekt mit einer übergeordneten Thematik ein selbstgewähltes Unterthema eigenverantwortlich bearbeiten können. Den Montessori-Schülern kommt in diesem Zusammenhang zugute, dass sie darin geübt sind, Lerninhalte mithilfe von vorbereiteten Arbeitsmaterialien selbständig zu erschließen, dahingehend eigene Fragen zu entwickeln, sich Informationen zu beschaffen und auftretende Probleme während des Erarbeitungsprozesses eigenständig zu lösen. Eine möglichst offene Aufgabenstellung ohne konkrete Schwerpunktsetzung unterstützt dabei die Kreativität der Jugendlichen und begünstigt individuelle Ergebnisse. Die Heranwachsenden fokussieren unter

---

[9] Die Seitenangabe entspricht der chronologischen Abfolge des PDF-Dokuments. Dasselbe gilt auch für die nachfolgenden Nennungen der Quelle.
[10] Eine ähnliche Haltung vertritt Klein-Landeck, der die heutige Schulmüdigkeit unter anderem auf die mangelnde Wahlfreiheit zurückführt (vgl. Klein-Landeck 1995, 293).
[11] Siehe dazu die näheren Angaben am Anfang des Beitrages.

diesen Bedingungen zum Teil ganz andere Bereiche, als es die Lehrperson getan hätte und kommen auf diese Weise zu neuen Erkenntnissen.

Im Gegensatz zu Berg waren viele interviewte Lehrer der Ansicht, dass die Auswahloptionen in einem derartig abgesteckten Rahmen bereits Montessoris Vorstellungen von einer freien Wahl entsprechen würden. Für Berg hingegen hat eine stringent durchgeführte Wahlfreiheit „[...] Konsequenzen im Blick auf Vollständigkeit und Systematik der zu vermittelnden Lehrplaninhalte: denn wo die Freie Wahl ernst genommen wird, setzen die Lernenden ihre eigenen exemplarischen Schwerpunkte, die sie anregen und fördern." (Berg 2010, 31) Sie sind dadurch selbsttätig persönlichkeitsbildend (vgl. ebd.).

Montessoris Bildungskonzept unterstützt sie dabei von Geburt an – unabhängig von einem bestimmten Lebensalter (vgl. Montessori 2004, 178), einer konkreten Schulform oder -stufe[12]. Für die verschiedenen Entwicklungsphasen des Menschen existiert ein progressives Bildungsangebot in Form von vorschulischen und schulischen Montessori-Einrichtungen sowie Ausbildungsinstituten und Angeboten für Eltern (vgl. Stiller 2008, 99).

Ferner spricht für die Montessori-Pädagogik, dass sie die natürliche Heterogenität der Schülerschaft, die bei der Vereinheitlichung des deutschen Regelschulsystems unberücksichtigt bleibt, als Chance für einen erfolgreichen Lernprozess ansieht (vgl. Esser 2012, 4). Diese Einstellung scheint angesichts des pluralistisch und demokratisch ausgerichteten Gesellschaftssystems der Bundesrepublik Deutschland vernünftig und erstrebenswert zu sein.

Ein weiteres Argument für das Montessori-Modell ist die Tatsache, dass es unter den vielen reformpädagogischen Ansätzen, die bisher vorliegen, das weltweit erfolgreichste ist und in seiner globalen Verbreitung wohl auch weiterhin konkurrenzlos bleibt (vgl. Stiller 2008, 101; Ladenthin 2006, 69; Raapke 2003, 2). Allein in Deutschland existieren über 1000 Einrichtungen, die ein Montessori-Profil aufweisen, wobei jährlich weitere hinzukommen (vgl. Stiller 2008, 101). „Man kann schon beinahe böswillig sagen, dass Montessori-Pädagogik heute ‚in' ist, wenn man die verstärkte Bildung von Elterninitiativen und das Einrichten von Montessori-Zweigen oder Montessori-Schulen sieht." (Kreuzberger 2002, 6)[13] Ungeachtet dessen ist der Bedarf an Plätzen noch lange nicht gedeckt, da die Flut an Bewerbern die bisherigen Aufnahmemöglichkeiten bei weitem übersteigt (vgl. Esser 2012, 1).

Das große Interesse an diesem Modell lässt sich durch seine „den Zeitgeist überdauernde[n] Gültigkeit" (Klein 2000, 22)[14] erklären, durch die Montessoris Vorschläge bis heute nichts von ihrer Aktualität verloren haben (vgl. Montessori

---

[12] Siehe dazu den Aufsatz „Lehrerbildung und Montessori-Pädagogik" von Harald Ludwig, der sich ohne Einschränkung an alle Lehramtsstudierenden richtet (vgl. Ludwig 2013, 205).
[13] Siehe dazu auch Klein-Landeck 1995, 292.
[14] Siehe dazu auch das Geleitwort von Maria Montessoris Urenkelin in Montessori 2010, XVI.

1973, 8).¹⁵ Sie basieren auf anerkannten reformpädagogischen Prinzipien wie Interdisziplinarität, Ganzheitlichkeit und Eigenständigkeit.¹⁶ Diese Grundsätze der Montessori-Pädagogik gehören seit langem zum Standardrepertoire moderner Pädagogik (vgl. Esser 2012, 1) und wurden „[...] zu Beginn des 21. Jahrhunderts von wissenschaftlicher und politischer Seite zu allgemeinen Prinzipien für Bildung erklärt [...]." (Hempel 2010, 13)

In Anbetracht dessen ist es nicht weiter verwunderlich, dass bemerkenswert viele Übereinstimmungen zwischen Montessoris Vorstellungen und den staatlichen Richtlinien zu finden sind. Die zum Teil deutlichen Parallelen auf der theoretischen Ebene hat Norma Kreuzberger bereits 2002 an ausgewählten Beispielen aufgezeigt (vgl. Kreuzberger 2002, 16f.) und schon einige Jahre vor ihr stellte Klein-Landeck fest: „Man erkennt, daß Unterricht nach den pädagogischen wie methodisch-didaktischen Prinzipien Montessoris den zentralen Forderungen und Empfehlungen der Richtlinien [...] gerecht wird." (Klein-Landeck 1995, 297) Dazu zählen unter anderem die individuelle Förderung der Schüler, die seit 2006 im Schulgesetz von Nordrhein-Westfalen fest verankert ist¹⁷, fächerübergreifende Ansätze, neue Formen der Leistungsbewertung, die veränderte Rolle des Pädagogen (vgl. Herold/Landherr 2003, 3) sowie die Ausrichtung auf selbstständige Arbeitsmodelle (vgl. Ministerium 1999, 18). Darüber hinaus werden Konzepte wie „Aktivitätsentwicklung, Kooperationsförderung und systematisches Lernen" sowie „Lernstrategien und Fähigkeiten im sozialen Umgang" in den Rahmenlehrplänen aufgegriffen, die mit den Grundgedanken der Montessori-Pädagogik korrespondieren (vgl. Stiller 2008, 99, Anm. 194).

Zum Beispiel sah Montessori das Lernen in der Gruppe als überaus gewinnbringend an¹⁸ und die Schulerkundung hat analog dazu gezeigt, dass kooperative Sozialformen wie Partner- oder Gruppenarbeit Heranwachsende auf vielfältige Weise fördern: Sie erweitern ihre Handlungskompetenz durch die eigenständige Planung, Organisation, Durchführung und Auswertung des gemeinsamen Projektes. Sie entwickeln ihre Fach- und Methodenkompetenz, indem sie sich das erforderliche Handwerkszeug für die selbstständige Erarbeitung eines Unterrichtsthemas gegenseitig beibringen.¹⁹ Sie motivieren und unterstützen sich, was vor

---

15 Siehe dazu die näheren Ausführungen unter Punkt 3 *Aktuelle (?) Schulkritik*.
16 Für weitere Prinzipien der Reformpädagogik siehe Ludwig 1995, 264.
17 Siehe dazu Paragraph 1 des Schulgesetzes für das Land Nordrhein-Westfalen auf https://recht.nrw.de/lmi/owa/br_bes_text?anw_nr=2&gld_nr=2&ugl_nr=223&bes_id=7345&aufgehoben=N&menu=1&sg=#FN10 [Abgerufen am 09.02.2014].
18 „Wir haben gesehen, wie sich eine Gruppe unter Kindern spontan, ganz allein bildete, um nachzudenken und zu verstehen. Es scheint, daß das wahre Verständnis mit der Diskussion, der Kritik und der Zustimmung der anderen einhergeht. Die Freude, etwas zu wissen, muß sofort den anderen mitgeteilt werden. In diesem Austausch entwickelt sich die Begeisterung. Das Studieren und Nachdenken rufen nach der Gruppe, ganz so wie die manuelle Tätigkeit. [...] Die Gruppe bringt neue Kräfte hervor. Sie regt die Energien an." (Montessori 2004, 164).
19 Montessori erkannte die damit verbundenen Vorteile, als sie ältere Kinder dabei beobachtete, wie sie Jüngere in etwas unterwiesen: „Aber dann wurde mir klar, daß, wenn man et-

allem während einer langen autonomen Arbeitsphase von Vorteil ist, da sich die Lehrkraft zurücknehmen und in erster Linie als Beobachter und Berater agieren kann. Gleichzeitig sind die Jugendlichen dazu angehalten, ihre Ansichten vor den Mitschülern zu äußern und zu vertreten, wobei auch interne Meinungsverschiedenheiten diskutiert und auftretende Konflikte geklärt werden müssen.

Die dabei notwendige Sozial- und Selbstkompetenz sowie Reflexionsfähigkeit der Heranwachsenden sind bereits bei der eigenverantwortlichen Aufgabenverteilung zu Beginn der Zusammenarbeit gefragt, da sich die Gruppenmitglieder ihrer Fähigkeiten bewusst sein müssen, um sich entsprechend dieser einbringen zu können. In Anbetracht dessen unterstützen kooperative Sozialformen die Jugendlichen dabei, ihre eigenen Stärken und die der anderen zu erkennen. Darüber hinaus erfahren sie bei der Präsentation und konstruktiven Einschätzung der Arbeitsergebnisse durch die Lerngruppe, dass ein gemeinsames Wirken trotz individueller Unterschiede möglich ist. Diese Erkenntnis fördert sowohl eine Wertschätzung der einzelnen Schülerbeiträge als auch das Gemeinschaftsgefühl insgesamt – auch außerhalb einer konkreten Kooperationsarbeit.

3. Aktuelle (?) Schulkritik

Die wissenschaftlichen Erkenntnisse, die Montessori zur Entwicklung des jungen Menschen zusammengetragen hat[20], haben schon zu ihren Lebzeiten deutlich gemacht, dass die pädagogische Förderung von Heranwachsenden einer Reform bedarf (vgl. Montessori 2012, 15). Für die Sekundarschule[21] konstatierte Montessori zum Beispiel, dass diese weder den Anforderungen ihrer Zeit gerecht wird, noch den Grundbedürfnissen der Jugendlichen ausreichend Beachtung schenkt (vgl. Montessori 2013, 202).[22] Ebenso müssen sich heutige Bildungseinrichtungen der Herausforderung stellen, ihre Schüler auf die sich schnell wandelnden Lebensbedingungen in unserer Gesellschaft angemessen vorzubereiten (vgl. Stiller 2008, 101).

Für Montessori resultierte „[d]er allgemeine Verfall der Schulen, den wir heute feststellen, […]" (Montessori 2004, 160) aus der Abkapselung der Bildungsstätten

---

was lehrt, einem selbst der Gegenstand klarer wird. Durch nichts lernen Sie mehr als durch das Lehren anderer, besonders wenn Sie den Gegenstand nicht sehr gut beherrschen. Denn die Anstrengungen des anderen wirken wie eine Fehlerkontrolle für Sie selbst und regen Sie an, mehr Kenntnis zu erwerben, um dem andern zu vermitteln, was er braucht." (Montessori 1989, 170) Diese Erkenntnis Montessoris scheint ein Plädoyer für die Unterrichtsmethode *Lernen durch Lehren* zu sein. Siehe dazu die näheren Ausführungen unter Punkt 4. *Zeitgenössische Reformansätze*.

[20] „Maria Montessori hat sich für ihre Pädagogik […] vor allem an der körperlich-geistig-psychischen Entwicklung und an den individuellen Lernbedürfnissen der Kinder orientiert." (Raapke 2003, 3).

[21] Im Folgenden wird der Schwerpunkt auf die weiterführende Schule gelegt, da dieser Bereich häufig Anlass zur Kritik ist, weswegen die dahingehenden Reformbestrebungen von besonderem Interesse sind.

[22] Siehe dazu auch Klein-Landeck 1995, 293.

von der Wirklichkeit und den lebensweltlichen Erfordernissen (vgl. ebd.; Montessori 1994, 8; Montessori 1973, 27): „Die Schulen sind dem sozialen, zeitgenössischen Leben völlig fremd, so wie andererseits das Leben mit seinen Problemen vom Bereich der Bildung ausgeschlossen zu sein scheint." (Montessori 1994, 9)[23] Den Grund dafür sah Montessori in der Output- und Leistungsfokussierung der Lehrstätten, die ihnen von den stattlichen Richtlinien auferlegt wurden und aufgrund derer sie in erster Linie die zu erreichenden Abschlüsse im Blick haben mussten (vgl. ebd.).

An dieser Stelle sei darauf hingewiesen, dass Montessori der weiterführenden Schule durchaus die Aufgabe zuschrieb, den Schülern in den letzten zwei Jahren zur Hochschulreife und den notwendigen Abschlüssen zu verhelfen (vgl. Montessori 2004, 155). In diesem Zusammenhang war es aber die propädeutische Funktion der Sekundarschule und die persönliche Reifeentwicklung der Heranwachsenden, auf die sie Wert legte.

Analog zu Montessoris oben genannter Kritik geben zeitgenössische Lehrer an, dass die vielen obligatorischen Inhalte, die sich die Schüler bis zum Zentralabitur aneignen müssen, kaum Raum lassen, weitere Themen zu berücksichtigen, die in einem größeren Maße der Lebenswirklichkeit der Lernenden entsprechen. Gleichzeitig bestimmen aber die Ergebnisse der Abschlussprüfungen den weiteren Lebensweg der Jugendlichen heute vielleicht mehr denn je. Schon Montessori sah die Notengebung in der weiterführenden Schule aus diesem Grund überaus kritisch:

> „Jugendliche und junge Menschen, die fast die Reife erlangt haben, werden wie kleine Kinder in den Grundschulen behandelt. Mit vierzehn oder sechzehn Jahren werden sie immer noch der kleinlichen Bedrohung durch ‚schlechte Noten' ausgesetzt, mit denen die Lehrer die Leistung [...] abwägen [...]. [...] Von diesen Noten hängt jedoch die Zukunft des Schülers ab." (Montessori 2013, 205)

> „Ich halte es nicht für erforderlich, bei dem traurigen Los der Jugendlichen länger zu verweilen, welche die Bildung lediglich aufnehmen müssen, um in der heutigen Gesellschaft ihren Lebensunterhalt verdienen zu können." (Montessori 2013, 70)

Für C. H. Claremont, einem bekannten Autor der englischsprachigen Montessori-Literatur (vgl. Montessori 1991, 67, Anm. 15a), resultiert daraus das folgende Dilemma: „[...] die Sorge der Schüler scheint mir nur darin zu liegen, die Examen zu bestehen [...]; und die Lehrer ‚bedienen' sie in diesem Sinne. Somit befinden wir uns alle in einer Sklaverei, die auf ein falsches Erziehungssystem zurückzuführen ist, das erneuert werden muß." (Montessori 1991, 68)

Dieses reformbedürftige System war für Montessori das Ergebnis einer fragwürdigen Einstellung hinsichtlich seiner Funktion: „Die Schule als eine Einrichtung der Wissensvermittlung [...] zu betrachten, ist ein Standpunkt; ein anderer

---

[23] Bereits der deutsche Kaiser, Wilhelm II., hat auf der Berliner Schulkonferenz Ende 1890 die defizitäre Verknüpfung von Schule und Leben angeprangert, was schon zu dieser Zeit ein hinlänglich bekannter Kritikpunkt war (vgl. Ludwig 1995, 255).

besteht darin, die Schule als *eine Vorbereitung für das Leben*[24] [...] aufzufassen." (Montessori 1973, 29)[25] Ihre skeptische Haltung gegenüber der ersten Sichtweise äußerte sie mit der Frage: „Welchen Wert hat die Wissensvermittlung, wenn die allgemeine Bildung des Menschen selbst vernachlässigt wird?" (Montessori 1994, 1f.) Angesichts dessen ist auch für die interviewten Montessori-Lehrer weniger die Beherrschung eines vorgegebenen Wissenskanons entscheidend, sondern vielmehr, dass die Schüler auf der geistigen, seelischen und praktischen Ebene handlungsfähig geworden sind.

Montessoris Kritik wendete sich ferner an den staatlich vorgegebenen Lehrplan, dem anzulasten ist, dass der Verstand der Schüler „[...] mit einer ständigen Anstrengung hinter dem Verstand des Lehrers herlaufen [muss, S.C.], der seinerseits gezwungen ist, einem Programm, das zufällig und sicher nicht den Neigungen der Kinder entsprechend aufgestellt wurde, zu folgen." (Montessori 1991, 251)[26] Die Schulerkundung hat gezeigt, dass sich an dieser Situation bis heute nichts geändert hat, da die curricularen Vorgaben sowohl für die Lehrkräfte als auch für die Schüler häufig nicht nachvollziehbar sind.

Die Bestrebungen ihres Zeitgenossen und Kollegen Édouard Claparède, die Fächervielfalt zu reduzieren, um eine Überforderung der Heranwachsenden zu vermeiden, gingen Montessori hinsichtlich des Studienprogramms nicht weit genug. Sie fokussierte dahingehend eher die Methode und grenzte ihren pädagogischen Ansatz bewusst von der Regelschule ab, deren oberste Pflicht zu sein schien, das staatliche Curriculum zu erfüllen (vgl. Montessori 1994, 9; Raapke 2003, 3):

> „Das Lernen darf nicht durch die Lehrpläne vorhandener Sekundarschulen eingeschränkt werden, und noch weniger dürfen wir von ihren ‚Methoden', mit den Kindern umzugehen oder ihnen Wissen einzutrichtern, Gebrauch machen. Wir sollten sofort darauf hinweisen, dass es unser Ziel ist, die Bildung auszuweiten, anstatt sie einzuschränken."[27] (Montessori 2013, 217)

Der Schulleiter eines Montessori-Gymnasiums betonte bei der Befragung, wie wichtig die Unterstützung der Eltern in diesem Zusammenhang sei, da auch un-

---

[24] Hervorhebung im Original. Montessoris dahingehende Haltung wird auch in dem folgenden Zitat deutlich: „Das Leben muss das eigentliche Zentrum werden und die Bildung das notwendige Mittel. Denn nichts zeigt die Notwendigkeit der Bildung deutlicher, als durch Erfahrung herauszufinden, wie wesentlich sie ist, um bewusst und intelligent zu leben." (Montessori 2013, 230).

[25] Siehe dazu auch den Beitrag *Fässer füllen oder Flammen entzünden. Für eine Renaissance der Bildung.* von Reinhard Kahl auf http://www.reinhardkahl.de/pdfs/final.pdf [Abgerufen am 29.12.2013], der beispielhaft die zeitgenössische Kritik zu diesem Punkt aufgreift.

[26] Siehe dazu auch Montessori 1994, 8.

[27] Ludwig erläutert Montessoris Gedankengang dazu wie folgt: „*Eine Verminderung von Bildung ist der falsche Weg*, das schulische Problem geistiger Ermüdung zu lösen. Die heutige Zeit stellt vielmehr erhöhte Anforderungen. Ohne Bildung kann heute niemand aktiv und selbständig am gesellschaftlichen Leben teilnehmen. Denn alle Bereiche des menschlichen Lebens sind heute von Wissenschaft geprägt. Insofern darf das Bildungsniveau nicht gesenkt, sondern es muss angehoben werden. Es besteht sonst die Gefahr eines ‚wissenschaftlichen Analphabetismus'. Man muss indessen die Vermittlung von Bildung von Grund auf ändern." (Hervorhebung im Original. Montessori 2013, 69f.).

konventionelle Ansätze und gegebenenfalls damit einhergehende Abweichungen vom staatlich eingeforderten Standard von ihnen mitgetragen werden müssen.

Ein weiterer Kritikpunkt Maria Montessoris bezog sich auf den terminierten Stundenplan, der die Arbeitsphasen der Schüler ungeachtet ihres individuellen Lerneifers und -tempos wahllos unterbricht (vgl. Montessori 1994, 218). Montessori hatte für ihr pädagogisches Modell zwar zunächst auch einen Stundenplan entwickelt, den sie jedoch „[...] bald zugunsten der vorwiegenden wahlfreien Beschäftigung wieder fallenließ [...]." (Schulz-Benesch 1962, 67) Es widerspricht Montessoris Prinzip der Wahlfreiheit, dass die Lernenden aufgrund der Stundenbegrenzung und der festgelegten Rhythmisierung des Unterrichts den Zeitpunkt sowie die Dauer und Wiederholung ihrer Arbeit nicht selbst bestimmen können. Der latente Zeitdruck und die geistige Hetze, die zusätzlich damit verbunden sind, werden noch durch das Läuten der Schulklingel forciert, weswegen dieser akustische Antreiber von vielen Schulen mittlerweile reduziert oder komplett abgeschafft wurde.[28] Auf diese Weise kann die Unterrichtszeit individuell ausgerichtet, Stundenblöcke ohne künstliche Unterbrechung genutzt und bei Bedarf Pausen eingelegt werden.

Die Problematik eines Fetzenstundenplans, durch den eine Vielzahl von Fächer während eines eng gedrängten Schultages durchgenommen wird, klang schon bei Montessori an und ist auch zeitgenössischen Schulen hinlänglich bekannt. Dieser Umstand und die vorausgegangenen Ausführungen zeigen, dass Maria Montessori Aspekte des Bildungssystems kritisierte, die noch heute kontrovers debattiert werden.[29] Dabei stimmt ihre Kritik zum großen Teil mit der überein, die viele Reformpädagogen über das Schulsystem des 19. Jahrhunderts geäußert haben. Als Schlagworte können in diesem Zusammenhang die „Lehrerschule", die „Stoffschule", die „Buchschule" und die „Massenschule" genannt werden (vgl. Ludwig 1995, 258). In Anbetracht dessen stellt Ludwig fest, dass „[...] es kaum Probleme von Schule und Unterricht gibt, die heute diskutiert werden, welche man in der Reformpädagogik nicht gesehen, erörtert und zu lösen versucht hätte. Dieser Umstand unterstreicht die Aktualität der Reformpädagogik." (ebd., 265)

4. *Zeitgenössische Reformansätze*

Maria Montessori konzipierte ihren Erdkinderplan, um eine Reform der Sekundarschule zu einer *Erfahrungsschule des sozialen Lebens* anzustoßen (vgl. Montessori 2013, 208). Den Stellenwert dieses Vorhabens hob sie besonders hervor: „Aber vor allem ist die Erziehung der Jugendlichen wichtig, weil das Jugendalter die

---

[28] Siehe dazu exemplarisch das Leibniz-Montessori-Gymnasium Düsseldorf, in dem nur zur ersten Unterrichtsstunde bzw. am Ende der großen Pausen geläutet wird sowie das Montessori-Gymnasium Schloss Hagerhof in Bad Honnef und die Montessori-Oberschule in Potsdam, die gänzlich auf eine Schulklingel verzichten.

[29] Siehe dazu exemplarisch den Beitrag *„Lehrpläne gehören auf den Müll!"* von Reinhard Kahl auf http://www.zeit.de/online/2008/16/schule-g8-schavan [Abgerufen am 03.02.2014].

Zeit ist, in der das Kind in das Erwachsenenstadium eintritt und zum Mitglied der Gesellschaft wird." (Montessori 2013, 202) Der damit verbundenen Idee, Heranwachsende zu bilden, damit sie als mündige Bürger aktiv werden und durch ihr Engagement Veränderungen herbeiführen können, versuchen zeitgenössische Montessori-Einrichtungen wie folgt gerecht zu werden: Die fachlichen Studien, die in den weiterführenden Schulen auch heute noch überwiegen (vgl. Raapke 2003, 16), werden im Montessori-Gymnasium Schloss Hagerhof zugunsten praxisorientierter Projekte und sozialer Dienste zurückgenommen.[30] Der Wert von projektorientierten Unterrichtsformen wird in diesem Zusammenhang von den befragten Lehrkräften vor allem in einer nachhaltigen ganzheitlichen Bildung gesehen, die Jugendliche dazu befähigt, ihren eigenen Weg zu finden, um sich in der heutigen Gesellschaft zu behaupten.

Die oben genannten Projekte und Dienste sind aus diesem Grund für alle Schüler am Hagerhof verbindlich und führen zu einer intensiven Beschäftigung mit ethischen Themen wie den Menschenrechten, den christlichen Werten und den Kardinal- sowie Sekundärtugenden Mut, Tapferkeit, Geduld, Liebe, (Selbst-)Disziplin und Ordnung. Kritische Fragestellungen, die auf die soziale Verantwortung des Einzelnen für die Gemeinschaft, Gesellschaft bzw. Welt eingehen[31], regen dabei zur Diskussion an. Für die Lernenden ist diese angesichts der kontroversen Antwortmöglichkeiten häufig mit Irritationen verbunden, was laut Aussage der interviewten Lehrer ein Umdenken bei den Jugendlichen bewirken kann. Ihre eingefahrenen Denk- und Verhaltensmuster werden durch solche Alteritätserfahrungen in Frage gestellt, wodurch sie eine neue Sichtweise auf die Dinge gewinnen können. Ein weiterer Vorteil besteht darin, dass die Heranwachsenden in der persönlichen Begegnung mit dem Andersartigen nicht nur auf der kognitiv-abstrakten, sondern auch auf der emotional-konkreten Ebene angesprochen werden.

Durch diese ganzheitliche Auseinandersetzung sollen die Jugendlichen eine selbstbestimmte Persönlichkeit entwickeln, die fähig ist, eigenständige Entscheidungen zu treffen, diese umzusetzen und Verantwortung dafür zu übernehmen. Grundlegende Voraussetzung dafür ist eine umfassende Bildung, damit sich die Schüler in der gesellschaftlichen Entwicklung verorten können. In ähnlicher Weise kommen auch Jürgen Rekus und Thomas Mikhail zu dem Schluss: „Nur wer richtiges Wissen von der Welt und über sich selbst hat und nur wer in der Lage ist, sittlich angemessene Entscheidungen zu treffen, ist im pädagogischen Sinne gebildet […]. Der Vollzug dieser Aufgabe ist in anthropologischer Hinsicht nicht voraussetzungslos und bedarf auch heute noch der weiteren Erforschung." (Rekus/Mikhail 2013, 258)

---

[30] Harald Ludwig unterstützt die Annahme, dass dieser Ansatz im Sinne Montessoris ist, indem er ihre Ausführungen zur Adoleszenz wie folgt interpretiert: „[…] in der Jugendlichenschule sind Lernformen angemessen, die noch mehr Eigeninitiative, Zusammenarbeit und weiter ausgreifende Planungen erfordern, wie dies zum Beispiel beim Projektverfahren der Fall ist." (Montessori 2013, 295, Anm. 73).

[31] Exemplarisch können hierfür *Die Verantwortung des Wissenschaftlers in der heutigen Welt* oder *Der genetische Fingerabdruck* genannt werden.

Neben dem Genannten kann das soziale Verantwortungsbewusstsein der Heranwachsenden aus Sicht der befragten Montessori-Pädagogen realitätsnah und praktisch durch eine Dorf- oder Stadtteilschule gefördert werden, die sich aktiv für die Gemeinde bzw. den Bezirk engagiert. Auf diese Weise haben die Jugendlichen Gelegenheit, sich durch Praktika, Schülerfirmen oder Ähnlichem in die sie umgebende Gemeinschaft einzubringen.

Der von Maria Montessori geforderte lebensweltliche Bezug[32] kann zudem durch Arbeitsaufträge realisiert werden, die von externen Einrichtungen und Organisationen an die Schule herangetragen werden. Am Montessori-Gymnasium Schloss Hagerhof wurden dahingehend bereits Erfahrungen mit Kooperationen zwischen dem Kunstbereich und der Stadtverwaltung gemacht, bei denen unter anderem öffentliche Gebäude gestaltet wurden. Darüber hinaus kam es zu einer Zusammenarbeit mit Einkaufsmärkten im Rahmen von Sonderveranstaltungen, in denen die Schüler Ausstellungsflächen zu einem bestimmten Thema künstlerisch bespielten. Der involvierte Kunstlehrer ist davon überzeugt, dass eine derartige Gemeinschaftsarbeit für alle Beteiligten gewinnbringend ist: Neben der öffentlichkeitswirksamen Werbung für die Auftraggeber profitieren die Heranwachsenden von den gemachten Erfahrungen und die Schule erhält häufig Spenden, die für neue Kunstmaterialien und die Realisierung weiterer Projekte genutzt werden können.

Zusätzlich zu diesen außerschulischen Aktionen können die Jugendlichen bei schulinternen Vorhaben wie dem Bau einer neuen Turnhalle oder Ähnlichem einbezogen werden, indem sie für die Gestaltung derselben Ideenskizzen, konkrete Pläne und Architekturmodelle anfertigen. Durch die bewusste Anlehnung an die Arbeitsweise von Künstlern und Architekten erhalten die Schüler zudem eine berufliche Orientierung, was den Realitätsbezug ein weiteres Mal erhöht.

Die angeführten Beispiele zeigen, dass – in Anlehnung an Montessori – eine wesentliche Aufgabe von Schule darin besteht, die Heranwachsenden auf die Anforderungen der Gesellschaft bzw. des Lebens vorzubereiten, indem sie die Fähigkeiten, die sie zur Bewältigung derselben benötigen, vorab in einem geschützten Rahmen erproben können. Der Lehr-Lern-Prozess sollte sich daher auf reale Situationen in der Wirklichkeit beziehen und die Jugendlichen durch Aufgaben schulen, die ihnen derart auch in ihrem späteren Alltag begegnen können. Auf diese Weise erfahren die Schüler, dass sie die Fähigkeiten, Fertigkeiten und Wissensinhalte, die sie im Unterricht erworben haben, sowohl in ihrem jetzigen Alltag als auch zukünftig in ihrer Ausbildung, ihrem Studium und ihrem Berufsleben nutzen können.

Mit derselben Zielsetzung wird die Unterrichtsmethode *Lernen durch Lehren*[33] am Montessori-Gymnasium Schloss Hagerhof angewendet, um den Schülern einen

---

32 Vgl. dazu die näheren Ausführungen unter Punkt 3 *Aktuelle (?) Schulkritik*.
33 Den Wert dieser Methode hatte bereits Montessori erkannt (vgl. Anm. 19). Das Konzept wurde später von Jean-Pol Martin wissenschaftlich fundiert und verbreitet. Siehe dazu die näheren Informationen auf http://www.lernen-durch-lehren.de/ [Abgerufen am 20.02.2014].

selbstständigen Zugang zu Arbeitstechniken zu verschaffen, die sie auch im außerschulischen Bereich gebrauchen können. Zu diesem Zweck wählt sich die gesamte Jahrgangsstufe in unterschiedliche Expertengruppen ein, die sich jeweils mit einer Technik intensiv auseinandersetzen, um sie ihren Mitschülern später vorzustellen.

In den darauffolgenden zwei bis drei Tagen unterweisen sich die Jugendlichen per Rotationsprinzip wechselseitig in den Techniken des Referats, des Portfolios und der Mindmap, um hier nur einige zentrale Elemente zu nennen. Danach schließt sich eine Anwendungsphase an, in der die Heranwachsenden das Gelernte in der Praxis erproben. In dieser Zeit ist der Unterricht komplett aufgehoben, damit die Pädagogen den Schülern als Berater dienen und ihnen bei Bedarf Hilfestellungen geben können.

Im Vergleich zu der üblichen Unterweisung durch den Lehrkörper oder externen Referenten hat sich dieses Lehrkonzept für die Schulleiterin aufgrund der Selbsttätigkeit der Lernenden nicht nur für die Aneignung von Arbeitstechniken, sondern auch für die Persönlichkeitsentwicklung der Heranwachsenden als überaus gewinnbringend erwiesen. Zudem fördert die Methode die Lernmotivation der Schüler, da sich laut Aussage der interviewten Lehrer Gleichaltrige in einem größeren Maße für den Stoff begeistern können. Wissensinhalte, Erfahrungen, methodische Fähigkeiten und Ähnliches, die von Mitschülern weitergegeben werden, können in diesem Zusammenhang schneller aufgenommen werden, da die Verständigung unter Altersgenossen aufgrund der Erfahrungsnähe häufig leichter fällt (vgl. Montessori 1989, 170).

Ein weiteres Unterrichtsmodell, das am Montessori-Gymnasium Schloss Hagerhof erprobt wurde[34] und im Rahmen dieses Aufsatzes vorgestellt werden soll, lehnt sich an universitäre Lehrkonzepte an. Gründe für diese Ausrichtung sind in den vielen Parallelen zu sehen, die zwischen Maria Montessoris pädagogischen Prinzipien und universitären Organisationsstrukturen bestehen. Exemplarisch können hierfür die freie und individuelle Studienwahl, die eigenverantwortliche und selbstständige Erarbeitung von Lerninhalten, die aktive Mitgestaltung von Seminaren sowie die Rolle der Hochschuldozenten genannt werden, von denen die Studenten nur noch auf Konsultationsbasis bei ihren Studien begleitet werden. Darüber hinaus erscheint eine Orientierung an diesen Lehrkonzepten für den propädeutischen Auftrag der gymnasialen Oberstufe im Hinblick auf die angestrebte Hochschulreife sinnvoll. Die Problematik, die in diesem Zusammenhang mit einem fehlenden progressiven Bildungsaufbau einhergeht, war bereits von Montessori thematisiert worden:

---

[34] Die Lehrmethode ist nach einer Versuchsreihe nicht flächendeckend umgesetzt worden. Laut Aussage der Schulleiterin ist es für eine umfassende Anwendung dieses Unterrichtsmodells erforderlich, dass die Lehrkräfte von der pädagogischen Idee, die dahinter steckt, überzeugt und dazu bereit sind, von den üblichen schulischen Lehrmethoden abzuweichen. Sie sieht diese Prämisse jedoch nicht als einen Mangel des Konzepts an.

„Der Mangel an Koordination zwischen den aufeinanderfolgenden Schulstufen wird selbst in den Schulen von heute als ein Hindernis empfunden. Universitäten haben ihren eigenen Studienplan. Sie stellen jedoch fest, dass die Schüler von Sekundarschulen nicht genügend vorbereitet sind, um ihm zu folgen." (Montessori 2013, 226)

Während der Erprobung dieses universitären Unterrichtsmodells wurden am Hagerhof alle Grundkurse eines Fachbereiches im Stundenplan parallelisiert und den Schülern in Vorlesungen grundlegende Aspekte zu einem fachspezifischen Thema näher gebracht. Nach dieser allgemeinen Einführung erfolgte eine Binnendifferenzierung, indem die Lernenden offen und ehrlich einschätzten, inwieweit sie den Themenbereich bereits erfassen konnten und wie sicher sie sich in diesem fühlen. Unter Berücksichtigung dieser Selbsteinschätzung wurden anschließend mehrere Gruppen unterschiedlichen Anforderungsniveaus gebildet, die sich mit der eingangs vorgestellten Thematik näher auseinandersetzten und diese verinnerlichten. Vorteilhaft an dieser Lehr-Lern-Methode ist, dass sie für alle Fächer genutzt werden kann und dass die Heranwachsenden in den leistungsdifferenzierten Lerngruppen entsprechend ihres Entwicklungsstandes gefördert werden.

5. Fazit

Harald Ludwig äußerte bereits 1995 die Vermutung, dass es Reformpädagogik seit den ersten Reflektionen über pädagogische Praxis gegeben haben muss (vgl. Ludwig 1995, 254). Dieser Beitrag wollte darüber hinaus zeigen, dass Reformpädagogik – verstanden als Streben nach Reformen im erzieherischen Bereich – immer noch aktuell ist und es auch weiterhin bleiben wird. Der Grund dafür liegt in der Intention reformpädagogischer Bewegungen, vorhandene Bildungsstrukturen kritisch zu überprüfen und bestehende Mängel zu beheben, um dem heranwachsenden Menschen die bestmöglichen Bedingungen für seine Selbstbildung zu bieten. In Anbetracht dessen kann und muss das Schulsystem stetig verbessert und weiterentwickelt werden, um seine Optimierung hinsichtlich des gerade genannten Ziels nicht zu gefährden. Daher sind

„Erziehungswissenschaft und praktische Pädagogik [...] in jeder Zeit dazu aufgerufen, das pädagogische Erbe der Vergangenheit in eine grundlegende und kritische Bearbeitung heutiger Probleme und Aufgaben einzubeziehen [...], die der Entwicklung des jungen Menschen zu einer selbstständig denkenden, kritisch urteilenden, tief empfindenden und verantwortungsvoll handelnden Persönlichkeit in einer demokratischen Gesellschaft dient." (Montessori 2010, XXIV)[35]

---

35 Vgl. dazu auch Ludwig 1995, 265.

Literaturverzeichnis

Berg, Horst Klaus 2009: Wahrnehmen – Gestalten – Verstehen. Impulse für die Kunstpädagogik aus der Reformpädagogik. Vortrag auf dem Symposium „Kunst, Individuum und Gesellschaft: Impulse der Reformpädagogik für den Kunstunterricht" der Akademie der Bildenden Künste in München am 15. Mai 2009.
Berg, Horst Klaus 2010: Kinder, Kunst und Montessori. Mit Freiarbeitsmaterial für Kinderhaus und Schule. Norderstedt.
Drücke, Paul 2000: Freiheit und bildnerischer Ausdruck in der Montessori-Pädagogik. In: Montessori-Zeitschrift für Montessori-Pädagogik 4 (2000), 175-184.
Esser, Barbara 2012: Montessori-Pädagogik. Das Ende des Rohrstocks. Auf: http://www.focus.de/schule/schule/schulwahl/schulserie/montessori-schule/montessori-paedagogik-das-ende-des-rohrstocks_aid_27374.html [Abgerufen am 25.07.2013].
Hempel, Harald 2010: Thüringer Bildungsplan und Montessori-Pädagogik. In: Montessori Rundbrief. Halbjahreszeitschrift des Montessori Jena e.V. 2 (2010), 12f.
Hennis, Andrea 2011: Alternative Pädagogik. Wie viel Freiheit braucht mein Kind? In: Focus Schule. Das Magazin für engagierte Eltern 1 (2011), 12-15.
Herold, Martin / Landherr, Birgit 2003: SOL – ein systemischer Ansatz für Unterricht. Broschüre des Ministeriums für Kultus, Jugend und Sport Baden-Württemberg. Auf: http://lehrerfortbildung-bw.de/unterricht/sol/08_download/ [Abgerufen am 26.03.2014].
Kaube, Jürgen 2011: Warum die Schulbank nicht mehr drückt. Späte Debatten der Erziehungswissenschaften. Eine Verteidigung der Reformpädagogik und eine Replik. In: Frankfurter Allgemeine Zeitung 05.10.2011, N5.
Klein, Gerhard 2000: Montessori-Pädagogik eine Mode oder eine Antwort auf aktuelle Herausforderungen? In: Winkels, Theo (Hg.) 2000: Montessori-Pädagogik – konkret. Praxisorientierte Aspekte und schulische Konzeptionen. Bad Heilbrunn / Obb., 21-31.
Klein-Landeck, Michael 1995: Montessori in der Regelschule? Gedanken über mögliche Anregungen der Montessori-Pädagogik zur Gestaltung der Schulwirklichkeit in der Sekundarstufe. In: Engagement. Zeitschrift für Erziehung und Schule 4 (1995), 291-305.
Klein-Landeck, Michael 2007: Vom Zeugnis zum Lernstands-Gespräch. In: Gesamtschulkontakte 3 (2007), 11-13.
Kreuzberger, Norma 2002: Erziehung zur Persönlichkeit. Praxis der Montessori-Pädagogik in der Sekundarstufe. Donauwörth.
Ladenthin, Volker 2006: „Das Milieu muss besonders günstig gewesen sein." Über die Dignität von Praxis und die Vorläufigkeit von Geschichte. In: Montessori – Zeitschrift für Montessori-Pädagogik 1/2 (2006), 69-84.
Ladenthin, Volker 2011: Geschichte als Herausforderung – Zur Zukunft des reformpädagogischen Ansatzes Paul Geheebs. In: Pädagogische Rundschau 5 (2011), 541-560.
Ludwig, Harald 1995: Renaissance der Reformpädagogik? Zur Aktualität der Reformpädagogik für die Gestaltung heutiger Schulwirklichkeit. In: Engagement. Zeitschrift für Erziehung und Schule 4 (1995), 253-268.
Ludwig, Harald 2013: Lehrerbildung und Montessori-Pädagogik. In: Krämer, Hildegard; Kunze, Axel Bernd; Kuypers, Harald (Hg.) 2013: Beruf: Hochschullehrer. Ansprüche, Erfahrungen, Perspektiven. Paderborn, 205-218.
Ministerium 1999: Ministerium für Schule und Weiterbildung, Wissenschaft und Forschung des Landes Nordrhein-Westfalen1999: Richtlinien und Lehrpläne für die Sekundarstufe II – Gymnasium / Gesamtschule in Nordrhein-Westfalen. Kunst. Heft 4703. Frechen.
Montessori, Maria 1973: Von der Kindheit zur Jugend. Hg. und eingeleitet von Paul Oswald. 2. Aufl. Freiburg [u.a.].

Montessori, Maria 1989: Die Macht der Schwachen. Hg. und eingeleitet von Günter Schulz-Benesch. Kleine Schriften Maria Montessoris. Bd. 2. Freiburg im Breisgau.

Montessori, Maria 1991: Schule des Kindes. Montessori-Erziehung in der Grundschule. (1916) Hg. und eingeleitet von Paul Oswald und Günter Schulz-Benesch. 4. Aufl. Freiburg im Breisgau.

Montessori, Maria 1994: Das kreative Kind. Der absorbierende Geist. (1949) Hg. und eingeleitet von Paul Oswald und Günter Schulz-Benesch. 10. Aufl. Freiburg im Breisgau.

Montessori, Maria 2004: Kosmische Erziehung. Hg. und eingeleitet von Paul Oswald und Günter Schulz-Benesch. Kleine Schriften Maria Montessoris. Bd.1. 6. Aufl. Freiburg [u.a.].

Montessori, Maria 2010: Praxishandbuch der Montessori-Methode. Hg., eingeleitet und textkritisch bearbeitet von Harald Ludwig. Maria Montessori – Gesammelte Werke. Bd.4. Freiburg im Breisgau.

Montessori, Maria 2012: Lecture 9 on Language. 22nd International Montessori Training Course. London 16 February 1937. In: Communications 1/2 (2012), 15-19.

Montessori, Maria 2013: Durch das Kind zu einer neuen Welt. Hg., textkritisch bearbeitet und kommentiert von Harald Ludwig. Maria Montessori – Gesammelte Werke. Bd. 15. Freiburg im Breisgau.

Raapke, Hans-Dietrich u.a. 2003: Profil der Montessori-Pädagogik und ihrer Einrichtungen. Auf: http://www.montessori-deutschland.de/fileadmin/freigabe/ dachverband/PDFs/Zum _Profil_der_Montessori-P_ dagogik.pdf [Abgerufen am 15.10.2013].

Rekus, Jürgen / Mikhail, Thomas 2013: Neues schulpädagogisches Wörterbuch. 4. Aufl. Weinheim [u.a].

Schulz-Benesch, Günter 1962: Der Streit um Montessori. Kritische Nachforschungen zum Werk einer katholischen Pädagogin von Weltruf. Mit einer internationalen Montessori-Bibliographie. 2. Aufl. Freiburg.

Stiller, Diana 2008: Clara Grunwald und Maria Montessori. Die Entwicklung der Montessori-Pädagogik in Berlin. Hamburg.

Weiß, Manfred 2011: Allgemeinbildende Privatschulen in Deutschland. Bereicherung oder Gefährdung des öffentlichen Schulwesens? Berlin.

Die Kunsterziehungsbewegung und die deutsche Kunstdidaktik

Sidonie Engels

Als Teil der Reformbewegung im anfänglichen 20. Jahrhundert hat die Kunsterziehungsbewegung ganz neuartige Schulfächer auf den Weg gebracht: Musik-, Sport- und Kunstunterricht. Der folgende Beitrag zeichnet die Entwicklung der Theoriebildung zum schulischen Kunstunterricht in den wesentlichen Zügen seit dem ersten Kunsterziehungstag im Jahr 1901 nach. Im Fokus soll dabei auch bleiben, dass unter „Kunst" damals etwas anderes verstanden wurde als das, was heute zumeist mit diesem Begriff – auch unter dem Einfluss des zeitgenössischen Kunstmarkts – in Verbindung gebracht wird.

Der erste Kunsterziehungstag in Dresden:
„Ästhetische Genußfähigkeit" und „Einführung in Natur und Leben"

Über den ersten Kunsterziehungstag[1], auf dem die Vertreter der Kunsterziehungsbewegung erstmals zusammenkamen, ist schon viel geschrieben worden.[2] Er fand am 28. und 29. September 1901 im Olympiasaal der Königlichen Skulpturensammlung zu Dresden statt, begleitet von einer „erläuternden Ausstellung von Wandbildern, Bilderbüchern, Schulgebäuden und neuen Lehrerversuchen und Lehrmitteln für das Zeichnen und Formen" (Götze, Jessen et al. 1902, 8). „250 Männer [...], darunter die Vertreter von 34 deutschen Staatsregierungen und Stadtverwaltungen und von 24 größeren Lehrerverbänden" (ebd.) hörten die Vorträge und Berichte und nahmen an den „Verhandlungen" teil, die allesamt in dem 1902 erschienenen Tagungsbericht dokumentiert sind (Kunsterziehungstag 1902).

Aus den abgedruckten Vorträgen der zwei bekanntesten Protagonisten der Kunsterziehungsbewegung, Konrad Lange aus Tübingen und Alfred Lichtwark aus Hamburg, lassen sich die Kerngedanken extrahieren. Es geht den Reformern darum, im Rahmen „einer sittlichen Erneuerung" des Lebens (Lichtwark 1902, 40) für die „Erziehung des Kindes zur ästhetischen Genußfähigkeit" (Lange 1902, 28)

---

[1] Der zweite Kunsterziehungstag zu „Sprache und Dichtung" fand vom 9.-11. Oktober 1903 in Weimar statt, der dritte Kunsterziehungstag zu „Musik und Gymnastik" vom 13.-15. Oktober 1905 in Hamburg (vgl. Zentralinstitut 1929).

[2] Beispielhaft genannt seien hier die Schriften von Ildiko Neukäter-Hajnal (Neukäter-Hajnal 1977), Peter Joerißen (Joerißen 1979), Hartwig Brandt (Brandt 1981), Wolfgang A. Reiss (Reiss 1981), Peter Ulrich Hein (Hein 1991), Regine Köhler (Köhler 2002), Nobumasa Kiyonaga (Kiyonaga 2008), Wolfgang Legler (Legler 2011) und Helene Skladny (Skladny 2012). Auf der vorletzten großen Kunstpädagogik-Tagung im Jahr 2012 haben Helene Skladny und Wolfgang Legler zur Kunsterziehungsbewegung vorgetragen (Skladny 2013, Legler 2013).

zu sorgen und „das Kind in die Natur und das Leben einzuführen" (ebd., 36). Für das Erreichen dieser Ziele wird der Lehrer als Schlüsselfigur genannt. Er soll nicht in erster Linie Wissen vermitteln, sondern Kräfte entwickeln und „durch seine Persönlichkeit und sein Wirken" Vorreiter bei der „Weiterentwicklung der deutschen Schule" sein (Lichtwark 1902, 52).[3] Demgemäß wird auf dem Kunsterziehungstag auch die „Ausbildung der Lehrer in den Seminaren" sowie die „Vorbildung der Lehrer auf den Universitäten" verhandelt (Muthesius[4] 1902, Lange 1902a). Der Volksschullehrerbildung, die nicht an Universitäten stattfindet, wird dabei besondere Aufmerksamkeit geschenkt, da die Volksschule von „90 bis 95 Prozent der gesamten Volksjugend" besucht wird (Muthesius 1902, 200).[5]

Das Streben nach „sittlicher Erneuerung" entspricht der mitunter von Julius Langbehns Buch „Rembrandt als Erzieher" befeuerten zeittypischen Kulturkritik, die ihren Einfluss auf die Kunsterziehungsbewegung ausübte.[6] Was sich hinter den Forderungen nach einer „Erziehung zur ästhetischen Genußfähigkeit" und einer Einführung in „Natur und Leben" verbirgt, verdient eine nähere Betrachtung. Mit „ästhetischer Genußfähigkeit" sind verschiedene Aspekte angesprochen. War an anderer Stelle der Wirtschaftsfaktor ausdrücklich benannt worden,[7] so spielt er auf dem Kunsterziehungstag keine besondere Rolle. Hier steht die Teilhabe aller an der Welt der Kunst als wertvolle „Ergänzung des Lebens" (Lange 1902, 30) im Sinne einer „harmonischen Ausbildung der Kräfte" (ebd.) im Vordergrund.[8] In die Bestrebungen, den „bei allen Menschen im Keime vorhandenen [...] Kunstsinn zu erwecken" (ebd.), hinein spielen nicht nur Vorstellungen einer vollen Entfaltung, sondern es geht auch um die Erziehung zu einem bestimmten ‚Kultiviertsein'. Dieses manifestiere sich etwa in der Wohnungseinrichtung (vgl. Lichtwark 1902, 49)

---

[3] Neben dem Lehrer nennt Lichtwark den Professor und den Offizier als Vorbilder für den „Deutschen der Zukunft", der seit dem ausgehenden 18. Jahrhundert in seiner „Denkweise und Lebensführung" nicht mehr von Kirche, Hof und Zünften bestimmt werde (Lichtwark 1902, 41).

[4] Hermann Muthesius war Mitbegründer des Deutschen Werkbundes (vgl. Wick 2009a).

[5] Anfang der 1950er Jahre besuchen etwa 80% der Schülerinnen und Schüler die Grund- oder Hauptschule, 6% die Realschule (vgl. Wehler 2008, 376). Legler weist darauf hin, dass es bemerkenswert ist, wie hier im wilhelminischen Deutschland „mit Volksschullehrern gemeinsame Sache" gemacht wurde (Legler 2013, 30 f.).

[6] Langbehns Buch, das erstmals 1890 erschien, wurde etwa 90 mal neu aufgelegt. Die 40. Auflage ist schon im Jahr 1892 erfolgt; zu Langbehns Biographie und der Rezeption seiner Schrift ausführlich Legler (Legler 2011, 191-208).

[7] Dies beschreibt Joerißen ausführlich (Joerißen 1979, 63-75). Auf dem ersten Kunsterziehungstag nach dem Zweiten Weltkrieg taucht in Fulda 1949 dieser Aspekt interessanterweise wieder auf: „Wichtige Fragen der Urteilsbildung hinsichtlich der Haus- und Wohnkultur und des Städtebaus sind in den Unterricht maßgebend einzubeziehen. Dazu gehört auch das Problem der von Einzel- und Massenherstellung produzierten Gebrauchsgüter. Eine Wandlung der industriellen Auffassung bezüglich der Formgestaltung dieser Waren und damit die Förderung der deutschen Ausfuhr hängt in lebhafter Wechselbeziehung mit einer allgemeinen musischen Erziehung des Volkes zusammen." (Weismantel 1950, 43)

[8] Lange verweist darauf, dass dies auch „von jeher das hehre Ideal aller humanistischen Bildung" gewesen sei (Lange 1902, 30).

oder aber in der Art und Weise, wie über Kunst geredet wird (Lange 1902, 29).[9] Angesprochen ist damit auch die von Lichtwark beschriebene neue Oberschicht.[10] Außerdem geht es darum, „unserem Volke gute Dilettanten, unserer Kunst ein dankbares und begeisterungsfähiges Publikum [zu] erziehen." (Ebd.) In diesem Zusammenhang stehen die Berichte mit anschließenden Verhandlungen zum „Kinderzimmer" (Roß 1902), zum „Schulgebäude" (Fischer 1902), zum „Wandschmuck" (Seidlitz 1902), zum „Bilderbuch" (Pauli 1902), zum „Zeichnen und Formen" (Götze 1902), zur „Handfertigkeit" (Jessen 1902) und schließlich zum „Genuß der Kunstwerke" (Lichtwark 1902a).

Die unterschiedlich ausführlich dokumentierten Diskussionen zeigen, dass sich die Diskutanten nicht immer einig sind. So wird die Bedeutung der künstlerischen Ausbildung für die Zeichenlehrer unterschiedlich bewertet[11] und auch in der Frage, ob das Kunstwerk einer „Behandlung" bedürfe oder ob es für sich wirken könne, ist man sich nicht einig.[12] Ebenso gibt es hinsichtlich des im Kunstwerk Dargestellten unterschiedliche Auffassungen: Lichtwark wünscht sich eine „erzählende Zeichnung" als Grundlage für das farbige Bild (Seidlitz 1902, 109) und Rektor Köhler aus Breslau meint, dass Kinder keine allegorischen Bilder, sondern nur „Thatsachen" und Aktuelles sehen wollen, und nichts, das erklärt oder in das man „auch noch Poesie hineinpumpen muß" (Seidlitz 1902, 114). Insbesondere der Bericht zum „Wandschmuck" und die anschließende Verhandlung zeigen, dass die Frage nach der „Kunstbetrachtung" insofern ganz neu in die Diskussion um Erziehung und Bildung eingeführt wird, als dass es noch gar nicht lange die Möglichkeit überhaupt gibt, im Schulraum Bildtafeln aufzuhängen, die nicht als reines Anschauungsmaterial fungieren. Mehrfach werden die Bemühungen der Verlagshäuser Teubner und Voigtländer um gute und günstige Reproduktionen gelobt (Lange 1902, 31; Seidlitz 1902, 108), die in dem Band zur Tagung auch eine entsprechende Anzeige platziert haben.[13] Die „Erziehung zur Genußfähigkeit" und die „Erweckung des Kunstsinns" sollen rezeptiv und eigentätig erfolgen.[14] Diese Pole – Rezeption und Produktion – prägen den schulischen Kunstunterricht bis heute.

---

9   An anderer Stelle nennt Lichtwark das Erlernen einer „Empfindung der Werte" (Lichtwark 1902a, 183).
10 Lichtwark klagt: „Man kann in Deutschland sehr reich, sehr ungebildet, zu keinerlei Opfer für irgend einen Kulturzweck bereit sein, ohne der Verachtung anheimzufallen. Das gesellige Leben hat dieser neue Reichtum auf rein materielle Basis gestellt und dadurch zu einem Fluch gemacht für die, die sich ihm nicht entziehen können. Es hat wohl bisher noch nie eine gesellschaftliche Oberschicht so ohne Kulturbedeutung gegeben wie die deutsche der Gegenwart." (Lichtwark 1902, 44)
11 Vgl. die Verhandlungen im Anschluss an den Beitrag von Carl Götze zum „Zeichnen und Formen" (Götze 1902, 152-175), insbesondere den Einwurf des Bildhauers Obrist und die Erwiderung von Professor Flinzer (ebd., 165-169 sowie 172 f.).
12 Vgl. vor allem die Verhandlungen zum Thema „Wandschmuck" (Seidlitz 1902), aber auch die zum „Genuß der Kunstwerke" (Lichtwark 1902a).
13 Der Anzeige ist eine Liste der vertretenen Künstler beigefügt (Kunsterziehungstag 1902, 219 f.).
14 Zum „Dilettantismus" äußert sich Lange (Lange 1902, 28 f.). Stichworte zur „Kunstbetrachtung" gibt Lichtwark (Lichtwark 1902a).

Auf dem Kunsterziehungstag fasst Lichtwark seine Vorstellung einer „Anleitung zum Genuß der Kunstwerke" zusammen. Sie beruhen auf seinen Kunstbetrachtungsübungen mit Schülerinnen in der Hamburger Kunsthalle.[15] Die „mündliche Unterweisung" vor dem Original liegt Lichtwark besonders am Herzen und so hält er auch fest, dass es „keinen für das ganze Reich gültigen Lehrplan geben" könne, denn der Unterricht solle von den „vorhandenen Originalwerken" vor Ort ausgehen (Lichtwark 1902a, 183f.). Lichtwark betont, dass es nicht um „Unterricht in der Kunstgeschichte" gehe und nicht „die Erweiterung des Wissens" im Vordergrund stehe, „sondern die Erweckung und Stärkung der Beobachtungskraft und des Empfindungsvermögens als Grundlage der Geschmacksausbildung und der Empfindung für Werte" (ebd., 183).

Mit der Eigentätigkeit, die hier noch unabhängig von der Betrachtung gedacht wird, befassen sich zwei Beiträge im Band zum Kunsterziehungstag. Peter Jessen aus Berlin hält in seinem Bericht zur „Handfertigkeit" fest, dass die Künstler sich wieder auf das „Können" besonnen hätten und demnach das Handwerkliche im künstlerischen Tun wieder Beachtung finde (Jessen 1902, 176). Dies bedeute für den schulischen Unterricht: „Wer das Handwerkliche in der Kunst begreifen will mit all seiner Mühe und mit all seinem Lohn, der muß selber anpacken. Gebt dem Kind ein Stück Holz in die Hand und die Werkzeuge dazu; wenn es lernt, daraus ein Gerät ganz schlicht, aber ehrlich zu gestalten, dann erst weiß es, was Handwerkskunst heißt und wie weit der Weg ist vom Wollen zur That bei jeglicher Kunstübung." (Ebd., 177) Mit Blick auf das Kunstgewerbe notiert Jessen die zentralen Aspekte, die zukünftiger Unterricht in diesen Dingen – die spätere Werkerziehung[16] – zu beachten habe. Wichtig sind nach Jessen „der Sinn für echte Materialien", „das Verständnis und die Empfindung für echte Technik", „den Blick und das Herz zu stetigen für echte Gebrauchsformen" und schließlich „den Sinn für den Wohllaut der Verhältnisse üben" (ebd., 178f.). Noch gute 50 Jahre später werden diese Punkte als maßgeblich ausgewiesen.[17]

Der Hamburger Volksschullehrer Carl Götze[18] hebt in seinem Beitrag zum „Zeichnen und Formen" als Ziel heraus, dass der Schüler lernen müsse, „selbständig die Natur und die Gegenstände seiner Umgebung in Form und Farbe zu beobachten und das Beobachtete einfach und klar darzustellen" (Götze 1902, 141). Der in jedem Menschen vorhandene „künstlerische Vorstellungstrieb", die „Gabe des ‚unmittelbaren anschauenden Denkens'", würde mit dem Eintritt in die Schule, die das „abstrakte Denken" pflege, jäh unterbrochen (ebd., 142). Daher müsse sich der Unterricht dem Zeichnen als „Ausdrucksmittel" des Geistes

---

[15] Lichtwarks „Übungen im Betrachten von Kunstwerken" von 1897 sind 1904 in der 5. Auflage erschienen; hierzu ausführlich zuletzt Kiyonaga (Kiyonaga 2009).
[16] Zur Geschichte der Werkerziehung hat Dieter Heller publiziert (Heller 1990; Heller 2010).
[17] Beispielhaft abzulesen ist dies in dem damals neuartigen Schulbuch zur Umweltgestaltung von Wilhelm Braun-Feldweg (Braun-Feldweg 1956).
[18] Zu Carl Götze ausführlich bei Skladny (Skladny 2012, 197-215).

zuwenden, das der Sprache als gleichwertig anzusehen sei (ebd., 144) und dem insgesamt gegenüber dem Lesen und Schreiben „aufgeholfen" werden müsse (ebd., 147). Dies nicht zuletzt aufgrund des Umstandes, dass der Analphabetismus nahezu überwunden sei und man nun nach „neuen Maßstäben" für die „erweiterte Volksbildung" suchen müsse (ebd., 149). Denn nach Götze bildet „das Zeichnen durch bildliche Äußerung der Vorstellungen den Geist" (ebd., 145)[19] und er geht sogar so weit zu fordern, dass das Zeichnen vor dem Lesen und Schreiben gelehrt werden solle,[20] da mit dem Lesenlernen „die Empfänglichkeit für äußere Eindrücke einen Abbruch" erleide. Anschauung und Empfindung bräuchten „ein Verweilen, ein Sichbesinnen", welche ein „dahinjagender Gedankenlauf", der das Lesen mit sich bringe, verhindere (ebd., 148).

Während das Zeichnen nach Götze eher ein Fernbild auf der Fläche wiedergebe, bringe das Modellieren und das Formen Anschauungen zum Ausdruck, die aus der allseitigen Betrachtung und der „geistigen Kombination jener durch allseitige Betrachtung des Gegenstandes erfaßten Bilder" entstehen (ebd., 151).[21] Es sei hier darauf hingewiesen, dass sicherlich auch mehr vom Malen die Rede wäre, wenn es im beginnenden 20. Jahrhundert schon erschwingliche Pelikan-Wasserfarbkästen gegeben hätte.[22]

Seinen Bericht schließt Götze mit dem Hinweis darauf, dass das Kind von sich aus „malt, formt und baut", wenn es sich selbst überlassen ist. „Sein natürlicher Schaffens-, Erfindungs- und Entdeckungstrieb bedarf nur des Anstoßes, um stets Besseres hervorzubringen." (Ebd., 152) In der sich anschließenden Verhandlung wird viel Zuspruch gegeben – u.a. wird Götzes Forderung aufgegriffen, dass jeder Lehrer zeichnen können sollte, sodass auch in anderen Unterrichtsfächern eine „Schulung des Auges" (ebd., 157) stattfinden könne –, doch gibt es auch kritische Stimmen. Dr. Cornelius aus München und Professor Schumann aus Dresden vermissen Überlegungen zur Methodik des neuen Zeichenunterrichts (ebd., 162f.) und der Bildhauer und Jugendstilkünstler Hermann Obrist, der 1902 in München mit dem Maler Wilhelm von Debschitz eine private Kunstschule gründete,[23] sieht „die furchtbare Gefahr des Verekelns in diesen Sachen", wenn von „Methodik",

---

[19] An anderer Stelle präzisiert Götze: „Indem durch das Zeichnen [...] die in den bildlichen Ausdruck umgesetzten Vorstellungen geäußert werden, gestaltet, erweitert und vertieft sich das Bild, in welchem sich der Geist die durch sinnliche Bearbeitung der Außenwelt erworbene Kenntnis vorstellt und merkt." (Götze 1902, 147)
[20] Götze verweist hier auf Pestalozzi, nach dem das Zeichnen vor dem Schreiben zu lehren sei; zu Pestalozzi ausführlich Skladny (Skladny 2012, 33-43).
[21] Hierin zeigt sich Götze durch den Bildhauer Adolf Hildebrand angeregt, der auch als Referenz genannt wird. Hildebrands Schrift „Das Problem der Form in der bildenden Kunst" von 1903 hat in Künstlerkreisen viel Beachtung gefunden.
[22] Inwiefern der Kunstunterricht einen zu erschließenden Markt an Bastelmaterialien eröffnete, ist eine Untersuchung wert. Die kunstpädagogischen Zeitschriften „Der Pelikan" und der „Staedtler-Brief" lassen hier Zusammenhänge vermuten.
[23] Zu seinen „Lehr- und Versuchsateliers" äußert sich Obrist in der Verhandlung zu Lichtwarks Vortrag über den „Genuß der Kunstwerke" (Lichtwark 1902a, 195).

„System" und „Beibringen" gesprochen wird (ebd., 167). Ihm sei es „unmöglich, ohne unparlamentarische Ausdrücke die ganze Angst und die ganze Beklemmung, die uns bildende Künstler bei der Sache überkommt, zu charakterisieren." (Ebd.) Ein in den Text eingefügtes „Bravo" an dieser Stelle bezeugt die Zustimmung im Publikum.[24] Auch Götze stimmt Obrist zu und weist darauf hin, dass der Lehrerbegriff sich unbedingt wandeln müsse, nämlich dahingehend, dass der Lehrer nicht Wissen, sondern Können vermitteln solle (ebd., 171f.). Die Diskussion macht deutlich, wie sehr die Erörterungen zum Zeichenunterricht geprägt sind von den übergreifenden Überlegungen zu einer Reform des Unterrichts hin zu einer „Arbeitsschule" (vgl. Böhm 2012, 83-87).

Nebenbei sei auf einen Diskussionsbeitrag hingewiesen, der von dem Vorsitzenden Woldemar von Seidlitz förmlich abgewürgt wird, weil er sich vom Gegenstand der Debatte zu sehr entfernt: Dr. Pappenheim aus Berlin kritisiert, dass auf dem Kunsterziehungstag darauf verzichtet wird, die Bildungsmittel der Kindergärten „auf ihren Wert für eine darauf aufzubauende Kunsterziehung zu prüfen" (ebd., 159). Bis heute bleibt der Einwurf aktuell, denn die kunstpädagogische Praxis in Kindertagesstätten wie Kindergärten und die Ausbildung der Erzieher/innen spielt sich außerhalb des kunstpädagogischen Radars ab.[25]

Zusammenfassend sieht Götze als Ziel die Bildung des Geistes durch Übung und Pflege der Anschauung mittels Zeichnen und Formen. Die Natur und die unmittelbare Umgebung sollen intensiver und aufmerksamer wahrgenommen werden, und hier begegnen sich die Bildungsvorstellungen mit zeitgenössischen Kunstvorstellungen, die auf dem Kunsterziehungstag geäußert werden.[26] So lobt Lange das „Einfache und Natürliche", das „Echte und das Wahre" der „guten modernen Kunst" (Lange 1902, 32). „Das Gesunde und Dauernde dieser modernen Kunst [...] ist ja grade der enge Zusammenhang mit der Natur einerseits und die freie Entwickelung der künstlerischen Identität andererseits." (Ebd., 37) „Jeder Weg zur Kunst geht über die Natur. Ohne genaue und zahlreiche Erinnerungsbilder der Formen und Farben der Natur, der Töne und der Bewegungen der Lebewesen kann man weder Kunst schaffen, noch Kunst genießen." (Ebd., 36) Bestimmend für die „moderne Kunst" sei zudem der Bruch mit den „historischen Stilarten"[27] und das organische Entwickeln eines neuen Stils „aus dem Wesen der Sache heraus" (ebd., 38). Auch der Gründer der populären Zeitschrift „Der Kunstwart", Ferdinand Avenarius, der sich in die Diskussion um den „Genuß der Kunstwerke" einbringt, sieht im Kunstwerk „eine Anweisung, die Natur zu sehen" (Lichtwark 1902a, 192).

---

[24] Sein Unbehagen als Künstler äußert Obrist auch – mit „lebhaftem Beifall" – in der Verhandlung zu Lichtwarks Vortrag über den „Genuß der Kunstwerke" (Lichtwark 1902a, 194 f.).
[25] Dazu mehr bei Engels (Engels 2013).
[26] Die „Volkskunst" spielt auf dem ersten Kunsterziehungstag noch keine besondere Rolle; sie wird erst in einer „zweiten Phase" der Kunsterziehungsbewegung eingebracht (vgl. Legler 2011, 230-238).
[27] Die Entwicklung des Stilbegriffs zeichnen Jutta Held und Norbert Schneider nach (Held/Schneider 2007, 147-161).

Die schöpferische Eigentätigkeit der Kinder wird auf dem Kunsterziehungstag von Götze und Obrist zwar benannt, jedoch viel mehr als Anknüpfungspunkt für schulischen Unterricht denn als Ziel desselben erachtet. Spätere Positionen in der Folge der berühmten Ausstellung „Der Genius im Kinde" (1922 von Gustav Hartlaub besorgt)[28] dagegen sehen in der schöpferischen Eigentätigkeit des Kindes das Hauptanliegen des Unterrichts,[29] wie etwa Richard Ott: „Das Kind lernt im Kunstunterricht absolut nichts. Es entwickelt sich nur." (Ott 1953, 446)

Die auf dem Kunsterziehungstag formulierten Ideen fanden großen Zuspruch, insbesondere der allen Teilnehmern gemeinsame Wunsch, gegen „die verknöcherten Formen des Kunstunterrichts" zu kämpfen (Lange, 30).[30] Die Beiträge und Verhandlungen auf dem Kunsterziehungstag wurden auf der Reichsschulkonferenz von 1920 berücksichtigt und sind auch in die Reform des preußischen Schulwesens eingegangen.[31] Eine konkrete Umsetzung fand erst in einem „neuen Zweig" (Weismantel 1950, 9) der Kunsterziehungsbewegung statt, der auf die bildnerische Praxis fokussierte. Hier ist insbesondere die Schrift zur Unterrichtsgestaltung von Gustav Kolb zu nennen (Kolb 1925).[32] Emil Betzler schließlich hat 1931 erstmals Bildbetrachtung und bildnerische Praxis in Beziehung zueinander gesetzt (Betzler 1931) und damit ein Konzept auf den Weg gebracht, das bis heute unter der Formel „Produktion-Rezeption-Reflexion" wirksam ist.[33]

Abschließend sei noch bemerkt, dass wenn in den Verhandlungen von dem „deutschen Volk" die Rede ist und die Bedeutung der nationalen Kunst in den Mittelpunkt gerückt wird,[34] es dabei nicht um eine Einstimmung auf eine nationalistische Grundhaltung geht.[35] Vielmehr geht es um ‚Heimatliebe'[36] und Identitätsstiftung[37]. Allerdings sind viele Aspekte der Kunsterziehungsbewegung im Na-

---

[28] Zu Gustav Hartlaub ausführlich bei Skladny (Skladny 2012, 249-264).
[29] Die Vorstellung einer „Künstlernatur des Kindes" und die Ausstellung beschreibt Heiner Ullrich (Ullrich 2013, 386-388).
[30] Vgl. dazu auch Skladny (Skladny 2013, 160).
[31] Dies ist beispielhaft bei Borstel und Pallat abzulesen (Borstel 1920, Pallat 1929, 7-10).
[32] Auch die Fachzeitschriftenlandschaft wird bunter (vgl. Kerbs 1976, 159-219).
[33] Dazu ausführlich bei Engels (Engels 2015).
[34] So z.B. von dem ehemaligen Oberbürgermeister Berlins, Finanzrat a.D. Beutler in seiner Begrüßung (Kunsterziehungstag 1902, 15).
[35] S. dazu auch Legler (Legler 2013, 25). Lange lässt seinen Vortrag mit folgenden Worten enden: „Dann können wir Deutsche vielleicht hoffen, aus dem großen friedlichen Wettkampf der Völker, den uns das zwanzigste Jahrhundert bringen wird, als Sieger hervorzugehen." (Lange 1902, 38) Dass Julius Langbehns Ideen dagegen „alles andere als ‚harmlos' sind", führt Legler aus (Legler 2011, 192).
[36] Die Liebe zur Heimat beschwört der Geheime Oberregierungsrat Brandi, Vertreter des Königlich Preußischen Kultusministeriums, in seiner Begrüßung (Kunsterziehungstag 1902, 20).
[37] Vgl. auch Skladny (Skladny 2012, 185 f.). Lichtwark sieht in Kunst und Literatur eine „unschätzbare, alle Stände des Volkes zusammenschließende Kraft" (Lichtwark 1902, 48). Mit Lichtwarks „Kulturpolitik" hat sich Kiyonaga ausführlich befasst (Kiyonaga 2008).

tionalsozialismus aufgenommen und ideologisch umgewertet worden,[38] nicht zuletzt, weil sie sich für eine Umwertung eignen.[39]

Kunsterziehung und „Musische Erziehung" nach 1945

Diese Kontinuität hat auch dazu geführt, dass sich die neue Generation der Kunstpädagogen in den 1970er Jahren von der „Musischen Erziehung" abwandte, die in den Nachkriegsjahren zunächst tonangebend war. Auf dem ersten kunstpädagogischen Kongress nach dem Krieg wurde 1949 in Fulda das Format der ersten Kunsterziehungstage aufgenommen,[40] doch insgesamt eine durch die Erforschung der Kinderzeichnung angestoßene neue Richtung verfolgt, bei der die „organische Entwicklung" (Weismantel 1950, 12) „nach den Gesetzen des Keimes" (ebd., 15) und die „Entfaltung der schöpferischen Kräfte" (ebd.) im Vordergrund steht. Neben Johannes Itten, der für seine wenig ganzheitliche Herangehensweise auch kritisiert wird,[41] trägt Emil Betzler auf diesem ersten Nachkriegs-Kunsterziehungstag vor. Betzler, Gründungsvorsitzender des Bundes Deutscher Kunsterzieher (BDK), spricht sich ausdrücklich gegen „jedwedes Nachmachen und Imitieren" aus und fasst zusammen: „in unserer Kunsterziehung geht es gar nicht um die zweckfreie hohe Kunst, sondern auch um die vielleicht noch unmittelbarer ins Leben wirkenden Werte, die sich im Werkunterricht gewinnen lassen und, im weiteren, aus der Beschäftigung mit den Fragen der Hausrat- und Wohnraumgestaltung und der Wohnkultur. Hier sollte unsere musische Erziehung überhaupt beginnen." (Betzler 1950, 39) Eine Werkerziehung in diesem Sinne wurde bis zum Ende der 1960er Jahre verfolgt.[42]

Als weiterer wichtiger Verfechter des „Musischen" kann Otto Haase genannt werden, der nach der „deutschen Katastrophe von 1945" (Haase 1952, 13) in seiner weit verbreiteten Schrift „Musisches Leben" für eine „neue geistige Ordnung" (ebd.) eintritt. Dabei ist ihm die menschliche „Gesittung" (ebd., 14) wichtig, die „viel mit dem Charakter eines Menschen, aber wenig mit Wissen und Leistung zu tun" habe (ebd., 15), zumal „das Musische vom Licht der Intelligenz nicht erleuchtet werden kann" (ebd., 39). Im Musischen, das durch „das Elementare, das Zyklische und das Kathartische" ausgezeichnet sei (ebd., 23), erfolge „das Denken

---

[38] Zum Kunstunterricht im Nationalsozialismus ausführlich Alex Diel (Diel 1969) sowie Wolfgang Kehr (Kehr 1983, 134-150).
[39] Vgl. auch Kiyonaga (Kiyonaga 2012, 248) und Legler (Legler 2011, 192).
[40] Die Sektionen heißen hier: „Bild- und Werkgestaltung", „Sprache und Dichtung", „Musik" und „Bewegung". Es gibt jeweils Vorträge und Berichte sowie eine Zusammenfassung der Diskussionsergebnisse (vgl. Weismantel 1950). (Zur Wiederaufnahme des Wirtschaftsfaktors, s.o. Anmerkung 7.)
[41] Zu Itten s. Wick (Wick 2009b). Paul Bruhn, der auf der Tagung zum „Gesamtmusischen" spricht, steht Ittens Position eher ablehnend gegenüber (vgl. Bruhn 1950, 21).
[42] Näheres dazu bei Karl Klöckner (Klöckner 1969, 13) und Dieter Heller (Heller 2010, 68 f.).

nicht in Begriffen, nicht ‚in Zahlen und Figuren', sondern in Bildern, in denen sich ‚Licht und Schatten zu einer echten Klarheit vereinen'."[43] (Ebd., 39)

Haase hat die ganze Schule im Blick, doch bietet nicht nur die Vorstellung vom nichtdiskursiven Denken in Bildern einen sehr guten Anknüpfungspunkt für kunstpädagogische Grundlegungen,[44] sondern auch die Betonung des „Elementaren" und des „Kathartischen". Herbert Trümper, der Herausgeber des ersten kunstpädagogischen Handbuchs, bezieht sich in seinen Vorüberlegungen zu einer Grundlegung der Kunstpädagogik 1953 explizit auf Haase, wenn er dem „Überwiegen [...] des Rationalen" die „Kräfte, die aus Herz und Gemüt" kommen, entgegenstellen will (Trümper 1953a, 21). Einen besonderen Wert legt Trümper dabei auf die „Harmonie aller seelischen Kraftquellen" (ebd.), und für den Kunstunterricht formuliert er, dass es u.a. gelte, „Disharmonien" auszugleichen (ebd., 71). Damit sind nicht nur Defizite in den handwerklichen Fertigkeiten gemeint, sondern auch charakterliche Disharmonien, die etwa durch den „Kampf mit Werkmaterial" und das „Streben nach Vollendungswerten" kompensiert werden sollen (ebd.). Die bildnerische Tätigkeit, bei der nach Trümper Geist, Seele und Leib[45] beteiligt sind (vgl. ebd., 25) und die nun gezielt die kindlichen Interessen und Bedürfnisse berücksichtigt,[46] kann so Selbstzweck sein – ganz im Gegenteil zum alten Zeichenunterricht, aber auch weit über die auf dem ersten Kunsterziehungstag vorgebrachte Vorstellung hinausgehend, dass es um Übung und Pflege der Anschauung und Wahrnehmung der Natur und Umgebung gehe.

Abwendung vom Musischen

Um die Wahrnehmung und Wiedergabe der Natur geht es inzwischen auch vielen Künstlern kaum noch. Vielmehr rückt die Durchdringung einzelner Phänomene und Realisationsprozesse in den Vordergrund, was sich vielfach in einem Herauspräparieren von Einzelaspekten der Wahrnehmung oder Gestaltung widerspiegelt. Der vielzitierte Ausspruch des Bauhauskünstlers Paul Klee „Kunst gibt nicht das Sichtbare wieder, sondern macht sichtbar" (Klee 1976, 118) kann hier beispielhaft angeführt werden. Dass viele Künstler selbst dazu übergegangen sind, förmlich didaktisch zu arbeiten,[47] – als ein besonders prägnantes Beispiel können die Künstler der Gruppe „Blauer Reiter" angeführt werden – spielt der Kunstpädagogik gut zu, denn die pauschal formulierten Ziele der „Musischen Erziehung" lassen sich kaum vereinbaren mit den zu Beginn der 1960er Jahre lauter werdenden

---

43 Hier zitiert Haase – ohne Angabe – ein Gedicht von Novalis.
44 Auch Herbert Read beispielsweise hebt das Denken in Bildern hervor (Read 1953).
45 „Herz", „Kopf" und „Hand" bei Pestalozzi (vgl. Skladny 2012, 33 f.).
46 Abzulesen etwa in den angefügten Tabellen zur Unterrichtsgestaltung im „Handbuch der Kunst- und Werkerziehung" (Trümper 1953, 472-481).
47 Dazu Hans-Günther Richter (Richter 2003, 302) und insgesamt auch Beat Wyss (Wyss 1996, Wyss 2006).

allgemeinen Forderungen nach Konzeptionen für planvollen und kontrollierbaren (heute würde man sagen evaluierbaren) Unterricht.[48] So werden schließlich kleinschrittige Unterrichtsreihen entworfen, die sowohl die „kognitive", als auch die „affektive" und die „pragmatische Dimension" ansprechen sollen, aber letztlich eher auf einen rationalen Zugang setzen. In der Kunstdidaktik besonders bekannt sind die beiden Beispiele von Gunter Otto „Pflanzen auf dem Meeresgrund" (Otto 1964, 154-160) und „Reicher Hafen" (Otto 1965). Gezielt wurden sie zur Nachahmung empfohlen und das Prinzip unter Lehrerinnen und Lehrern mithilfe ähnlicher Beispiele insbesondere in der 1968 gegründeten Zeitschrift „Kunst + Unterricht" verbreitet.[49]

Mit dem Namen Gunter Otto wird vielfach auch das Ende einer musisch orientierten Kunstpädagogik verbunden.[50] 1959 hat Otto für die allgemein verbreitete Zeitschrift „Westermanns Pädagogische Beiträge" einen kritischen Aufsatz zur „Theorie der Musischen Bildung und ihr[em] Verhältnis zur Realität" geschrieben, in dem er bemängelt, dass Haase das Musische „als Prinzip und nicht als Fach oder Fachinhalt" versteht (Otto 1959, 458), was auch schon als Konsens auf dem ersten Kunsterziehungstag ausgegeben wird.[51] Überdies sei der „heile Mensch" eine Fiktion und Haases Überlegungen konstruierten „pädagogische Situationen, die ohne Bezug zur Lebenswirklichkeit sind." Otto spricht sich für ein Akzeptieren der angesichts immer neuer Erfindungen stets komplexer werdenden Wirklichkeit aus und meint, dass dieser durch tätige Reflexion, in einer „Ausdrucksaktivität" begegnet werden sollte (Otto 1959, 462), um die Welt in das eigene Leben hinein nehmen zu können (ebd., 464). Das Auflegen einer Schallplatte könne auch eine Form von „Ausdrucksaktivität" sein und dürfe nicht als „unproduktive Form" abgelehnt werden. (ebd., 463). Haase dagegen sieht die zunehmende Tech-

---

[48] Als prägnante Position ist hier die Paul Heimanns zu nennen, der sich im Zuge der Einrichtung des „Didaktikums" – ein „praktisches Halbjahr" im Studium zwischen dem 3. und 5. Semester – mit ganz konkreten Fragen der Unterrichtsplanung und -kontrolle befasst hat (Heimann 1962). Dass in der Kunstdidaktik schon vor 1962 ein ausgearbeitetes Konzept für Unterrichtsplanung vorliegt, das die Momente „Ziel", „Methode", „Inhalt" und „Medien" sowie „persönliche Vorsaussetzungen" berücksichtigt, kann nachgewiesen werden (Engels 2015).

[49] So wird in der ersten Ausgabe der Zeitschrift „Kunst + Unterricht" eine Unterrichtsreihe in Anlehnung an Gunter Ottos Reihe zu Klees „Reicher Hafen" (Otto 1965) vorgestellt, und es wird ausdrücklich dazu aufgerufen, die Reihe nachzugestalten und die Erfahrungen damit rückzumelden (Lerch 1968). 1972 ist man der Auffassung, dass sich das Prinzip durchgesetzt hat (vgl. Funhoff, Kattenstroth et al. 1972).

[50] Ausführlich nachzuweisen sucht dies beispielsweise Britta Otto (Otto 1984, 288 und 304).

[51] In seiner Begrüßungsansprache hält Brandi fest: „Und wenn ich Ihre Verhandlungen richtig aufgefaßt habe, so handelt es sich nicht um die Erziehung zu irgendeiner künstlerischen Befähigung der Jugend, überhaupt auch weniger um neue Lehrgegenstände, als vielmehr ein Prinzip, das den Gesamtbereich des erziehenden Unterrichts durchringen soll, von der Kinderstube bis zur Universität einschließlich." (Kunsterziehungstag 1902, 19) Auch bei Betzler heißt es: „Musische Erziehung ist ja kein Fach, sondern eine bestimmte pädagogische Haltung." (Betzler 1950, 39) Bei Haase ist „das Musische" sogar nicht nur eine „pädagogische Haltung", sondern „ein Prinzip des Lebens und nicht ein Fach der Schule" (Haase 1952, 61).

nisierung aller Lebensbereiche kritisch. Als „Wesen der Technik" macht Haase die Planung aus (Haase 1952, 45), und aus seiner Sicht hätte sich die Technik „mit jenen Kräften vereinigt, die Muße als den Nährboden jeden höheren geistigen Lebens auszulaugen und zu vernichten trachten". Auch gehe „die Tendenz der Technik ins Maßlose, zur Hybris, wo dann jedes Mittel den Zweck heiligt und damit alle Werte relativiert werden." (Ebd., 46) Einen weiteren Werteverlust sieht er in dem Treiben der „Vergnügungsindustrie", der es gerade nicht um das Schaffen von „Muße", sondern um „Amusement" gehe (ebd., 121). Der „Massenbetrug der modernen Kulturindustrie" – laut Haase eine Folge der aus seiner Sicht aufdringlichen Reeducationmaßnahmen (ebd., 51) – erschwere eine „Wiedergeburt der Gesittung" (ebd.). Insbesondere das Kino, dessen Macht im Magischen liege und das keinen bildenden, sondern nur unterhaltenden Wert habe (ebd., 50), beherberge die Gefahr, dass Jugendliche mit Illusionen versorgt würden, „die als solche nicht erkannt werden und darum untergründig wirksam bleiben." (Ebd., 51)

Nicht nur diese Skepsis gegenüber (Unterrichts-)Planung und gegenüber der „Vergnügungsindustrie"[52] (ebd., 17), sondern auch der Umstand, dass sich die Vertreter der „Musischen Erziehung" nicht deutlich genug von nationalsozialistischem Gedankengut distanzierten,[53] führte zu einer mitunter radikalen Abwendung von einer musisch orientierten Kunstpädagogik. Im Zuge von Überlegungen zur Curriculumrevision in den späten 1960er Jahren präsentiert Heino R. Möller[54] beispielsweise in einem breit rezipierten Vortrag[55] mithilfe einer Kompilation von Zitaten aus Schriften zur „Musischen Erziehung" diese als geprägt von Vernunfts- und Intellektfeindlichkeit (Möller 1967, 60). Weil sie „Ähnlichkeiten zum Faschismus" zeige (ebd., 64)[56] und weil sich eine im Musischen gründende Kunstpädagogik in ihrem heilslehrerischen[57] Streben (ebd., 53-59) nach „Ganzheitlich-

---

[52] Haase zählt auch Fußball dazu (Haase 1952, 17).
[53] Beispielsweise berufen sich Haase und Trümper ganz unkritisch auf Julius Langbehn (Haase 1952, 73; Trümper 1953a, 20). Auch Hans Meyers, ein wichtiger Fachvertreter der Nachkriegszeit (s.a. Anmerkung 56), wird – bis heute – aufgrund seiner mangelnden Distanzierung zur nationalsozialistischen Kunstpädagogik kritisch gesehen (vgl. Pazzini 2013).
[54] Zu Möller im Zusammenhang mit der Revision des Curriculums ausführlicher Legler (Legler 2011, 303-306).
[55] Im Jahr 1966 fand eine Tagung des Hessischen Lehrerfortbildungswerks zum Thema „Kunst und Gesellschaft" statt; die Vorträge sind 1967 in einem Sonderband der Zeitschrift „Rundgespräch. Über Wirklichkeit und Wandel der Schule und die Erziehungsaufgaben unserer Zeit" publiziert worden. Auf dieser Tagung beruhten weitere Arbeiten der hessischen Lehrplanvorbereitungskommission (Klafki 1967, 29).
[56] In diesem Zusammenhang zitiert Möller den Frankfurter Professor Hans Meyers, der sich in einer aktuellen Publikation (aus dem Jahr 1966) für eine „Vernichtung" von „Minderwertigem" ausspricht, und weist daraufhin, dass es sich dabei nicht um „irgendeine Auslassung" handele, „sondern [...] als die Lehrmeinung des Kunstpädagogischen Institutes einer großen deutschen Universität gewertet werden [muß]." (Möller 1967, 65) Möller war bis zu seiner Berufung an die HBK Braunschweig im Jahr 1970 Gymnasiallehrer in Frankfurt und Fachleiter am Studienseminar in der Nachbarstadt Offenbach (vgl. Möller 2004, 138).
[57] Möller weist auf die Austauschbarkeit von Christentum und dem Musischen hin (Möller 1967, 58) und sieht in dem „schöpferisch musischen Tun" eine Kulthandlung (ebd., 55).

keit" gegen eine – in einer demokratischen Gesellschaft notwendigen – „subjektiven Differenzierung" wende (ebd., 64), sei sie „völlig überflüssig" und sollte abgeschafft werden (ebd., 66).[58] Möller spricht sich für ein neues Schulfach „Visuelle Kommunikation" als Ersatz aus, welches in Hessen auch tatsächlich teilweise umgesetzt wurde. Mode, Fernsehen und Werbung erhalten damit vermehrt Einzug in den Unterricht und die Schüler werden als mündige Subjekte angesprochen. So heißt es etwa in der Einleitung eines Unterrichtswerks zu „Mode und Statussymbole" von 1978: „Wie alles, was in Büchern steht, ist auch das, was hier gesagt wird, vielleicht nicht immer richtig, oder es kann falsch verstanden werden. Deshalb: Glaubt auch diesem Buch nicht, sondern akzeptiert nur das, was niemand für Euch überzeugend widerlegen kann und was mit Euren bisherigen Erfahrungen übereinstimmt." (Giffhorn 1978, 1) Der musisch orientieren Kunstpädagogik dagegen wurde vorgeworfen, autoritätskonformes Denken und Handeln weiterzutragen[59] und überdies wurde vermutet, dass es „gar nicht wirklich um das Kind, sondern um den Erwachsenen und seine metaphysischen Gelüste" gehe, wenn gefordert wird, dass das Kind lange Kind bleiben möge (Möller 1967, 58).

Wie Wolfgang Legler feststellt, ist mit diesem rigorosen Kurswechsel auch vieles verloren gegangen, auf das hätte unter anderen Vorzeichen aufgebaut werden können (Legler 2011, 310). Genauso beschreibt Legler, dass die Auswirkungen auf den Unterricht weit hinter dem zurück blieben, was sich die Kritiker erhofft hatten (ebd., 309-311). So erscheint es auch folgerichtig, dass die Visuelle Kommunikation in der Neuauflage des kunstpädagogischen Handbuchs „Grundfragen der Kunstpädagogik" von 1975 keine Stimme hat.[60] Vielmehr wurde darin an dem Gedanken der Planbarkeit und Evaluierbarkeit von kunstunterrichtlichem Handeln weitergearbeitet, vorangetrieben insbesondere durch Gunter Otto (Otto 1975).

Neuorientierung in den 1990er Jahren

Gunter Otto aktualisiert und transformiert seine Position – auch unter dem Einfluss des seit Mitte der 1970er Jahre angeschobenen Richtungswechsels hin zu einer „Ästhetischen Erziehung"[61] – bis in die 1990er Jahre hinein, doch haftet ihm der Vorwurf an, Kunst und den Umgang mit ihr einer „Planungsrationalität" (Legler 2011, 303) unterwerfen zu wollen. Insbesondere Gert Selles Kritik an Otto hat dafür gesorgt, dass jenen kunstpädagogischen Positionen vermehrt Aufmerksamkeit

---

[58] 1970 erscheint Möllers Schrift „Gegen den Kunstunterricht" (Möller 1970).
[59] So beispielsweise Irene Below und Wolfgang Kemp (Kemp 1973; Below 1975a).
[60] Diese Position hatte 1975 ihre Durchschlagskraft schon wieder eingebüßt, sodass sie in der Neuauflage nicht berücksichtigt wird, vgl. etwa von Criegern und Otto in dem Band (Criegern 1975, 50 und 59 f.; Otto 1975, 325 f.).
[61] So lautet die Fachbezeichnung ab Mitte der 1970er Jahre immer öfter. 1974 gibt Gunter Otto seinem neuen Grundlagenwerk den Titel „Didaktik der ästhetischen Erziehung" (Otto 1974) und 1982 erscheint das „Handbuch der Ästhetischen Erziehung" (Criegern 1982).

geschenkt wurde, die das Individuelle des künstlerischen Prozesses und der ästhetischen Erfahrung herausstreichen, wie das Konzept der „Künstlerischen Bildung" Carl-Peter Buschkühles (Buschkühle 1997) oder der Ansatz der „Ästhetischen Forschung" Helga Kämpf-Jansens (Kämpf-Jansen 2000, Kämpf-Jansen 2002).

Selle vermisst bei Otto „einen Entwurf der Grenzüberschreitung, wie ihn die Kunst überhaupt darstellt" sowie einen „vertiefenden und differenzierenden Begriff ästhetischer Praxis" (Selle 1995, 17). „Kunst und Pädagogik" definiert er als „voneinander abweichende Praxisformen, zwei sehr verschiedene Projekte reagierenden Erkennens und Gestaltens" (ebd., 19). Demnach stellt Selle einen unvereinbaren Gegensatz fest, der vielfach in der Fachwelt bis heute auch als solcher hingenommen wird.[62] Zudem meint er, dass „Kunst [...] im Ausbruch aus der Rationalität des ‚verstandenen' ästhetischen Diskurses [entsteht]" und dass sie dabei „keinerlei Begründung" bedürfe, denn „die trägt sie in sich selbst." (Ebd., 20)

In seiner Replik versucht Otto klarzustellen, dass es sowohl in der Kunsttheorie als auch in der pädagogischen Theorie um „Begründungszusammenhänge" gehe und dass Theorien der Praxis folgten, wie auch seine kunstdidaktische Theorie auf einer „gelingenden Praxis" beruhe (Otto 1995, 17).[63] Rationalität definiert Otto mit Martin Seel als „Begründbarkeit [...] nicht durchweg Begründetheit" und meint, dass „auch Handlungen, für die vorweg keine Gründe genannt werden können, [...] begründbar [sind]." (Ebd., 18) Otto appelliert an die Lehrer und die Fachdidaktiker, sich nicht „in einer prinzipiellen Abwehrhaltung gegenüber der Pädagogik zu gefallen" und sich in Kenntnis der „Theorieangebote der Ästhetik, der Schulpädagogik" zu setzen, bevor sie sich kritisch äußern (ebd., 19). Man kann sich vorstellen, dass ein derart vorgetragenes Anliegen nicht unbedingt große Wirkung entfaltet, und so verwundert es auch nicht, dass Dietrich Grünewald und Hubert Sowa in ihrem Bericht über die Diskussion um mögliche Bildungsstandards im Fach Kunst auf dem Bundeskongress der Kunstpädagogik 2005 in Leipzig resigniert feststellen: „Erschreckend war am Verwirrungszustand des Leipziger Gesprächs über diese Themen, dass unser Fach heute offenbar über keinerlei ‚common sense' [...] mehr verfügt." (Grünewald/Sowa 2006, 289) Diese Feststellung trifft sicherlich zu, doch muss beachtet werden, dass ein Kernproblem des kunstdidaktischen Fachdiskurses schon immer darin besteht, dass keine Klarheit über Bezugs- und Referenzwissenschaften herrscht (vgl. Engels 2015). Denn als der alte Zeichenunterricht im frühen 20. Jahrhundert im Zuge der Kunsterziehungsbewegung reformiert wurde, gab es keine eindeutige Disziplin, auf die sich

---

[62] Ein prägnantes Beispiel stellt Andrea Dreyers Forschung zum Selbstverständnis von Kunstlehrern dar (Dreyer 2005); vgl. dazu auch die Positionen von Franz Billmayer (Billmayer 2008) und Jochen Krautz (Krautz 2009).
[63] An dieser Stelle sei angemerkt, dass über die tatsächliche schulische Praxis an den unterschiedlichen Orten und Schultypen bis heute keine gesicherten Aussagen getroffen werden können. Was im kunstpädagogischen Fachdiskurs debattiert wird, muss nicht unbedingt Teil der Realität der Lehrer in den Schulen sein.

eine Fachdidaktik[64] hätte beziehen können (vgl. Engels/Schnurr/Preuss 2013, 17). Und wenn sich Otto dezidiert zu fachlichen Bezugsfeldern äußert, so muss daran erinnert werden, dass seine eigene Perspektive einen nicht unbeachtlichen Wandel hinter sich hat (vgl. Otto 1964, Otto 1969, Otto 1974, Otto/Otto 1987).

Blick zurück und nach vorn

Wenden wir uns 100 Jahre zurück, so scheint es dem ersten Anschein nach Parallelen zu geben: Ähnlich wie gegen Ende des 20. Jahrhunderts wurde zu seinem Beginn die Reguliertheit des Unterrichts beklagt. Der Domestizierung des Gegenstandes sollte etwas entgegengestellt werden, das seinem Wesen entspricht. In diesem Punkt zeigt sich jedoch ein entscheidender Unterschied: War es damals der Bezug zur Natur, den das Kunstwerk aus damaliger Sicht ausmachte, so ist es bei Selle die Grenzüberschreitung, aus der heraus Kunst entstehe.[65] Bemerkenswert allerdings ist, dass sowohl die eine Ausgangslage (Natur) als auch die andere (Grenzüberschreitung) damals wie heute mit Schule unvereinbar scheint. Schon die Kunsterziehungsbewegung wollte dem damaligen Unterricht andere Formen des Lernens entgegensetzen, die auf die Bildung der Person gerichtet sind, und ähnlich sieht Carl-Peter Buschkühle seine Idee von künstlerischer Bildung am Bildungssystem scheitern, „dessen Leitmotive, wie jüngst durch die PISA-Studie eindrucksvoll belegt, im globalen Wettbewerb verwertbare Kompetenzen als ‚basale Kulturwerkzeuge' vermitteln wollen und dabei inmitten einer durch ästhetische Inszenierungen geprägten Kultur die Ausbildung einer zu differenzierten Wahrnehmungsleistungen und Vorstellungsbildungen fähigen Persönlichkeit vernachlässigen." (Buschkühle 2004, 10f.)

Auch Otto Haase äußert sich in der Mitte des 20. Jahrhunderts über das Bildungssystem. Nach dem „großen Zusammenbruch" des „Abendlandes" sieht er die Aufgabe der Bildungseinrichtungen in der Rettung desselben, was aber nur durch grundlegende „Strukturänderungen" – analog der „sehr radikalen Weise" im Osten[66] – möglich sei (Haase 1952, 114f.). „Wo das nicht geschieht, stirbt das höhere geistige Leben ab und die niederen Mächte ergreifen die Herrschaft." (Ebd.) Haase befürchtet den Untergang des Abendlandes, „wenn nicht sein ak-

---

[64] Dass sich Fachdidaktiken überhaupt im heutigen Sinne erst seit den 1950er Jahren etablierten (vgl. Derbolav 1960 oder Rest 1960), kommt noch erschwerend hinzu.

[65] Hier kommt ein weiterer wichtiger Aspekt ins Spiel, der nicht unerwähnt bleiben soll: der Kunstmarkt und sein nicht unbeachtlicher Einfluss auf die Entwicklungen in der Kunst heute im Gegensatz zu damals (vgl. Boll 2005) – dies bis in die öffentlichen Museen hinein (vgl. Demand 2010). Dass dieser Umstand zu nachhaltigen Legitimationsproblemen für das Schulfach führt, stellt Franz Billmayer anschaulich dar (Billmayer 2008).

[66] Haase meint nicht, dass man sich an den Strukturänderungen im Osten orientieren sollte, sondern dass der Osten seine Antwort auf den Zusammenbruch gegeben hätte und es nun darum geht, wie die Antwort lauten wird, „die auf dieser Seite des Vorhangs gilt" (Haase 1952, 114).

tivster und unruhigster Teil, Deutschland, eine neue Gesittung entwickelt" (ebd., 53f.), und diese sei nicht über eine nationale, logische oder demokratische, sondern nur über eine musische Erziehung zu erzielen (ebd., 22). Dass das Bildungssystem nicht im musischen Sinne umstrukturiert wurde, wissen wir heute, doch lebten Haases Gedanken in der kunstdidaktischen Theoriebildung bis zu jenem Punkt weiter, an dem in den 1960er Jahren versucht wurde, ganz konkrete Unterrichtsgestaltung in Teilmomente aufgeschlüsselt und in Rückbezug auf allgemeine Erziehungsziele zu begründen (vgl. Engels 2015).

So bleibt die Kunstdidaktik scheinbar zurückgeworfen auf die Frage: Wie kann Kunstunterricht in einer demokratisch legitimierten Institution gestaltet werden? Ganz wichtig wird dabei: Wer spricht vor welchem Hintergrund für wen? (Vgl. Schnurr 2011) Die Frage nach den fachlichen Bezugs- und Referenztheorien ist damit aber noch nicht beantwortet. Hier bleibt für die Kunstpädagogik nach wie vor viel zu tun (vgl. Engels 2015).

Kunsterziehungsbewegung aktuell?

Die Kunsterziehungsbewegung hat sich über die Bemühungen um den Unterricht an den Volksschulen auf den heutigen Kunstunterricht an den Grundschulen nachhaltig ausgewirkt und braucht daher in dieser Hinsicht nicht auf ihre Aktualität hin befragt zu werden. Doch während auf dem Kunsterziehungstag, wie schon erwähnt, auch die frühkindliche Bildung angesprochen wurde, so hat es die Kunstpädagogik bislang versäumt, hierfür Theoriebildung anzustoßen und voranzutreiben. Auch das Bilderbuch – im Band zum Kunsterziehungstag in Dresden 1901 findet sich hierzu ein eigener Beitrag – könnte eine viel größere Rolle in der kunstpädagogischen Forschung spielen (vgl. Engels 2013).

Zuletzt sei ein Punkt aufgegriffen, dessen Aktualität über den Blick auf die Kunsterziehungsbewegung offenbar wird. Es hat den Anschein, als sei auf dem ersten Kunsterziehungstag 1901 versucht worden, sämtliche Aspekte aufzugreifen, die mit der Gestaltung der kindlichen Lebenswelt zu tun haben. Das Spektrum der Beiträge reicht von der Einrichtung des Wohnraums über Bekleidung hin zur Architektur von Schulgebäuden. Kunst und Leben scheinen dabei voneinander durchdrungen. Während der Zusammenhang zwischen Bildender Kunst und Umweltgestaltung in den 1950er Jahren noch klar gesehen wurde,[67] so gibt es heute Stimmen, die darauf hinweisen, dass Bildende Kunst im gegenwärtigen und im späteren Leben der meisten Schülerinnen und Schüler heute überhaupt keine Rolle spielt (Billmayer 2008, Billmayer 2011). Ob hier Handlungsbedarf besteht, also ob Kunst im Leben der Schüler eine gewissen Rolle spielen *sollte*, und wenn ja aus welchen Gründen, oder aber ob der Unterricht in erster

---

[67] Hier können die Bauhaus-Künstler, Pablo Picasso oder Henry Moore genannt werden (vgl. Braun-Feldweg 1956, 45 und 98 f.).

Linie auf eine lebensnahe Befähigung zum visuellen Gestalten zu zielen habe – womit womöglich ganz andere Inhalte auf den Studienplan der angehenden Lehrerinnen und Lehrer gelangen würden –, bleibt zu verhandeln.

Literaturverzeichnis

Below, Irene (Hg.) 1975: Kunstwissenschaft und Kunstvermittlung. Gießen.
Below, Irene 1975a: Probleme der „Werkbetrachtung" – Lichtwark und die Folgen. In: Below 1975, 83-135.
Betzler, Emil 1931: Kunstbetrachtung. In: Stiehler, Betzler et al. 1931, 168-177.
Betzler, Emil 1950: Die heutige Lage der Kunsterziehung. In: Hilker, Weismantel 1950, 34-40.
Billmayer, Franz 2008: Mit der Kunst auf den Holzweg? Was die Orientierung an der Kunst in der Pädagogik verhindert. In: Busse, Pazzini 2008, 309-321.
Billmayer, Franz 2011: Shopping – Ein Angebot zur Entlastung der Kunstpädagogik. In: Onlinezeitschrift Kunst Medien Bildung | zkmb, www.zkmb.de/index.php?id=149; Zugriff: 10.5.2014.
Blohm, Manfred (Hg.) 2000: Leerstellen. Köln.
Böhm, Winfried 2012: Die Reformpädagogik. Montessori, Waldorf und andere Lehren. München.
Boll, Dirk 2005: Der Kampf um die Kunst. Handel und Auktionen positionieren sich am Kunstmarkt (Dissertation PH Ludwigsburg 2004). Halle; http://opus.bsz-bw.de/phlb/volltexte/2006/2601/pdf/Boll_Diss.pdf; Zugriff: 10.5.2014.
Borstel, Fritz von 1920: Kunsterziehung. In: Zentralinstitut 1920.
Brandt, Hartwig 1981: Motive der Kunsterziehungs- und Kunstgewerbebewegung. Würzburg.
Braun-Feldweg, Wilhelm 1956: Gestaltete Umwelt. Haus – Raum – Werkform. Berlin.
Bruhn, Paul 1950: Das Gesamtmusische. In: Hilker, Weismantel 1950, 16-22.
Burkhardt, Sara; Meyer, Torsten; Urlaß, Mario (Hg.) 2013: convention. Ergebnisse und Anregungen. München.
Buschkühle, Carl-Peter 1997: Wärmezeit. Zur Kunst als Kunstpädagogik bei Joseph Beuys. Frankfurt/M.
Buschkühle, Carl-Peter 2004: Kunstpädagogen müssen Künstler sein. Zum Konzept künstlerischer Bildung. Hamburg.
Busse, Klaus-Peter / Pazzini, Karl-Josef (Hg.) 2008: (Un)Vorhersehbares Lernen: Kunst – Kultur – Bild. Norderstedt.
Criegern, Axel von 1975: Kunstdidaktik als gesellschaftliche Fragestellung. In: Otto, Zeinert 1975, 15-77.
Criegern, Axel von (Hg.) 1982: Handbuch der ästhetischen Erziehung. Stuttgart.
Demand, Christian 2010: Wie kommt die Ordnung in die Kunst? Springe.
Derbolav, Josef 1960: Versuch einer wissenschaftstheoretischen Grundlegung der Didaktik. In: Präsidium 1960, 17-45.
Diel, Axel 1969: Die Kunsterziehung im Dritten Reich. Geschichte und Analyse. München.
Dreyer, Andrea 2005: Kunstpädagogische Professionalität und Kunstdidaktik. Eine qualitativ-empirische Studie im kunstpädagogischen Kontext. München.
Dreyer, Andrea / Prenzel, Joachim (Hg.) 2012: Vom Schulbuch zum Whiteboard. Zu Vermittlungsmedien in der Kunstpädagogik. Festschrift für Josef Walch. München.
Ehmer, Hermann K. (Hg.) 1967: Kunstunterricht und Gegenwart. Sonderheft 4 der Zeitschrift „Rundgespräch". Frankfurt/M.

Engels, Sidonie / Preuss, Rudolf / Schnurr, Ansgar (Hg.) 2013a: Feldvermessung Kunstdidaktik. Positionsbestimmungen zum Fachverständnis. München.
Engels, Sidonie / Preuss, Rudolf / Schnurr, Ansgar 2013: Felder anpeilen und Karten entwerfen. Zum Projekt einer Vermessung des eigenen Terrains. In: Dies. 2013a, 17-28.
Engels, Sidonie 2013: Bilder für Kinder. In: Engels, Preuss, Schnurr 2013a, 289-301.
Engels, Sidonie 2015: Kunstbetrachtung in der Schule. Theoretische Grundlagen der Kunstpädagogik im »Handbuch der Kunst- und Werkerziehung« (1953-1979). Bielefeld.
Fischer, Theodor 1902: Das Schulgebäude. In: Kunsterziehungstag 1902, 76-97.
Funhoff, Jörg / Kattenstroth, Christian et al. 1972: Warum an dieser Stelle keine „Unterrichtskonzepte" mehr stehen, in: Kunst + Unterricht 15/1972, 56.
Giffhorn, Hans 1978: Kunst Visuelle Kommunikation Design. Unterricht für die Sekundarstufe 1. Teil III Mode und Statussymbole. Stuttgart.
Götze, Carl 1902: Zeichnen und Formen. In: Kunsterziehungstag 1902, 141-175.
Götze, Carl / Jessen, Peter et al. 1902: Vorwort. In: Kunsterziehungstag 1902, 7-9.
Grünewald, Dietrich / Sowa, Hubert 2006: Künstlerische Basiskompetenzen und ästhetisches Surplus. Zum Problem der Standardisierung von künstlerisch-ästhetischer Bildung. In: Kirschenmann, Schulz, Sowa 2006, 286-313.
Haase, Otto 1952: Musisches Leben. Hannover.
Heimann, Paul 1962: Didaktik als Theorie und Lehre. In: Die Deutsche Schule 9/1962, 407-427.
Heimann, Paul / Otto, Gunter / Schulz, Wolfgang (Hg.) 1965: Unterricht. Analyse und Planung. Hannover.
Hein, Peter Ulrich 1991: Transformation der Kunst. Ziele und Wirkungen der deutschen Kultur- und Kunsterziehungsbewegung. Köln.
Held, Jutta / Schneider, Norbert 2007: Grundzüge der Kunstwissenschaft. Gegenstandsbereiche, Institutionen, Problemfelder. Köln.
Heller, Dieter 1990: Die Entwicklung des Werkens und seiner Didaktik von 1880 bis 1914. Zur Verflechtung von Kunsterziehung und Arbeitsschule. Bad Heilbrunn.
Heller, Dieter 2010: Harmonische Allgemeinbildung? Zur Geschichte des Werkens. In: Kunst + Unterricht 345-346/2010, 64-69.
Hilker, Franz / Weismantel, Leo (Hg.) 1950: Musische Erziehung. Vorträge, Berichte und Ergebnisse des Kunstpädagogischen Kongresses in Fulda 1949. Stuttgart.
Jessen, Peter 1902: Die Handfertigkeit. In: Kunsterziehungstag 1902, 176-182.
Joerißen, Peter 1979: Kunsterziehung und Kunstwissenschaft im Wilhelminischen Deutschland 1871-1918. Köln.
Jungbluth, Franz A. (Hg.) 1925: Handbuch des Arbeitsunterrichts für höhere Schulen. Frankfurt/M.
Kämpf-Jansen, Helga 2000: Ästhetische Forschung. Aspekte eines innovativen Konzepts ästhetischer Bildung. In: Blohm 2000, 83-104.
Kämpf-Jansen, Helga 2002: Ästhetische Forschung. Fünfzehn Thesen zur Diskussion. In: BDK-Mitteilungen 1/2002, 38-39.
Kehr, Wolfgang 1983: Kunstwissenschaft und Kunstpädagogik. Studien zur Vermittlung von Kunstgeschichte an den Höheren Schulen. München.
Keim, Wolfgang / Schwerdt, Ulrich (Hg.) 2013: Handbuch der Reformpädagogik in Deutschland (1890-1933). Teil 1: Gesellschaftliche Kontexte, Leitideen und Diskurse. Frankfurt/M.
Kemp, Wolfgang 1973: Der Ordnungsbegriff in der älteren kunstpädagogischen Literatur. In: Kunst + Unterricht 19/1973, 34-37.
Kerbs, Diethart 1976: Historische Kunstpädagogik. Quellenlage, Forschungsstand, Dokumentation. Köln.

Kirschenmann, Johannes / Wenrich, Rainer / Zacharias, Wolfgang (Hg.) 2004: Kunstpädagogisches Generationengespräch. Zukunft braucht Herkunft. München.
Kirschenmann, Johannes / Schulz, Frank / Sowa, Hubert (Hg.) 2006: Kunstpädagogik im Projekt der allgemeinen Bildung. München.
Kiyonaga, Nobumasa 2008: Alfred Lichtwark. Kunsterziehung als Kulturpolitik. München.
Kiyonaga, Nobumasa 2009: Alfred Lichtwarks Kunstbetrachtungsunterricht. In: Meyer, Sabisch 2009, 123-136.
Kiyonaga, Nobumasa 2012: Reformpädagogik und Medien. Am Beispiel der Diskussion um Bilderbuch und Wandschmuck in der Schule im frühen Stadium der Kunsterziehungsbewegung. In: Dreyer, Prenzel 2012, 239-351.
Klafki, Wolfgang 1967: Probleme der Kunsterziehung in der Sicht der Allgemeinen Didaktik. In: Ehmer 1967, 27-45.
Klee, Paul 1976: Beitrag für den Sammelband „Schöpferische Konfession" [1920 herausgegeben von Kasimir Edschmid]. In: Paul Klee: Schriften – Rezensionen und Aufsätze, hg. v. Christian Geelhaar. Köln.
Klöckner, Karl (Hg.) 1969: Werken und plastisches Gestalten. Berlin.
Köhler, Regine 2002: Ästhetische Erziehung zwischen Kulturkritik und Lebensreform. Eine systematische Analyse der Motive ästhetischer Erziehungskonzeptionen. Hamburg.
Kolb, Gustav 1925: Bildhaftes Gestalten. In: Jungbluth 1925, 57-81.
Krautz, Jochen 2009: Kunst, Pädagogik, Verantwortung. Zur Verantwortung kunstpädagogischer Forschung und Praxis. In: Meyer, Sabisch 2009, 137-147.
Kunsterziehungstag (Hg.) 1902: Kunsterziehung. Leipzig.
Lange, Konrad 1902: Das Wesen der künstlerischen Erziehung. In: Kunsterziehungstag 1902, 27-38.
Lange, Konrad 1902a: Die Vorbildung der Lehrer auf den Universitäten. In: Kunsterziehungstag 1902, 213-218.
Legler, Wolfgang 2011: Einführung in die Geschichte des Zeichen- und Kunstunterrichts. Von der Renaissance bis zum Ende des 20. Jahrhunderts. Oberhausen.
Legler, Wolfgang 2013: Dresden 1901, 1902 und 2012. In: Burkhardt, Meyer, Urlaß 2013, 23-38.
Lerch, Gabriele: Sind Bildanalysen lehrbar? Am Beispiel eines Bildes von Paul Klee. In: Kunst + Unterricht 1/1968, 9-16.
Lichtwark, Alfred 1902: Der Deutsche der Zukunft. In: Kunsterziehungstag 1902, 39-57.
Lichtwark, Alfred 1902a: Die Anleitung zum Genuß der Kunstwerke. In: Kunsterziehungstag 1902, 183-199.
Meyer, Torsten / Sabisch, Andrea (Hg.) 2009: Kunst Pädagogik Forschung. Aktuelle Zugänge und Perspektiven. Bielefeld.
Möller, Heino 1967: Musische Bildung – Ein Beitrag zur Bildungsideologie des braven Deutschen. In: Ehmer 1967, 46-66.
Möller, Heino R. 1970: Gegen den Kunstunterricht. Versuche zur Neuorientierung. Ravensburg.
Möller, Heino R. 2004: Kunstpädagogik. Späte Anmerkungen in ketzerischer Absicht. In: Kirschenmann, Wenrich, Zacharias 2004, 133-138.
Muthesius, Hermann 1902: Die Ausbildung der Lehrer in den Seminaren. In: Kunsterziehungstag 1902, 200-212.
Neukäter-Hajnal, Ildikó 1977: Ideologische Wurzeln der Kunsterziehung. Herausbildung von irrationalen Tendenzen und ihrer Wirkung. Kastellaun.
Ott, Richard 1953: Schule der Kunst. In: Trümper 1953, 445-447.

Otto, Britta 1984: Untersuchungen zum Paradigmenwechsel in der ästhetischen Erziehung. Am Beispiel der Wende von der Kunsterziehung zum Kunstunterricht. Frankfurt/M.
Otto, Gunter 1959: Zur Didaktik und Methodik der Kunst- und Werkerziehung in der Gegenwart. In: Bildung und Erziehung 9/1959, 530-546.
Otto, Gunter 1964: Kunst als Prozeß im Unterricht. Braunschweig.
Otto, Gunter 1965: Kunstunterricht: „Reicher Hafen". Planungsbeispiel für eine Unterrichtseinheit in der 10. Klasse. In: Heimann, Otto, Schulz 1965, 125-139.
Otto, Gunter 1974: Didaktik der Ästhetischen Erziehung. Ansätze – Materialien – Verfahren. Braunschweig.
Otto, Gunter: Funktion, Bedingungen und Verfahren der Evaluation von Konzepten der Ästhetischen Erziehung. In: Otto, Zeinert 1975, 314-344.
Otto, Gunter 1995: Theorie für pädagogische Praxis. Antwort auf Gert Selle in K+U 192. In: Kunst + Unterricht 193/1995, 16-19.
Otto, Gunter / Otto, Maria 1987: Auslegen. Ästhetische Erziehung als Praxis des Auslegens in Bildern und des Auslegens von Bildern. Velber.
Otto, Gunter / Zeinert, Horst-Peter (Hg.) 1975: Grundfragen der Kunstpädagogik. Materialien und Relationen – Basis- und Bezugsdisziplinen. Berlin.
Pallat, Ludwig 1929: Einleitung. In: Zentralinstitut 1929, 7-10.
Pauli, Gustav 1902: Das Bilderbuch. In: Kunsterziehungstag 1902, 130-140.
Pazzini, Karl-Josef 2013: Ad „Hans Meyers zum 100. Geburtstag" von Wolfgang Legler. In: BDK-Mitteilungen 1/2013, 46-47.
Präsidium des Pädagogischen Hochschultages (Hg.) 1960: Didaktik in der Lehrerbildung. Bericht über den 4. Deutschen Pädagogischen Hochschultag vom 7. bis 10. Oktober 1959 in Tübingen. Sonderband der Zeitschrift für Pädagogik.
Read, Herbert: Erziehung durch Kunst. In: Trümper 1953, 9-18.
Reiss, Wolfgang A. 1981: Die Kunsterziehung in der Weimarer Republik. Geschichte und Ideologie. Weinheim.
Rest, Walter 1960: Didactica magna oder didactica parva. In: Präsidium 1960, 138-149.
Richter, Hans-Günther 2003: Eine Geschichte der ästhetischen Erziehung. Niebüll.
Roß, R. 1902: Das Bilderbuch. In: Kunsterziehungstag 1902, 66-75.
Schnurr, Ansgar 2011: Weltsicht im Plural. Über jugendliche Milieus und das „Wir" in der Kunstpädagogik. In: Onlinezeitschrift Kunst Medien Bildung | zkmb, www.zkmb.de/index.php?id=153; Zugriff: 10.5.2014.
Seidlitz, Woldemar von 1902: Der Wandschmuck. In: Kunsterziehungstag 1902, 98-129.
Selle, Gert 1995: Kunstpädagogik jenseits ästhetischer Rationalität? Über eine vergessene Dimension der Erfahrung. In: Kunst + Unterricht 192/1995, 16-21.
Skladny, Helene 2012: Ästhetische Bildung und Erziehung in der Schule. Eine ideengeschichtliche Untersuchung von Pestalozzi bis zur Kunsterziehungsbewegung. München.
Skladny, Helene 2013: Von Paradigmenwechseln und Bergpredigten. In: Burkhardt, Meyer, Urlaß 2013, 159-164.
Stiehler, Georg / Betzler, Emil et al. (Hg.) 1931: Zeichen- und Kunstunterricht. Geschichte – Lehre – Beispiel. Leipzig.
Trümper, Herbert (Hg.) 1953: Allgemeine Grundlagen der Kunstpädagogik. Berlin.
Trümper, Herbert 1953a: Theoretische Grundlagen der Kunstpädagogik. In: Trümper 1953, 19-72.
Ullrich, Heiner 2013: Kindorientierung. In: Keim, Schwerdt 2013, 379-405.
Wehler, Hans-Ulrich 2008: Deutsche Gesellschaftsgeschichte. Bd. 5 1949-1990. München.
Weismantel, Leo 1950: Die Aufgaben des kunstpädagogischen Kongresses. In: Hilker, Weismantel 1950, 7-16.

Wick, Rainer K. 2009: Bauhaus. Kunst und Pädagogik. Oberhausen.
Wick, Rainer K. 2009a: „Ich trage einen großen Namen". Hermann Muthesius als Wegbereiter der „Neuen Bewegung" und des Deutschen Werkbundes. In: Wick 2009, 75-95.
Wick, Rainer K. 2009b: Ittens Bildanalysen. In: Wick 2009, 176-195.
Wyss, Beat 1996: Der Wille zur Kunst. Zur ästhetischen Mentalität der Moderne. Köln.
Wyss, Beat 2006: Vom Bild zum Kunstsystem. 2 Bände. Köln.
Zentralinstitut für Erziehung und Unterricht Berlin (Hg.) 1920: Die Reichsschulkonferenz in ihren Ergebnissen. Berlin.
Zentralinstitut für Erziehung und Unterricht in Berlin (Hg.) 1929: Kunsterziehung. Ergebnisse und Anregungen der Kunsterziehungstage in Dresden, Weimar und Hamburg in Auswahl. Leipzig.

BIBLIOTHECA ACADEMICA
REIHE PÄDAGOGIK
ISSN 1866-5063

1 | Kiel, Ewald
Erklären als didaktisches Handeln
1999. 458 S. Kt. € 58,00
ISBN 978-3-933563-10-1

2 | Harth-Peter, Waltraud –
Wehner, Ulrich – Grell, Frithjof (Hrsg.)
Prinzip Person. Über den Grund
der Bildung. Winfried Böhm
zum 22. März 2002
(vergriffen) ISBN 978-3-89913-236-6

3 | Koch, Lutz (Hrsg.)
Bayreuther Pädagogen
2003. 98 S. Kt. € 18,00
ISBN 978-3-89913-305-9

4 | Saalfrank, Wolf-Torsten
Schule zwischen staatlicher Aufsicht
und Autonomie. Konzeptionen
und bildungspolitische Diskussion
in Deutschland und Österreich
im Vergleich
2005. 386 S. Kt. € 49,00
ISBN 978-3-89913-428-5

5 | Erdmann, Regina I.
Wissenschaftsorientierte Bildungsarbeit
unter den Bedingungen der Deutschen
Teilung. Ziele, Möglichkeiten und
Bedeutung einer katholischen
Laieninitiative
2007. 284 S. Kt. € 39,00
ISBN 978-3-89913-571-8

6 | Müller-Ruckwitt, Anne
„Kompetenz" – Bildungstheoretische
Untersuchungen zu einem aktuellen
Begriff
2008. 291 S. Kt. € 37,00
ISBN 978-3-89913-615-9

7 | Raufuß, Dietmar
Einführung in die Theorie des
Unterrichts in konstruktiver Sicht
2008. 128 S. 16 Abb. Kt. € 28,00
ISBN 978-3-89913-653-1

8 | Lischewski, Andreas
Funktion und Wesen der platonischen
Akademie. Zur Topographie
akademischer Bildung
2009. 71 S. 10 S/w-Abb. Kt. € 12,00
ISBN 978-3-89913-740-8

9 | Köpcke-Duttler, Arnold
Die Behindertenrechtskonvention der
Vereinten Nationen. Gesammelte
Aufsätze zu rechtlichen und
pädagogischen Fragen
2014. 234 S. Kt. € 32,00
ISBN 978-3-95650-080-0

10 | Geyer, Paul – Ladenthin, Volker –
Redecker, Anke (Hrsg.)
Rousseau über Rousseau. Beiträge zum
300. Geburtstag
2016. 177 S. Kt. € 28,00
ISBN 978-3-95650-151-7

11 | Redecker, Anke –
Ladenthin, Volker (Hrsg.)
Reformpädagogik weitergedacht
2016. 218 S. Kt. € 28,00
ISBN 978-3-95650-144-9

ERGON VERLAG · WÜRZBURG